第一次検定

建築
施工管理技士

要点テキスト

1級

建築学
共通
建築施工
施工管理法
法規
令和5年 第一次検定問題

市ヶ谷出版社

ま え が き

　建築施工管理技士の制度は，建設業法によって制定されたもので，建築技術者の技術水準を高めることと，合わせて社会的地位の向上を目的としております。2級建築施工管理技術検定試験が昭和58年度に，1級建築施工管理技術検定試験が昭和59年度に実施されました。

　建築業に携わっている建築技術者にとって，是非取得したい資格の一つでありますが，合格率をみると，取得することが容易でないことがわかります。

　建築施工管理技士の試験の出題範囲は，建築施工の分野に留まることなく，多岐にわたっているため，ますます学習の範囲が拡散しがちになります。一方，受験者の多くは，中堅の技術者であり，言い換えれば，現場で一番忙しく，自分の時間を取ることがとても難しい方々となっています。このような方々が独学で，上記のような拡散しがちな出題範囲の試験勉強をすることは，困難であることは想像に難くないと執筆者らは考えていました。

　そこで，**過去の試験問題を徹底的に分析**し，**学科試験（第一次検定）合格のために，必要最低限な項目**とは何かを絞り出し，「**要点テキスト**」というものができないかと考え，執筆したのが本書です。

　各項目をできる限り，**見開き2ページ**でまとめて，**試験で解答を導くための記述のみに凝縮**しようとしたものです。特に，**重要かつ頻出する事項**は，**赤字**で示して，学習の効率を究極まで高めようとして執筆しました。**学科試験（第一次検定）の合格**を目指す受験生にとっては，**必要かつ十分な内容**となっているものと考えています。

　1級建築施工管理技術検定は，「令和3年度」から第一次検定（旧学科試験）と第二次検定（旧実地試験）になりました。詳しくは次ページをご参照ください。

令和5年10月

著　者

１級建築施工管理技術検定　令和３年度制度改正について

令和３年度より，施工管理技術検定は制度が大きく変わりました。

●**試験の構成の変更**　　　（旧制度）　　　→　　　（新制度）

　　　　　　　　　　学科試験・実地試験　　→　　第一次検定・第二次検定

●**第一次検定合格者に『技士補』資格**

　令和３年度以降の第一次検定合格者が生涯有効な資格となり，国家資格として『１級建築施工管理技士補』と称することになりました。

●**試験内容の変更**・・・以下を参照ください。

●**受検手数料の変更**・・第一次検定，第二次検定ともに受検手数料が 10,800 円に変更。

試験内容の変更

　学科・実地の両試験を経て，１級の技士となる現行制度から，施工技術のうち，基礎となる知識・能力を判定する第一次検定，実務経験に基づいた技術管理，指導監督の知識・能力を判定する第二次検定に改められます。

　第一次検定の合格者には技士補，第二次検定の合格者には技士がそれぞれ付与されます。

第一次検定

　これまで学科試験で求めていた知識問題を基本に，実地試験で出題していた施工管理法など能力問題が一部追加されることになりました。

　これに合わせ，合格基準も変更されます。現状，学科試験は全体の 60％の得点で合格となりますが，新制度では，第一次検定は全体の合格基準に加えて，施工管理法（応用能力）の設問部分の合格基準が設けられました。これにより，全体の 60％の得点と施工管理法の設問部分の 60％の得点の両方を満たすことで合格となります。

　第一次検定はマークシート式で，出題形式の変更はありませんが，これまでの四肢一択形式に加え，施工管理の能力を問う問題については，五肢二択の解答形式となります。

　合格に求める知識・能力の水準は現行検定と同程度となっています。

第一次検定の試験内容

検定区分	検定科目	検定基準	知識・能力の別	解答形式
第一次検定	建 築 学 等	1 建築一式工事の施工の管理を適確に行うために必要な建築学，土木工学，電気工学，電気通信工学及び機械工学に関する一般的な知識を有すること。 2 建築一式工事の施工の管理を適確に行うために必要な設計図書に関する一般的な知識を有すること。	知 識	四肢一択
	施工管理法	1 監理技術者補佐として，建築一式工事の施工の管理を適確に行うために必要な施工計画の作成方法及び工程管理，品質管理，安全管理等工事の施工の管理方法に関する知識を有すること。	知 識	四肢一択
		2 監理技術者補佐として，建築一式工事の施工の監理を適確に行うために必要な応用能力を有すること。	能 力	五肢二択
	法 規	建設工事の施工の管理を適確に行うために必要な法令に関する一般的な知識を有すること。	知 識	四肢一択

（1級建築施工管理技術検定 受検の手引きより引用）

第一次検定の合格基準

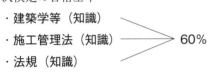

- ・建築学等（知識）
- ・施工管理法（知識）　　　　　60%
- ・法規（知識）
- ・施工管理法（能力）　　　　　60%

（国土交通省 不動産・建設経済局建設業課「技術検定制度の見直し等（建設業法の改正）」より）

第二次検定

第二次検定は，施工管理法についての試験となります。

知識を問う五肢一択のマークシート方式の問題と，能力を問う記述式の問題となります。

第二次検定の試験内容

検定区分	検定科目	検定基準	知識・能力の別	解答形式
第二次検定	施工管理法	1 監理技術者として，建築一式工事の施工の管理を適確に行うために必要な知識を有すること。	知 識	五肢一択 (マークシート方式)
		2 監理技術者として，建築材料の強度等を正確に把握し，及び工事の目的物に所要の強度，外観等を得るために必要な措置を適切に行うことができる応用能力を有すること。 3 監理技術者として，設計図書に基づいて，工事現場における施工計画を適切に作成し，及び施工図を適正に作成することができる応用能力を有すること。	能 力	記 述

（1級建築施工管理技術検定 受検の手引きより引用）

1級建築施工管理技術検定の概要

1. 試験日程

令和6年度の検定実施日程は本年12月末頃公表のため，令和5年度の日程を掲載しています。
例年同時期に実施されますので参考にして下さい。

令和5年度1級建築施工管理技術検定　実施日程

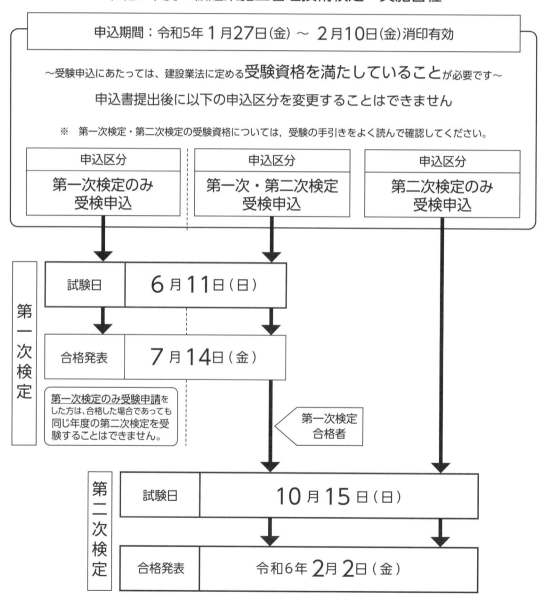

2. 受検資格

受検資格に関する詳細については，必ず「受検の手引」をご確認ください。

第一次検定

[注1] 実務経験年数は，令和6年3月31日現在で計算してください。このとき，年数が不足して受検資格を満たせない場合，第一次検定の試験日の前日まで参入することができます。

[注2] 実務経験年数には，「指導監督的実務経験」を1年以上含むことが必要です。

指導監督的実務経験とは，現場代理人，主任技術者，工事主任，設計監理者，施工監督などの立場で，部下・下請けに対して工事の技術面を総合的に指導監督した経験をいいます。

区分	学歴又は資格		実務経験年数	
			指定学科	指定学科以外
イ	大学，専門学校の「高度専門士」		卒業後3年以上	卒業後4年6ヶ月以上
	短期大学, 高等専門学校 (5年制), 専門学校の「専門士」		卒業後5年以上	卒業後7年6ヶ月以上
	高等学校, 中等教育学校(中高一貫校), 専門学校の専門課程		卒業後10年以上[※1, ※2]	卒業後11年6ヶ月以上[※2]
	その他（学歴問わず）		15年以上[※2]	
ロ	二級建築士試験合格者		合格後5年以上	
ハ	2級建築施工管理技術検定第二次検定※合格者 （※令和2年度までは実地試験）		合格後5年以上[※1, ※2]	
	2級建築施工管理技術検定 第二次検定※合格後, 実務経験が5年未満の者 （※令和2年度までは実地試験）	短期大学 高等専門学校（5年制） 専門学校の「専門士」	上記イの区分参照	卒業後9年以上[※2]
		高等学校 中等教育学校(中高一貫校) 専門学校の専門課程	卒業後9年以上[※2]	卒業後10年6ヶ月以上[※2]
		その他（学歴問わず）	14年以上[※2]	
ニ	【注】 区分ニの受検資格は，第一次検定のみ受検可能です。この区分で受検申請した場合，第一次検定合格後，今年度の第二次検定を受検することができません。			
	2級建築施工管理技術検定第二次検定※合格者 （※令和2年度までは実地試験）		実務経験年数は問わず	

※1 主任技術者の要件を満たした後，専任の監理技術者の配置が必要な工事に配置され，監理技術者の指導を受けた2年以上の実務経験を有する方は，表中※1印がついている実務経験年数に限り2年短縮が可能です。

※2 指導監督的実務経験として「専任の主任技術者」を1年以上経験した方は，表中※2印がついている実務経験年数に限り2年短縮が可能です。

※3 職業能力開発促進法に規定される職業訓練等のうち国土交通省の認定を受けた訓練を修了した者は，受検資格を満たすための実務経験年数に職業訓練期間を算入することが可能です。

※4 大学から飛び入学により大学院へ進学した方は，大学卒業と同等です。大学院入学日以降に積んだ実務経験で計算してください。

※5 学位授与機構より学士の学位を授与された方は，大学卒業と同等です。学位を授与された日以降に積んだ実務経験で計算してください。

※6 国外の学歴，実務経験の取り扱いについては，「日本国外の学歴・実務経験について」をご覧ください。

第二次検定

[1] 建築士法による一級建築士試験合格者で，上記の区分イ～ハのいずれかの受検資格を有する者

[2] 令和3年度以降の1級建設施工管理技術検定第一次検定合格者のうち，上記の区分イ～ハのいずれかの受検資格で受検した者

[3] 令和3年度以降の1級建築施工管理技術検定第一次検定合格者のうち，上記の区分ニの受検資格で受検したもので，上分の区分イ～ハのいずれかの受検資格を有する者

[4] 本年度第一次検定の合格者【上記の区分イ～ハの受検資格で受検した者に限る】

3. 試験地

札幌・仙台・東京・新潟・名古屋・大阪・広島・高松・福岡・沖縄

4. 試験の内容

「1級建築施工管理技術検定　令和3年度制度改正について」をご参照ください。

受検資格や試験の詳細については受検の手引をよく確認してください。
不明点等は下記機関に問い合わせしてください。

5. 試験実施機関

〒105-0001　東京都港区虎ノ門4-2-12　虎ノ門4丁目MTビル2号館
TEL：03-5473-1581
一般財団法人　建設業振興基金　試験研修本部
HP：www.fcip-shiken.jp

本書の使い方

本書の構成は，学科試験の流れに沿って，以下のようになっております。

　　第1章　建築学
　　第2章　共　通
　　第3章　建築施工
　　第4章　施工管理法
　　第5章　法　規

本書には，次のような工夫がしてあります。

　(1)　特に，**重要な用語**は，**赤字**で示している。
　(2)　**頻出している文章**には，赤のアミ掛けをしてある。
　(3)　図解によって**ポイントが一目瞭然**，わかるようになっている。
　(4)　**箇条書きを多用**し，**簡潔でわかりやすい表現**を心掛けている。

本書の内容は，「まえがき」にあるように，学科試験（第一次検定）を徹底的に分析した結果，そのエッセンスともいうべきものが，凝縮されております。したがって，**本書に書かれていることが，理解できていれば，必ずや合格の栄冠を勝ち取れる**ものと自負しております。

●全体の勉強の仕方

まず，**本書を熟読**し，**内容を理解**するようにしていただきたい。その後，「問題集」などにより，**本試験問題を反復練習**していただきたい。問題集の解説などで，理解できない項目があれば，本書に戻って，理解を深めてください。

●試験問題の出題のされ方

令和5年度は，試験問題のうち，**共通**（5問）と**施工管理法（知識）**（15問）は 必須問題 でした。第2章と第4章は，全体をくまなく，最も重点的に学習してください。

新たに追加された**施工管理法（応用能力問題）**（6問）は， 必須問題 でした。出題分野としては建築施工の内容で，五肢二択となりましたが本テキストを学習していれば解答できる問題でした。

建築学は15問中12問，**建築施工**は19問中14問，**法規**は12問中8問の 選択問題 でした。専門分野ごとに問題を取りまとめてありますので，総花的に解答にトライしようとせずに，**自分の得意な分野に限定して確実に得点できるようにしてください**。

限られた時間ですので，取捨選択も大事な受験技術です。80点を取ること
を目標に，効率的に学習してください。

●令和6年度の勉強していくうえでの注意
実際に学習していく上では，次のような点にも注意しておくとよいでしょう。
(1) **施工管理法・建築学**は，できるだけ問題の選択肢を理解し，覚えていく
ことがたいせつです。このような択一式問題は，選択肢の1肢，1肢をじっくり頭に入れて整理していくと，比較的容易に覚えられるものです。
(2) **建築施工**については，自分の得意とする分野を半分だけ選び，それを徹底的に学習するのもよい方法でしょう。

●応用能力問題に対する準備
応用能力問題に対する準備として，次のような点に注意していくとよいでしょう。
(1) 令和3年度から施工管理法について，「監理技術者補佐としての応用能力」を有することを判定するために，実地試験で求められていた応用能力問題の一部が追加されることになりました。
(2) しかしながら，実際令和3年から5年度に出題された応用能力問題は，本書でいう「建築施工」からの五肢二択の問題がほとんどで，いずれも本書を学習しておけば，解答できる問題でした。
(3) 令和6年度は，過去3年度と同様に「建築施工」からの出題になるか，「施工管理法」からの出題になるかは不明ですが，いずれにしても，本書で取り上げている過去の試験問題に関連した出題になると思われます。
(4) したがって，本書をきちんと学習しておけば，出題分野・出題形式（四肢一択または五肢二択）に関わらず正答を導けるものと思われます。

忙しく働く建築技術者の方々にとっては，最小のエネルギーで，能率良く学習したいとの願望は当然のことであるし，その一助となることを，最大の目的として執筆した本書ですが，資格試験に王道がないことも，また事実です。
輝かしい1級建築施工管理技士の資格取得を目指して，大いに努力をしていただきたい。

目 次

第4章 施 工 管 理 法

第5章 法 規

年度別出題内容一覧表

分類		項目	令和5年	令和4年	令和3年	令和2年	令和元年	平成30年
第一章 建築学	1・1 環境工学	換気		1	1	1	1	1
		伝熱		2			2	
		日照・日射	1			2		2
		音	3	3	3	3		3
		採光・照明	2		2		3	
	1・2 一般構造	木質構造		5		4		4
		免震構造	4		4	4		
		RC構造（構造計画）	5	4	5	5	5	5
		鉄骨構造	6	6	6	6	6	6
		基礎構造						7
		杭基礎	7		7		7	
		地盤及び基礎構造		7		7		
	1・3 構造力学	積載荷重				8		
		許容曲げモーメント					8	
		断面二次モーメント			8			
		荷重及び外力		8				8
		引張縁応力度	8					
		3ヒンジラーメンの反力	9	9		9	9	9
		3ヒンジラーメンの曲げモーメント図	10					10
		片持ち梁に生じるモーメメント反力						
		単純梁の曲げモーメント図		10	10			
		梁に荷重が作用したときの曲げモーメント図					10	
		架構に等分布荷重が作用したときの曲げモーメント図				10		
		架構に等分布荷重が作用したときの反力・曲げモーメント			9			
	1・4 建築材料	金属材料（鋼材）	12	11	11	11	11	11
		コンクリート	11					
		左官材料	13	12		12		12
		石材の特徴			12		12	
		セメント						
		サッシの性能項目				13		
		ガラス		13				13
		シーリング材		14		14		14
		金属製屋根材						
		ドアセットの性能項目			13		13	
		防水材料	14		14		14	
		内装材料		15		15		15
		塗料	15		15		15	
第二章 共通	2・1 外構工事	アスファルト舗装		16		16		16
		測量			16		16	
		植栽	16					

※各年度の番号は問題番号を表す。

※▨は応用能力問題

分類		項目	令和5年	令和4年	令和3年	令和2年	令和元年	平成30年
第二章 共通	2.2 建築設備	避雷設備		17		17		17
		空気調和設備		18		18		18
		消火設備		19		19		19
		電気設備	17		17		17	
		給水設備			18		18	
		給排水設備	18					
		昇降設備	19		19		19	
	2.3 契約など	公共建築数量積算基準				20		
		公共建築工事積算基準		20				
		公共工事標準請負契約約款	20		20		20	20
第三章 建築施工	躯体	乗入れ構台・荷受け構台	21	21	21	21	21	21
		土工事		22		22		22
		土質試験					22	
		地盤調査及び土質試験			22			
		地下水処理工法	22				23	
		山留め工事		23				
		ソイルセメント柱列山留め壁				23		23
		場所打ちコンクリート抗		24		24		24
		既製コンクリート杭	23		23		24	
		鉄筋の継手・定着			55	25		25
		鉄筋の機械式継手	24			26		26
		鉄筋の配筋					25	
		鉄筋の加工・組立て	55					
		鉄筋のガス圧接		25	24		26	
		型枠の設計				27		27
		型枠支保工	25	56	56		27	
		コンクリートの調合	56	26	25	28	28	
		コンクリートの運搬・打込み	26		26	29	29	28
		コンクリートの養生		57				29
		高力ボルト接合		27		30		30
		鉄骨の溶接	57		27		30	
		鉄骨の加工・組立	27		28		31	
		柱補強工事			57			
		建設機械	29		30			
		大断面集成材	28		29		32	32
		大空間鉄骨架構の建方		28		31		31
		木質軸組構法		29		32		
		揚重運搬機械		30		33	33	33
		RC造の耐震改修工事	30					
		躯体解体工事						
	仕上げ	合成高分子系ルーフィングシート防水工事		31		34		34
		アスファルト防水	31		58		34	
		塗膜防水・シート防水			31		35	
		シーリング工事	58	32		35	38	35
		外壁張り石工事	32		32		36	
		壁タイル後張り工法		33		36		36
		タイル密着張り工法						
		金属板葺屋根工事	33		33	37	37	
		心木なし瓦棒葺		34				37
		軽量鉄骨壁下地		58		38		38
		特定天井	34				38	
		軽量鉄骨天井下地工事			34			

※□□□は応用能力問題

分類		年度	令和5年	令和4年	令和3年	令和2年	令和元年	平成30年
第三章 建築施工	仕上げ	コンクリート下地のセメントモルタル塗り	35		35		39	
		防水形合成樹脂エマルション系複層仕上材		35		39		39
		アルミニウム製建具		36		40		40
		金属製建具	36		59		40	
		塗装工事	37		36	41		41
		金属系素地面の塗装工事					41	
		コンクリート素地面の塗装工事		59				
		合成樹脂塗床		37		42		42
		壁のせっこうボード張り		38		43		43
		ビニル床シート及びビニル床タイル張り	59		37		42	
		押出形成セメント板張り		39		44		
		屋上緑化システム						44
		タイル張り壁面の浮きの調査方法と改修工法		60				45
		断熱工事					43	
		RC造の断熱工事			38			
		ALCパネル工事	38		39		44	
		既存床仕上げ材の撤去					45	
		内装改修工事	39		60			
		外壁改修工事				45		
第4章 施工管理法	施工計画	仮設計画		40		46		46
		事前調査（準備作業）	40		40		46	
		仮設設備の計画	41	41	41	47	47	47
		施工計画		42		48		
		解体工事の施工計画					48	48
		躯体工事の施工計画				49		
		躯体改修工事の施工計画					49	49
		仕上工事の施工計画				50		
		仕上改修工事の施工計画					50	50
		材料の保管（取り扱い）	42	55	42	51	51	51
		工事の記録		43		52		52
		建築工事に係る届出	43		43	52		
	工程管理	工程計画	44	45	44	53	54	
		工期と費用の関係		44			53	
		工程計画の立案				54		
		施工速度とコストの関係						
		突貫工事における工事原価の急増する原因						53
		工程計画・工程管理						54
		鉄骨工事の所要工期算出	45					
		工事の総所要日数						
		タクト手法		46		55		55
		鉄骨工事の工程計画			45		55	
		ネットワーク工程表	46		46	56	56	56
	品質管理	品質管理		47	47	57		57
		QC工程表					57	
		JIS Q9000の用語						
		品質管理用語				58	58	58
		管理値				59	59	59
		品質管理の精度	47					
		品質管理図表	48		48		60	
		品質管理における検査	49		49	60	61	60
		コンクリートの試験と検査		48		61		
		ガス圧接継手の検査					62	61
		仕上げ工事の試験・検査	60				63	
		タイル張工事の試験				62		62

分類		年度	令和5年	令和4年	令和3年	令和2年	令和元年	平成30年
第4章 施工管理法	安全管理	解体工事における振動・騒音対策		49		63		63
		労働災害		50	53	64	64	
		死亡災害						64
		公衆災害防止対策	50	51	50	65	65	65
		作業主任者の職務	51	52		66		66
		作業主任者の選任			51		66	
		足場	52		52	67	67	67
		立入りを禁止すべきもの						68
		事業者が行わなければならない点検				68		
		事業者の講ずべき措置	53	53			68	
		有機溶剤作業					70	
		ゴンドラ				69		69
		クレーン	54		54		69	
		酸素欠乏危険作業		54		70		
		工具の携帯に関する規定						70
第5章 法規	建築基準法	建築確認等の手続き	62	61	71			
		用語の定義	61		61		71	
		法全般		62	62	72	72, 73	71, 72
		防火区画	63	63				
		避難施設等		63		73		
		内装制限						73
	建設業法	建設業の許可	64	64	64	74	74	74
		請負契約	65, 66	65	65	75	75	75
		工事現場に置く技術者		66		76		76
		元請負人の義務			66		76	
	労働基準法	労働契約		67		77		77
		女性の就業					77	
		労働時間	67					
		年少者の就業			67			
		法全般						
	労働安全衛生法	安全衛生管理体制	68	68	68	78	78	78
		労働者の就業に当たっての措置		69		79		79
		就業制限	69				79	
		業務に係る免許を必要とするもの			69			
		法全般						
		安全衛生のための教育						
	環境保全関係法	「資材の再資源化等法」上の法全般		70		80		80
		「廃棄物処理法」上の法全般	70		70		80	
	その他	「騒音規制法」上の特定建設作業の実施の届出		71		81		81
		「道路交通法」上の警察署長の許可		72		82		82
		「宅地造成規制法」上の法全般	71		71		81	
		「振動規制法」上の特定建設作業の規制	72		72		82	
		「消防法」上の消防用設備等						

＊応用能力問題　問 55 ～ 60　全問解答＊

分類		令和5年	令和4年	令和3年
施工管理法	材料の保管		55	
建築施工	鉄筋の加工，組立て	55		
	異形鉄筋の継手，定着			55
	型枠支保工		56	56
	コンクリートの調合	56		
	コンクリートの養生		57	
	柱補強工事			57
	鉄骨の溶接	57		
	屋根保護アスファルト防水工事			58
	シーリング工事	58		
	鋼製建具工事			59
	内装ビニル床シート張り	59		
	内装改修工事			60
	軽量鉄骨壁下地		58	
	コンクリート素地面の塗装工事		59	
	仕上工事における試験，検査	60		
	タイル張り外壁面の調査方法と改修工法		60	

１級建築施工管理技術検定試験（学科試験，第一次検定）の出題数および解答数

分野別			令和5年		令和4年		令和3年		令和2年		令和元年		平成30年		平成29年		平成28年		平成27年		平成26年	
			出題数	解答数	出題数	解答数	出題数	解答数	出題数	解答数	出題数	解答数	出題数	解答数	出題数	解答数	出題数	解答数	出題数	解答数	出題数	解答数
建築学等	建築学・共通	環境工学	3		3		3		3		3		3		3		3		3		3	
		力学・一般構造	7	12	7	12	7	12	7	12	7	12	7	12	7	12	7	12	7	12	7	12
		建築材料	5		5		5		5		5		5		5		5		5		5	
		設備その他	4	4	4	4	4	4	4	4	4	4	5	5	4	4	4	4	4	4	5	5
		契約関係	1	1	1	1	1	1	1	1	1	1	–	–	1	1	1	1	1	1	–	–
	施工	躯体	10	7	10	7	10	7	13	5	13	5	13	5	13	5	13	5	13	5	13	5
		仕上	9	7	9	7	9	7	12	5	12	5	12	5	12	5	12	5	12	5	12	5
施工管理法		施工計画	4	4	4	4	4	4	7	7	7	7	7	7	7	7	7	7	7	7	7	7
		工程管理	3	3	3	3	3	3	4	4	4	4	4	4	4	4	4	4	4	4	4	4
		品質管理	3	3	3	3	3	3	7	7	7	7	6	6	7	7	7	7	7	7	7	7
		安全管理	5	5	5	5	5	5	7	7	7	7	8	8	7	7	7	7	7	7	7	7
		応用能力問題	6	6	6	6	6	6														
法規		建築基準法	3	8	3	8	3	8	3	8	3	8	3	8	3	8	3	8	3	8	3	8
		建設業法	3		3		3		3		3		3		3		3		3		3	
		労働基準法	1		1		1		1		1		1		1		1		1		1	
		労働安全衛生法	2		2		2		2		2		2		2		2		2		2	
	環境保全関係	廃棄物処理法	1		–		1		–		1		–		1		–		1		–	
		資材の再資源化等法	–		1		–		1		–		1		–		1		–		1	
		騒音規制法	–		1		–		1		–		1		–		1		–		–	
		振動規制法	1		–		1		–		1		–		1		–		1		–	
	その他施工関係	都市計画法	–		–		–		–		–		–		–		–		–		–	
		宅地造成規制法	1		–		1		–		1		–		1		–		1		–	
		消防法	–		–		–		–		–		–		–		1		–		1	
		道路交通法	–		1		–		1		–		1		–		–		–		1	
合計			72	60	72	60	72	60	82	60	82	60	82	60	82	60	82	60	82	60	82	60

第1章 建 築 学

令和5年度 建築学の出題傾向

環境工学については，例年通り3問の出題。いずれも，正答は過去問であり，比較的易しかった。

一般構造については，例年通り4問の出題。いずれも，正答肢が過去問であり，比較的易しかった。

構造力学については，例年通り3問の出題。応力度を求める出題は初出題であり，難しかった。また，3ヒンジラーメンの出題も，比較的難しかった。

建築材料については，例年通り5問の出題。正答肢はいずれも過去問であり，比較的易しかった。

建
築
学

1・1 環 境 工 学

学習のポイント

「第1章 建築学」からの出題は15問で，12問を選択して解答することになっている。15問のうち「1・1 環境工学」に関する出題は，3問程度である。出題傾向は，例年ほぼ同様であり，本テキストの範囲を十分に学習しておけば，3問とも正答できる可能性は高い。

1・1・1 日 射・日 照

(1) 日 射

日射には，晴天の場合に直接地表に到達する**直達日射**と大気中の分子や浮遊物などによって散乱されて間接的に地表に到達する**天空放射**とがあり，これらの合計を**全天日射**という。曇天の場合には，天空放射のみがあることになる。

太陽光線の波長は，図1・1に示すように，約300〜5000 nm（ナノメートル，10^{-6} mm）の範囲にあり，約400〜800 nmの範囲の光線は人間の目に見え，これを**可視光線**という。

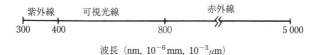

波長 (nm, 10^{-6}mm, $10^{-3}\mu$m)

図1・1 太陽光線の波長

地上に達する太陽光線のエネルギーのうち紫外線部が1〜2％を，可視光線部が40〜45％を，赤外線部が53〜59％を占める。

わが国における**終日直達日射量**は，図1・2に示すように，**夏期においては**水平面，東西面，南面，北面の順に少なくなり，**冬期においては**南面，水平面，東西面，北面の順に少なくなる。また，**南面の終日直達日射量**は，夏期の場合のほうが冬期の場合よりも少ない。

終日直達日射量
直達日射の日射量を1日分合算した熱量

◀**よく出る**

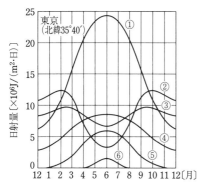

大気透過率：(0.7)

①：水平面
②：南面
③：東南面，南西面
④：東面，西面
⑤：東北面，西北面
⑥：北面

図1・2 水平面・鉛直面の終日直達日射量の年変化（東京の例）

(2)　日　　照

　直接日射があたることを**日照**といい，一般の建物の場合には，建築計画上できるだけ日照を確保することが必要である。

　太陽の位置は，太陽が地平面となる角度である**太陽高度**と，太陽の方位と真南との角度である**太陽方位角**とによって表される。太陽が子午線上にきたときを**南中**といい，南中から次の南中までを**真太陽日**という。真太陽日の1年間の平均値を**平均太陽日**という。

　ある方位の壁が晴天の日に日照を受けることのできる時間を**可照時間**といい，その土地の緯度により，また，その季節によりかわる。その例を表1・1に示す。曇天・雨天などの日の日照時間は，当然，可照時間よりも少ない。実際の日照時間と可照時間との比をパーセントで表した値を**日照率**といい，東京地方における日照率は1月で約60 %，8月で約50 %である。

◀よく出る

　同じ日照時間を確保するためには，緯度が高くなるほど南北の隣棟間隔を大きくとる必要がある。

◀よく出る

　水平ルーバーは夏季の南面の日射を防ぐのに効果があり，縦ルーバーは西日を遮るのに効果がある。

表1・1　壁面の方位と可照時間（北緯35°付近）

壁面の方位	夏　　至	春分・秋分	冬　　至
南　　　　面	7時間 0 分	12時間0分	9時間34分
北　　　　面	7時間24分	0分	0分
東　　　　面 西　　　　面	7時間12分	6時間0分	4時間47分

(3)　日　　影

　地面に鉛直に立てた棒の長さの影は，図1・3に示すような**日影曲線**により求められる。たとえば，図から東京においては，太陽が最も南側にくる冬至の正午における長さ1 mの棒の影は真北の方向に向き，その長さは約1.7 mであることがわかる。建物の影は，日影曲線を利用して，建物の角に建物の高さと同じ高さの棒が立っていると考えて求めればよい。

日照図表
水平面上の検討点から太陽の位置を直線で結び，水平面から一定の高さの等高線を平面的に表わしたもの。

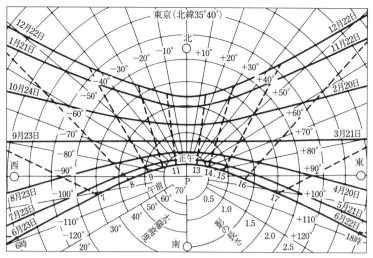

図1・3 日影曲線(東京の例)

　建物の高さが同じである場合，東西に幅が広い建物ほど影の影響の範囲が大きくなる。

　東西に隣接した建物間の北側の少し離れた場所に生じる，長時間日影となる領域を，**島日影**という。

　建物の高さを高くした場合，日影は遠くへ伸びるが，一定の高さを超えると長時間影となる範囲はあまり変化しない。

　日差し曲線とは，地平面上のある点が周囲の建物によって，日照率にどのような影響を与えるのかを検討するのに用いられる。日影曲線と点対称の関係にある。

島日影
複数の建物がある時，その周辺よりも日影時間が長くなる領域のこと。

1・1・2　採　光　・　照　明

(1)　照度・光度および輝度

　人の目に入る光の量を**光束**（単位：ルーメン〔lm〕）といい，1 m² の面に入る光束を**照度**（単位：ルクス〔lx〕）という。照度は，光源からの距離の2乗に反比例する。昼光による照度分布の最低照度と最高照度の比を**均斉度**という。部屋の奥行きが深くなるほど均斉度は悪くなる。

　どの程度の照度が適当であるかは，場所や作業の内容によって異なる。その基準には JIS Z 9110（照度基準）がある。表1・2に JIS による主な基準を示す。

◀よく出る

◀よく出る

表1・2　主な室の照度の基準（JIS Z 9110）

建物の用途	場　　　　所	照度基準〔lx〕
住　　宅	居間（団らん・娯楽） 書斎（読書・勉強） 食堂・台所（食堂・調理台・流し台）	150 ～ 300 500 ～ 1000 200 ～ 500
共同住宅の 共用部分	受付・集会室・ロビー エレベータホール・エレベータ 物置・ピロティ・車庫	150 ～ 300 100 ～ 200 30 ～ 75
事　務　所	細かい作業の事務室・設計室・製図室 受付・事務室・会議室・電子計算室 エレベータホール・集会室・食堂 廊下・階段・便所	750 ～ 1500 300 ～ 750 200 ～ 500 100 ～ 200

◀よく出る

【ヒント】
設計用全天空照度は，快晴の青空のときが薄曇りの日よりも小さな値となる。

　室外の障害物のない場所，すなわち全天空を望むことのできる場所における直射日光による照度を含まない水平面照度を**全天空照度**という。

　光源の光の強さを**光度**（単位：カンデラ〔cd〕）といい，光源などからの人の目に入る光の強さを**輝度**（単位：cd/m²）という。**グレア**とは，高輝度な部分，極端な輝度対比や輝度分布などによって感じられるまぶしさをいう。

　均等拡散面上における輝度は，照度と反射率との積に比例する。

◀よく出る

(2)　昼　光　率

　昼光率とは，採光による室内の明るさを表すものであり，次式で求める。採光計画では，照度は変化するので，昼光率を指標として用いる。

◀よく出る

直接昼光率
窓からの直接光による昼光率
間接昼光率
室内で反射した光による昼光率

$$昼光率 = \frac{室内のある点の水平面照度〔lx〕}{その時の全天空水平面照度〔lx〕} \times 100 〔\%〕$$

　太陽高度が 10° 以上となる時間帯を採光昼間と呼ぶ。採光昼間での全天空水平面照度は，1 年間の 95 % は 4500 lx となるので，一般に，全天空水平面照度の基準としては，5000 lx が最低基準とされる。したがって，室内のある点の水平面照度を 100 lx にするには，昼光率が 2 % になるように窓を設ければよい。

(3)　採　光　計　画

　採光の光源は，太陽である。しかし，太陽からの直射日光は，変動が激し

建築学

く，光源として直接に利用できないばかりか，有害になることもある。このため，採光計画では，原則として直射日光を遮へいし，天空光を光源として扱っている。

採光は，側窓・天窓・高側窓などによって得る。天窓は，同じ面積の側窓の3倍の採光効果があるが，雨仕舞が面倒であり，はめ殺しになることが多くなるので自然換気が利用しにくい。側窓は，その位置が高いほど，採光効果がある。

◀よく出る

事務所・教室・住宅の居室などにおいては南向きの窓がよく，製図室・アトリエなどの照度変化の少ないことが望ましい部屋においては北向きの窓がよく，美術館・博物館などにおいては天窓や高側窓がよい。

室内の照度分布を均一化するためには，窓を高い位置に設ける，窓の上に庇を設ける，窓ガラスをすりガラスにする，部屋の奥行きを深くしない，室内の仕上げの色を反射率の高い色にする，などの考慮をするとよい。

(4) 照明用光源の種類

照明器具により明るさを得ることを照明という。照明用光源としては，一般に**白熱灯**と**蛍光灯**とが多く使用されているが，これらの他に，水銀ランプ・ハロゲンランプ・メタルハライドランプ・ナトリウムランプなども使用される。

表1・3 白熱灯と蛍光灯

比 較 項 目	白 熱 灯	蛍 光 灯
光 束	少ない	多い
光 色	暖か味があるが，赤味が強い	昼光に近いが，**演色性**がよくない
光源温度	高い，発熱量多い	低い，発熱量少ない
光束当たりの発熱量	多い	少ない
輝 度	高い	低い
陰 影	はっきりとしている	やわらかい
寿 命	1000 ～ 1500 時間	2000 ～ 3000 時間
工 事 費	安い	高い

演色性
物体の色の見え方の変化を起こさせる光源の性質。

建築学

建築学

(5)　照明方法

　照明方法には，照明の際の光束の上下方向の割合によって，直接照明・半直接照明・全般拡散照明・半間接照明および間接照明に分けられる。直接照明による陰影は，他の照明による陰影よりも濃い。

◀よく出る

表1・4　配光による照明方法

照明方法	上向き光束〔%〕	下向き光束〔%〕	備　　考
直 接 照 明	0 ～ 10	90 ～ 100	金属製の笠を使用して光束の大部分を下方に送る。
半直接照明	10 ～ 40	60 ～ 90	つや消しの半透明の笠を使用する。
全般拡散照明	40 ～ 60	40 ～ 60	乳白色のグローブなどを使用する。
半間接照明	60 ～ 90	10 ～ 40	光束の大部分を天井面へ送り，その反射光で室内を照明する。
間 接 照 明	90 ～ 100	0 ～ 10	不透明な反射面を用い光源を隠し，反射光のみで室内を照明する。

建
築
学

1・1・3 伝 熱・結 露

(1) 熱 量

熱量の単位はJで，水1kgの温度を1℃高める熱量は，4.186kJである。ある単位質量の物体の温度を1℃高めるのに必要な熱量を**比熱**という。また，ある物体の温度を1℃高めるのに必要な熱量を**熱容量**といい，その物体の比熱と質量の積である。

外壁の熱容量が大きいと，外部の気温の変動に対する室温の変動が穏やかになる。

(2) 伝 熱

熱の伝わり方には，**熱ふく射（放射）**・熱対流および**熱伝導**の3種類がある。

熱ふく射は，熱放射とも呼ばれ，ある物体の表面から熱が電磁波の形で放射されて熱が伝わる現象であり，真空であっても熱が伝わる。熱対流は，流体内に部分的な温度差がある場合に流体が移動することによって熱が伝わる現象である。

(3) 熱 伝 導

熱伝導は，物体内に温度差が存在すると，図1・4に示すように，高温部から低温部へ熱が移動する現象である。

厚さ1mの単一材料の両面の表面温度差が1℃のときに，材料の熱の移動方向に対して直角な断面積1m²を1時間あたりに移動する熱量を，その材料の**熱伝導率**という。熱伝導率の大きい材料ほど熱を伝えやすい。各種材料の熱伝導率の値は，含湿率が大きく（湿潤状態）なると大きな値となる。また，同種類の材料でも密度が大きいほど大きな値となり，温度が高いほど大きな値となる。

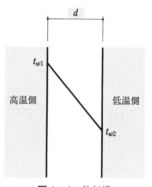

図1・4 熱伝導

複数の材料で構成された多層壁の**熱伝導抵抗**は，材料ごとの熱伝導抵抗の合計値で表される。

(4) 熱 伝 達

固体とその固体に接する液体との間には，ふく射・対流・伝導の関係する複合的な伝熱が生じるが，これを**熱伝達**という。固体の表面積1m²あたり，それに接する液体との温度差1℃あたり1時間に固体・液体間を移動する熱量を**熱伝達率**という。熱伝達率は，総合熱伝達率ともいい，対流熱伝達率と放射熱伝達率を合計したものである。

静止空気は熱を伝えにくいので，壁などの内部に空気層（中空層）を設けると断熱性が増し，空気層の厚さが20～30mmを超えると，伝熱はほぼ一定となるが，厚すぎると空気層内部に自然対流が生じて断熱効果が悪く

容積比熱
物質の単位体積あたりの熱容量

◀よく出る

熱伝導抵抗
物体の厚さを熱伝導率で除したもの

◀よく出る

◀よく出る

なるので，空気層の厚さは 20 mm 程度にするのが最も効果的である。

(5) 熱貫流（熱通過）

　建物の壁や屋根などを通して出入りする熱の移動は，壁や屋根などの材料における熱伝導とそれらの内外面における熱伝導によって生じ，これらを合わせて**熱貫流**あるいは**熱通過**という。材料の表面積 1 m^2 あたり，温度差 1℃あたりに 1 時間移動する熱量を**熱貫流率**（**熱通過率**）といい，熱貫流率の逆数を**熱貫流抵抗**という。熱貫流抵抗は，熱伝達抵抗と熱伝導抵抗の和によって得られる。

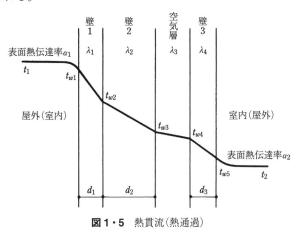

図1・5　熱貫流（熱通過）

(6) 結　　露

　空気がその**露点温度**（湿り空気が冷やされて空気中に存在する一部の水蒸気が凝縮し，水滴となり始める温度）よりも低い温度の壁などに接した場合，すなわち，壁表面の温度における飽和水蒸気圧が空気中の水蒸気圧より低くなる場合には，その空気の飽和絶対湿度以上の絶対湿度は水蒸気から水滴に変わり，壁面などに水滴が生じる。この現象を**結露**といい，冬期に窓ガラスや断熱性の悪い外壁などの内面に生じやすい。また，夏期に冷房された部屋では，換気によって外気がそのまま流入すると，結露しやすい。

　壁などの表面に結露が生じることを**表面結露**というが，表面結露を防止するためには，壁などの断熱性を良くして壁などの室内側表面温度が高くなるようにするとともに，室内で発生する水蒸気を換気などで室外に排出する必要がある。隅角部や熱橋部（ヒートブリッジ）の結露を防止するには，断熱材をその部分に張り付ける。

◀よく出る

ヒートブリッジ
（熱橋）
躯体を構成する部材で断熱材を他の材料が貫通することにより熱が伝わりやすくなる部分。

建築学

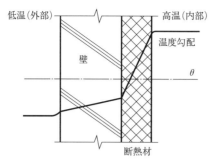

図1・6 断 熱 材

　室内の水蒸気が壁の内部に浸入し，外気温の影響で室内よりも温度が低い壁内部で結露することを**内部結露**という。室内側に防湿層を設けて水蒸気の浸入を防いだり，壁内部に通気層を設けて浸入した水蒸気を外部に排出するなどの対策を施す。

(7) 絶対湿度と相対湿度

　相対湿度とは，湿り空気中に含まれている水蒸気分圧の，その温度における飽和水蒸気分圧に対する割合で示される。

　絶対湿度には，重量絶対湿度と容積絶対湿度がある。乾球温度が同じなら，相対湿度の高いほうが，絶対湿度も湿球温度も高くなる。　◀よく出る

1・1・4 換　気

(1) 換　気

　室内で発生する熱・水分・粉じん・排気ガス・有害ガス・ホルムアルデヒドなどを排除して，新鮮な空気を入れ替えることを**換気**といい，換気は人間の呼吸，燃料の燃焼，燃焼ガスや臭気の排除のために不可欠である。ある部屋の空気が1時間あたり何回入れ替わるかを示す値を**換気回数**といい，表1・5に室の用途別の換気回数を示す。換気量が一定の場合，室容積が大きいほど，換気回数は少なくなる。

表1・5 室用途別必要換気回数〔回/h〕

室　名	換気回数	室　名	換気回数
住宅(居間)	1～3	レストラン客室	7
住宅(台所)	3	レストラン厨房	30～60
住宅(寝室)	0.5～1	教　室	3～6
事務室	4	ホテル客室	3
便所・洗面所	5～15	病院・病室	5
湯沸室	6～10	劇　場	9～11
浴　室	3～5	室内駐車場	10以上

　成人1人あたりに必要な換気量は，休息時には30～35 m³/h，労働時には約50 m³/h，最低でも17 m³/hである。

　在室者の呼吸作用による1人あたりの**必要換気量**は，室内の二酸化炭素発生量を室内の許容二酸化炭素濃度と外気の二酸化炭素濃度の差で除して求める。

$$Q = \frac{K}{P_a - P_o}$$

　　　　ここに，Q：必要換気量，K：室内の二酸化炭素発生量，P_a：室内の許容二酸化炭素濃度，P_o：外気の二酸化炭素濃度

　室内の換気を効率よく行うためには，給気口から排気口に至る換気経路を長くする方がよい。

　換気の方法には，ファンを使用しない**自然換気**とファンを使用する**機械換気**とがある。

(2) 自然換気

　自然換気には，室内外の温度差に基づく空気の密度差による**重力換気**と建物の外壁に加わる風圧による**風力換気**がある。

　室の上下に開口があり，室内の温度が外気の温度よりも高い場合には，室内の空気は外気よりも軽いので上部の開口部から外に出る一方，下部の開口部からは外気が室内に入ってくる。これが重力換気であり，換気量は室内外の温度差が大きいほど，上下の開口部の垂直距離が大きいほど，多くなる。室内の空気圧が室外の大気圧と同一になる垂直方向の位置を**中性帯**といい，この部分に開口部を設けても換気効果は低い。

ホルムアルデヒド
室内汚染の原因となる揮発性有機化合物の一つで，室内空気環境を評価する対象物質である。

必要換気量
換気をする室の1時間に必要とする外気量

【ヒント】
室内の二酸化炭素濃度は1,000 ppm（0.1 %）以下とする。
室内の一酸化炭素濃度は10 ppm（0.001 %）以下とする。
空気の気流は，0.5 m/s以下とする。
室内の相対湿度は，40 %以上70 %以下とする。
室内の浮遊粉じんの量は，0.15 mg/m³以下とする。

◀よく出る
室内外の温度差による換気量は，二つの開口部の高さの差の平方根に比例する。

建物に風があたると，風上側は正圧となり，風下側は負圧になるから，この両側の壁に開口があると換気が行われる。これが風力換気であり，換気量は，風速と開口部の面積にほぼ比例し，風上側と風下側の風力係数の差の平方根に比例する。　◀よく出る

給気口は，調理室等を除き，居室の天井の高さの$\frac{1}{2}$以下の高さに設置する。

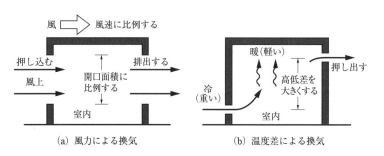

(a) 風力による換気　　　(b) 温度差による換気

図1・7　自然換気の方法

(3) 機械換気

機械換気は，ファンを使用して強制的に換気を行うもので，機械換気の方式は，表1・6に示すように，3種類に大別できる。

表1・6　機械換気の方法

機械換気方式の種類	方 式	適 用 な ど
第一種換気方式	給気ファン → 室（圧力制御可）→ 排気ファン	室内の圧力制御も容易にできる。一般の室のほか，調理室，機械室などの換気に適用される。
第二種換気方式	給気ファン → 室（正圧）→	室内が正圧となるので，クリーンルーム，ボイラ室，発電機室などの換気に適用される。
第三種換気方式	→ 室（負圧）→ 排気ダクト・排気ファン	室内が負圧になるので，室内の煙，臭気などの汚染物質が生じる厨房，湯沸室，便所，浴室などの換気に適用される。

1・1・5　音

(1)　音の強さ・大きさ

　音波が空気中を伝わるときには，密度の大きい部分の圧力は大気中よりも
やや高く，密度の小さい部分の圧力は大気中よりもやや低い。この圧力を**音
圧**という。

　ある音のエネルギー，音の強さまたは音圧の基準値に対する相対値を**デシ
ベル**〔dB〕といい，人間の耳に聞こえる最小の音のエネルギー 10^{-12}W，音の
強さ 10^{-12}W/m^2 または音圧 2×10^{-5}Pa を基準値としたものを，それぞれ，
パワーレベル，**音の強さのレベル**または**音圧レベル**といい，次式で表される。

$$\text{パワーレベル} = 10\log_{10}\left(\frac{W}{10^{-12}}\right) \quad W：ある音のエネルギー〔W〕$$

$$\text{音の強さのレベル} = 10\log_{10}\left(\frac{I}{10^{-12}}\right) \quad I：ある音の強さ〔W/m^2〕$$

$$\text{音圧レベル} = 20\log_{10}\left(\frac{P}{2\times10^{-5}}\right) \quad P：ある音の音圧〔Pa〕$$

　音の強さをIとすると，単位面積を1秒間に流れるエネルギーが距離c
〔m〕の間に存在することになるから，その空間の音のエネルギー密度Eは，

$$E = \frac{I}{c} \quad E：音のエネルギー密度〔W・s/m^3 = J/m^3〕,$$

$$I：音の強さ〔W/m^2〕, \quad c：音速〔m/s〕$$

音源が複数存在する時の音圧レベルは，次式で表される。

$$L = 10\log_{10}(10^{\frac{L_1}{10}} + 10^{\frac{L_2}{10}} + \cdots + 10^{\frac{L_n}{10}})$$

したがって，同じ音圧レベルL_1の音が二つ加わると，

$$L = 10\log_{10}(10^{\frac{L_1}{10}} + 10^{\frac{L_1}{10}}) = 10\log_{10}(10^{\frac{L_1}{10}} \times 2)$$

$$= 10(\log_{10}10^{\frac{L_1}{10}} + \log_{10}2) = L_1 + 3.01$$

となり，約3 dB 音圧レベルは大きくなる。

　また，二つの音の音圧レベルの差が10 dB 以上あるときの合成の音圧レ
ベルは，大きいほうの音圧レベルとほぼ同じになる。

(2)　騒　　　音

　騒音の評価には，米国の Beranek が提案した**NC 曲線**（図1・8）が広く
使用されている。空調騒音などの広帯域のスペクトルをもつ定常騒音を対象
として，事務室内騒音の大規模な実態調査と，そこで働く職員へのアンケー
ト調査を基にまとめられた。

　対象とする騒音について，騒音のオクターブバンド毎の音圧レベルを NC
曲線にプロットし，全てのバンドである基準曲線を下回るとき，その曲線の

数値を評価量（NC数）とする。NC値の範囲と騒音の状態を表1・7に示す。

　騒音の感じ方は音の高低によって異なり，同じ音圧レベルの音でも高い音のほうが低い音よりうるさく感じる。

ラウドネス
人が知覚する主観的な音の大小。音圧レベルが一定の場合，100 Hzの音よりも，1,000 Hzの音の方が大きく感じる。

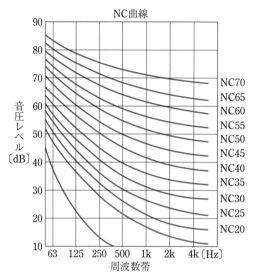

図1・8　NC曲線

表1・7　NC値の範囲と騒音の状態

NC値	騒　音　の　状　態
20～30	非常に静か。大勢の会議に使える。
30～35	静か。会話距離10 mまで。
35～40	会話距離4 m。電話支障なし。
40～50	普通会話距離2 m，やや大声で4 m。電話少し困難なときあり。
50～55	やや大声で会話2 mまで。電話少し困難。会議には不適。
55以上	非常にやかましい。電話困難。

(3)　反射・吸収・透過

　壁に入射する音の強さをIとし，そのエネルギーの一部Rが反射し，一部Aが壁体中に吸収され，残りのTが透過すると大別することができる。すなわち，$I = R + A + T$となる。このとき**吸音率**αは，$\alpha = 1 - \dfrac{R}{I} = \dfrac{A+T}{I}$で定義され，反射音以外はすべて吸音と考える。材料の吸音率は，一般に，低音に対するよりも高音に対するほうが大きい。吸音材としては，多孔性によるもの，板振動によるもの，共鳴作用によるものなどがある。音の透過率τは，$\tau = \dfrac{T}{I}$で定義され，デシベル単位で表して，**透過損失**TLと呼び，$TL = 10\log_{10}\dfrac{1}{\tau} = 10\log_{10}\dfrac{I}{T}$〔dB〕で表される。コンクリート間仕切壁の音の透過損失は，一般に，低周波数域よりも高周波数域のほうが大きく，壁の面密度が大きいほど大きくなる。

◀よく出る

騒音計
音圧計に人間の聴感特性を考慮した周波数補正回路が組み込まれた測定器。

◀よく出る

　グラスウールなど多孔質の吸音材は，一般に低音域に比べて高音域の吸音率が大きい。

　直接音から1/20秒以上遅れて大きな反射音があることによって，音が二重に聞こえる現象を**エコー（反響）**という。

　障害物が音波の波長より小さいと，音波が障害物の背後に回り込む，この現象を**回折**という。周波数が低くなるほど回折しやすい。

(4)　点音源からの距離減衰

　自由空間中にある音響出力 W の点音源から，距離 d の音の強さ I は，半径 d の球面の表面積 $4\pi d^2$ を通過するエネルギーの総和が W であるから，$I = \dfrac{W}{4\pi d^2}$ となって，距離の2乗に反比例する。

　点音源からの任意の距離 d および $2d$ 離れた点の音の強さのレベル差は，

$$10\log_{10}\frac{W}{4\pi d^2 \cdot 10^{-12}} - 10\log_{10}\frac{W}{4\pi (2d)^2 \cdot 10^{-12}} = 10\log_{10}4 = 6〔\mathrm{dB}〕となる。$$

(5)　残　　響

　室内の音源の振動が停止してからも，音波が壁などによって反復反射するので，音が完全に聞こえなくなるまでにはいくらかの時間を要する。この現象を**残響**という。室内の音源が停止してから平均音響エネルギー密度が100万分の1になるまでの時間，すなわち，音源が停止してから平均音圧レベルが60 dB 下がるのに要する時間を**残響時間**と呼ぶ。残響時間は，室容積に比例し，室内の総吸音力に反比例する。

(6)　カクテルパーティー効果

　多くの人が雑談しているカクテルパーティーのような雑踏の中で，自分が興味ある人の会話や自分の名前などが，自然と聞き取れることがある。これを音声の選択的聴取といい，**カクテルパーティー効果**といわれている。

(7)　床 衝 撃 音

　建物の室内で物を落としたり，人が動くことによって下階に伝わる音を**床衝撃音**という。音の特性の違いから**重量衝撃音**と**軽量衝撃音**に分かれる。遮音等級は，**L値**で表し，数値が少ないほうが性能は高い。

フラッターエコー
反射性の壁体などが向き合い，音がこの壁体間を往復し，二重，三重に聞こえる現象。

コインシデンス効果
入射音波と板材の共振により，遮音性能が低下する現象。
◀よく出る

マスキング現象
通常なら明瞭に聞こえる音が別の音で聞こえなくなること。両者の周波数が近いほどその影響が大きい。

◀よく出る

固体音
建物の床，梁，壁などを伝わる振動が最後に空気中に放射される音。

室間音圧レベル差
音源室内と受音室内の音圧レベルの室内平均値の差。遮音性能の評価には，D値を用いることが一般的で，数値が大きいほど性能は高い。

1・1・6　色　　　彩

(1)　色 の 性 質

　物体の色は，白・灰色・黒のように色どりをもたない無彩色と，青み・赤みなどの色どりをもつ有彩色とに大別される。有彩色の色を特性づける性質を**色相**といい，色づきの鮮やかさの度合いを**彩度**または飽和度という。

　また，同じ色相の色にもその色の反射率の大小により明暗の違いがあり，色の明るさの度合いを**明度**という。色相，彩度および明度を色の3要素または3属性といい，これらの組合せによって色がほとんど決まり，有彩色はこれらの3要素を全部有しているが，無彩色は，明度のみを有している。

(2)　表　　　色

　色を表す方法には，**マンセル表色系**，オストワルド表色系，CIE（国際照明委員会）表色系などがあるが，建築の分野ではマンセル表色系が用いられることが多い。マンセル表色系においては，色を色相，明度，彩度という表し方をする。

　色相については，R（赤）・YR（黄赤，だいだい色）・Y（黄）・GY（黄緑）・G（緑）・BG（青緑）・B（青）・PB（青紫）・P（紫）・RP（赤紫）の10に分け，さらに，一つの記号の範囲を10に分割して1〜10までの番号を付ける。なお，図1・9に示すように，これらの円周上に等間隔に配置したものを**色相環**という。色相環の中心を点対称として対応色を混ぜると無彩色となり，このような色を互いに**補色**という。

　明度については，純黒を0，純白を10として，その間の明度を1，2，……で表し，10段階に尺度化している。

　彩度については，無彩色からの色のつき具合を，1, 2, ……と区別するが，その段階は色相によって異なり，赤が最も多く，青が最も少ない。たとえば，純粋の赤は，色相が5R，明度が4，彩度が14であり，5R4/14と表す。純粋な黒や純粋な白は色相や彩度がないので，Nのみで表し，純粋な黒はN0で純粋な白はN10である。また，明るい灰色も色相や彩度がないので，Nのみで表し，明度が8であればN8と表す。これらを立体的に表したものに，**マンセル色立体**（図1・10）がある。

彩度
色の鮮やかさの度合い。

明度
色の明るさの度合い。

◀よく出る

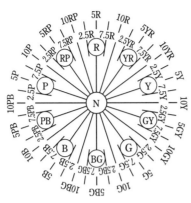

図1・9 マンセル色相環

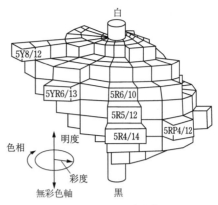

図1・10 マンセル色立体

(3) 色彩の心理効果

　色相環において，黄緑と紫とを結ぶ線の赤側の色は暖かく感じ，青緑側の色は涼しく感じる。暖感を感じさせる色は進出して膨張して見え，長い経時感を与える。これに対して，涼感を感じさせる色は後退して縮んで見え，短い経時感を与える。

　明度の低い色は，後退して縮んで見え，重く，硬く感じる。これに対して，明度の高い色は，進出して膨張して見え，軽く，やわらかく感じる。したがって，上部よりも下部を暗い色にすると，重心が下がっているように感じ，安定感を与える。　　　　　　　　　　　　　　　　　　　◀よく出る

　同じ色でも，面積が大きいほど，明度と彩度が増加して見え，その色らしく見える。この現象を色彩の面積効果という。また，同じ色でも，暗い場所では青味がかって見え，赤と青を明るい所から暗い所へ移すと，赤のほうがより暗くなるように感じられる。二つ以上の色の組合せが，人に心地よい感じを与えるとき，色が調和しているという。　　　　　　　　　◀よく出る

　等明度，等彩度の色彩の組合せでは，補色色相の組合せが最も識別しやすい。また，等明度，等彩度の色相対比による色彩の変化は，背景の色相の補色色相の方向へ変化して見え，すなわち，色相差の大きな方向へ変化して見え，補色関係の色彩においては色相変化は認められないので，彩度が高まって感じられる。

　彩度は，背景の彩度との差が大きくなる方向に変化して見える。　◀よく出る

　また，無彩色の背景で，図形の色彩を凝視しているときに，突然図形の彩色を取り去ると，同じ箇所にはほぼ補色の色相の同形図形が感じられる。

⑷　色彩調節

　色彩の心理効果を利用して，よりよい住環境や職場環境を作り出すことを**色彩調節**という。建築では，一般に5YR～10YRの暖色で，明度7～8の彩度の低い色がよく使用される。病院の手術室などにおいては，医者や患者の安静や疲労回復のために青緑の色が多く用いられる。また，工場などにおいては，作業能率の向上を目的とする色彩調節のほか，生産系列の色分け，危険・注意・安全などを示す色分けなどにも色彩調節が利用されている。

　また，異なる色の光を投影して混色することを加法混色といい，色ガラスや色フィルタの重ね合わせによって別の色を生じさせることを減法混色という。

1・2　一　般　構　造

学習のポイント

「第1章　建築学」からの出題は15問で，12問を選択して解答することになっている。15問のうち「1・2　一般構造」に関する出題は，4問程度である。「地盤・基礎」「鉄筋コンクリート構造」「鉄骨構造」からの出題頻度は高く，これらについては選択し，正答したい。「その他の構造」は，出題頻度も低いため，余裕があれば，学習してほしい。

1・2・1　地　盤・基　礎

(1)　地　　盤

土の種類は，粒子の大きいものから，礫（粒径2mm以上）・砂（2～0.074mm)・シルト(0.074～0.005mm)・粘土(0.005mm以下）に大別される。

地盤は，土の粒径が混合したもので，礫と砂の混合したものを**砂質地盤**，シルトと粘土の混合したものを**粘土質地盤**という。砂・シルト・粘土が混合したものをロームといい，この3者の混合の中で割合が多いものが砂の場合には砂質粘土という。

粘土質は，砂質より収縮性が高く，基礎の沈下を起こしやすい。また，粘土は，透水性が悪く，年数の経過とともに水がしぼりだされて，沈下を起こす。この現象を**圧密沈下**といい，建物の自重や積載荷重により**不同沈下**を起こす。圧密沈下の許容値は，べた基礎の方が独立基礎より大きい。

◀よく出る

表層近くの常水位面以下に軟弱な砂層が厚くある場合には，地震時に水圧の急激な上昇がおき，**液状化**することがある。地盤が液状化することにより，地中に埋設された施設等が浮き上がるおそれがある。

地盤の許容応力度は，地盤調査を行い，その結果に基づいて定めなければならない。ただし，建築基準法施行令第93条には，地盤の種類に応じた許容応力度（表1・8）が規定されている。

【ヒント】
地盤の調査深度は基礎スラブの大きさや形状を考慮して決める。

表1・8　各種地盤の許容応力度　　　　　　(単位：kN/m²)

	岩盤	固結した砂	土丹盤	密実な礫層	密実な砂質地盤	砂質地盤※	堅い粘土質地盤	粘土質地盤	堅いローム層	ローム層
長期	1000	500	300	300	200	50	100	20	100	50
短期	長期の数値の2倍とする。									

※地震時に液状化のおそれのないもの

建築学

(2)　基　　礎

　基礎の機能は，上部構造物を安全に支持し，沈下等を生じさせないことにある。

　基礎は，荷重を基礎スラブ下部から直接，支持地盤に伝える**直接基礎**と，地中に築造された杭を介して支持地盤に伝える**杭基礎**とに分類される。

　基礎スラブの形状は，図1・11に示すように，独立フーチング基礎・複合フーチング基礎・連続フーチング基礎・べた基礎に分類できる。基礎の形状・大きさは各々の基礎面の接地圧が地盤の許容地耐力を超えないように，各基礎の沈下が許容沈下量内になるように，地盤調査結果に基づいて決定する。基礎梁の剛性を大きくすることにより，基礎フーチングの沈下を平均化できる。

　杭基礎は，地盤への応力の伝達形式により，杭の先端を支持地盤に到達させる**支持杭**と，杭の周面摩擦力に期待する**摩擦杭**とに大きく分類される。支持杭と摩擦杭では，沈下を生じる土層が異なり，沈下速度も異なる。したがって，支持杭と摩擦杭を併用することは望ましくない。支持杭を用いた杭基礎の許容支持力には，一般に基礎スラブ底面における地盤の支持力を考慮しない。

　また，**既製杭**と**場所打ち杭**という分類もある。既製杭にはPC杭・RC杭・鋼杭があり，**打込み**や**埋込み**等により施工される。場所打ち杭には，**アースドリル工法・リバース工法・オールケーシング工法**等がある。打込み杭とセメントミルク工法による埋込み杭とアースドリル工法等による場所打ち杭の許容支持力度の大小関係は，一般的に，打込み杭＞埋込み杭＞場所打ち杭の順である。

> **杭間隔**（中心間距離）
> 埋込み杭：杭径の2倍以上
> 打込み杭：杭径の2.5倍以上かつ75cm以上

> **群杭**
> 杭間隔がある限界以内となると，一つの群として働き，支持力や変形の性状が一本杭（単杭）と異なる。

◀**よく出る**

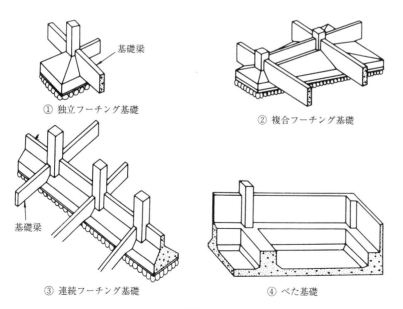

①　独立フーチング基礎

②　複合フーチング基礎

③　連続フーチング基礎

④　べた基礎

図1・11　基礎スラブの形状

建築学

　埋込み杭は，打込み杭に比べて極限支持力に達するまでの沈下量が大きい。

　地盤沈下によって，杭には**負の摩擦力**（下向きの摩擦力，ネガティブフリクション）が生じる。特に，支持杭では，負の摩擦力が生じると，杭の先端部における圧縮軸力が大きくなる。負の摩擦力は，一般に，摩擦杭より支持杭の方が大きい。　　　　　　　　　　　　　　　　　　　　　◀**よく出る**

　地盤から求める単杭の引抜き抵抗力には，杭の自重から地下水位以下の部分の浮力を減じた値を加えることができる。

　地震時には，杭に曲げモーメントとせん断力が生じる。杭に生じる曲げモーメントは，一般に，杭頭部が大きく，杭先端部にはほとんど生じない。

　外殻鋼管付きコンクリート杭の鋼管の腐食代は，有効な防錆措置を行わない場合，1mm 以上とする。

　フローティング基礎は，建物重量と基礎等の構築による排土重量をつり合わせ，地盤中の応力が増加しないようにする基礎形式である。

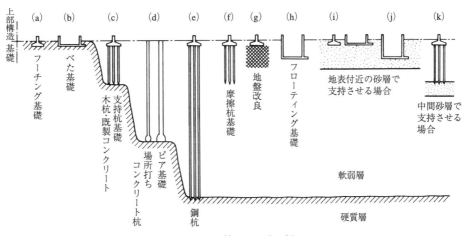

図1・12　杭　の　分　類

建築学

1・2・2　鉄筋コンクリート構造

(1)　構 造 計 画

　建築物の形状は，正方形または正方形に近い長方形の平面形が望ましく，平面的に長大なものや複雑な平面または立面形状のものは，**エキスパンションジョイント**を設けて，構造的に切り離すことが望ましい。

　建築物の重心と剛心の距離はできるだけ小さくなるようにする。耐震壁など剛性の大きい部材を偏った配置にすると，剛性の中心が偏り，地震時に，剛心を中心とするねじれ振動が生じて，耐震壁のないほうに大変形・破壊が生じる。ねじれ剛性は，耐震壁等の耐震要素を，平面上の中心部に配置するよりも，外壁に配置した方が高まる。

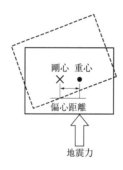

図 1・13

　各階の剛性に偏りがあると，剛性の小さい階で地震時に変形・損傷が集中しやすいので注意する。

(2)　柱

　柱の最小径とその主要支点間距離の比は，普通コンクリートの場合**1/15**（軽量コンクリートの場合 1/10）**以上**とする。

　柱が**短柱**（柱せいに比して長さの短い柱）になると，せん断破壊を起こしやすくなる。せん断破壊は，曲げ破壊に比べて脆性的な破壊形式であり，避けなければならない。短柱としないために，腰壁や垂れ壁にはスリットを設け，構造的に縁を切る。

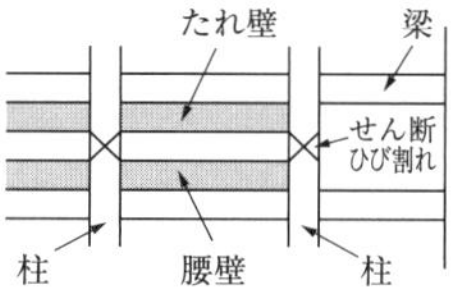

　柱の主筋の断面積の和は，コンクリート断面積の **0.8 %以上**とする。ただし，引張鉄筋比を大きくすると，主筋に沿ってひび割れが生じる付着割裂破壊が生じたり，変形能力が小さくなるので注意する。また，**帯筋比は，0.2 %以上**とする。帯筋比が大きいほどせん断耐力は大きくなる。

図 1・14

　地震時に負担している軸方向圧縮力が大きくなると，変形能力が小さくな

エキスパンジョイントのあき寸法は，建物相互の変形量を考慮する。

◀よく出る

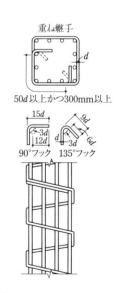

図 1・15　スパイラル筋

り，脆性破壊の危険がある。地震時に曲げモーメントが特に増大するおそれのある柱では，短期軸方向力を柱のコンクリート全断面積で除した値は，コンクリートの設計基準強度の$\frac{1}{3}$以下とする。

　柱に用いる帯筋の端部は，原則として135°以上に折り曲げ，余長6d（dは鉄筋径）をとって定着する。**スパイラル筋**を用いる場合，その重ね継手の長さは，50d（dは，呼び名の数値，または鉄筋径）以上，かつ300 mm以上とする。

　柱梁接合部の帯筋比は，0.2%以上とし，その間隔は，原則として150 mm以下，かつ，隣接する柱の帯筋間隔の1.5倍以下とする。

柱の帯筋の間隔
柱の上下端から柱の最大径の1.5倍または最小径の2倍のいずれか大きい範囲では，100 mm以上とする。

(3)　梁

　構造耐力上主要な梁は，上端と下端に配筋する**複筋梁**とする。圧縮鉄筋は，靱性の確保やクリープによるたわみの抑制に有効である。下端筋の端部は，原則として曲げ上げて柱梁接合部に定着する。また，鉄筋の折り曲げ起点は，柱の中心線を越えた位置とする。

　梁のあばら筋にD10の異形鉄筋を用いる場合，その間隔は梁せいの$\frac{1}{2}$以下かつ250 mm以下とする。

　梁に貫通孔を設けた場合，孔の周辺に応力が集中し，せん断耐力を低下させる。せん断耐力は，孔の部分を除いた断面積に比例するが，曲げ耐力は低下しないため，せん断破壊を生じやすくなる。やむをえず貫通孔を設ける場合には，径を梁せいの1/3以下を限度とし，梁スパン中央付近に配置し，かつ補強筋を配する。

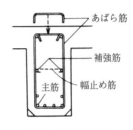

図1・16　複筋梁

◀よく出る

長期荷重時に正負最大曲げモーメントを受ける部分の引張鉄筋断面積は，0.004 bdまたは存在応力によって必要とされる量の4/3倍のうち，小さい方の値以上とする。

貫通孔の中心間隔は，梁に2個以上の円形孔を設ける場合，両孔径の平均値の3倍以上とする。

◀よく出る

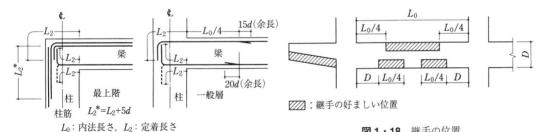

L_0：内法長さ，L_2：定着長さ

図1・17　定着長さ

■■■：継手の好ましい位置

図1・18　継手の位置

(4)　耐震壁

　耐震壁は，地震時にねじれ変形が生じないように，建築物の重心と剛心との距離が小さくなるように配置する。構造上，耐震壁とみなされないような非構造壁も地震時には，耐震壁と同様に働くことがあるので注意する。

　耐震壁の水平耐力は，曲げ・せん断・浮上がりなどを考慮して，総合的に求める。特に，基礎の剛性が小さい場合，耐震壁が剛体回転を起こし，水平力を負担できないことがあるので注意を要する。

◀よく出る

建
築
学

　耐震壁の壁厚は，**12 cm 以上**とし，かつ壁の内法高さの1/30 以上とする。壁のせん断補強筋は，直交する各方向に対して，それぞれ**0.25 ％以上**とする。

　小さな開口がある場合でも，耐震壁と扱うことができるが，開口部には適切な補強筋を配置する必要がある。

⑸ 床 ス ラ ブ

　床スラブの配筋は，各方向の全幅について，鉄筋全断面積のコンクリート全断面積に対する割合を**0.2%以上**とする。

◀よく出る

⑹ ひ び 割 れ

　構造上のひび割れは，主に，**曲げひび割れ**と**せん断ひび割れ**がある。曲げひび割れは，曲げモーメントの発生する位置に材軸と直角に発生する。せん断ひび割れは，図1・19のように，45°方向に引張応力が働くために発生する。

　曲げひび割れには，引張側の主筋を増やし，せん断ひび割れには，あばら筋や帯筋を増やすことにより，ひび割れを防ぐ。

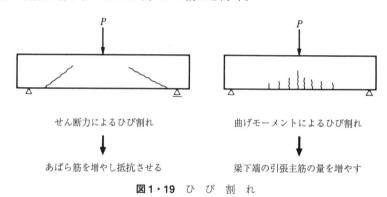

せん断力によるひび割れ　　　　　曲げモーメントによるひび割れ

↓　　　　　　　　　　　　　↓

あばら筋を増やし抵抗させる　　　梁下端の引張主筋の量を増やす

図1・19 ひ び 割 れ

1・2・3 鉄骨構造

(1) 鋼材の性質

鋼材の引張強さは，含まれる炭素量によって異なる。一般に，炭素含有量が0.8％前後のときに引張強さは最大となる。JISにおける鋼材の種類の記号SS 400，SN 490 B，STK 400などの数値は，引張強さの下限値をN/mm²で表している。また，鋼材のヤング係数は，2.05×10^5 N/mm²で鋼材の種類にかかわらず一定である。

(2) 座屈

座屈は，圧縮材の**弾性座屈**，曲げ材の**横座屈**および板要素の**局部座屈**などがその代表例である。

圧縮材の弾性座屈は，その**座屈長さ**が長いほど生じやすい。座屈長さは，表1・9に示すように，部材の支持条件により異なる。座屈長さを部材の断面二次半径で除したものを**細長比**といい，細長比の大きいものほど座屈しやすい。

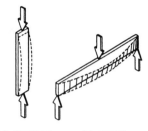

(a) 弾性座屈　　(b) 横座屈

図1・20 座屈

【ヒント】
構造耐力上主要な部分である圧縮材については，細長比の上限値が定められている。

表1・9 座屈長さ l_k

移動に対する条件	拘 束			自 由	
回転に対する条件	両端自由	両端拘束	1端自由他端拘束	両端拘束	1端自由他端拘束
座屈形 (l=材長)					
l_k	l	$0.5l$	$0.7l$	l	$2l$

曲げ材の横座屈は，断面のせいが大きいほど生じやすく，箱形あるいは丸形断面である鋼管は生じにくい。また，シヤコネクタでコンクリートスラブと結合されたH形鋼梁は，上端圧縮となる曲げ応力に対して横座屈が生じにくい。

断面板要素の局部座屈は，厚さに対する幅の比（**幅厚比**）が大きいほど生じやすい。H形鋼の幅厚比は，以下のように定められている。

$$\frac{b}{t_f} : \text{フランジの幅厚比} \qquad \frac{d-2t_f}{t_w} : \text{ウェブの幅厚比}$$

一般にフランジは曲げモーメント，ウェブはせん断力を負担する。

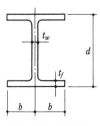

図1・21 幅厚比

建築学

H形鋼のウェブの補強として用いるスチフナには，材軸に平行な**水平ス
チフナ**と直角な**中間スチフナ**があり，水平スチフナは曲げ圧縮座屈に，中間
スチフナはせん断座屈に対して用いる。

(3) 高力ボルト接合

引張耐力の非常に大きい高力ボルトを用いた接合を高力ボルト接合とい
い，**摩擦接合**と**引張接合**がある。

高力ボルト摩擦接合は，部材同士を締め付け接触面の摩擦により，力を伝
達する接合法であり，高力ボルトに導入される軸力と摩擦面の管理が重要で
ある。摩擦面は，浮き錆を除いた赤錆状態を標準とする。この場合の**すべり
係数は 0.45** とすることができる。摩擦面の数により，一面摩擦と二面摩擦
があり，二面摩擦は一面摩擦の2倍の許容せん断力となる。

高力ボルト摩擦接合は，繰り返し応力に対しての許容応力度の低減は考え
なくてよいが，せん断力と同時に引張力を受ける場合には，引張力の大きさ
に応じて許容応力度を低減する。

高力ボルト相互間の中心距離はその径の 2.5 倍以上とする。

部材の引張力によってボルト孔周辺に生じる応力集中の度合は，高力ボル
ト摩擦接合の場合より普通ボルト接合の方が大きい。

◀よく出る

【ヒント】
引張材の接合を高力ボ
ルト摩擦接合とする場
合，母材のボルト孔に
よる欠損を考慮して引
張応力度を計算する。

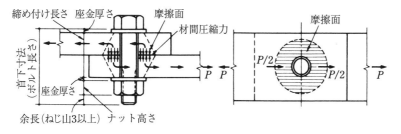

図1・22 高力ボルト摩擦接合

(4) 溶 接

溶接する箇所を溶接継目といい，溶接継目には，**突合せ溶接**（完全溶込み
溶接）・**隅肉溶接・部分溶込み溶接**がある。

突合せ溶接（完全溶込み溶接）は，突き合わせた母材に開先を作り，そこ
を溶着金属で埋めて接合する溶接継目である。**十分な管理が行われている場
合，突合せ溶接の許容応力度は，接合される母材の許容応力度とすることが
できる。**突合せ継手の食い違いの誤差は，鋼材の板厚に応じて決められてい
る。

隅肉溶接は，隅角部に溶着金属を盛って接合する溶接継目である。接合す
る母材間の角度が 60° 以下，または 120° 以上である場合には，応力を負担さ
せてはならない。

母材が完全に溶け込んでいない突合せ溶接部を部分溶込み溶接という。せ

【ヒント】
溶接継目ののど断面に
対する長期許容せん断
応力度は，溶接継目の
形式にかかわらず同じ
である。

ん断力のみを受ける場合に使用でき，溶接線と直角方向に引張力を受ける場合や溶接線を軸とする曲げを受ける場合には，使用できない。また，繰り返し応力を受ける箇所にも使用できない。

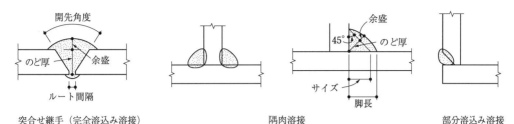

図1・23　溶　接　継　目

　柱梁接合部の梁端溶接部にノンスカラップ工法を用いると，スカラップ工法に比べ接合部の変形能力が向上する。

　角形鋼管柱とH形鋼梁の剛接合の仕口部にはダイヤフラムを設けて力が円滑に流れるようにする。

スカラップ
溶接線の交差によって不溶融部や溶接欠陥を残さないようにするために設ける。

内ダイヤフラム
せいの異なる梁を1本の柱に取り付ける場合等に用いられる。

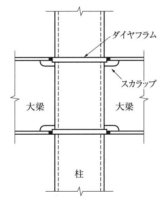

図1・24　角形鋼管柱とH形鋼梁の接合

(5)　併 用 継 手

　高力ボルト接合と溶接を併用する継手の場合，応力を分担できるのは，溶接と先に施工された高力ボルトである。高力ボルトが後に施工された場合，溶接のみで応力を負担する。

◀よく出る

(6)　柱　　　脚

　柱脚には，露出柱脚・根巻き柱脚・埋込み柱脚があり，根巻き柱脚・埋込み柱脚は，露出柱脚よりも高い回転拘束力を持つ。

(7)　接 合 部

　引張力を負担する筋かい接合部の破断耐力は，筋かい軸部の降伏耐力以上になるように設計する。

建
築
学

1・2・4　その他の構造

(1)　鉄骨鉄筋コンクリート構造

　鉄骨鉄筋コンクリート構造(SRC造)は，鉄骨骨組の周囲に鉄筋を配し，その上で型枠を組み，コンクリートを打ち込むことにより得られる構造で，通常の鉄筋コンクリート造に比べ鋼材の割合が多く，耐震性がある。また，鉄骨造に比べ鋼材がコンクリートに被覆されているため耐火性がある。

　曲げ耐力は，鉄筋コンクリート部分と鉄骨部分で計算される耐力の和として算定できる。柱の場合，圧縮側鉄骨量に応じて，コンクリートの許容圧縮応力度を低減させて計算する。

表1・10　鉄骨と鉄筋のあき

主筋と主筋	粗骨材の1.25倍以上 かつ2.5cm以上
主筋と軸方向鉄骨	2.5cm以上

（日本建築学会：設計規準）

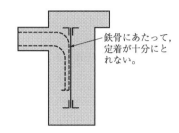

鉄骨にあたって，定着が十分にとれない。

図1・25　鉄骨と鉄筋との取合い

　鉄骨と鉄筋の間隔に関しても，コンクリートの充てん性を考慮して最低値が表1・10のように決められている。

　その他，配筋に関しては，図1・25のように，接合部の取合形式によって施工上問題となるケースもあり，注意が必要である。

(2)　プレストレストコンクリート構造

　プレストレストコンクリート構造は，PC鋼材により，コンクリートにあらかじめ圧縮力を加えておく構造である。引張に弱いコンクリートのひび割れを生じにくくし，梁のたわみを軽減する構造である。

　プレストレスの導入方式には，PC鋼材にあらかじめ引張力をかけておいてコンクリートを打設し，コンクリートの硬化後にPC鋼材の緊張を緩め，コンクリートに圧縮力を与える**プレテンション方式**と，コンクリートを先に打設し，硬化後，PC鋼材に引張力を与えて，反力としてコンクリートに圧縮力を与える**ポストテンション方式**がある。プレストレストコンクリート梁のせいは，スパンの1/25 ～ 1/15程度である。

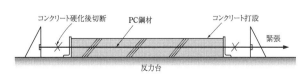

図1・26　プレテンション方式

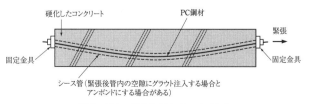

図1・27　ポストテンション方式

建築学

(3) 免 震 構 造

　免震構造は，鉛直荷重を支えつつ地震による水平方向の力から絶縁しようとする機能と地震入力エネルギーを吸収する機能をもつ構造である。絶縁しようとする機能は，**アイソレータ**と呼ばれ，一般に積層ゴムが使われる。エネルギーを吸収する機能は，**ダンパー**と呼ばれ，鋼製・粘性・鉛棒などが用いられる。

　アイソレータの低い水平剛性により，免震構造としない場合に比べて，固有周期が長くなっている。したがって，地震時における建築物に作用する加速度が小さくなり，水平力も小さくなるが，地盤と建築物の相対変位は大きくなる。したがって，地下部分に免震装置を設置した場合，建物と周囲の地盤との間には，クリアランスが必要である。また，設備配管の引き込みに対して，相対変位に追従できるフレキシブルジョイントが必要である。　◀よく出る

　アイソレータは，上下方向には高い剛性を有しており，上下方向に免震効果はない。

　上下構造全体の重心と免震部材全体の剛心のずれを極力小さくすることで，ねじれの影響を小さくする。免震層を中間階に設置する場合は，火災に対してアイソレータを保護する必要がある。　◀よく出る

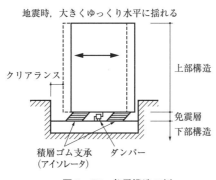

図 1・28 免震構造の例

(4) 木 質 構 造

・枠組壁工法は，木材を使用した枠組に構造用合板その他これに類するものを打ち付けることにより，壁及び床を設ける工法で，枠組壁は水平力と鉛直力に対して安全であるように，釣り合いよく配置する。　◀よく出る

・燃えしろ設計は，木質材料の断面から所定の燃えしろ寸法を除いた断面に長期荷重により生じる応力度が，短期の許容応力度を超えないことを検証するものである。　◀よく出る

【ヒント】
同一の接合部にボルトと釘を併用する場合の許容耐力は，両者を加算できない。

・構造用集成材は，ひき板（ラミナ）または小角材を繊維方向がほぼ同じ方向に集成接着したものであり，弾性係数，基準強度は，一般的な製材と比べ同等以上となっている。

・直交集成板（CLT）は，ひき板（ラミナ）を幅方向に並べたものを，その繊維方向が直交するように，積層接着した木質系材料であり，弾性係数，基準強度は一般的な製材の繊維方向の値と比べ小さくなっている。　◀よく出る

1・2・5　荷　　重

(1)　固定荷重

構造物自体の質量による荷重をいう。固定荷重には，仕上げ材の重量を含める。

(2)　積載荷重

人間，家具，物品などによる荷重で，実況に応じて算出するのが原則であるが，施行令において，室の用途によって規定されている。ある部屋の床の積載荷重は，構造計算をする対象（床，大梁・柱など，地震力）により異なる。その大小関係は，**床＞大梁・柱など＞地震力**である。倉庫業を営む倉庫の床の積載荷重は，3,900 N/m² としなければならない。

劇場・映画館等の客席の積載荷量は，固定席の方が固定されてない場合より小さい。

(3)　積雪荷重

積雪の単位荷重に屋根の水平投影面積とその地方における垂直積雪量を乗じて計算される。積雪の単位荷重は，多雪区域の指定のない区域においては，積雪量1 cm ごとに 20 N/m² 以上とする。多雪区域では，国土交通大臣が定める基準に基づいて定める。屋根の積雪荷重は，屋根に雪止めがある場合を除き，その勾配が 60 度以下の場合は，その勾配に応じて低減し，60 度を超える場合においては，零とすることができる。

教室に連絡する廊下と階段の床の構造計算用の積載荷重は，実況に応じて計算しない場合，教室より大きな値とする。

(4)　風　圧　力

風圧力は，**速度圧**（ q ）に**風力係数**（ C_f ）を乗じて求める。

$$風圧力 = q \cdot C_f$$
$$q = 0.6EV_0^2$$

　　E：周辺の建築物などの状況に応じて算出した数値

　　V_0：**基準風速**

風力係数は，建築物の形状や風向きによる係数である。**外圧係数**と**内圧係数**との差から算出される。金網や金網状の構造物の風力係数も定められている。防風林など風を有効に遮ることができる場合は，風圧力の算定に用いる速度圧を低減することができる。

◀よく出る

(5)　地　震　力

ある階（ i 階）の設計用地震層せん断力（ Q_i ）

$$Q_i = C_i \cdot W_i$$

　　C_i：ある階（ i 階）の**地震層せん断力係数**

$$C_i = Z \cdot R_t \cdot A_i \cdot C_0$$

　　Z：**地震地域係数**　各地域ごとに予想される地震動の強さに基づいて定められている。Z の値は 1.0，0.9，0.8，0.7 の4種類である。

　　R_t：**振動特性係数**　建築物の設計用一次固有周期および地盤の種別に応じて算出する。建築物の設計用一次固有周期が長

【ヒント】
地震層せん断力は，下階ほど大きくなる。地震層せん断力係数は上階ほど大きくなる。

いほど小さくなる。軟弱な地盤ほど大きくなる。

A_i：**高さ方向の分布を表す係数**　最下階で1で上層ほど大きくなる。

C_0：**標準せん断力係数**　一次設計（許容応力度設計）用の標準せん断力係数は，一般に，0.2 以上とする。必要保有水平耐力を計算する場合（二次設計）は，1.0 以上とする。

W_i：最上階からある階までの建物重量（固定荷重と積載荷重の和。多雪区域では積雪荷重を加える）。

　建築物の地下部分に作用する地震力は，一般に，当該部分の固定荷重と積載荷重の和に，水平震度 k を乗じて計算する。水平震度 k は，深い部分ほど小さくなる。

$$k \geq 0.1 \left(1 - \frac{H}{40}\right) Z$$

　　H：建築物の地下部分の地盤面からの深さ〔m〕

　　Z：地震地域係数

(6)　荷重の組合せ

　建築物の作用する荷重は，その作用する期間により，長期と短期に区分し，一般に表1・11に示すような組合せを考える。

表1・11　荷重の組合せ

荷重の状態		一般の場合	多雪区域	備　考
長　期	常　時	$G + P$	$G + P$	
	積雪時		$G + P + 0.7S$	
短　期	積雪時	$G + P + S$	$G + P + S$	
	暴風時	$G + P + W$	$G + P + W$ $G + P + 0.35S + W$ （両方を計算し，どちらか大きいほうを適用する。）	建築物の転倒，柱の引抜きなどを検討する場合には，P については建築物の実況に応じて積載荷重を減らした数値によるものとする。
	地震時	$G + P + K$	$G + P + 0.35S + K$	

G：固定荷重によって生ずる力　　P：積載荷重によって生ずる力　　S：積雪荷重によって生ずる力
W：風圧力によって生ずる力　　K：地震力によって生ずる力

1・3 構 造 力 学

学習のポイント

「第1章　建築学」からの出題は15問で，12問を選択して解答することになっている。15問のうち「1・3　構造力学」に関する出題は，3問程度である。難易度が高い上に，出題範囲が広いため，力学が得意な方以外は，学習時間に対する効果が出にくい箇所である。

1・3・1　力のつり合い

(1)　力のモーメント

　力のモーメントとは，物を回転させようとする力である。基準点Oに働く力のモーメントは，図1・29に示すように，力Pと基準点と力の作用線までの距離lとの積である。

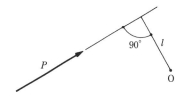

図1・29　力のモーメント

(2)　力の合成・分解

　複数の力があるときに，それらと同一の効果をもつ一つの力で表すことを力の合成といい，逆に一つの力を複数の力に分けて表すことを力の分解という。

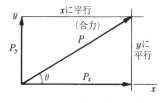

図1・30　力の合成・分解

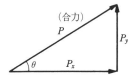

図1・31　示力図

(3)　力のつり合い

　物体に2つ以上の力が作用しても動かない（移動も回転もしない）とき，それらの力はつり合っているという。

　力がつり合うためには，以下の条件を満たさなければならない。

$$\Sigma X = 0 \quad \text{水平方向の力の総和が零}$$
$$\Sigma Y = 0 \quad \text{鉛直方向の力の総和が零}$$
$$\Sigma M = 0 \quad \text{ある点回りのモーメントの総和が零}$$

建築学

例題1・1

　図に記す剛体に作用する平行な3力 P_1, P_2 および P_3 とこれらの力につり合うための平行な上向きの力 P_A, P_B の大きさを求める。

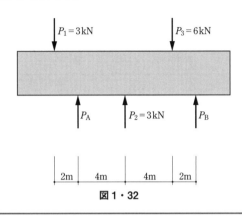

図1・32

[解説]

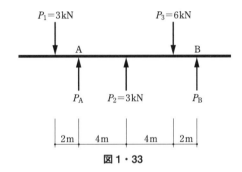

図1・33

▲よく出る

　図1・33のように，P_A, P_B が作用している点をA，Bとすると，A，B点それぞれ回りのモーメントの総和は零になる。
　まず，A点のモーメントを考えると

$$\Sigma M_A = - P_1 \times 2\,[\text{m}] - P_2 \times 4\,[\text{m}] + P_3 \times 8\,[\text{m}] - P_B \times 10\,[\text{m}] = 0$$

$$P_B = \frac{-3 \times 2 - 3 \times 4 + 6 \times 8}{10} = 3\,\text{kN}$$

となり，次にB点のモーメントを考えると

$$\Sigma M_B = - P_1 \times 12\,[\text{m}] + P_A \times 10\,[\text{m}] + P_2 \times 6\,[\text{m}] - P_3 \times 2\,[\text{m}] = 0$$

$$P_A = \frac{3 \times 12 - 3 \times 6 + 6 \times 2}{10} = 3\,\text{kN}$$

となる。

1・3・2　反力の算定

(1)　支点と節点

構造物を支えている点を**支点**といい，構造物を構成する部材と部材の接合点を**節点**という。力学的には表1・12のように分類される。

表1・12　支点と節点

移動端（ローラー）	回転端（ピン・ヒンジ）	固定端（フィクス）	滑節点（ピン・ヒンジ）	剛節点（フィクス）
反力数1	反力数2	反力数3	伝達力数2	伝達力数3
支持台に垂直方向の移動のみ拘束	すべての方向の移動を拘束（回転自由）	すべての移動と回転を拘束	部材相互の移動を伝達	部材相互の移動および回転を伝達

(2)　反　　力

構造物の各支点には，構造物に作用する力につり合う力が生じる。これを一般に**反力**という。反力は以下のように求める。

① 各支点に支点の種類に応じた反力を仮定する。

② 仮定した反力と作用している荷重に対して，つり合い条件式（連立方程式）をたて，未知数である反力を求める。

$$\Sigma X = 0, \quad \Sigma Y = 0, \quad \Sigma M = 0$$

③ 求められた反力の符号（＋－）により，仮定した反力の向きを確認する。－（マイナス）のときは，仮定した向きが反対である。

例題1・2

図に記す構造物の反力を求める。

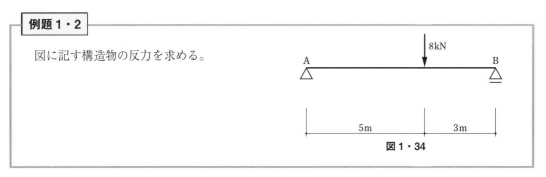

図1・34

[解説]　　　　　　　　　　　　　　　　　　　　　　　　　▲よく出る

① 支点A，Bの反力 H_A，V_A，V_B を図1・35のように仮定する。

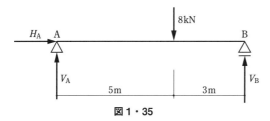

図1・35

建
築
学

② つり合い条件式により，H_A, V_A, V_B を求める。

$\Sigma X = 0$　より　　$H_A = 0$

$\Sigma Y = 0$　より　　$V_A + V_B - 8 = 0$

$\Sigma M_B = 0$　より　　$V_A \times 8 - 8 \times 3 = 0$　$\therefore$　$V_A = 3\,\text{kN}$　（↑）

$V_B = 5\,\text{kN}$　（↑）

例題 1・3

図に記す構造物の反力を求める。

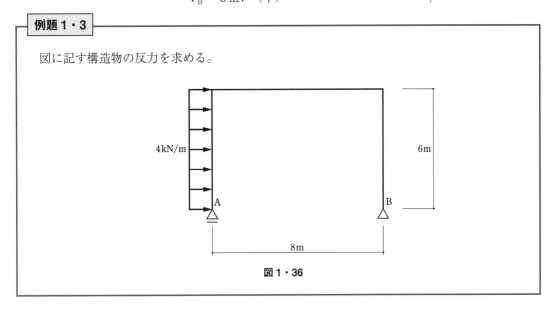

図 1・36

[解説]

① 等分布荷重を合力（$4\,\text{kN} \times 6\text{m} = 24\,\text{kN}$）に置き換える。

② 支点 A，B の反力 V_A, H_B, V_B を図 1・37 のように仮定する。

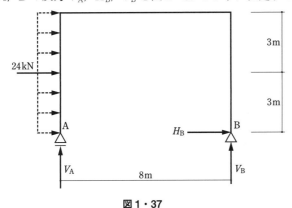

図 1・37

▲よく出る

3ヒンジラーメンの解法

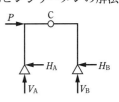

$\Sigma X = 0$

$\Sigma Y = 0$

$\Sigma M = 0$

のつり合い条件式にヒンジ点（C点）の曲げモーメントが0であることから，$M_C = 0$ を加えて解く（1・3・4応力の算定参照）

③ つり合い条件式により，V_A, H_B, V_B を求める。

$\Sigma X = 0$　より　　$24 + H_B = 0$　$\therefore$　$H_B = -24\,\text{kN}$　（←）

$\Sigma Y = 0$　より　　$V_A + V_B = 0$

$\Sigma M_B = 0$　より　　$V_A \times 8 + 24 \times 3 = 0$

$\therefore$　$V_A = -9\,\text{kN}$　（↓）

$V_B = +9\,\text{kN}$　（↑）

1・3・3 安定・不安定

(1) 安定・不安定

　構造物に，わずかな外力を加えたときに，その構造物が移動したり，元の形が崩れたりしてはならない。このような構造物を**安定構造物**といい，逆に，移動したり，崩れる構造物を不安定構造物という。図1・38に示すような構造物は，**不安定構造物**である。

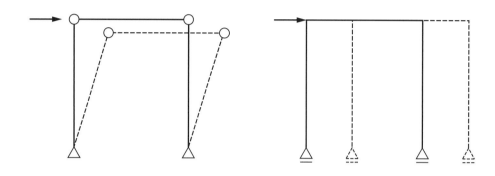

図1・38 不安定構造物

(2) 静定・不静定

　安定構造物のうち，力のつり合い条件を適用して，反力や応力（1・3・4参照）を求められる構造物を**静定構造物**といい，力のつり合い条件のほか，変形の適合条件も合わせて考えなければ，反力や応力が求められない構造物を**不静定構造物**という。

(3) 判 別 式

　安定・不安定，静定・不静定を判別するのに，次式が一般的に用いられている。

$$m = n + s + r - 2k$$

　　$m < 0$　不安定構造物

　　$m = 0$　安定構造物であり，静定構造物

　　$m > 0$　安定構造物であり，不静定構造物。m は不静定次数

　　ここに，n：反力の総数（1・3・2参照）

　　　　　　　移動端：1

　　　　　　　回転端：2

　　　　　　　固定端：3

　　　　　s：部材の総数

　　　　　r：剛接合された部材数

　　　　　k：節点の総数（自由端を含む支点，節点の合計）

建
築
学

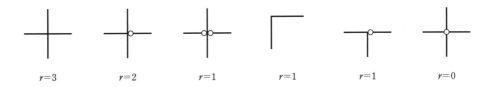

図 1・39

例題 1・4

図の構造物の安定・不安定を判別する。

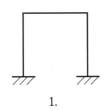 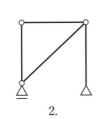 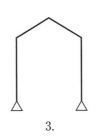 

1.　　　　　　2.　　　　　　3.　　　　　　4.

図 1・40

[解説]

①　$n = 6$, $s = 3$, $r = 2$, $k = 4$

　　$m = 6 + 3 + 2 - 2 \times 4 = 3$　　∴　3 次の不静定構造物

②　$n = 3$, $s = 4$, $r = 0$, $k = 4$

　　$m = 3 + 4 + 0 - 2 \times 4 = -1$　　∴　不安定構造物

③　$n = 4$, $s = 4$, $r = 3$, $k = 5$

　　$m = 4 + 4 + 3 - 2 \times 5 = 1$　　∴　1 次の不静定構造物

④　$n = 4$, $s = 4$, $r = 2$, $k = 5$

　　$m = 4 + 4 + 2 - 2 \times 5 = 0$　　∴　静定構造物

　判別式によって，安定構造物と判定されても，実際には不安定構造物である場合がある。図 1・41 に示す梁は，判別式によると

　　$m = 3 + 2 + 1 - 2 \times 3 = 0$

となり，静定構造物と判定されるが，実際には，水平力に対し，簡単に移動してしまう構造物であることが明白である。判別式は，万能ではないので，最終的には，その構造物が，移動しないのか，崩れないかの判断が必要となる。

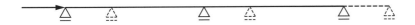

図 1・41

1・3・4 応 力 の 算 定

(1) 応力の種類

　荷重および反力によって部材には，伸び・縮み・ずれ・曲げ等の変化を起こそうとする働きが生じる。大きさが等しく向きが反対の一対の力・モーメントによるもので，これらを**応力**という。

　① **軸方向力**(N)

　　　軸方向に部材を引き伸ばそうとする力（引張力）または部材を圧縮しようとする力（圧縮力）。

　② **せん断力**(Q)

　　　部材の軸に直角に働き，部材にずれ変形を生じさせようとする力。

　③ **曲げモーメント**(M)

　　　部材を曲げようとする力。

(2) 応力の求め方

　① 応力を求めたい位置で構造物を切断する。

　② 切断面で応力（軸方向力・せん断力・曲げモーメント）を仮定する。

　③ 切断された片側で，荷重・反力ならびに仮定した応力に対して，つり合い条件式（連立方程式）をたて，未知数である応力を求める。

例題 1・5

　図に記す構造物の応力を求める。

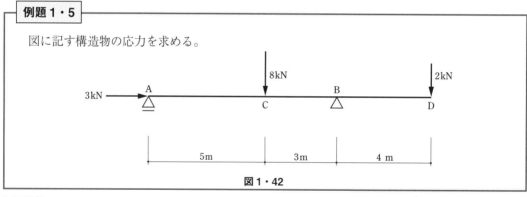

図 1・42

[解説]　　　　　　　　　　　　　　　　　　　　　　　　　　▲よく出る

　① 支点 A，B の反力 V_A，H_B，V_B を求める。

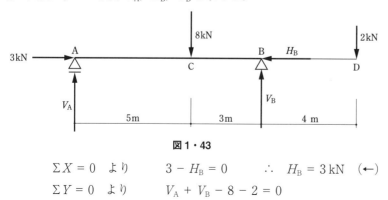

図 1・43

$$\Sigma X = 0 \quad より \qquad 3 - H_B = 0 \qquad \therefore \quad H_B = 3\,kN \quad (\leftarrow)$$

$$\Sigma Y = 0 \quad より \qquad V_A + V_B - 8 - 2 = 0$$

建築学

$$\Sigma M_B = 0 \quad \text{より} \qquad V_A \times 8 - 8 \times 3 + 2 \times 4 = 0$$
$$\therefore \quad V_A = 2\,\text{kN} \quad (\uparrow)$$
$$\therefore \quad V_B = 8\,\text{kN} \quad (\uparrow)$$

②　A－C 間の応力

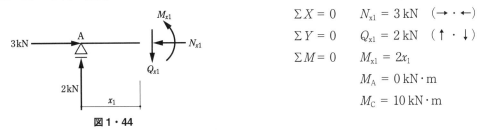

図 1・44

$$\Sigma X = 0 \qquad N_{x1} = 3\,\text{kN} \quad (\rightarrow \cdot \leftarrow)$$
$$\Sigma Y = 0 \qquad Q_{x1} = 2\,\text{kN} \quad (\uparrow \cdot \downarrow)$$
$$\Sigma M = 0 \qquad M_{x1} = 2x_1$$
$$M_A = 0\,\text{kN·m}$$
$$M_C = 10\,\text{kN·m}$$

③　C－B 間の応力

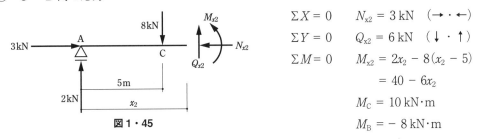

図 1・45

$$\Sigma X = 0 \qquad N_{x2} = 3\,\text{kN} \quad (\rightarrow \cdot \leftarrow)$$
$$\Sigma Y = 0 \qquad Q_{x2} = 6\,\text{kN} \quad (\downarrow \cdot \uparrow)$$
$$\Sigma M = 0 \qquad M_{x2} = 2x_2 - 8(x_2 - 5)$$
$$= 40 - 6x_2$$
$$M_C = 10\,\text{kN·m}$$
$$M_B = -8\,\text{kN·m}$$

④　B－D 間の応力

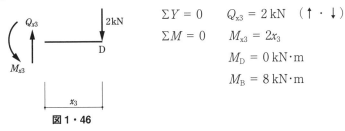

図 1・46

$$\Sigma Y = 0 \qquad Q_{x3} = 2\,\text{kN} \quad (\uparrow \cdot \downarrow)$$
$$\Sigma M = 0 \qquad M_{x3} = 2x_3$$
$$M_D = 0\,\text{kN·m}$$
$$M_B = 8\,\text{kN·m}$$

⑤　応力図

　N, Q は，各区間とも x に関係なく区間内で一定値。M は，各区間とも x に関する一次式。ゆえに，A, C, B, D 点での M の値を直線で結べばよい。

　N 図・Q 図は，梁の場合，＋を上側に描く。N は，一般に，引張力が＋，Q は，↑・↓の組み合わせが＋となる。M 図は，凸になる側に描く。

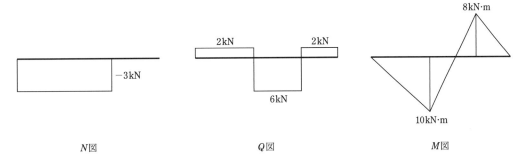

　　　N図　　　　　　　　　　Q図　　　　　　　　　　M図

図 1・47

建
築
学

1・3・5 ト ラ ス

(1) トラスとは

トラスとは，木材・鋼材などの単材をピン接合で三角形に構成し，その三角形をつなぎ合わせ，組み立てた骨組のことをいう。各部材は，軸方向力で荷重・反力とつり合い，曲げモーメントとせん断力は生じない。

(2) 応力の求め方

応力は，次のいずれかの方法で求めることができる。

① 節点でのつり合いを考える（節点法）。

② 「1・3・4 応力の算定」と同様に，応力を求めたい位置で構造物を切断して求める（切断法）。

例題 1・6

図に記す構造物の軸方向力を求める。

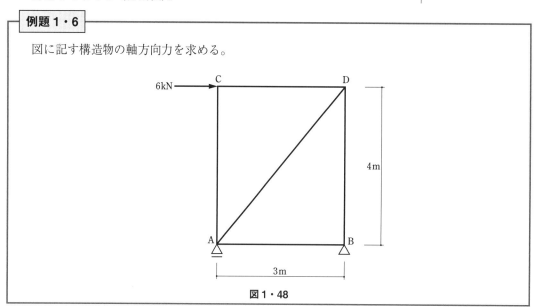

図 1・48

[解説]

① C 節点について，CD 材，CA 材の応力（引張となるように）を仮定する。

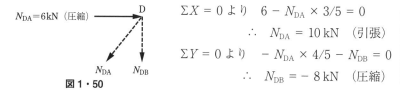

図 1・49

$\Sigma X = 0$ より $N_{CD} = -6 \, kN$

$\Sigma Y = 0$ より $N_{CA} = 0$

N_{CD} の －（マイナス）は，仮定（引張）と逆向き（圧縮）ということである。

② D 節点において，①で求められた CD 材の応力（圧縮の 6kN）と DB材，DA 材との応力のつり合いを考える。

$N_{DA} = 6kN$（圧縮）

図 1・50

$\Sigma X = 0$ より $6 - N_{DA} \times 3/5 = 0$

$\therefore N_{DA} = 10 \, kN$ （引張）

$\Sigma Y = 0$ より $-N_{DA} \times 4/5 - N_{DB} = 0$

$\therefore N_{DB} = -8 \, kN$ （圧縮）

③　A節点においても，同様に②で求められたAD材の応力（引張の
10 kN）とAB材，反力 V_A とのつり合いを考える。

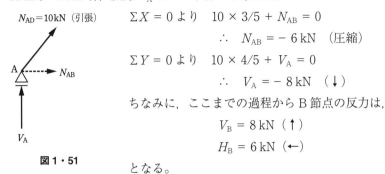

$N_{AD}=10$kN（引張）

A $\rightarrow N_{AB}$

V_A

図1・51

$\Sigma X = 0$ より　$10 \times 3/5 + N_{AB} = 0$

$\therefore\quad N_{AB} = -6$ kN　（圧縮）

$\Sigma Y = 0$ より　$10 \times 4/5 + V_A = 0$

$\therefore\quad V_A = -8$ kN　（↓）

ちなみに，ここまでの過程からB節点の反力は，

$$V_B = 8 \text{ kN}（↑）$$
$$H_B = 6 \text{ kN}（←）$$

となる。

例題1・7

図に記す構造物の部材Aに生じる軸方向力を求める。

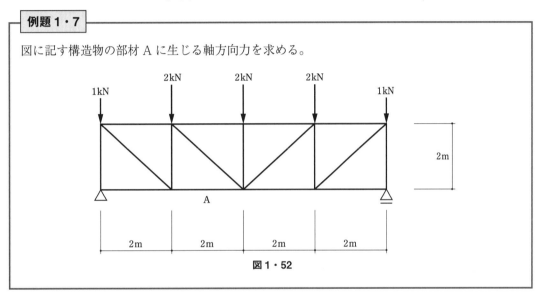

図1・52

[解説]

①　反力は，左右対称の構造物であるため，両支点とも上向きに
4 kNとなる。

②　部材Aを含む切断面を考え，切り口に図1・53のように，
引張となるように応力を仮定する。

③　求めたい応力以外の2つの力が交わる節点Bでのモーメン
トのつり合い式を考える。

$\Sigma M_B = 0$　より　$4 \times 2 - 1 \times 2 - N_A \times 2 = 0$

$\therefore\quad N_A = 3$ kN　（引張）

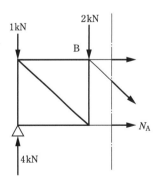

図1・53

1・3・6　断面の性質と応力度

(1)　断面二次モーメント

　長方形断面の図心を通る軸に対する**断面二次モーメント**は，次式で表せる。

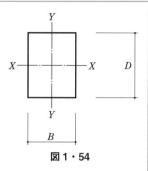

図1・54

$$I_\mathrm{x} = \frac{BD^3}{12} \qquad I_\mathrm{Y} = \frac{B^3 D}{12}$$

　同一の軸に関する断面二次モーメントは，「足し算」や「引き算」ができる。図1・55に示すようなI形断面の$X - X$軸に対する断面二次モーメントは，$4a \times 6a$の長方形断面の断面二次モーメントからハッチ部分の断面二次モーメントを差し引けばよい。

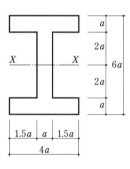 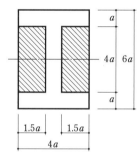

図1・55

$$I_\mathrm{x} = \frac{4a \times (6a)^3}{12} - \frac{1.5a \times (4a)^3}{12} \times 2 = \frac{a^4}{12}(864 - 192) = 56a^4$$

(2)　断 面 係 数

　長方形断面の図心を通る軸に対する断面係数は，次式で表せる。

$$Z_\mathrm{x} = \frac{BD^2}{6} \qquad Z_\mathrm{y} = \frac{B^2 D}{6}$$

(3)　応 力 度

①　軸方向力による応力度

　均質な直線部材が軸方向力Nを受けると，材軸に直角な断面には，一様な**垂直応力度**を生じる。

$$\sigma = \frac{N}{A} \qquad A：断面積$$

② 曲げモーメントによる応力度

曲げを受ける部材の断面では，図1・56(a)のように伸びと縮みの変形が生じる。このとき，材軸に直角な断面には，図1・56(b)に示すような垂直応力度を生じる。

$$\sigma = \frac{M}{I}\, y$$

I：断面二次モーメント
y：中立軸からの距離

応力度が一番大きくなるのは，断面の縁であり，ここでの応力度は，長方形断面の場合，以下のようになる。

$$\sigma = \frac{M}{Z}$$

Z：断面係数

許容曲げモーメント M_A
$M_A = f_b \cdot Z$
f_b：許容曲げ応力度

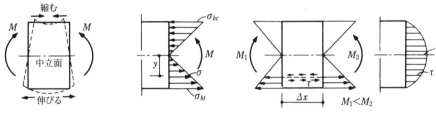

(a) 曲げ変形　　(b) 曲げ応力度の分布　　(c) せん断応力度の分布

図1・56 応　力　度

(4) ひ ず み

部材に荷重が作用すると，部材は伸び・縮みの変形を起こす。長さの変化分（Δl）を元の長さ（l）で割った値を**ひずみ（ε）**という。

$$\varepsilon = \frac{\Delta l}{l}$$

Δl：長さの変化分　　l：元の長さ

(5) 弾 性 係 数

物体に力を加えるとひずみが生じ，力を取り去ると，元の形に戻る性質を弾性という。また，力を除いても形が戻らない性質を塑性という。弾性体では，応力度とひずみは比例する。この比例定数を**弾性係数**といい，垂直応力度とひずみとの比例定数を**ヤング係数**という。

$$E = \frac{\sigma}{\varepsilon}$$

建
築
学

例題1・8

　図に示す鉄筋コンクリートの部材に上下方向から 19 kN の荷重を断面に一様に作用させた場合，コンクリート部分の負担する軸力を求める。ただし，鉄筋の総断面積は 1,000mm^2，鉄筋のコンクリートに対するヤング係数比は 10 とする。

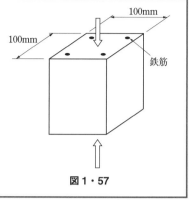

100mm

100mm

鉄筋

図1・57

▲よく出る

[解説]

　鉄筋とコンクリートの負担する軸力をそれぞれ N_S，N_C，鉄筋とコンクリートに生じる応力度をそれぞれ σ_S，σ_C，鉄筋とコンクリートの断面積をそれぞれ A_S，A_C，ヤング係数比を n とすると，

$$N = N_S + N_C \qquad \sigma_S = N_S/A_S \qquad \sigma_C = N_C/A_C \qquad \sigma_S = n \cdot \sigma_C$$

となり，

$$N = \sigma_S \cdot A_S + \sigma_C \cdot A_C = \sigma_C \, (nA_S + A_C)$$

となる。

$$N = 19 \, (kN) \qquad A_S = 1000 \, (mm^2)$$
$$A_C = 100 \times 100 - 1000 = 9000 \, (mm^2)$$

$n = 10$ を代入すると，　$\sigma_C = \dfrac{19}{10 \times 1000 + 9000} = 0.001 \, (kN/mm^2)$

となり，$N_C = 0.001 \times 9000 = 9 \, (kN)$ となる。

1・3・7 部材の変形

(1) 梁のたわみ

梁に荷重が作用すると，梁は湾曲する。この湾曲による変位量を**たわみ**といい，代表的な梁の最大たわみを図1・58に示す。

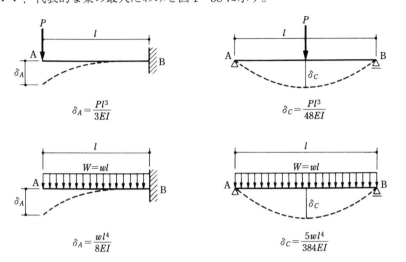

$$\delta_A = \frac{Pl^3}{3EI}$$

$$\delta_C = \frac{Pl^3}{48EI}$$

$$\delta_A = \frac{wl^4}{8EI}$$

$$\delta_C = \frac{5wl^4}{384EI}$$

図1・58 梁のたわみ

すなわち，たわみは，荷重（Pまたはw）とスパン（l）の3乗または4乗に比例し，ヤング係数（E）と断面二次モーメント（I）に反比例する。言い換えれば，P, lが同一条件なら，E, Iが大きいほどたわみは小さくなる。このEIを**曲げ剛性**という。

例題1・9

図に示す片持ち梁の先端Aに集中荷重Pが作用するとき，A点のたわみが最も小さい梁の断面として，**正しいもの**はどれか。

ただし，梁のヤング係数はすべて等しいものとする。

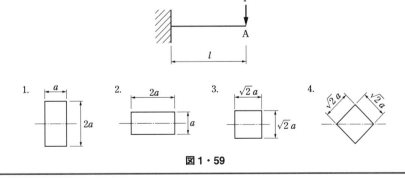

図1・59

▲よく出る

[解説]

　片持ち梁の先端に集中荷重が作用した場合の先端のたわみは，次式で表せる。

$$\delta = \frac{Pl^3}{3EI}$$

P＝荷重

l＝スパン

E＝ヤング係数

I＝断面2次モーメント

Iが最も大きなものが最もたわみが小さくなる。

1. $I = \dfrac{\mathrm{B}D^3}{12} = \dfrac{a(2a)^3}{12} = \dfrac{2}{3}a^4$

2. $I = \dfrac{2a \cdot a^3}{12} = \dfrac{a^4}{6}$

3. $I = \dfrac{\sqrt{2}a \times (\sqrt{2}a)^3}{12} = \dfrac{a^4}{3}$

4. $I = \dfrac{\sqrt{2}a \times (\sqrt{2}a)^3}{12} = \dfrac{a^4}{3}$

したがって，1が正しいものである。

(2) 座　　屈

　細長い材や薄い材に圧縮力が生じたとき，その力がある限界を超えると，その材が急に曲がりだす現象を**座屈**という。そのときの荷重（座屈荷重）は次式で表される。

$$P_k = \frac{\pi^2 EI}{l_k^2}$$

$$\sigma_k = \frac{P_k}{A} = \frac{\pi^2 EI}{l_k^2 A} = \frac{\pi^2 E}{(l_k/i)^2} = \frac{\pi^2 E}{\lambda^2}$$

P_k：座屈荷重　　l_k：座屈長さ　　σ_k：座屈応力度

i：断面二次半径$= \sqrt{\dfrac{I}{A}}$　　λ：細長比$= \dfrac{l_k}{i}$

　したがって，ヤング係数（E），断面二次モーメント（I）が小さいほど，座屈長さ（l_k），細長比（λ）が大きいほど，座屈しやすい。

　また，座屈長さは，材端の水平移動に対する条件，支持条件により，表1・13のようにまとめられる。

建築学

表1・13 座屈長さ

移動に対する条件	拘　束			自　由	
回転に対する条件	両端自由	両端拘束	1端自由他端拘束	両端拘束	1端自由他端拘束
座　屈　形	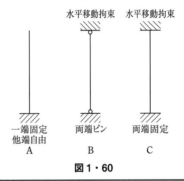				
l_k	l	$0.5l$	$0.7l$	l	$2l$

例題1・10

　図に示す材端条件を持つ長柱A，B及びCが，中心圧縮力を受けるときの座屈長さの大小関係として，**正しいもの**はどれか。

　ただし，柱の材質及び断面は同一とし，長さは等しいものとする。

1. A＞B＞C
2. A＞C＞B
3. B＞A＞C
4. C＞B＞A

水平移動拘束　　水平移動拘束

一端固定
他端自由
A　　　　　両端ピン
B　　　　　両端固定
C

図1・60

[解説]

　表1・13より，各々の座屈長さは，部材の長さをLとすると

　　A：2L

　　B：L

　　C：0.5L

したがって，1が正しいものである。

1·4　建 築 材 料

学習のポイント

「第1章　建築学」からの出題は 15 問で，12 問を選択して解答することになっている。15 問のうち「1·4　建築材料」に関する出題は，5 問程度である。「セメント・コンクリート」「金属材料」からの出題頻度は高く，これらについては選択し，正答したい。その他の材料は，出題範囲が広いが，本テキストの範囲を十分に学習しておけば，正答できる可能性は高い。

1·4·1　木　　　材

(1)　強　　　度

・一般に，含水率が繊維飽和点（含水率 30 %程度）以下の場合，含水率が小さいほど，木材の強度は大きくなる。つまり，含水率 30 %のときに比べて，15 %のときのほうが強度は大きい。

・繊維方向の許容応力度の大小関係は，**曲げ＞圧縮＞引張＞せん断**である。　◀ **よく出る**

・一般に，同じ含水率の場合，比重の大きいものほど，強度は大きい。

・節のある場合は，節のない場合よりも強度が小さくなる。

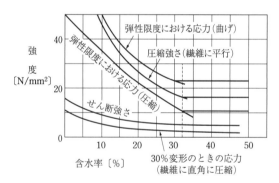

図 1·61　含水率と強度

(2)　膨張および収縮

・木材の互いに直交する三方向（繊維方向，年輪の半径方向，年輪の円周方向）の収縮率の大小関係は，**年輪の円周方向＞年輪の半径方向＞繊維方向**である。

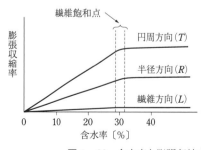 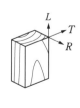

図 1·62　含水率と膨張収縮率との関係

・膨張量，収縮量は，繊維方向より繊維に直角方向のほうが大きい。

・膨張収縮率は，含水率が 20 ％以下では，含水率にほぼ比例する。

(3)　燃 焼 ほ か

・木材に口火を近づけることで，持続する炎が生じる着火温度は 260 ～ 290 ℃であり，260 ℃を木材の**火災危険温度**として，防火上の基準温度としている。また，口火なしでも自然発火する**発火温度**は，390 ～ 480 ℃である。

・大きな断面の木材が燃えて炭化する速度は，通常，1 分間に 0.6 mm 程度であるが，燃焼によってできる炭化層は，内部を燃焼しにくくする。

・木材の熱伝導率は，比重の小さいものほど小さく，また，含水率の低いものほど小さい。

・樹幹の断面をみて，樹心に近い部分を**心材**といい，樹皮に近く心材の外周にあたる部分を**辺材**という。辺材には樹液が多く，細胞に活力があるが，心材よりも耐久性が低く，虫害にもかかりやすい。

(4)　集 成 材

集成材とは，厚さ 2 ～ 5 cm の**ひき板**（ラミナ）または小角材の繊維方向を長さ方向に組み合わせた接着材料である。割れや狂いの発生が少なく，大断面材や長尺材の製造が可能である。

・構造用集成材の繊維方向の許容応力度は，木材の繊維方向の許容応力度より大きい値が与えられている。

・構造用集成材は，屋外でも使用されるので，その製造にあたっては造作用集成材に比べて耐久性に優れた接着剤を用いる。

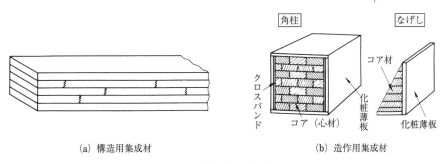

|角柱|　　|なげし|

クロスバンド　　コア（心材）　　コア材　　化粧薄板　　化粧薄板

(a)　構造用集成材　　　　　　　　(b)　造作用集成材

図 1・63　集　成　材

(5)　合　　　板

合板とは，繊維方向が直交するように，奇数枚の単板（**ベニヤ**）を交互に圧着したものである。構造用合板は，規定される強度試験の種類によって，1 級と 2 級の等級がある。さらに，接着剤の耐水性を考慮した接着性能によって，特類と 1 類に区分される。

普通合板は，接着の程度によって 1 類と 2 類に分類される。

1・4・2　セメント・コンクリート

(1)　セメントの種類と特徴

(a)　**普通ポルトランドセメント**

コンクリート工事用として最も多く使用され，わが国の使用セメント量の85％をしめる。

(b)　**早強ポルトランドセメント**

粉末が普通ポルトランドセメントより細かく，水和熱が大きいが，早期に強度が発現するので，工期の短縮，寒冷期の使用に適する。

(c)　**中庸熱ポルトランドセメント**

普通ポルトランドセメントに比べて，水和熱が小さく，収縮率が小さく，ひび割れが少ない。ダム・道路，夏期の使用に適する。早期の強度は普通ポルトランドセメントより低いが，長期強度はほとんど差がない。

(d)　**高炉セメント**

高炉セメントは，ポルトランドセメントに製鉄所から出る高炉スラグの微粉末を混合したセメントで高炉スラグの分量により，A種，B種，C種の3種類がある。耐海水性や化学抵抗性が大きく，アルカリ骨材反応の抑制に効果がある。早期強度はやや小さいが，長期強度は普通ポルトランドセメントと同等以上になる。

(e)　**フライアッシュセメント**

ポルトランドセメントクリンカーにフライアッシュと適量のせっこうを加え，混合・粉砕したもので，ワーカビリティを増し，水和熱も比較的小さい。高炉セメントと同様に，混合材の分量により，A種，B種，C種の3種類がある。

(2)　セメントの性質

・セメントの貯蔵期間が長いと，セメントが空気中の水分を吸収して軽微な水和反応を生じる。これをセメントの**風化**といい，風化したセメント粒子の表面は，水和物の被膜に覆われ，水和反応を阻害する。

・**比表面積**（ブレーン値）は，1gあたりの粒子表面積をいい，セメント粒子の細かさを示す値で，値が大きいほど細かく，早期強度が得られるが，水和熱によるひび割れなどの弊害を伴うことがある。

◀よく出る

(3)　コンクリートの種類

コンクリートは，セメントペースト（セメント＋水）のこう着力で骨材（砂＋砂利）を結合したものである。砂を**細骨材**，砂利を**粗骨材**という。セメントと水と砂を練り混ぜたものをモルタルという。

コンクリートは，使用骨材によって，普通コンクリート・軽量コンクリートなどに分類されるほか，施工条件により，寒中コンクリート・暑中コンクリートなどに分けられることもある。

ポルトランドセメント
セメントクリンカーに凝結時間調整用のせっこうを加え，粉砕してつくられる。

エコセメント
都市ごみ焼却灰を主とし，必要に応じて下水汚泥等を加えたものを主原料として製造される。資源リサイクル型のセメント。

建築学

(4)　コンクリートの性質

・単位水量が大きくなると，乾燥収縮やブリージングが大きくなる。そのため，単位水量の上限が 185 kg/m³ と設けられている。ブリージングとは，混合水が骨材・セメント粒子の沈降によって上方に集まることをいう。　◀よく出る

・単位セメント量が過小になると，型枠内へのコンクリートの充てん性が低下する。そのため，コンクリート強度を確保するための条件とは別に，単位セメント量の最小値は 270 kg/m³ と定められている。逆に，単位セメント量が過大になると，ひび割れが生じやすくなる。　◀よく出る

・**細骨材率**が小さすぎると，スランプの大きいコンクリートでは分離しやすくなる。細骨材率は，細骨材の骨材全体に占める容積百分率であり，細骨材の単位容積を V_s，粗骨材の単位容積を V_g とすると，

$$\frac{V_s}{V_s + V_g} \times 100〔\%〕$$

で表される。

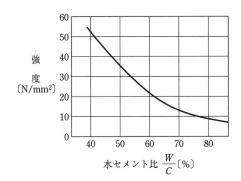

図 1・64　水セメント比と強度

・**水セメント比を大きくすると，**コンクリートの強度は小さくなり，中性化速度は速くなる。水セメント比は，セメントと水との質量百分率であり，単位水量を W，単位セメント量を C とすると　◀よく出る

$$\frac{W}{C} \times 100〔\%〕$$

で表される。

・コンクリート**A E 剤**を混入すると，**凍結融解作用**に対する抵抗性が増大する。

・**AE 減水剤**は，所要のコンシステンシーを得るために必要な単位水量を減少させることができるので，コンクリートは緻密化し，コンクリートの水密性を高めることができる。

・**コンクリートのヤング係数は，**コンクリートの強度が大きいほど，単位容積質量が大きいほど大きくなる。　◀よく出る

・骨材の形状は，球形に近い物がよく，扁平・細長いもの，角ばっている骨

材は，コンクリートの流動性が悪くなり，単位セメント量・単位水量を多くする必要が生じる。

・コンクリート中の**塩化物含有量**は，原則として 0.30 kg/m^3 以下に定められている。

・コンクリートの引張強度は，圧縮強度の 1/10 程度である。

(5) アルカリ骨材反応

　骨材は，化学的に安定した性質でなければならない。非結晶質シリカを含有する鉱物を反応性骨材といい，これらを含む岩石を粗骨材として使用すると，コンクリート中のアルカリと反応してコンクリート表面に亀甲状のひび割れや骨材のポップアウト現象を起こす。これを**アルカリ骨材反応**といい，対策として以下のものがある。

① 　アルカリ骨材反応に関して無害と判定される骨材を使用する。

② 　低アルカリ形のポルトランドセメントを使用する。

③ 　コンクリート中に含まれるアルカリの総量（酸化ナトリウム Na$_2$O 換算）を 3.0 kg/m^3 以下とする。

④ 　高炉セメント B 種もしくは C 種またはフライアッシュセメント B 種もしくは C 種を使用する。

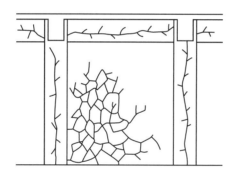

図 1・65　アルカリ骨材反応

1・4・3　金　属　材　料

(1)　鋼　　材

・引張強さに対する降伏強度の比を**降伏比**といい，一般に降伏比の高い鋼材は，降伏点を超えるとすぐ破断強度になり，変形能力は小さい。高張力鋼は降伏比が大きくなる傾向がある。　◀**よく出る**

・**耐力**とは，引張試験において規定された永久伸びを生じるときの荷重を平行部の原断面積で除した値をいい，特に規定のない場合は，永久伸びの0.2％としており，0.2％耐力という。

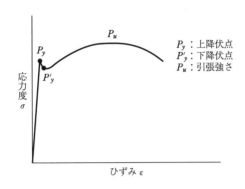

P_y：上降伏点
P'_y：下降伏点
P_u：引張強さ

図1・66　応力度−ひずみ曲線

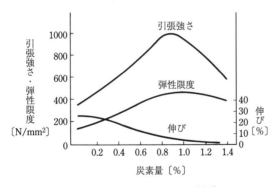

図1・67　炭素量による性質

・図1・67に示すように，炭素量の増大とともに，引張強さは増大するが，伸びは減少する。

・靭性は，**シャルピー衝撃値**で示される。シャルピー衝撃値は，種々の切欠きを有する試験片を振り子型のハンマーの衝撃力で破断し，吸収エネルギーの大きさにより判定する。

・鋼材は温度の上昇によって，図1・68に示すように，その強さや伸びが変化する。引張強さは，250～300℃で最大となり，それ以上になると急激に低下する。　◀**よく出る**

【ヒント】
引張応力度とひずみは，下降伏点まで比例関係にある。

建築学

建
築
学

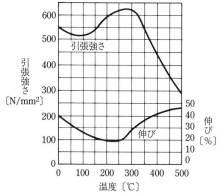

図1・68 温度による性質

・マンガンやケイ素を添加すると，溶接性が改善される。

・銅やクロム，ニッケル，リン等を添加すると，耐候性が向上する。

・モリブデン，バナジウム等の合金を添加すると，高温強度を向上させる。
　耐火鋼（FR鋼）は，この性質を利用して耐熱性を向上させ，耐火被覆を
　軽減もしくは無被覆にできる鋼材である。

・ヤング係数は，2.05×10^5 N/mm^{2}である。

・鋼材の比重は7.85で，密度は約 7.85×10^3 kg/m^{3}である。

・**熱処理**により，その材質が大きく変わる。代表的な熱処理は，表1・14の
　ものがある。

・**TMCP鋼**は，熱加工制御により製造された，高靱性で溶接性に優れた鋼
　材である。

・**SN鋼**のB種およびC種は，炭素当量の上限を規定して溶接性を改善した
　鋼材である。

・**低降伏点鋼**は，添加元素を極力低減した純鉄に近いものであり，軟鋼に比
　べ，強度が低く，延性が極めて高い鋼材である。

表1・14 主 な 熱 処 理

焼なまし	鋼をいったん変態点以上に熱し，炉中で除冷する。結晶粒が微細になり，均質化する。伸びが増加する。
焼入れ	高温に加熱した鋼を，水・油中で急冷する。強さ・硬さ・耐磨耗性が大きくなるがもろくなる。焼入れ効果は炭素および他金属の含有状態によって差がある。
焼もどし	焼入れした鋼を，それよりやや低い温度に再加熱して除冷する。内部ひずみやもろさが取り除かれるが，強度は低下する。

(2) アルミニウム

・**アルミニウム**の密度およびヤング係数は，鋼の約1/3である。

アルミニウムの線膨張係数は，鋼の約2倍である。

表1・15 アルミニウムと鋼の比較

材 料	密度〔g/cm^3〕	ヤング係数〔N/mm^2〕
鋼	7.9	2.05×10^5
アルミニウム	2.7	0.7×10^5

・アルミニウムの表面処理法には，陽極酸化処理（電気化学的方法）と化成処理（化学的方法）とがある。アルミニウム合金のほとんどは，陽極酸化処理がされている。これは，アルミニウムを陽極として，硫酸・その他の電解液で電気分解すると，表面に緻密な酸化被膜を生成し，耐食性・耐磨耗性を向上させることができる。

・アルミニウムにマンガンやマグネシウムを加えると耐食性が増す。密度およびヤング係数は，鋼の約1/3である。

◀よく出る

(3) ステンレス鋼

・**ステンレス鋼**は，近年急速に応用面の拡大した鋼種である。必要な化学組成としては，クロム(Cr)またはニッケル＋クロム(Ni+Cr)合金であり，いずれも軟らかい鋼で炭素量が増すと強度は増大するが，耐食性は低下する。

SUS430は，一般的なステンレス鋼SUS304に比べ，磁性がある。

・ステンレス鋼は，比較的耐食性の高い金属であるが，必ずしも錆びないものではない。ステンレス鋼の錆はほとんどの場合，鉄粉・塩分・その他の異物の付着に起因するもらい錆である。

(4) そ の 他

・**溶融亜鉛メッキ鋼板**は，鋼材に亜鉛をメッキした鋼板である。亜鉛の腐食生成物が保護膜となって表面を覆うことにより耐食性を高めている。

・鉛板は，酸にはほとんど侵されないが，アルカリには侵される。

・銅は，熱や電気の伝導率が大きく，湿気中では緑青を生じ，耐食性が増す。

・黄銅（真ちゅう）は，銅と亜鉛の合金であり，亜鉛が30〜40％のものである。

建
築
学

1・4・4　アスファルト・石材・タイル

(1)　アスファルト

　アスファルトは，天然アスファルトと石油アスファルトがあるが，主とし
て石油アスファルトが用いられている。アスファルトは黒色か黒褐色をした
瀝青物質で加熱すれば軟化・液化し，防水・防腐に優れ，付着力もある。

　アスファルトの軟度は，針入試験で計る。25℃の状態で，針を一定時間押
し込み，その深さ0.1 mmの針入度を1とする。アスファルトは，石油精製
の残留重質物からの処理によって，次の2つに分けられる。

(a)　ストレートアスファルト

　アスファルト分をできるだけ分解・変化させずに取り出したものであ
る。粘着性・伸び・浸透性に富むが，温度変化に伴う強度・伸び・軟らか
さの変化が大きい。

(b)　ブローンアスファルト

　粘着性・浸透性は小さいが，温度による変化が少なく，耐候性が大であ
る。防水工事に用いられる。

改質アスファルト
合成ゴムまたはプラスチックを添加して性質を改良したアスファルト。

表1・16　ストレートアスファルトとブローンアスファルトの性状の比較

項　　　目	ストレートアスファルト	ブローンアスファルト
針入度	大（軟らかい）	小（硬い）
伸度（常温）	大（よく伸びる）	小（伸びにくい）
感温性	大（敏感）	小（鈍感）
付着力	大	小
凝集力	小	大
弾力性	小	大
浸透性	大	小
乳化性	良	不良

(2)　アスファルト製品

　アスファルト製品には，下記のものがある。

(a)　アスファルトフェルト

　軟質の厚紙にストレートアスファルトを浸し込ませたものである。モル
タル塗り壁の防湿用下張りに用いる。

(b)　アスファルトルーフィング

　アスファルトフェルトの両面にブローンアスファルトを厚く塗布したも
のである。アスファルト防水層の作業に用いる。

(c)　ストレッチルーフィング

　合成繊維を主とした不織布で多孔質なフェルト状の原反を用いたもので
ある。寸法安定性がよく，耐久性にも優れ，柔軟性を保ち，伸び率が大き
いので破断しにくい。下地とのなじみがよく施工性もよい。

【ヒント】
ストレッチルーフィング1000の数値1000は製品の抗張積（引張強さと最大荷重時の伸び率との積）を表している。

(d)　アスファルトプライマー

通常，軟質のブローンアスファルトを溶剤に溶かしたもので，下地に塗布し，溶融アスファルトの密着を助ける下地処理剤である。

表1・17　アスファルトフェルト・アスファルトルーフィングの種類

	アスファルトフェルト		アスファルトルーフィング	
製品の単位面積質量の呼び	430	650	940	1500
製品の単位面積質量 g/m²	430 以上	650 以上	940 以上	1500 以上

(3)　石　材

石材の種類と特性は，表1・18 の通りである。

表1・18　石　材　の　種　類

区分	岩　種	石　材　名	特　性	用　途
火成岩	花こう岩	稲田石・北木みかげ・万成岩・あじ石・本みかげ	圧縮強さ・耐久性大，吸水性小，耐火性小，質かたく，大材が得やすい，磨くと光沢が出る	構造用，装飾用
	石英せん緑岩	折壁みかげ（黒みかげ）	大材は得にくい	装飾用
	はんれい岩		色調不鮮明，質きわめてかたい	黒大理石の代用
	安山岩	鉄平石・小松石	耐久性・耐火性大，吸水性小，色調不鮮明，光沢は得られない	間知石・割り石
	石英粗面岩	抗火石・天城軽石	硬質，加工性小	防熱・防音材，軽量コンクリート骨材
水成岩	凝灰岩	大谷石・竜山石	軟質軽量，加工性・耐火性・吸水性大，風化しやすい	木造基礎・石垣・倉庫建築・室内装飾
	砂岩	日の出石・多胡石・立棒石	耐火性・吸水性・摩耗性大，光沢なし	基礎・石垣
	粘板岩	雄勝スレート	へき解性・吸水性小，質緻密，色調黒	スレート屋根材
	石灰岩		耐水性に劣り，柔らかく，曲げ強度が低い	コンクリート骨材・セメント原料・石灰原料
変成岩	大理石	寒水石・あられ大理石・オニックス・トラバーチン・さらさ	質緻密，吸水性・耐火性小，光沢あり，酸・雨水に弱い	室内装飾
	蛇紋岩	蛇紋石・鳩糞石・凍石	大材は得にくい	化粧用

(4) タ イ ル

JIS A 5209 には，陶磁器質タイルについての規定がされている。

◀よく出る

・きじの質により，**磁器質タイル，せっ器質タイル，陶器質タイル**に区分される。なお，呼び名による区分は，内装タイル，外装タイル，床タイル，モザイクタイルの4つに分けられる。

・耐摩耗性については，床タイル，床タイル以外で屋外の床に使用するタイルは，摩耗試験を行ったとき摩耗減量が 0.1 g 以下でなくてはならないが，磁器質の場合は，通常この規定を満足するので試験を省略することができる。

・吸水率は，せっ器質タイルの場合は，5 % 以下でなくてはならない。

・裏あしの高さは，60 cm^2 以上のものは，あり足で高さは 1.5 mm 以上でなければならない。

1・4・5　ガラス・塗料

(1)　ガ　ラ　ス

建築に用いられる普通ガラスは，珪酸・水酸化ナトリウム・石灰の原料を，1400〜1500℃で溶融して，結晶しないように徐々に冷却して，800〜1000℃で成形したものである。

(a)　フロートガラス

比重は，約2.5で，引張強度より圧縮強度のほうが大きい。反射率は，ガラスの屈折率が高いほど大きく，表面は，フッ酸（フッ化水素酸）により侵食される。

(b)　型板ガラス

2本の水冷ローラーの間に直接溶解したガラスを通して製板するロールアウト法により，生産されるガラスで，下部のローラーに彫刻された型模様をガラス面に熱間転写して製造された，片面に型模様のある板ガラスである。

(c)　合わせガラス

2枚以上のガラスの間に接着力の強い特殊樹脂フィルム（中間膜）を挟み，高温高圧で接着し，生産されるガラスである。

(d)　複層ガラス

2〜3枚の板ガラスをスペーサーで一定間隔に保ち，その周囲を封着剤で密閉し，内部に乾燥空気を満たしたガラスで，断熱・遮音効果が大きい。

(e)　強化ガラス

通常の板ガラスの約3〜5倍の静的破壊強度をもった強化ガラスで，万一破損した場合にも，ガラスの破片は細粒状になり，安全性の高いガラスである。

(f)　倍強度ガラス

特殊な熱処理加工を施したガラスで，同厚の普通板ガラスと比較して約2倍の耐風圧強度・熱割れ強度をもっている。破損した場合，破片はサッシに留まって脱落しにくく高所での使用に適している。

(g)　熱線吸収ガラス

板ガラス組成中に微量の鉄・ニッケル・コバルトなどの金属成分を加えて着色したもので，太陽放射熱を多く吸収し，冷房負荷を軽減することができる。

(h)　熱線反射ガラス

ガラス表面に金属酸化膜をコーティングしており，用途は熱線吸収ガラスに類似しているが，視覚的にハーフミラー状であって，表現力に富んでいる。

Low-E 複層ガラス
中空層側のガラス面に特殊金属をコーティングすることで日射制御機能と高い遮熱性を兼ね備えたガラス

(2)　塗　　　料

　塗料とは，一般に，常温で流動性をもち，物質の表面に塗布し，常温乾燥または焼付乾燥して表面に被膜をつくり，その保護・美化などの特性を発揮するものである。

　顔料を含まないものは，透明で，クリヤーまたはワニスと呼ぶ透明塗料であり，顔料を含む塗料は不透明塗料である。ビヒクル（展色剤）は，塗料中の顔料を分散させている液状の成分である。

　有機顔料は，無機顔料に比べて，一般に，隠ぺい力・耐光性・耐溶剤性などに劣っているが，着色力が大きく，色が鮮明である。

　以下に主な塗装の種類を示す。

(a)　合成樹脂エマルションペイント

　合成樹脂共重合エマルションやラテックスをベースとして，着色顔料や体質顔料，補助材，添加剤等を加えた水系塗料である。塗布された塗料は，水分が蒸発するとともに樹脂粒子が融合して，連続塗膜を形成する。

(b)　合成樹脂調合ペイント

　隠ぺい力や耐候性に優れた着色顔料・体質顔料等と耐水性や耐候性に良い長油性フタル酸樹脂ワニスとを組み合わせた塗料で，空気中の酸素によって乾性油が酸化重合して硬化乾燥して塗膜を形成する。

(c)　フタル酸樹脂エナメル

　フタル酸樹脂ワニスに顔料を配合したもので，平滑性や美装性に優れ，また耐候性も良い。

(d)　アクリル樹脂エナメル

　常温で短時間に硬化乾燥して素地との付着性が良く，耐候性・耐アルカリ性に優れ，紫外線に対して光沢低下や黄変，変退色が少ないので，主としてコンクリート，セメントモルタル素地などの建築物の外装用に用いられるが，塩化ビニル樹脂エナメルと比較すると耐薬品性には劣る。

(e)　塩化ビニル樹脂エナメル

　速乾性・耐アルカリ性・難燃性・耐薬品性に優れているため，主として建築物の内・外部壁面に平滑仕上げを目的として使用される。耐水性についても，合成樹脂エマルションペイントより優れている。

(f)　2液形エポキシ樹脂エナメル

　防食性・耐候性・耐水性に優れており，主として屋外の鉄部あるいは亜鉛メッキ鉄部およびコンクリート面・モルタル面に使用される。

(g)　クリヤラッカー

　工業用ニトロセルロースとアルキド樹脂を主要な塗膜形成要素とした液状の揮発乾燥性の塗料である。自然乾燥で短時間に塗膜を形成するために，吹付け塗りとするのが一般的である。

1・4・6　防水材料

(1)　塗膜防水材料

・屋根用ウレタンゴム系防水材は，引張強さ，伸び率，抗張積などの特性によって，高伸長形（旧1類）と高強度形に区分される。

・1成分形のウレタンゴム系防水材は，空気中の水分を利用して常温化で硬化反応して，ゴム弾性のある塗膜を形成する。

・2成分形のウレタンゴム系防水材は，施工直前に主剤，硬化剤の2成分に，必要によって硬化促進剤，充填材などを混合して使用する。

・塗付けタイプゴムアスファルト系防水材は，ゴムアスファルトエマルションだけで乾燥造膜するものと，硬化剤を用いて反応硬化させるものがある。

・塗膜防水に用いる補強布は，必要な塗膜厚さの確保と立上り部や傾斜面における防水材の垂れ下がりの防止に有効である。

・通気緩衝シートは，塗膜防水層の破断やふくれの発生を低減するために用いる。

(2)　アスファルト防水材料

・改質アスファルトは，合成ゴム又はプラスチックを添加して性質を改良したアスファルトである。　　◀よく出る

・改質アスファルトルーフィングシートには，Ⅰ類とⅡ類があり，Ⅱ類の方が低温時の耐折り曲げ性がよい。　　◀よく出る

・アスファルトルーフィング1500の数値1500は，単位面積質量（g/m^2）を表している。　　◀よく出る

・ストレッチルーフィングは，合成繊維不織布にアスファルトを浸透させたものである。

・砂付ストレッチルーフィング800の数値800は，製品の抗張積（引張強さと最大荷重時の伸び率との積）を表している。　　◀よく出る

・有機溶剤タイプのアスファルトプライマーは，ブローンアスファルトなどを揮発性溶剤に溶解したものである。

(3)　シーリング材

　シーリング材は，多くの防水材料・工法に併用して使われ，ほとんどの防水工法の端部には，シーリング材を用いている。

　各種類の防水工法で，防水のポイントとなる端部の処理にシーリング材を使用して，確実な防水を仕上げることとなる。

　ペースト状のものを充填して仕上げる**不定形シーリング材**と，予め成形されたものをはめ込む**定形シーリング材**とに分けられ，後者はガスケットとも呼ばれる。不定形シーリング材には，あらかじめ施工に供する状態に調整されている**1成分形シーリング材**と施工直前に基剤と硬化剤を練り混ぜて使

ポリウレタン系シーリング材
耐熱性・耐候性は劣るが，非汚染性（ノンブリード）に優れている。

弾性シーリング材
目地のムーブメントによって生じた応力がひずみにほぼ比例するシーリング材

う**2成分形シーリング材**がある。

　また，JIS A 5758による種類では，**グレイジング**（ガラスを固定すること）には，タイプGを，グレイジング以外にはタイプFを用いることとしている。

　シリコン系シーリング材は，耐候性，耐熱性，耐寒性及び耐久性に優れている。

塑性シーリング材
目地のムーブメントによって生じた応力がムーブメントの速度にほほ比例し，ムーブメントが停止すると素早く緩和するシーリング材

1・4・7 内装材料

(1) 石膏ボード

石膏を主体に軽量の骨材を混ぜたものを板状にして，その両面を厚い紙などで覆って平らにしたものの総称で，プラスターボードともいう。防火性・遮音性・加工性・寸法安定性に優れ，壁や天井の内外装下地材に使う。**シージング石膏ボード**，**強化石膏ボード**，石膏ラスボード，化粧石膏ボードなどがある。

① シージング石膏ボード

両面の紙と心材の石膏に防水処理を施したもの。

② 強化石膏ボード

心材にガラス繊維を混入して，火災時のひび割れや破損に対応させたもの。

(2) 木質ボード

木質ボード類としては**合板**，**パーティクルボード**，**木毛セメント板**，**木片セメント板**，**繊維板**などがあり，建築をはじめ家具，建具，電気機器，雑貨など多方面で使用されている。

① 合 板

数mmの薄い板を奇数枚，接着剤で貼り合わせて1枚にした板のことで，ベニヤとも呼ばれている。それぞれの板の繊維方向を直交させることにより異方性を少なくしている。反りにくく，均質性に富んでいる。表面に表す面の材や仕上げによって，化粧合板，構造合板に分かれる。化粧合板は，内壁や床仕上げ材，扉などに用いる。構造用合板は，主に屋根や床の下地材として使い，特にコンクリート打設時の型枠にはコンパネを用いる。

普通合板は，接着の程度によって，1類と2類に分類されており，1類のほうが耐水性に優れている。

② パーティクルボード

木材小片に合成樹脂接着剤を塗付し，板状に成型した建材である。遮音性・断熱性に優れ，加工が容易なため，プレハブ住宅などの床・壁・屋根下地や，表面加工して家具などにも使用される。JIS(日本工業規格)では，ホルムアルデヒドの放散量により3種類（F☆☆☆☆，F☆☆☆，F☆☆）に分類されている。放散量の最大値は，F☆☆☆☆＜F☆☆☆＜F☆☆となっている。

③ 木毛セメント板

木材を10cm～30cmの長さの紐状に削った木毛とセメントを混合・加圧成形した板のことである。断熱性や吸音性・防火性を有したものが多く，住宅の下地用や化粧用として天井や壁に用いられている。

ロックウール
高炉スラグや天然岩石などを主原料とした人造鉱物繊維のこと。加工性に優れ，ボード状，フェルト状，ブランケット状等，様々な形態の製品があり，断熱，保温，耐火，騒音防止などに役立っている。

建築学

④　木片セメント板

　木片とセメントを混ぜて加圧成形した板のことで，壁・天井の下地材として使用される。

⑤　繊維板

　木材繊維に接着剤を添加して成形した板状の製品の総称で，**シージングインシュレーションボード**，**ハードボード**などがこれにあたる。

(3)　繊維強化セメント板

①　波形スレート

　軽量で丈夫な施工性のよい不燃材。工場，倉庫，駅舎などに素材のまま使用されて，低コストの建築材料として広く普及している。

②　フレキシブル板

　高い強度と靱性をもった建築用ボード類の不燃材。素材あるいは化粧板として内壁，外壁，天井などの部位に使用されるほか，遮音壁などにも使用されている。

③　ケイ酸カルシウム板

　品質安定性・加工性・耐火性や断熱性に優れた不燃材。ケイ酸質原料，石灰質原料と補強繊維を主成分としている。経年変化や温度・湿度による変形・変質の少ない安定した品質をもっている。住宅・ビル・工場・商業施設などあらゆる建築物の内壁，天井，軒天，耐火間仕切壁に素材あるいは化粧板として使用されている。また，構造体を火災から保護する耐火被覆材としても使用されている。

(4)　床　材　料

・コンポジションビニル床タイルは，単層ビニル床タイルの一種で，バインダーの含有量30%未満のものである。含有量30%以上のものは，ホモジニアスビニル床タイルである。

・複層ビニル床タイルは，耐水性，耐薬品性，耐磨耗性に優れているが，反面，熱による伸縮性が大きい。

・リノリウムシートは，あまに油，松脂，コルク粉，木粉，炭酸カルシウム等を練り込んで，麻布を裏打ち材として成形した床シートである。

・ゴム床タイルは，天然ゴム，合成ゴム等を主原料とした弾性質の床タイルである。

・コルク床タイルは，天然コルク外皮を主原料として，必要に応じてウレタン樹脂等で加工した床タイルである。

・だんつうは，製造法による分類で織りカーペットの手織りに分類される。

・ウィルトンカーペットは，機械織りカーペットで，数色のパイル糸を使って模様を織り出すことができる。

インシュレーションボード
軟質繊維板のことでファイバーボードの一種。

シージングボード
インシュレーションボードにアスファルト処理を施し，耐水性を向上させたもの。

◀よく出る

◀よく出る

1・4・8　左官材料

(1)　しっくい

　しっくいは，石灰・砂・のり・継ぎ材を主な材料として，これらを水でよく練って塗る古くからある工法である。石灰は，空気中の炭酸ガスと反応することにより徐々に硬化する（**気硬性**）。水湿に弱い。　◀よく出る

　しっくい用ののりには，大別して海草のりと化学のりとがある。化学のりとは，**メチルセルロース**などの水溶性樹脂を用いた水溶性高分子である。

　継ぎ材は，収縮ひび割れや亀裂の分散のために加えるもので，植物繊維や化学繊維が用いられる。

(2)　ドロマイトプラスター

　水で練ったドロマイトプラスターは，主成分の水酸化マグネシウムが水と反応してコロイド状となり，粘性が高いため，のりを必要としない。しっくいと同様に水湿に弱い。　◀よく出る

　しっくいより施工が簡単で経済的であるが，乾燥収縮が大きく，継ぎ材を混入しても大きな亀裂が発生しやすい。

(3)　せっこうプラスター

　焼石灰を主原料として，必要に応じて混和材料などを混入した粉状の塗り壁材料である。焼石灰に水を加えると化学的に硬化する（**水硬性**）。加水後約20分で硬化するので，硬化時間を遅延するために，消石灰やドロマイトプラスターなどが混入される。　◀よく出る

　のりや継ぎ材を必要とせず，弱酸性を示す。ドロマイトプラスターに比べて，乾燥収縮が小さい。

(4)　セルフレベリング材

　セルフレベリング材には，結合材の種類によって，せっこう系とセメント系とがあり，結合材のほかに高流動化剤，硬化遅延剤等が混合されている。　◀よく出る

1・4・9　建　具

(1)　ドアセット

JIS A 4702に，スイングおよびスライディングのドアセットの性能について規定されている。

性能は表1・19の性能項目からドアセットの用途に応じて，必要な項目を選択して適用する。ただし，ねじり強さ，鉛直荷重強さ，開閉力，開閉繰返しおよび耐衝撃性は必須の性能項目とする。また，耐風圧性，気密性，水密性，遮音性，断熱性および面内変形追随性については，ドアセットの用途に応じて必要な等級を適用する。

◀よく出る

表1・19　ドアセットの性能

性能項目	等級
ねじり強さ*	–
鉛直荷重強さ*	–
開閉力	–
開閉繰返し	–
耐衝撃性*	–
耐風圧性	S-1 ～ S-7
気密性	A-1 ～ A-4
水密性	W-1 ～ W-5
遮音性	T-1 ～ T-4
断熱性	H-1 ～ H-6
面内変形追随性*	D-1 ～ D-3

＊スライディングには，適用しない

第2章　共　　　　　通

―――― 令和5年度　共通の出題傾向 ――――

　植栽から1問，**設備工事**から3問，**契約**から1問が出題された。

　給排水設備は，初出題であったが，その他は，正答肢が過去問であり，比較的易しかった。

2·1 外 構 工 事

学習のポイント

「第2章　共通」からの出題は5問で,5問とも解答することになっている。5問のうち「2·1　外構工事」に関する出題は,1～2問程度である。「植栽工事」「舗装工事」ともに,本テキストの範囲を十分に学習しておけば,正答できる可能性は高い。

2·1·1　植 栽 工 事

(1)　材　　　料

(a)　樹木寸法

　寸法は原則として,枝葉が剪除され活着可能な状態で採寸する。樹木の採寸方法は次による。

　①　高木

　・樹高:地際より樹冠の頂端までとしcmで示す。主幹の明瞭なものは主幹軸先端の芽までの高さとする。徒長枝は算入しない。ただし,シュロ・ヤシ類・ドラセナ・ユッカ等の単子葉類は茎高に頂芽の半分を加えた長さを樹高とする。

　・幹回り:地際から120cmの部位の幹の周囲長をcmで示す。その位置の最小直径に円周率を乗じた値で代用してもよい。120cmで分枝のある場合はその上部を採寸する。(樹高2.5m以上に適用する。)

　・根元周囲:植付け点の位置の幹周囲長をcmで示す。最小直径に円周率を乗じた値で代用してもよい。(樹高2.5m以上に適用する。)

　・枝張り:樹幹の水平二方向の平均値をcmで示す。方向が指定された場合は,その方向ごとの樹冠の水平幅とする。徒長枝は含まない。

　・枝下高:地際から最初の健全な太枝の着生点で枝の下側での高さをcmで示す。

　②　中木・低木

　・樹高:地際より樹冠の頂端までとしcmで示す。徒長枝は含まない。主幹の明瞭なものは主幹軸先端の芽までとする。リュウゼツラン・ハラン等の茎を形成しないものは上向き葉の葉先までの長さとする。

　・葉張り:樹冠の水平二方向の平均値をcmで示す。徒長枝は含まない。

　③　株立ち

　株立ちが指定された場合は,指定以上の分幹本数を有する株立ち物でなければならない。その場合幹回りは,地上120cmの各分幹幹回り総和の70%の寸法を採る。

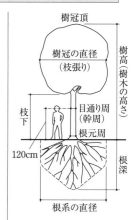

図2·1
樹木の規格呼称

◀よく出る

④ 根鉢規格

　根鉢規格は幹回りに合わせて決定する。鉢径は，幹回りの2～3倍程度とする。

(b) **支柱材料**

・支柱材料は，杉・桧丸太で末口径6cmとし，割れがなく通直完満で節の高くないものとする。クレオソート加圧注入またはクレオソート等防腐処理の施してあるもので，取付け後新しい切口が出れば同様の防腐剤処理を行うものとする。

(c) **客土用土**

・客土は，植物の生育に適した土壌で，小石・ごみ・雑草などを含まない良質土を使用する。

(2) 植 栽 工 事

(a) **高木植付け**

・工事現場搬入後，仮植えや保護養生してから植え付けるよりも，速やかに植え付ける方がよい。

・各樹木の鉢径に応じて植穴を掘る。このとき樹木の生育に害のあるきょう雑物を取り除いて底部を柔らかく耕し，中高に敷き均す。客土で行う場合も底部を中高に敷き均す。

・原則として水極めとする。

・深植え，浅植えとならないよう移植前の地際部を確認する。

・埋戻し用の土は，全面客土または土壌良好の場合は原土をそのまま使用する。それ以外の場合は客土を用いる。

・根の水分吸収が不能にならないように埋戻し土を棒で十分突き，鉢と土を密着させる。

・埋戻し完了後，鉢の外周に沿って土を盛り上げ，水鉢をつくり，灌水を行う。

(b) **低木植付け**

・埋込みは原則として土極めとする。

・突込み植え・鳥足植えにならないようていねいに根付けする。

(c) **張芝の植付け**

・植付け方法として100％指定の場合は平張りとし，70％指定の場合は目地張りとする。目地幅はコウライシバで4cm以下，ノシバで6cm以下とする。

・植付け前に表面の凹凸をならし，表面排水がとれるよう勾配(2％以上)をつける。

・植付け後，ローラー（250kg内外）転圧または土羽板で叩いて培土と密着させる。

・目土にはフルイを通した細土を用い，芝の葉が半分かくれる程度土をか

ける。

・傾斜地では目串を2本打ち込んで固定する。芝片の長手方向を水平にし，ちどりに張付け，また横目地を通して張付け，縦目地を通してはならない。　◀よく出る

(3) 移 植 工 事

・根回しの時期は，植物の生長に合わせて春期萌芽前に行うのが最もよく，遅くとも秋に入る前までに行うことが望ましい。

・根回しの際，掘り取る鉢径は，樹木の根本（接地部）直径の3～5倍程度の鉢径を定め，幹を中心に円形に掘りまわす。　◀よく出る

・掘り取り時期は，細根が根回しした切口部の周辺から必要量伸び出していることが確認されるときで，通常の植栽適期となる。

・移植の作業は植付けまで連結して迅速に行うことが必要で，運搬路と運搬法を事前に検討して作業に支障をきたさないようにしておかなければならない。

・掘り取りに先立ち，樹種に応じて密生枝，古枝等の不用の枝を切り取る。また，下枝のある樹木は，下枝が折れないように注意して幹に向けて縄締めにより引き締め，掘り取り作業に支障がないように準備して仮支柱またはロープを張り，倒れないように養生する。　◀よく出る

・樹木の掘取りにより根鉢側面に現れた根は，鉢に沿って鋭利な刃物で切断する。

・断根式根回しは，モッコク，サザンカなどの比較的浅根性または非直根性の樹種に用いる。

2・1・2　舗　装　工　事

(1)　路　　床

　盛土をして路床とする場合は，一層の締め固め後の仕上り厚さは，**20 cm** ◀よく出る
以下とする。

　路床が軟弱な場合には，路床の上に良質土の盛土，路床土と良質土の置
換，路床土の安定処理がある。

　安定処理の場合，添加剤として砂質土に対してはセメントが，シルト質 ◀よく出る
土・粘性土に対しては石灰が適している。

(a)　**遮断層**

　軟弱な路床土が路盤中に侵入してく
る現象（パンピング）を防止するため
に設けるもので，シルト分の少ない川
砂・切込み砂利等を用いる。

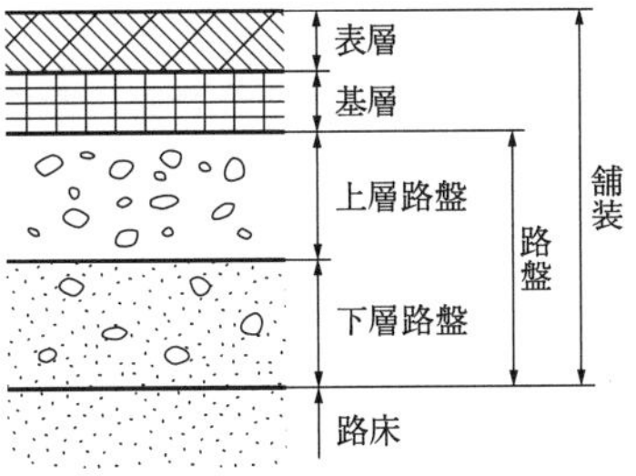

図2・2　アスファルト舗装の断面構成

(b)　**CBR**

　CBR とは，路床・路盤の支持力を表
す指数のことをいう。直径 5 cm の貫
入ピストンを供試体表面から貫入させたとき，ある貫入量における試験荷
重強さと，同じ貫入量に対する標準荷重強さの比で，百分率で表す。通常
貫入量 2.5 mm における値をいう。米国カリフォルニア産の標準的な上層
路盤材料強度を基準にした強度比である。

(c)　**修正 CBR**

　路盤材料や盛土材料の品質基準を表す指標のことをいう。現場締固め条
件に合わせて求めた砕石・砂利・スラグなどの粒状路盤材の強さを表す。
締固め度は通常 3 層 92 回突固めたときの乾燥密度の 95 ％とする。舗装施
工便覧では下層路盤材の修正 CBR は道路用砕石の場合，道路用鉄鋼スラ
グ 30 ％以上，上層路盤材では 80 ％以上と規定している。

(d)　**設計 CBR**

　舗装の厚さを決めるときに用いる路床材の CBR のことである。設計
CBR は，路床材がほぼ一様な区間内で道路延長方向と路床の深さ方向に
ついて求めたいくつかの CBR の測定値から，それらを代表するように決
めたものである。路床材の CBR は，現地の状況に応じ乱さない試料また
は乱した試料を用い，締め固めたときの含水比や密度などをできるだけ実
際の状態に近づけて求めるように規定されている。

(2)　下 層 路 盤

　路床直上に舗設される路盤の下層部分をいう。下層路盤は上層の層に比べ
作用する応力が小さいので，経済性を考慮して粒状材や安定処理した現地産
の材料を用いる。

(3)　上 層 路 盤

　路盤を2種類以上の層で構成するときの上部の層をいう。路床の上に設けた，アスファルト混合物やセメントコンクリート版からの荷重を分散させて路床に伝える役割を果たす。アスファルト混合物とは，粗骨材・細骨材・**フィラー**およびアスファルトを所定の割合で混合した材料である。フィラーは75μmふるいを通過する鉱物質粉末で，石灰岩や火成岩を粉末にした石粉がこれに相当する。

フィラー
アスファルトと一体となって混合物の安定性，耐久性を向上させる役割をもち，一般に石灰岩を粉砕した石粉が用いられる。

　上層路盤は，粒度調整工法，瀝青安定処理工法，セメント安定処理工法などにより築造する。

(a)　粒度調整工法

　良好な粒度となるように数種の骨材を混合し，敷き均して締固め，強度や耐久性を向上させる工法である。材料には砕石・スラグ・砂などが用いられる。

(b)　瀝青安定処理工法

　現地材料またはこれに補足材料を加えたものに瀝青材料を添加し，混合して敷き均し締め固める工法である。舗装の路盤や基層に用いられる。

(c)　セメント安定処理工法

　クラッシャランまたは地域産材料に，必要に応じて補足材料を加え，数%のセメントを添加混合し，最適含水比付近で締め固めて安定処理する工法である。セメント量は一軸圧縮試験によって決めるが，一般にアスファルト舗装の上層路盤で一軸圧縮強さ2.9MPaの場合，セメント量は3〜5%程度である。

(4)　アスファルトの舗設

　基層・表層には，アスファルトを舗設する。アスファルトフィニッシャーでアスファルト混合物の敷き均しを行う。敷き均し後，締固めを行う。
　舗装用のストレートアスファルトは，一般地域では針入度60〜80のものを使用し，寒冷地では針入度80〜100のものを使用する。
　アスファルト混合物等の敷均し時の温度は110℃以上とする。
　アスファルト舗装の舗装終了後の交通開放は，舗装表面の温度が50℃以下となってから行う。

(5)　各種舗装工事

(a)　排水性舗装，保水性舗装

　高空隙率の加熱アスファルト混合物を表層あるいは表層・基層に設け，雨水を路肩，路側に排水する舗装である。騒音の低減にも効果がある。

(b)　透水性舗装

　路面の水を路盤以下に浸透させる舗装である。集中豪雨の洪水緩和，地下水涵養，ヒートアイランド現象の緩和，水留まり防止を目的に都市部で適用される。騒音の低減にも効果がある。

(c) **コンポジット舗装**

　表層または表層・基層にアスファルト混合物を用い，その真下の層に普通コンクリート，連続鉄筋コンクリート，転圧コンクリート等の剛性の高い版を用い，その下の層が路盤で形成された舗装である。コンクリート舗装のもつ耐久性とアスファルト舗装がもつ走行性および維持修繕の容易さを併せもつ。

(d) **マーシャル安定度試験**

　アスファルト混合物の配合設計に用いる安定度試験の1つである。試験方法は，円筒形混合物供試体（直径 100 mm，厚さ約 63 mm）の側面を円弧形2枚の載荷板ではさみ，規定の温度（60 ℃），規定の載荷速度（50 mm/min）により直径方向に荷重を加え，供試体が破壊するまでに示す最大荷重（安定度）とそれに対応する変形量（フロー値）を測定するものである。

(6) コートの種類と特徴

(a) **プライムコート**

　路盤の上に散布されるもので，路盤の仕上り面を保護し，その上に施工するアスファルト混合物のなじみをよくするために用いられる。

(b) **タックコート**

　基盤あるいは路盤の上に置く混合物との間の付着をよくするためのものである。通常，アスファルト乳剤を用い，一般に $0.3 \sim 0.6 \, l/m^2$ 散布する。　◀**よく出る**

(c) **シールコート**

　既設の舗装面にアスファルト乳剤を散布して，骨材で覆う表面処理工法である。下のアスファルト舗装への水の浸入を防いだり，日射をさえぎって下のアスファルトの老化を防いだり，下の舗装のひび割れを防いだりする。骨材に硬質なものを用いるとすべり止めにもなる。

共通

2・1・3　屋外排水設備

(1)　地中埋設排水管

- ・地中埋設排水管の勾配は，原則として，1/100 以上とする。
- ・地中埋設排水管を設ける場合，埋設管の長さが，その内径または内法幅の 120 倍を超えない範囲内でますまたはマンホールを設ける。
- ・排水管の敷設は，下流から上流に向かって行う。
- ・排水管を給水管と平行にして埋設する場合は，原則として両配管の間隔を 500 mm 以上とし，排水管は給水管の下方に埋設する。
- ・構内舗装道路下の排水管には，遠心力鉄筋コンクリート管の外圧管を使用する。

(2)　ま　　す

- ・汚水ますの形状は円形とし，接続する排水管に応じたインバートを設ける。
- ・雨水ますの形状は角形を原則とし，底部には，深さ 150 mm 以上の泥だめを設ける。
- ・管きょの排水方向や管径が変化する箇所及び管きょの合流箇所には，ますまたはマンホールを設ける。
- ・合流式下水道に放流するため，雨水系統と汚水系統が合流する合流桝をトラップ桝とする。

2・2 建築設備

共通

2・2・1 機 械 設 備

(1) 空気調和設備

空調方式には，表2・1に示すような形式がある。

表2・1 空調方式の種類と適用

方　式	説　明	適　用
CAV方式（定風量方式）	ダクト内の圧力が変動しても，吹出し風量を一定に保つ。	小規模ビル・容積の大きい室・工場・百貨店
VAV方式（変風量方式）	各室または各ゾーンの負荷の変動に応じて送風量を調節することによって，室内環境を維持する。	個室制御の必要なビル・大規模ビルの内部ゾーン・会議室
二重ダクト方式	冷風と温風を別々のダクトで各階に供給し，各室の吹出し口の手前に冷風と温風とを混合するミキシングユニットを設けて混合空気を送風する。	ゾーン数の多い大規模ビル・高層ビルの内部ゾーン
ファンコイルユニット方式	エアフィルタ・冷温水コイル・送風機を内蔵したファンコイルユニットを各室の天井あるいは窓際の床上などに設置して，室内空気を循環させる。	一般ビルのペリメータゾーン・ホテルの客室・病室・住宅・一般ビルの個室
パッケージ方式	冷凍機を内蔵したパッケージ形空気調和機を室内に設置して冷房を行う。大型のものは水冷式，小型のものは空冷式である。	小規模な一般ビル・電算機室・大規模ビル内の負荷や運転時間の異なる室

冷温水配管の配管方式には，冷水と温水を切り替える**2管式**，往き管は冷水と温水とし，還り管は冷温水共用とする**3管式**，往き管と還り管とも冷水と温水を別にする**4管式**があるが，3管式においては混合損失が生じる。

外周負荷を処理する窓際ユニットの受け持つ区域を**ペリメータゾーン**といい，内部負荷を処理する空調機の受け持つ区域を**インテリアゾーン**という。

パッケージ方式で，暖房を行うには，温水コイルあるいは電気ヒータを内蔵させるか，ヒートポンプパッケージを使用する。最近では，圧縮機を屋外に設置して，これと室内部を冷媒管で連絡するスプリット形のヒートポンプパッケージが多く使用されている。

空気調和機
エアフィルタ，空気冷却器，空気加熱器，加湿器及び送風機で構成されている。

(2) 給 水 設 備

給水方式には，①**水道直結直圧方式**，②**水道直結増圧方式**，③**高置タンク方式**，④**圧力タンク方式**，⑤**ポンプ直送方式**の5つの方式がある。

◀よく出る

水道直結方式は，水道本管より直接引込み各所に直結給水する方式。直結直圧方式（一般に住宅や小規模の建物に用いられる。）と，直結増圧方式（受水槽は設けず，増圧給水装置を直結して給水する）がある。

高置タンク方式は，高置水槽があるため，給水圧力の変動がほとんどなく，停電時や断水時もタンク内に残存する量を利用することが可能である。

圧力タンク方式は受水槽から給水ポンプで圧力タンクに給水し，タンクの空気を圧縮・加圧させ，その圧力で必要な箇所に給水する方式である。水圧の変動が大きく，停電時の給水が期待できない。

ポンプ直送方式は，受水槽に貯めた水をポンプで圧送する方式。

水栓，弁などにより管内の流体の流れを瞬時に閉じると，上流側の圧力が急激に上昇し，そのとき生じる圧力波が配管系内を一定の速度で伝わり，配管・機器類を振動させたり，騒音を生じさせたりする。この現象を，**ウォーターハンマー**（水撃作用）といい，配管の破損・漏水の原因となる。ウォーターハンマーの防止には，流速を減ずるよう配管の管径を太くすることが基本である。**エアチャンバー**(水圧吸収器具)を設けることもある。超高層建築における給水系統は，下層階では給水圧力が大きくなり，ウォーターハンマーなどによる種々の問題が起こりやすくなるため，中間水槽や減圧弁を用いてゾーニングを行う。

◀よく出る

上水の給水・給湯系統は，**クロスコネクション**（上水の給水・給湯系統とその他の系統が配管や装置により直接接続すること）をしてはならない。

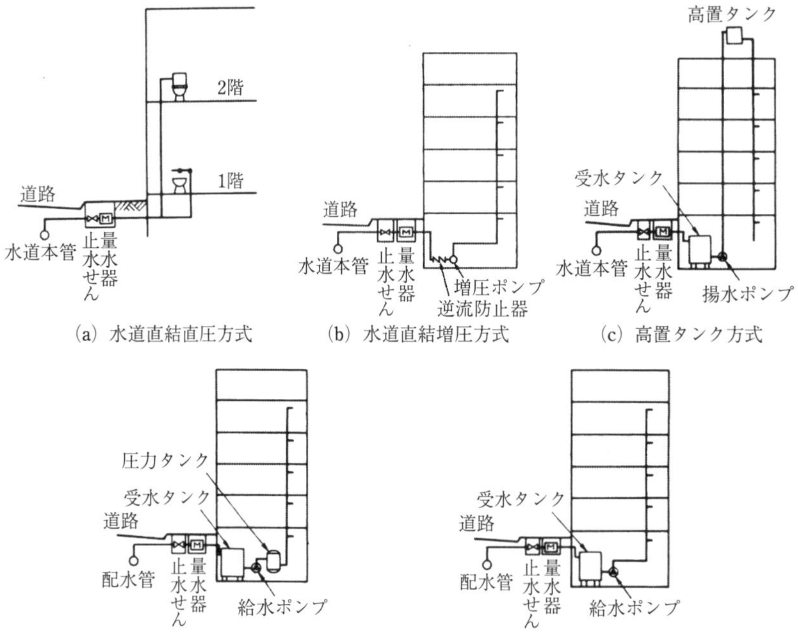

（a）水道直結直圧方式　　　（b）水道直結増圧方式　　　（c）高置タンク方式

（d）圧力タンク方式　　　（e）ポンプ直送方式

図2・3　給水方式

給水タンクの内部に入って保守点検を行うために設ける円形マンホールの最小内法直径は，**600 mm** である。

(3) 排 水 設 備

建物内の器具からの排水は，排水管によって排除されるが，悪臭を有したガスや害虫などが室内に侵入するのを防止するために，器具または排水管にトラップを設ける。トラップの封水深は，阻集器を兼ねるものを除き，**50～100mm** とする。

排水先よりも高い位置からの排水は，重力によるが，排水先より低い位置からの排水は，排水槽を設けて排水ポンプにより排除する。排水槽の底部には吸い込みピットを設け，排水槽の底のこう配は吸い込みピットに向かって15分の1以上，10分の1以下とする。

図2・4 トラップ

排水系統に設ける**通気管**の最も重要な役割は，配管内の空気の流れを円滑にし，同時にトラップ封水がサイホン作用および背圧によって破壊されるのを防ぐため，ならびに排水系統内の換気を図るためのものである。

通気管は，排水トラップの封水部に加わる配水管内の圧力と大気圧との差によって排水トラップが破封しないように有効に設け，直接外気に開放する。通気管の大気へ開放する位置は，建築物の屋上で，人が屋上を使用する場合は屋上床仕上げ面から2 m以上，使用しない場合は200 mm以上高い位置とする。また，大気への開放部は，窓・給排気口から600 mm以上高い位置か，これらから水平に3 m以上離れた位置とする。

屋内の自然流下式横走り排水管の最小勾配は管径75mm，100mmの場合1/100，管径150mm以上の場合1/200とする。　◀よく出る

2・2・2　消　火　設　備

(1)　消防の用に供する設備

消防法でいう「消防の用に供する設備」は，第1種から第5種まである。

表2・2　消火設備の種類

消火設備の区分	消 火 設 備 の 種 類
第1種	**屋内消火栓設備**または**屋外消火栓設備**等
第2種	**スプリンクラー設備**等
第3種	水蒸気消火設備または**水噴霧消火設備**，**泡消火設備**，**不活性ガス消火設備**，**ハロゲン化物消火設備**，**粉末消火設備**等
第4種	ハロゲン化物を放射する大型消火器，棒状の水を放射する大型消火器等
第5種	小型消火器，乾燥砂，水バケツまたは水槽，膨張ひる石または膨張真珠岩等

(a)　屋内消火栓設備

人が操作することによって火災を消火する設備であり，水源，加圧送水装置（消火ポンプ），起動装置，屋内消火栓（開閉弁，ホース，ノズル等），配管・弁類および非常電源等から構成されている。

◀よく出る

(b)　屋外消火栓設備

屋内消火栓設備と同様に人が操作して使用するもので，水源，加圧送水装置（消火ポンプ），起動装置，屋外消火栓，ホース格納箱，配管・弁類および非常電源等から構成されている。

(c)　スプリンクラー設備

防火対象物の天井または屋根下部分に配置されたスプリンクラーヘッドにより，火災感知から放水までを自動的に行う消火設備で，水源，加圧送水装置（消火ポンプ），自動警報装置（流水検知装置，表示装置，警報装置等），スプリンクラーヘッド，送水口，配管・弁類および非常電源等から構成されている。

◀よく出る

(d)　水噴霧消火設備

スプリンクラー設備と同様に，水を散水して火災を消火する設備である。スプリンクラー設備との違いは，散水される水の粒が細かく，火災時の熱によって急激に蒸発するときに熱を奪うことによる冷却効果と，燃焼面を蒸気で覆うことによって酸素を遮断する窒息効果によって消火することである。

◀よく出る

(e)　泡消火設備

駐車場やヘリポートなどの水による消火方法では効果が少ないかまたはかえって火災を拡大するおそれのある場所に設置される設備である。水源，加圧送水装置（消火ポンプ），泡消火薬剤貯蔵槽，混合器，自動警報装置（流水検知装置，表示装置，警報装置等），泡放出口（フォームヘッド），感知ヘッド（閉鎖型スプリンクラーヘッド），配管・弁類および非常電源等から構成されている。

（f）　**不活性ガス消火設備**

　　電気室や美術館，精密機械室，電気通信機室等に設置されるもので，消火剤による汚損が少なく，復旧を早急にすることが必要な施設に設置される。消火剤貯蔵容器，起動用ガス容器，選択弁，配管，噴射ヘッド，操作箱，感知器，制御盤，音響警報装置および蓄電池設備等から構成されている。

（g）　**ハロゲン化物消火設備**

　　設置対象物および構成等は，不活性ガス消火設備と同様であるが，消火原理は，燃焼の連鎖反応を抑制する負触媒効果によるものである。

（h）　**粉末消火設備**

　　粉末消火剤貯蔵タンク，加圧用ガス容器，起動用ガス容器，選択弁，配管，噴射ヘッド，手動起動装置，感知器，制御盤，音響警報装置および蓄電池設備等から構成されている。

◀よく出る

共通

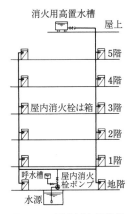

図2・5　屋内消火栓設備

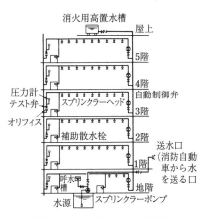

図2・6　スプリンクラー設備

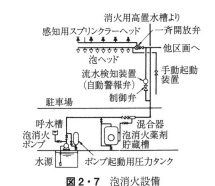

図2・7　泡消火設備

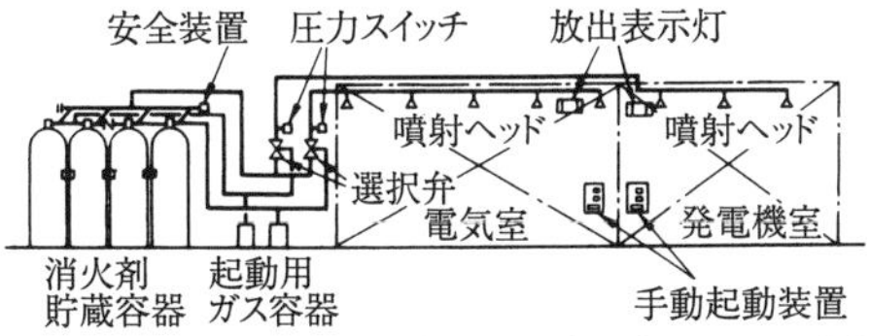

火災の感知は複数の火災信号によるものとし，そのうちの一つは消火設備専用の感知回路によるものとする。

図2・8　不活性ガス消火設備

(2)　消防活動上必要な施設

　消防法でいう「消火活動上必要な施設」は，火災の際に消防隊の消火活動上必要な施設であり，水を使用する施設は次の2設備である。

(a)　連結送水管

　送水口，放水口，放水用器具格納箱等から構成されており，火災の際には消防ポンプ自動車から送水口を通じて送水し，消防隊が放水口にホースを接続すれば消火活動ができるようにした設備である。中高層建物あるいは大規模な地下街などに設置する。

(b)　連結散水設備

　散水ヘッド，配管・弁類および送水口等から構成されており，火災の際には消防ポンプ自動車から送水口を通じて送水し，散水ヘッドから放水することによって消火活動を支援できるようにした設備である。地階のみに設置する。

　消火活動上必要な施設には，上記の水による消火施設のほか，排煙設備，非常用コンセント設備および無線通信補助設備がある。

2・2・3　電　気　設　備

(1)　電　　　圧

電圧の区分は，表2・3に示すように，**低圧・高圧・特別高圧**に区分されている。

表2・3　電圧の区分（技術基準第2条第1項）

電圧の区分	電　　　　圧
低　圧	直流：750 V 以下
	交流：600 V 以下
高　圧	直流：750 V を超えて7000 V 以下
	交流：600 V を超えて7000　V 以下
特別高圧	7000 V を超えるもの

(2)　配　電　方　式

建物内における一般的な配電方式を表2・4に示す。

表2・4　配　電　方　式

電　気　方　式	対地電圧および用途
単相2線式 100 V	対地電圧：100 V
	白熱灯・蛍光灯・家庭用電気機械器具の回路
単相2線式 200 V	対地電圧：100 V
	単相電動機・大型電熱器・蛍光灯の回路
単相3線式 100/200 V	対地電圧：100 V
	住宅・商店・ビルなどの電力使用量の大きい電灯，コンセントの幹線回路。100 V の電源と200 V の電源と同じ回路から取ることができる。
三相3線式 200 V	対地電圧：200 V
	0.4 〜 37kW 程度の一般低圧電動機・大型電熱器などの回路
三相4線式 240/415 V （265/460 V）	対地電圧：240 V（265 V）
	特別高圧スポットネットワーク受電などの大規模ビルで負荷の大きい幹線回路。電灯・電動機の両方に電力を供給できる。（　）内は 60 Hz 地区の電圧

(3)　配　線　工　事

低圧屋内配線工事については，技術基準解釈第174条に，表2・5のように規定されている。

バスダクトは，大容量の幹線に使用され，鋼板またはアルミニウムの外箱内に絶縁物を介して銅帯またはアルミニウム帯を収めたものである。

フロアダクトは，使用電圧が300 V 以下で，乾燥した場所のコンクリートまたはシンダーコンクリートの床内に埋め込んで施設される。電線に接続

点を設けないことが原則である。ただし，電線を分岐する場合において，その接続点が容易に点検できるようにすれば電線の接続ができる。

　低圧屋内配線工事に使用する金属管の厚さは，コンクリートに埋め込むものは1.2 mm 以上，コンクリート以外のものは1.0 mm 以上とする。ただし，継手のない長さ4 m 以下のものを乾燥した，展開した場所に施設する場合は，0.5 mm までに減ずることができる。

　低圧屋内配線における電線の接続は，キャビネット，アウトレットボックスまたはジョイントボックスなどの内部で行うか，適当な接続箱を使用して行い，接続部分を露出してはならない。　◀よく出る

　電線管が外壁を貫通する場合には，室内から室外に向けて 1/10 以上の水勾配を配管に設け，外壁貫通部にはシーリング材によって止水処理を行う。　◀よく出る

合成樹脂製可とう電線管（PF 管）
自己消火性があり，隠ぺい配管に使用できる。

表2・5　低圧屋内配線工事の電圧および場所の制限（技術基準解釈第174条）

工事方法 ＼ 使用電圧	展開した場所または点検できる隠ぺい場所		点検できない隠ぺい場所	
	300 V 以下	300 V 超過	300 V 以下	300 V 超過
がいし引き工事	◉	◉	×	×
合成樹脂線ぴ工事	◉	×	×	×
合成樹脂管工事	◉	◉	◉	◉
金属管工事	◉	◉	◉	◉
金属線ぴ工事	●	×	×	×
可とう電線管工事　1種金属製可とう電線管	●	□	×	×
可とう電線管工事　2種金属製可とう電線管	◉	◉	◉	◉
金属ダクト工事	●	●	×	×
バスダクト工事	△	●	×	×
ライティングダクト工事	●	×	×	×
フロアダクト工事		−	●	
セルラダクト工事	●	×	●	×
平形保護層工事	●	×	×	×
ケーブル工事　ケーブル	◉	◉	◉	◉
ケーブル工事　ビニル・2種キャブタイヤケーブル	●	×	×	×
ケーブル工事　3種・4種キャブタイヤケーブル	◉	◉	◉	◉

◉は，すべての場所に施設できる。●は，乾燥した場所に限り施設できる。
□は，乾燥した場所で，電動機に接続する部分で可とう性を必要とする部分に限る。
×は，施設できない。
△は，展開した場所の乾燥した場所およびその他の場所，点検できる隠ぺい場所の乾燥した場所に施設できる。

(4) 接地工事

　感電防止や高圧電線と低圧電線との混触防止のために，電路または電路以外の金属部分を大地に接続することを**接地**という。接地工事の種類は，必要とされる接地抵抗値によりA種，B種，C種およびD種に区分されている。

表2・6 接地工事の種類

接地工事の種類	電圧の種別による機器
A種（第1種）接地工事	高圧用または特別高圧用の機械器具の鉄台および金属製外箱
B種（第2種）接地工事	高圧または特別高圧の電路と低圧電路とを結合する変圧器の低圧側の中性点 （中性点がない場合は低圧側の1端子）
D種（第3種）接地工事	低圧用機械器具の鉄台および金属製外箱 （300V以下のもの。ただし，直流電路および150V以下の交流電路に設けるもので，乾燥した場所に設けるものを除く。）
C種（特別第3種）接地工事	低圧用機械器具の鉄台および金属製外箱 （300Vを超えるもの。）

2・2・4 その他の設備

(1) 照明設備

　照明用光源としては，一般に白熱灯と蛍光灯とが多く使用されているが，これらについては，「1・1・2 採光・照明」に記述しているので，ここでは，**ハロゲンランプ・水銀ランプ・メタルハライドランプ・ナトリウムランプ**について記述する。

(a) **ハロゲンランプ**

　小型，高輝度，長寿命の白熱電球で，広場・体育館・ホール・舞台などのスポット照明に使用されるほか，複写機・映写機・自動車などに使用されている。

(b) **水銀ランプ**

　演色性はよくないが，ランプの光束が大きく，寿命が長いので，高天井の工場・屋内外運動場・道路・公園などの照明に採用される。点灯後最大光度になるまでに5〜10分を要する。

(c) **メタルハライドランプ**

　水銀ランプの欠点である演色性を改善したもので，寿命も長く，水銀ランプの適用場所のほか，銀行の営業室・百貨店・ロビーなどに採用される。

(d) **高圧ナトリウムランプ**

　黄白色の光を発し，演色性はよくないが，総合効率が水銀ランプの2倍近くあるので，効率を重視する工場・体育館などに採用される。

(e) **低圧ナトリウムランプ**

　橙黄色の単一光で，高圧ナトリウムランプよりもさらに演色性はよくないが，霧の中をよく通す光なので，自動車専用道路の照明などに採用される。

Hf蛍光ランプ
高周波点灯専用形蛍光ランプのこと。高効率，長寿命でちらつきが少なく，事務所などの照明に用いられる。

演色性
物体の色の見え方の変化を起こさせる光源の性質。

(2)　誘　導　灯

　誘導灯は，火災などの際に避難を容易にするための避難口や避難方向を指示する照明設備で，設置場所に応じて**避難口誘導灯・通路誘導灯**および**客席誘導灯**がある。

(a)　**避難口誘導灯**

　緑地に白文字で「非常口」などと書かれた灯火で，避難口の下面からの高さが1.5m以上の箇所に設置する。

(b)　**通路誘導灯**

　白地に緑色の矢印で避難方向を示したもので，煙によって見えなくならないように，床面から1m以下の高さに設置する。階段に設ける通路誘導灯は，非常用の照明装置と兼用できる。

(c)　**客席誘導灯**

　劇場の客席の通路部分を照明するための誘導灯で，客席通路の壁面および座席の側面に設置する。

(3)　自動火災報知設備

　建物内の火災を初期の段階で熱または煙を感知して自動的に発見し，ベルやサイレンなどの音響装置によって建物内の関係者に知らせる設備で，感知器・手動発信機・受信機・音響装置などで構成されている。感知器には，熱感知器・煙感知器および熱煙複合感知器がある。

　熱感知器の作動方式には，差動式（温度上昇率が一定の値を超えたときに作動する）・定温式（一定の温度になったときに作動する）および補償式（差動式と定温式とを兼ねた機能をもち，周囲温度の変化により作動する）に分類される。さらに熱感知器の形式には，一局所の熱効果により作動するスポット型，広範囲の熱効果の蓄積によって作動する分布型および電線状の感知線型がある。

　煙感知器の作動方式には，イオン化式（煙の粒子によりイオン電流の変化することを利用して感知する）と光電式（煙の粒子により光電素子の入射光量が変化することを利用して感知する）に分類される。光電式には，スポット型と分離型とがある。

(4)　避　雷　設　備

　建築基準法第33条に「高さ20mを超える建築物には，有効に避雷設備を設けなければならない。」と規定されている。　◀よく出る

　避雷針の保護角は，高さと保護効率が考慮されたものであり，保護する構造物が高くなるほど保護角は狭くなっていく。また，どの**保護レベル**においても60m以上の構造物は保護角が決められていない。これは，構造物の側面に落雷する側撃雷は，60m以上の建物になると避雷針で受雷できないからである。

　保護レベルは，レベルⅠ〜Ⅳと4段階あり，保護効率や受雷部の配置につ　◀よく出る

いて規定されている。保護レベルは，建築物の種類・重要度などから建築主または設計者が選択する。

引下げ導線は，受雷部で受け止めた雷電流を安全に接地システムに流すための電路である。保護レベルに応じて設置間隔が変わり，保護レベルⅠで平均間隔 10 m，保護レベルⅣで平均間隔 25 m である。引下げ導線を構造体の鉄骨や鉄筋で代用することもある。

◀よく出る

指定数量の 10 倍以上の危険物を貯蔵する倉庫には，高さにかかわらず，原則として避雷設備を設ける。

鉄骨造の鉄骨躯体や鉄筋コンクリート造の鉄筋は，構造体利用の引下げ導線の構成部材として利用することができる。

(5) 昇降機設備

エレベータの管制運転には，**火災時管制運転・地震時管制運転・自家発電管制運転**などがある。

火災時管制運転は，火災時にエレベータを避難階に停止させる機能である。

◀よく出る

地震時管制運転は，地震感知器との連動によって，エレベータを最寄の階に停止させる機能である。

◀よく出る

自家発電管制運転は，停電時に自家発電源によって，エレベータを各グループ単位に順次避難階に帰着させる機能である。

乗用エレベータは，1 人当たりの体重を 65 kg として計算した最大定員を明示した標識を掲示する。昇降路の出入口の床先とかごの床先との水平距離は 4 cm 以下とする。

エレベータの昇降路内には，原則としてエレベータに必要な配管以外の配管設備を設けてはならない。

非常用エレベータには，かごの戸を開いたままかごを昇降させることができる装置を設ける。

勾配が 8 度を超え 30 度以下のエスカレータの踏段の定格速度は 45 m/分以下とする。エスカレータの踏段の幅は 1.1 m 以下とし，踏段の両側に手すりを設ける。エスカレータの踏段と踏段の隙間は，原則として 5 mm 以下とする。

2・3 契約など

共

通

学習のポイント

「第2章　共通」からの出題は5問で，5問とも解答することになっている。5問のうち「2・3　契約など」に関する出題は，1～2問程度である。出題傾向は，例年ほぼ同様であり，本テキストの範囲を十分に学習しておけば，正答できる可能性は高い。

2・3・1 測　　量

(1) 距離の測定

距離の測定には，**巻尺**や**光波測距儀**を用いて測定する。

(a) 巻　尺

巻尺には，次のようなものがある。

　・布巻尺

　・ガラス繊維巻尺

　・鋼巻尺

(b) 光波測距儀

強度に変調した光波を測定器から発射し，目標点の反射鏡で反射させ，測定器に再び戻る反射波数と位相から距離を求めるもので，一般に斜距離を求める。温度・気圧・湿度などの補正後，水平距離を求める。

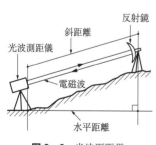

図2・9　光波測距儀

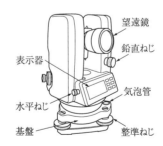

図2・10　セオドライト

(c) GNSS（GPS）測量

GNSS（Global Navigation Satellite System　GPS はアメリカ合衆国が開発したシステムであり，GNSS の一つである）は，人工衛星から発射された電波を地上のアンテナで受けて，解析機でアンテナの位置を三次元的に瞬時に決定するもので，カーナビなどと同じシステムを用いる。2つのアンテナで2点間の相互位置を求めて，距離を測定する。

(2) 角 の 測 定

　角度には，水平角と鉛直角があり，基準点からの高・低により仰角・俯角がある。また，真北を基準とする方位角や座標軸の北を基準とする方向角などがある。方位角・方向角はともに水平角である。角の測定には，**セオドライト（トランシット）** が用いられる。

(3) スタジア測量

　スタジア測量は，2点間の距離を光学的に測る測量法で，スタジア線間の標尺の読取り値と高度角から距離を計算するもので，巻尺に比べて精度は良くないが作業が速い。

(4) 多角測量（トラバース測量）

　位置，高さを求める測量で，**トラバース測量**とも呼ばれる。基準点から測点A，測点Aから測点B，測点Bから測点Cという具合に測点を結んで測量区域を多角形で示し，多角形の各辺の長さ・角度で位置関係を求める。

　描く多角形にはいくつかの種類があり，多角形の辺が最終的に基準点に戻ってきて閉じた状態になるものを**閉合トラバース**，戻ってこないで開放された状態になるものを**開放トラバース**，三角点などの高い精度をもつ2つの基準点を結ぶものを**結合トラバース**という。

　最も精度が高いのが結合トラバースだが，これには，基準点にほとんど誤差がないことが前提となる。閉合トラバースは精度が高いので一般的によく使われるが，計測した距離に定誤差がある場合，その誤差を検知，解消できない。開放トラバースは計測した測点の誤差を検知，解消できないことから精度が低く，あまり使われない。

　既知の角度との差としての測角の誤差を求め，それが許容範囲にあるなら，誤差を各角に均等に分配する。各測定間の距離と調整された角度をもとに座標を計算し，**閉合比**を求める。閉合比が所定の制限内なら閉合差を分配する。

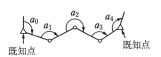

図2・11 単路線方式

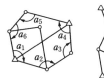

図2・12 結合多角方式

(5) 水 準 測 量

　各測点の標高や高低差を求める測量である。直接水準測量と間接水準測量がある。

　直接水準測量は，2本の標尺をレベルで覗いて，相対的な高さの差を測る方法。

　間接水準測量は，高低角などを使って計算から間接的に高さを求める方法で，精度は悪くなる。

(6) 平 板 測 量

　現地で直接，図紙上に作図する測量方法である。高度の精度は期待できないが，現地で行うため，手落ちや大きな誤りは少なく，細部測量には最適である。

　三脚に取り付けた平板と**アリダード**と巻尺などを用いる。

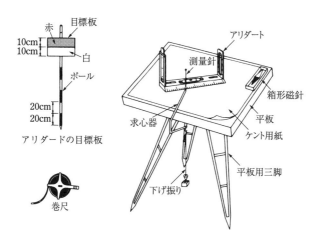

図2・13　平板測量一式

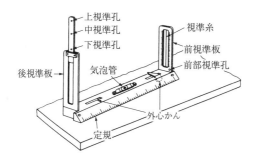

図2・14　アリダードの各部名称

2・3・2 公共建築数量積算基準

工事費を積算するための建築数量の計測・計算の方法を示す基準として，国土交通省が制定した「**公共建築数量積算基準**」がある。

(1) 総 則

本基準において，**設計数量・計画数量・所要数量**がある。設計数量とは，設計図書に示されている数量であり，計画数量は，仮設や土工などの設計図書に示されていない数量が該当する。所要数量とは，施工上やむを得ない損耗を含んだ数量をいい，鉄骨・鉄筋・木材等がこれに該当する。

(2) 仮 設

仮設の計測・計算については，共通仮設・直接仮設・専用仮設に区別して定める。

(3) 土工・地業

土砂量は地山数量とし，掘削による増加，締固めによる減少は考慮しない。 ◀よく出る

根切り面積には，基礎または地下構築物の底面積に，**余幅**を加えて計測・計算した面積である。余幅は，作業上のゆとり幅に，土質と根切り深さとに応じる係数を乗じた法幅の1/2を加えた幅をいう。作業上のゆとり幅は，0.5 m を標準とする。山留め壁と躯体間の余幅は 1.0 m を標準とする。

場所打ちコンクリート杭に用いる鉄筋の所要数量を求める場合は，設計数量に対し，3 ％増を標準とする。

(4) 躯 体

(a) コンクリート

・鉄筋および小口径管類によるコンクリートの欠除はないものとする。 ◀よく出る
・鉄骨によるコンクリートの欠除は，鉄骨の設計数量について 7.85 t を ◀よく出る
  1.0 m³ として換算した体積とする。
・窓，出入口等の開口部によるコンクリートの欠除は，開口部の内法の見付面積が 1 か所当たり 0.5 m² 以下の場合，ないものとする。

(b) 型 枠

・窓，出入口等の開口部による型枠の欠除は，開口部の内法の見付面積が 1 か所当たり 0.5 m² 以下の場合，ないものとする。
・斜面の勾配が 3/10 を超える場合は，その部分の上面型枠またはコンクリートの上面の処理を計測・計算の対象とする。

(c) 鉄 筋

・フープ，スタラップの長さは，それぞれ柱，基礎梁，梁，壁梁のコンクリート断面の設計寸法による周長を鉄筋の長さとし，フックはないものとする。 ◀よく出る
・幅止筋の長さは，基礎梁，梁，壁梁または壁のコンクリートの設計幅または厚さとし，フックはないものとする。

共通

・重ね継手または圧接継手については，本基準の別に定める場合を除き，径13 mm以下の鉄筋は6.0 mごとに，径16 mm以上の鉄筋は7.0 mごとに継手があるものとして継手箇所数を求める。

・圧接継手の加工のための鉄筋の長さの変化はないものとする。　◀よく出る

・窓，出入口等の開口部による鉄筋の欠除は，開口部の内法の見付面積が1か所当たり0.5 m²以下の場合，ないものとする。

・鉄筋の所要数量を求める場合は，その設計数量に対し，4％増を標準とする。

・連続する梁，基礎梁の全長にわたる主筋の継手については，長さが5.0 m未満は0.5か所，5.0 m以上10.0 m未満は1か所，10.0 m以上は2か所あるものとする。

・柱の主筋の継手は，基礎柱については長さが3.0 m以上の場合は1か所，その他の階では各階ごとに1か所あるものとする。

・床板の継手については，長さが4.5 m未満は0.5か所，4.5 m以上9.0 m未満は1か所，9.0 m以上13.5 m未満は1.5か所あるものとする。

・壁の縦筋の継手は，原則として各階に1か所あるものとする。

・階段の段型の鉄筋の長さは，コンクリートの踏面，蹴上げの長さに継手および定着長さを加えたものとする。

(d) **鉄　骨**

・溶接は，種類に区分し，溶接断面形状ごとに長さを求め，すみ肉溶接脚長6 mmに換算した延べ長さを数量とする。

・ボルト類のための孔明け，開先加工，スカラップおよび柱，梁等の接続部のクリアランス等による鋼材の欠除は，原則としてないものとする。　◀よく出る
1か所当たり面積0.1 m²以下のダクト孔等による欠除もこれに準じる。

・鉄骨材料について，所要数量を求めるときは，設計数量に次の割増をすることを標準とする。

　　形鋼，鋼管および平鋼：5％　　広幅平鋼および鋼板：3％

　　ボルト類：4％　　デッキプレート：5％

(5) **仕　　　上**

・間仕切下地，主仕上の開口部による欠除は，開口部の面積が1か所当たり0.5 m²以下の場合，ないものとする。

・間仕切下地，主仕上の梁との取合い，配管・配線，器具類による欠除が1か所当たり0.5 m²以下の場合，欠除はないものとする。

・主仕上の各部分の凹凸が0.05 m以下のものは，原則として凹凸のない仕上とする。

2・3・3 公共建築工事積算基準

　工事費内訳書に計上すべき工事費の積算について必要な事項を定め，工事費の適正な積算に資することを目的として，国土交通省が制定した「**公共建築工事積算基準**」がある。

　工事費は，直接工事費，共通費および消費税等相当額に区分して積算する。直接工事費については，設計図書の表示に従って工事種目ごとに区分し，共通費については，共通仮設費，現場管理費および一般管理費等に区分する。工事費の構成は，次のとおりとする。

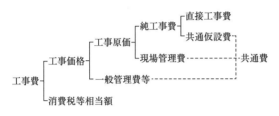

図 2・15 工事費の構成

2・3・4 公共工事標準請負契約約款

　工事の請負契約関係を規定したり，発注者と受注者の基本的な関係を明確にしたものが**公共工事標準請負契約約款**（公共工事）および工事請負契約約款（民間工事）である。ここでは，公共工事標準請負契約約款の基本事項について説明する。

図 2・16 請負契約約款の主な内容

(1) 総　　則

　設計図書とは，設計図・仕様書・現場説明書および質問回答書をいう。　　◀よく出る

　受注者は，設計図書に特別の定めがある場合を除き，仮設，施工方法，その他工事目的物を完成するために必要な一切の手段を自ら定める。

　請求，通知，報告，申出，承諾および解除は，書面によって行うことになっているが，法令に違反しない限り，電子情報処理組織を使用する方法を用いて行うことができる。

共通

共
通

(2)　**一括委任または一括下請負の禁止**

　受注者は，工事の全部もしくはその主たる部分または他の部分から独立してその機能を発揮する工作物の工事を一括して第三者に委任し，または請け負わせてはならない。

(3)　**特許権等の使用**

　受注者は，特許権，その他第三者の権利の対象になっている工事材料，施工方法等を使用するときは，その使用に関する一切の責任を負わなければならない。

(4)　**監　督　員**

　発注者は，**監督員**を置いたときは，その氏名を受注者に通知しなければならない。監督員は，次の業務を行う。

・契約の履行についての受注者または受注者の現場代理人に対する指示，承諾または協議
・設計図書に基づく工事の施工のための詳細図などの作成および交付
・受注者の作成した詳細図等の承諾
・設計図書に基づく工程の管理，立会い，工事の施工状況の検査または工事材料の試験もしくは検査

(5)　**現場代理人および主任技術者等**

　受注者は，**現場代理人**，**主任技術者**，**監理技術者**および**専門技術者**を定めて，工事現場に設置し，発注者に通知しなければならない。　◀よく出る

(6)　**工事材料の品質および検査等**

　工事材料の品質については，設計図書にその品質が明示されていない場合，中等の品質を有するものとする。

　受注者は，設計図書において監督員の検査を受けて使用すべきものと指定された工事材料については，当該検査に合格したものを使用しなければならない。また，検査に要した費用は，受注者が負担する。

　検査の結果，不合格と決定された工事材料は，受注者が，所定の期日以内に工事現場外に搬出しなければならない。

(7)　**支給材料および貸与品**

　設計図書に定められた支給材料および貸与品がある場合，発注者または監督員は，受注者の立会いの上，検査して引き渡さなければならない。

(8)　**工事用地の確保等**

　発注者は，工事用地その他施工上必要な用地を受注者が必要とする日までに確保しなければならない。

(9)　**設計図書不適合の場合の改造義務および破壊検査等**

　設計図書に適合しないときは，受注者の負担で改造する。このとき，工期の延長は認められない。監督員は，必要と認めたときは，最小限度の破壊検査をすることができる。このとき修復の費用は，受注者の負担となる。

(10)　**工期の延長・短縮**

　受注者は，その責めに帰すことができない事由により工期内に工事を完成することができないときは，その理由を明示した書面により，発注者に工期の延長変更を請求することができる。

　また，発注者は，特別の理由により工期を短縮する必要があるときは，工期の短縮変更を受注者に請求することができる。

(11)　**賃金または物価の変動に基づく請負代金額の変更**

　発注者または受注者は，工期内で請負契約締結の日から**十二月**を経過した後に日本国内における賃金水準または物価水準の変動により請負代金額が不適当となったと認めたときは，相手方に対して請負代金額の変更を請求することができる。

◀よく出る

(12)　**第三者に及ぼした損害**

　施工に伴う第三者の損害は，受注者が賠償する。ただし，通常避けることのできない騒音・振動，地盤沈下，地下水の断絶等の理由により第三者に損害を及ぼしたときは，発注者がその損害を負担しなければならない。

◀よく出る

(13)　**不可抗力による損害**

　天災その他自然的・人為的な事象で，発注者，受注者のいずれにもその責に帰すことのできないものにより，工事目的物，仮設物，工事材料，建設機械器具に損害が発生したときは，受注者は発注者に通知する。受注者が善良な管理者として，注意したと認められるときは，損害は発注者の負担となる。

(14)　**検　　　査**

　発注者は，工事の完成を確認するために必要があると認められるときは，その理由を受注者に通知して，工事目的物を最小限度破壊して検査することができる。

(15)　**部 分 使 用**

　発注者は，工事目的物の全部または一部を受注者の承諾を得て使用することができる。

(16)　**か し 担 保**

　発注者は，工事目的物にかしがあるときは，受注者に修補を請求または損害を請求できる。ただし，かしが重要でなく，かつ修補に過分の費用を要するときは修補を請求できない。

(17)　**発注者の解除権**

　発注者は，受注者が以下の一つに該当するときは，契約を解除することができる。

・正当な理由なく，工事着手すべき期日を過ぎても工事に着手しないとき

・工期内に完成しないときまたは工事経過後相当の期間内に工事を完成する見込みがないと認められるとき

・**主任技術者（監理技術者）**を設置しなかったとき

⒅　**受注者の解除権**

　受注者は，以下の一つに該当するときは，契約を解除することができる。

　・設計変更に伴って，設計図書が変更になり，請負代金額が**三分の二以上**　　◀よく出る
　　減少したとき

　・天災等による工事の施工の中止期間が相当期間を超えたとき

⒆　**火災保険等**

　受注者は，工事目的物および工事材料等を火災保険，建設工事保険，その
他の保険に付さなければならない。

第3章 建築施工

建築施工

── 令和5年度　建築施工の出題傾向 ──

　令和5年度試験では，応用能力問題として建築施工の分野から6問が出題された。いずれも過去問からの出題が多いが，工種を越えて「試験及び検査」を問われるなど，正確な理解が必要となる。

　長寿命化やストック社会に関する設問が出題され，新しい工法に関するものなど，幅広い知識を問われる傾向が続いている。

3・1　地 盤 調 査

学習のポイント

　試験では，基本的な地盤調査方法である標準貫入試験，各種載荷試験などについて，概要とともに何のための調査かということが問われる。また，地下水位から得られる情報や地下水に関連する知識も問われる傾向にある。

(1)　ボーリング

　ボーリングとは，地盤の各種試験や調査（標準貫入試験，ボーリング孔内水平載荷試験，地下水の調査），原位置での試料採取（サンプリング）などのために地盤の削孔等をすることをいう。

　一般的に多く用いられている方法は，ロータリー式ボーリングで，軟らかい地盤から硬い岩盤まで削孔できる。その他，原位置での「試掘」，岩盤のサンプリングを目的とした「コアボーリング」がある。

ハンドオーガーボーリング
文字通り人力によって回転させるボーリングである。数メートルの深さに適し，礫を含んだ固い地盤には適さない。

(2)　サウンディング

(a)　標準貫入試験

①　所定の深さ位置まで削孔する。

②　孔底のスライムを取り除き，標準貫入試験用試料採取工具（サンプラー）をボーリングロッドに取り付ける。

③　63.5 ± 0.5 kg のドライブハンマーを 76 cm ± 1 cm の高さから自由落下させロッドを打撃する。

　この地層を 30 cm 貫入（15 cm の予備打後）させるのに必要な打撃回数

◀よく出る

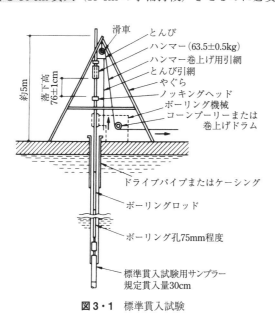

滑車
とんび
ハンマー（63.5±0.5kg）
ハンマー巻上げ用引綱
とんび引綱
やぐら
ノッキングヘッド
ボーリング機械
コーンプーリーまたは巻上げドラム
約5m
落下高 76±1cm
ドライブパイプまたはケーシング
ボーリングロッド
ボーリング孔75mm程度
標準貫入試験用サンプラー
規定貫入量30cm

図3・1　標準貫入試験

Nが，標準貫入試験の N 値であり，土の硬軟の程度（$0 \leqq N \leqq 50$，N 値が大きいほうが硬い）を推定することができる。

　また，試験と同時に，試料の採取（サンプリング）が可能となっている。

(b)　ベーン試験

　十字形の抵抗翼（ベーン）をロッドの先端につけて，地中に回転しながら押し込み，その際の最大抵抗値から土のせん断強さを求めるもので，軟弱な粘性土において使用される。

(3)　サンプリング

　主にボーリング孔から粘性土等の乱さない試料を採取することであり，土の軟らかさにより，使用するサンプラーが異なる。軟弱粘性土（N 値 $0 \sim 4$）では，**固定ピストン式シンウォールサンプラー**を使用し，やや硬い粘性土（N 値 $4 \sim 20$）では，**ロータリー式二重管サンプラー**を使用する。

シンウォールサンプラー
乱さない粘性土のサンプリングに使用するステンレス製や黄銅製の肉厚の薄いチューブ。

建築施工

(4)　平板載荷試験

① 　基礎が載る地盤まで掘削する。

② 　その位置で直径 30 cm 以上の円形または正方形の，厚さ 25 mm 以上の鋼板の載荷板を置く。

③ 　載荷板の上に油圧ジャッキを置き，上部の荷重を押し上げる。

④ 　沈下測定用のダイヤルゲージで沈下量を読み，「荷重－沈下曲線」を求める。

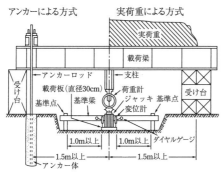

図 3・2　平板載荷試験

　この試験では，荷重と沈下量により，載荷面から載荷幅の 1.5 〜 2 倍の深さまでの支持力が求められる。表層の土の状態に影響を受けるため，比較的均質な地層の調査に適する。

　なお，粘性土地盤の沈下量の算定に係る試験には圧密試験などがあり，乱されていない試料などを用いる。

(5)　ボーリング孔内水平載荷試験

　地震時の杭の水平抵抗および基礎の即時沈下検討に必要となる，地盤の変形係数（土の硬さを示す尺度）を求める試験である。

(6)　一軸圧縮試験

土質試験のひとつで，コンクリートの圧縮強度試験と同じように，粘性土を円柱状に成形して行い，せん断力強度を求める。せん断力は基礎の支持力の算定等に用いられる。

(7)　地下水の透水性（透水係数）に関係する試験

(a)　粒度試験

土の粒子の大きさや，粒子の分布状態(粒度組成)を調べる試験であり，粒径0.074 mm以上を対象としたふるい分析と，それ未満を対象（粘性土など）とした沈降分析がある。地盤の変形係数は求められない。

(b)　現場透水試験

主に地下水位下の砂質地盤を対象としており，原位置でのボーリング孔内の水を揚水し，水位の回復速度を測る回復法と，孔内に注水して水位を一定に保つ注水法がある。なお，ボーリング孔は泥水を使わずに削孔するか，孔内水を清水に置換してから試験を実施する。

(c)　揚水試験

原位置での井戸からの地下水の揚水量と周辺の水位低下量の実測値より求める。

(8)　PS検層（弾性波速度検層）と常時微動

PS検層とは，ボーリング孔を利用して地盤のP波やS波の速度分布や伝播特性を求め，地盤の硬軟や動的な弾性定数を求める方法である。常時微動は，その場所の揺れやすさを調査することが目的であり，微動の振幅により地盤の硬軟（振幅が小さいと硬い）が把握できる。

(9)　電気検層（比抵抗検層）

自然電位や比抵抗を測定する物理検層でボーリング孔近傍の地層の変化を調査することができる。

(10)　圧密試験

圧密試験とは，粘性土の圧密による地盤の変形（沈下量，沈下速度，透水性）を調べる試験である。

◀**よく出る**
透水係数
透水係数の概略値は，粒径加積曲線によって推定することができる。

【ヒント】
地盤の常時微動
地盤中を伝播する人工的または自然現象による種々の振動のうち，特定の振動源から直接的に影響を受けない状態で，さまざまな振動によって誘起される微小な地盤振動である。地盤の卓越周期と増幅特性を推定できる。

3・2 仮 設 工 事

―学習のポイント―

　試験では，基本的な仮設足場の安全に関するものが続いていたが，地下工事の乗入れ構台に関する知識も問われている。平成21年からは手すりの高さが変わったので留意すること。

3・2・1　仮設足場，仮設建物と作業通路

(1)　単 管 足 場

　外径48.6 mmのめっきした単管を図3・3に示すように，**建地，布，腕木，筋かい，根がらみ**等に配置して，ベース金具，継手金具，緊結金具（クランプ），壁つなぎで組み立てる。

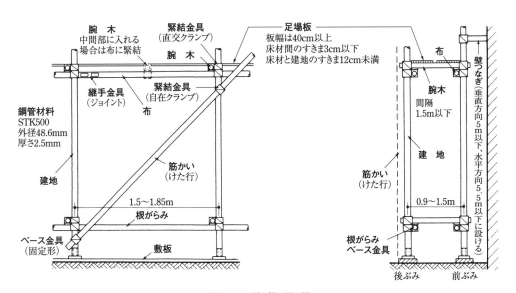

図3・3　単 管 足 場

① 　建地の間隔は，けた行方向1.85 m以下，はり間方向は1.5 m以下とする。

② 　建地の脚部には，敷板上のベース金物を使用し，建地が部分的に沈まないようにする。

③ 　地面から第一の布は，高さ2 m以下の位置に設置する。

④ 　建物と足場をつなぐ，壁つなぎの間隔は，垂直方向5 m以下，水平方向5.5 m以下とする。

表3・1　壁つなぎ間隔

鋼管足場の種類	間隔（m）	
	垂直方向	水平方向
単管足場	5	5.5
枠組足場（高さが5 m未満のものを除く。）	9	8

【ヒント】
壁つなぎ間隔
単管足場と枠組足場では，垂直方向，水平方向ともに壁つなぎ間隔が異なる。

⑤　建地の下端に作用する設計荷重が最大使用荷重（建地の破壊に至る荷重の2分の1以下の荷重）を超えないときは，鋼管を2本組としなくてよい。

⑥　建地間の積載荷重は，3923 N（400 kg）以下とする。

⑦　布等に載せる作業床は，幅40 cm以上とし，足場板を2枚以上使用の場合は，そのすき間を3 cm以下，床材と建地とのすき間は12 cm未満とする。なお，足場材の緊結や取外しでは墜落制止用器具を使用する。

⑧　墜落防止として高さ85 cm以上の手すりを設置する。

設計荷重
足場の重量に相当する荷重に，作業床の最大積載荷重を加えたもの。

(2)　枠 組 足 場

単管足場と異なり，製品化された**建枠**を，**筋かい**，**布枠**（足場板と一体になったものもある），継手金物（アームロック），壁つなぎなどで組み立てる。

①　建枠は，高さ2 m以下とし，枠の間隔は1.85 m以下とする。

②　建枠を1段組み立てたあと，全体の水平をベースジャッキで調整する。

③　つなぎの間隔は，垂直方向9 m以下，水平方向8 m以下とする。

④　最上層および5層以内ごとに水平材を設ける。

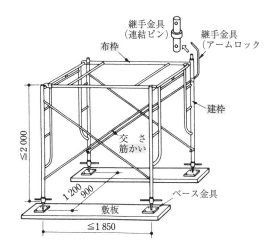

図3・4　枠 組 足 場

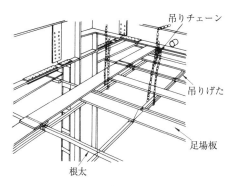

図3・5　単管吊り足場の例

⑤　枠組足場の高さは，原則として 45 m 以下とする。

⑥　外部足場は落下物による危害を防止するために**防護棚（朝顔）**を設けるが，木板を使用する場合は厚さを 1.5 cm 以上とする。

⑦　建枠の幅が 1200 mm で作業床の幅が 500 mm が 2 枚敷きの許容積載荷重は，4.9 kN とする。

(3) 吊り足場

吊り足場は，鉄骨造や鉄骨鉄筋コンクリート造における梁の接合や鉄筋組立などで使用される。

図 3・5 に示すように鉄骨からチェーン等を吊り下げ，単管と足場板でつくるものやあらかじめ鉄骨に製品化された吊り枠を取り付けておく工法がある。

①　吊り足場上は不安定であるため足場上で脚立やはしご等を用いてはならない。

②　墜落による危険防止のために設置するネットの網目は角目または菱目とし，10 cm 以下とする。

(4) 移動式足場

脚輪を取り付けた**移動式足場**は，作業中はブレーキなどで脚輪を固定させ，足場の一部を建設物に固定させるなどの措置をとる。

(5) 仮設建物と作業通路

①　工事現場に設ける仮設建物のうち，防火地域または準防火地域内にある延べ 50 m² を超えるものは，その屋根を不燃材料で造り，または葺く必要がある。

②　屋内の通路床面から高さ 1.8 m 以内には障害物を置いてはならない。

(6) 荷受け構台

①　荷受け構台は，揚重材料に応じた形状，規模のものを設け，想定荷重や外力に十分耐えるように計算する。

②　荷受け構台の作業荷重は，自重と積載荷重の合計の 10% とする。

3・2・2　登り桟橋と乗入れ構台

(1)　登り桟橋

　登り桟橋は，人の昇降や材料の運搬などの通路となるもので，労働安全衛生規則により，設置の基準が定められている。

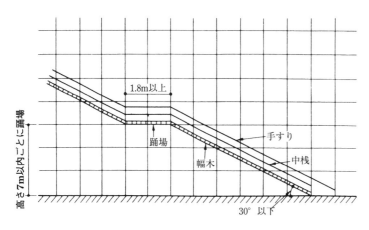

図3・6　登り桟橋の例

　①　架設通路の勾配は 30°以下とする。（勾配が 30°を超える場合は階段を設ける。または高さ 2 m 未満で勾配が 30°を超える場合は大きな手掛けを設ける）　◀よく出る

　②　勾配が 15°以上の場合は，踏桟などの滑り止めを設ける。

　③　高さ 8 m 以上の登り桟橋には，7 m 以内ごとに踊り場（長さ 1.8 m 以上）を設ける。　◀よく出る

　④　登り桟橋および踊り場には高さ 85 cm 以上の手すりを，建地の内側に設ける。

(2)　その他の昇降施設

　高さ 1.5 m 以上の場所で作業を行う場合は，昇降設備を設ける必要があり，はしごや脚立でも安全に関する基準が定められている。

　①　**はしご**を利用する場合は，上端を 60 cm 以上突出させる。

　②　**脚立**を使用する場合は，脚立の脚と水平面との角度を 75°以下とする。

(3)　乗入れ構台

　乗入れ構台は，根切工事の掘削機械と土砂搬出用ダンプカーの通路，地下工事の移動式クレーンと材料搬出用トラックの通路などの作業床として使用される。

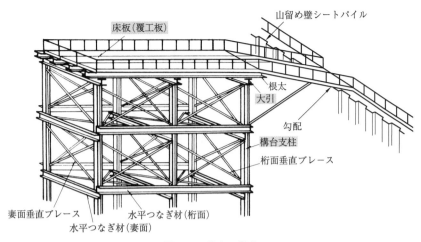

図3・7 構台の構成

① 構造は，各種施工機械や車両の自重とその走行・作業時の衝撃荷重，仮置き資材の荷重，地震・風などの荷重に耐えられるよう設計する。構台の大引材や根太材は強度検討のほかに，たわみ量についても検討する。

② 構台の支柱は，原則として山留めの切梁と兼用してはならない（荷重に対する安全性を確認した場合等は，この限りではない）。

③ 構台の支柱は，平面的に本設の柱，梁，耐力壁の位置と重ならないように計画する。

④ 構台の支柱は，その滑動または沈下を防止するため，設置する場所の地質などの状態に応じた根入れを行う。

⑤ 構台の支柱，梁，筋かいなどは緊結金物等で堅固に固定する。

⑥ 構台の幅員は6m～8m程度が一般的であるが，使用される施工機械や車両の動線やアウトリガーの出幅などにより決定される。

⑦ 構台に曲がりがある場合は，隅切りを設けるなど車両の回転半径を考慮して計画する。

筋かい（ブレース）の撤去
　躯体工事でブレースを撤去する時は，構台支柱が貫通する部分の床開口部をくさび等で拘束する。

構台の幅員
　国土交通省の指針では，4m～10mとされているが，実用上6m～8mが一般的である。

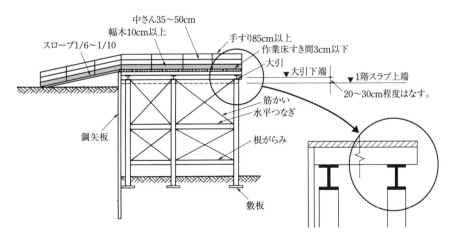

図3・8 乗入れ構台のスロープ

⑧　構台の作業床は床材（覆工板）間のすき間を 3 cm 以下とする。

⑨　作業床の端部は，高さ 85 cm 以上の手すりを設ける。

⑩　作業床レベルは本設の 1 階床面より上げて計画する。床材を支える<u>大引の下端と 1 階コンクリート打設面との間隔は 20〜30 cm</u> を確保する。

⑪　構台のレベルが地面より高くなるため，道路からはスロープを設ける必要がある。

⑫　<u>スロープの勾配は 1/6〜1/10</u> が一般的であるが，使用する重機や車両の腹が擦らないように計画する。

⑬　構台の構造および材料に応じて，作業床の最大積載荷重を定め，これを見やすい位置に表示する。

⑭　地震力を震度法により静的水平力として構造計算する場合，一般的な地盤の場合の水平震度は 0.2 とする。

(4)　荷受け構台

①　荷受け構台の作業荷重は，自重と積載荷重の合計の 10% とする。

②　荷受け構台への積載荷重の偏りは，構台全スパンの 60% 程度にわたって，荷重が分布するものとする。

【ヒント】
構台上での作業
工事用の施工車両や施工機械は，大型で全長も長いため，構台上で作業するための勾配，回転半径，作業半径などを検討する。

3·3 地 業 工 事

学習のポイント

　試験では，既製コンクリート杭，場所打ちコンクリート杭の施工法の基本的な留意点について問われてきた。平成 18 年度からは鋼管杭についての知識も問われるようになっている。

3·3·1　既製コンクリート杭・鋼管杭地業

(1)　既製コンクリート杭地業

　一般に，遠心力を利用してつくられる中空円筒形の鉄筋コンクリート杭が最もよく用いられる。施工法には，杭を支持層まで打撃して設置する方法と**アースオーガー**で掘削した孔に設置する方法（プレボーリング工法等）があるが，前者は騒音・振動が大きく，市街地での採用には適さない。

(a)　プレボーリング工法

　一般に用いられる杭径は 300 mm 〜 600 mm，施工深度は 30 m 程度である。

【掘削】

① 　アースオーガーにより杭径＋ 100 mm 程度の孔を掘削する。

② 　掘削は，地質に適した速度（密な砂や砂礫ほど遅く）で掘り進める。

③ 　掘削中オーガーに逆回転を加えるとオーガーに付着した土砂が孔中に落下するので逆回転を行わない。また，引き上げ時も正回転とする。

④ 　掘削中は孔の崩壊を防止するためオーガーの先端から安定液（ベントナイト）を噴出する。

既製コンクリート杭の施工精度（目標）
・傾斜 1/100 以内
・杭心ずれ量
　杭径の 1/4 かつ
　100 mm 以下

PHC 杭の補強
PHC 杭の頭部を切断した場合，切断面から 350 mm 程度までは，プレストレスが減少しているので補強をする。

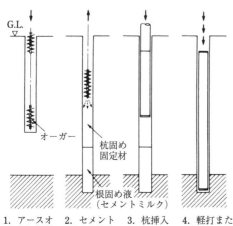

1. アースオーガー掘削　2. セメントミルク注入オーガー引抜き　3. 杭挿入　4. 軽打または圧入

図 3·9　プレボーリング工法（セメントミルク工法）

⑤　所定の深度に達した後は，噴出を根固め液（セメントミルク）に切り替え，所定量を注入する。（**根固め液**の4週圧縮強度は，20 N/mm² 以上，水セメント比は 70 %以下とする。）

⑥　杭周固定液（セメントミルク）を噴出しながら，オーガーをゆっくりと引き上げる。（**杭周固定液**の4週圧縮強度は，0.5 N/mm² 以上とする。）

【杭の建て込み】

①　掘削終了後，杭を掘削孔内に建て込むが，杭先端で掘削孔を削らないように鉛直に建て込む。

②　建て込み速度が速すぎると勢いにより，孔壁が崩壊するので静かに挿入する。

③　セメントミルクを用いる場合，先端閉塞杭が用いられるが，建て込み中に浮力が作用して，杭の自重だけでは建

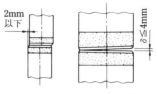

図3・10　杭の継手部許容値

て込みが困難になる場合がある。この場合は，杭内に注水し，重量を増すことで建て込み作業を安定化させる必要がある。

④　支持層が深い場合には，杭を継ぎ足して長尺の杭とするが，継ぎ足しは一般的に半自動，または，自動によるアーク溶接を用いる。接合中に下杭が動くことがないように，保持装置に固定する。

⑤　杭の継手部の仮付け溶接の長さは，40 mm 以上とする。

上下の杭軸が一直線になるように溶接を行い，下杭が傾斜しても上杭で鉛直に修正してはならない。

⑥　杭の継手部の開先の食い違い量は2 mm 以下，許容できるルート間隔は 4 mm 以下とする。

⑦　杭が所定の支持地盤に達したら，杭先端を根固め液中に貫入させるためドロップハンマーで軽打する。支持層の掘削深さは，1.5 m 程度とし，杭は 1.0 m 以上根入れする。

⑧　支持層への到達の確認方法には，掘削抵抗電流値と掘削時間との積である積分電流値を用いる。

(b)　**中掘り工法**

先端が開放されている杭の中空部にオーガーを挿入し，先端部の土を掘削しながら埋設する工法である。（砂質地盤の場合，先掘り長さは少なくする。）一般に用いられる杭径は 450 mm 以上，500 mm ～ 600 mm が多く，最大径 1000 mm 程度である。

(c)　**回転圧入工法**

杭先端の金物をオーガーとし，杭全体を回転させながら圧入する工法である。圧入を容易にするために，先端から高圧水を噴出する場合もある。支持力は根固めによる方法が一般的である。

【ヒント】
杭を吊り上げる際には，杭全体に余計な応力が加わらないように，杭端の1点で支持して吊り上げる。

建築施工

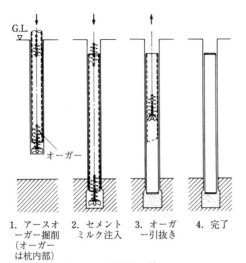

1. アースオーガー掘削（オーガーは杭内部）　2. セメントミルク注入　3. オーガー引抜き　4. 完了

図3・11 中掘り工法

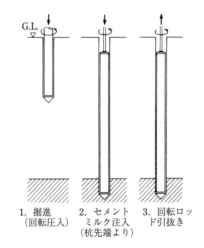

1. 掘進（回転圧入）　2. セメントミルク注入（杭先端より）　3. 回転ロッド引抜き

図3・12 回転圧入工法

(2) 鋼管杭地業

　鋼管杭の特徴は，コンクリート杭に比較して重量が軽く，取り扱いが簡単であるが，腐食に対する配慮等が必要となってくる。先端開放杭では，支持層への根入れが十分でないと，支持力が低下する場合がある。施工法は，既製コンクリート杭に準じるが，回転圧入による埋込み工法や振動を利用した打込み工法（バイブロハンマー：杭径600 mm 以下）などがある。

【施工上の留意点】

① 現場での杭の継手部の溶接は，半自動または自動のアーク溶接とする。

② 杭頭処理は，一般的にガス切断が用いられるが，地表面より下で切断のできるディスクカッターやプラズマ切断も使用される。

③ 回転圧入工法では，硬質で厚い中間層がある場合に打抜きの可否等について事前検討する。

④ 土質や水質によっては鋼材の腐食について，肉厚を増す，保護皮膜を施すなどの対策を行う。

建築施工

3・3・2　場所打ちコンクリート杭地業

　場所打ちコンクリート杭は，地盤に円筒形の孔を掘削し，これに円筒形の鉄筋かごを建て込み，コンクリートを打設して一体とする鉄筋コンクリート杭の総称である。

　特徴は，低騒音・低振動で，大きな径の杭を深く，継目なく施工できることであるが，周辺地盤の緩み，地下水の対応，掘削孔壁の保持，孔底の確認など杭の品質や支持力等に関わる施工計画や管理が必要となる。

【一般的な留意点】

　①　杭長が設計図書と異なった場合，鉄筋かごの長さは最下段で調整し，かご上部の配筋は変化させない。

　②　鉄筋かごに取り付ける同一深さ位置（3〜5 m ごと）のスペーサーは4箇所以上とする。

　③　水中で打設するコンクリートのスランプは，水のない場合と同じにする。温度補正は不要である。

　④　杭頭部は，50 cm（孔内水位がない場合）〜 80 cm 程度余盛（アースドリルやリバースサーキュレーションでは 1 m 程度）をし，コンクリートが十分に硬化した後，はつりとる。

(a)　**オールケーシング工法**

　孔壁保護のためのケーシングを揺動により圧入しながら，ケーシング内部の土砂をハンマグラブバケットにより掘削，排出する。所定の深さまで掘進したのち，スライム（孔底部の沈殿物）を処理し，鉄筋を挿入し，コンクリートを打設しながら，ケーシングを引き抜く工法である。

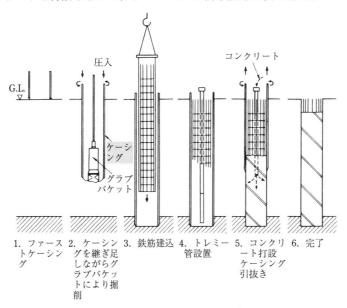

図 3・13　オールケーシング工法

【施工上の留意点】

① 鉄筋かごのスペーサーは，一般的に共上がりが生じにくいように径13 mm 以上を使用する。

② 鉄筋かごの共上がりの有無は，鉄筋かごの頭部に鉄線を取り付けケーシングチューブの天端まで伸ばし，その動きの監視による。

③ コンクリート打設中にトレミー管とケーシングの先端は常に2 m 以上コンクリート中に入っているように保持する（最長でも9 m 程度）。

④ 軟弱粘性土地盤では，ヒービング防止のため，ケーシングの先行量を多くする。

(b) **アースドリル工法**

　孔壁の崩壊を安定液（ベントナイト等）により防ぎながら，伸縮式のロッドをもつ回転バケットにより掘削および土砂の排出を行う。ケーシングは表層部のみに使用される。（掘削深さは70m 程度まで可能）

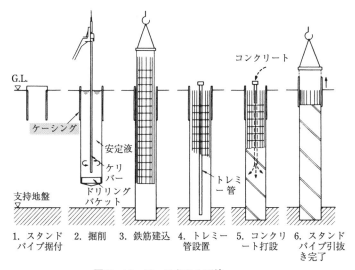

図 3・14　アースドリル工法

【施工上の留意点】

① 粒径が10 cm 以上のれきの混じる土質条件では掘削が困難である。

② 掘削深さの確認は，検測テープ等の器具を用いて孔底の2箇所以上で検測を行う。

③ 安定液の粘性は，必要な造壁性および比重の範囲でできるだけ低粘性のものとするが，繰り返し使用により小さくなるので，作液粘性は粘性を高くするなどの考慮が必要である。

④ スライム処理の方法は，1次処理で「底さらいバケット」，「スライムバケット」に付け替えて除去し，2次処理で「エアリフト方式」などで除去する。

　⑤　鉄筋かごのスペーサーは，孔壁を損傷させないように，平鋼等を加工したものを使用する。

(c)　**リバースサーキュレーション工法**

　水の静水圧により孔壁を保護しながら，地盤上に設置したロータリーテーブルで回転ビットを緩やかに回転させて掘削を行う。掘削土は水とともに回転ビット軸内部を通じて地上に排出され（逆循環），沈殿槽にためられる。一般的に清水が使用されるが，土質の状況によっては，安定液が使用されることもある。吸い上げた土砂は，沈殿槽で分離し，水はポンプで再び，繰り返して使用する。（掘削深さは70m程度まで可能）

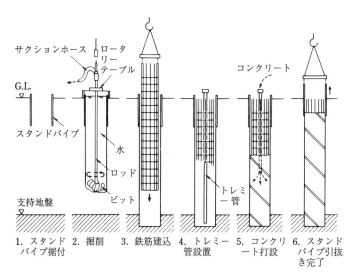

図3・15　リバースサーキュレーション工法

【施工上の留意点】

　①　表層地盤の孔壁の崩壊防止のため，スタンドパイプを設置する。

　②　清水により孔壁の崩壊を防ぐため，孔内水位を地下水位より2m以上高くする。

(d)　**深礎工法**

　人力により掘削を行う工法である。孔壁は掘削と平行して鋼製リングと波型鉄板を設置し保護する。支持地盤の確認が確実にできるが，湧水の多い地盤では，掘削が難しく，孔内の作業環境では，酸欠防止のための十分な換気や酸素濃度の測定を行う必要がある。コンクリートの打込みは，分離を防ぐためにコンクリートの自由落下高さを2m以下に保つ。

3・4 土 工 事

学習のポイント

　土工事では，地下構造物を建設するための施工方法である根切り工事や山留め工事の概要を理解するとともに，地下工事に伴う現象と対策を覚えることが必要となる。

3・4・1 根切り工事

　基礎や地下構造物を建設するために地盤を掘削することを**根切り**といい，隣接建物などがある場合に**山留め**を実施しながら，根切り工事を並行する。

　山留め壁背面の敷地が広い場合は，山留め壁を施工せず，**法付けオープンカット工法**による根切り方法もあるが，法面保護をモルタル吹付けで行って水抜き孔を設ける等の必要がある。また粘性土地盤においては，円弧すべりなどの検討も必要である。

　山留壁を施工する場合，根切り底地盤が安定するように下記の3つの現象に配慮する必要がある。

(1) ヒービング　　　　　　　　　　　　　　　　　　　　　◀よく出る

　根切り底面が膨れ上がる現象をいう。対応は，以下の通りである。

　① 剛性の高い山留め壁を使用

　② 根入れ長さを十分にとる

　③ 山留め外部の地盤をすきとり土圧を軽減

　④ 根切り底より下部の軟弱地盤を改良

　⑤ 部分的に根切りを進め，終了したところからコンクリートを打設し，部分的に掘削

図3・16 ヒービング現象

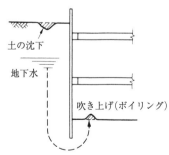

図3・17 ボイリング現象

クイックサンド
砂質土のような透水性の大きい地盤で，地下水の上向き浸透力が砂の水中での有効重量より大きくなり，砂粒子が水中で浮遊する状態

(2) ボイリング

　砂中を上向きに流れる水流の圧力のために，砂粒が攪拌され，湧き上がる現象をいう。

　砂質地盤を排水しながら掘削すると山留め壁の前後面の水位差によって水流が起こり，山留め壁の支持力がなくなるため，山留め壁の根入れを深くと

パイピング
砂質土の中で周囲の水位差のために，局部的にパイプ状の水みちができる現象

建築施工

ること，山留め壁背面の水位を下げることが必要である。

(3)　盤ぶくれ

粘性土などの**不透水層**（水を通さない層や難透水層）より下の**被圧地下水**の水圧によって根切り底面が持ち上がる現象をいう。この対応には，根切り底以下の土の重量と被圧水圧のバランスを検討する必要があり，根切り底面下の地下水位をディープウェル等で低下させる方法などがある。

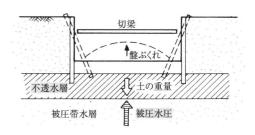

図3・18　被圧水による盤ぶくれ

3・4・2　山留め工事

(1)　山留め壁の工法

(a)　親杭横矢板工法

H型鋼，I型鋼などの親杭を1m前後の間隔で地中に設置し，根切りを行いながら親杭の間に矢板を挿入していく工法である。経済的であるが，止水性がない。根入れ部に連続性がないため，ヒービング対策にはならない。

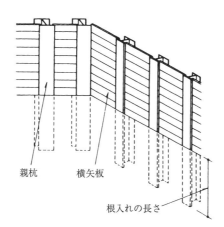

図3・19　親杭横矢板工法

(b)　鋼矢板工法

鋼板の矢板のジョイント部（図3・20）をかみ合わせながら，地中に設置する工法である。止水性が高く，軟弱地盤などに適するが，礫が混じった地盤には適さない。

打込みは傾斜や継手の外れを防ぐため，びょうぶ打ちとし，両端の矢板をガイドにして打つことが一般的である。

(c)　ソイルセメント柱列壁工法

アースオーガーでソイルパネルをつくり，その中にH鋼（付属した泥

【ヒント】
横矢板の設置後，打音等により矢板の裏込め材の充てん状況を確認する。
親杭と横矢板の間にくさびを打ち込み，裏込め材の安定を図る。

【ヒント】
ソイルセメント柱列壁工法は，セメント系注入液（セメント）を原位置土（ソイル）と混合・攪拌して壁をつくる工法のため，泥水処理が不要となり排出泥土も他のRC柱列工法と比較して少ない。

建築施工

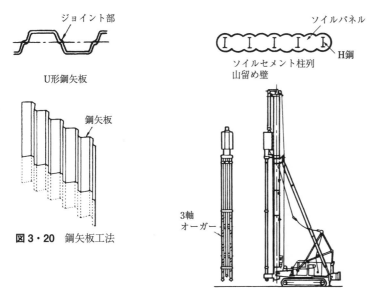

図 3・20　鋼矢板工法

図 3・21　ソイルセメント柱列壁工法

土を落とす）などを建込み用の定規を使用して挿入（図3・21）し，柱列状の山留め壁を築造する工法であり，比較的剛性が高い。振動・騒音が少なく，補強材の打込みや引抜きがないため，周辺地盤の沈下が少ない。**ソイルセメント**は止水性があり，山留め壁の構造材の一部として使用される場合がある。

◀よく出る

① *N*値 50 以上の地盤や大径の玉石や礫が混在する地盤では，先行削孔併用方式を採用してエレメント間の連続性を確保する。既存建物の基礎を先行解体するためのロックオーガーの径は，ソイルセメント施工径より大きい径のものとする。

② 止水性を確保するため，根切り時に発見したソイルセメントの硬化不良部分は，モルタル充填や背面地盤への薬液注入などの処置をする。

③ 掘削土が粘性土の場合は，砂質土と比較して掘削かくはん速度を遅くする。

(2)　山留め支保工

　山留め支保工は，掘削時に山留め壁に作用する土圧・水圧を支え，山留め壁の変形をできるだけ小さくして背面地盤に影響を及ぼさないことを目的とする。

(a)　水平切梁工法

　切梁は一般的に均等に配置するが，根切りおよび躯体の施工効率向上のために 2 本以上組合せ，切梁間隔を広くする**集中切梁方式**もある。

　山留め架構全体の変形を防止するために，山留め壁と腹起し間のすき間や火打ち梁接続部の馴染みなど山留め設置時の緩みを除去する方法として，**プレロード工法**がある。これは，切梁途中に油圧ジャッキを設置し，圧力をかけ山留め壁を外側へ押さえつけ，周囲の地盤沈下を防止する工法である。

建築施工

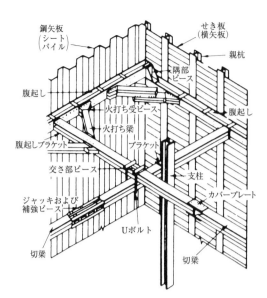

図 3・22　水平切梁工法

① ジャッキで加圧するのは設計切梁軸力の 50 〜 80 %程度とする。

② 切梁交差部のボルトを緩めた状態で加圧し，切梁が蛇行しないようずれ止めを設ける。

③ 加圧終了後は，切梁，腹起し，火打ちなどの接合部のボルトの緩みなどをチェックする。

(b)　**地盤アンカー工法**

地盤アンカー工法は，複雑な平面形状や偏土圧などが作用する高低差のある敷地で水平切梁工法が採用できない場合などに採用される。切梁の代わりに地盤アンカーによって山留め壁にかかる側圧を支えながら掘削する。設計時には山留め壁背面の円弧すべりについても検討を行う。

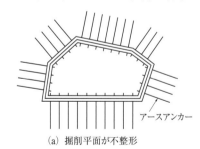

(a)　掘削平面が不整形

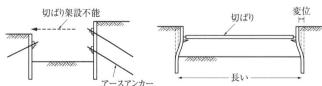

(b)　敷地に高低差がある　　(c)　切ばり支保工のときは長大になる

図 3・23　地盤（アース）アンカー工法を採用するケース

3・4・3 地下水処理

　地下水位の高い位置での作業は，山留め，支保工に大きな水圧がかかるので，事前に必要な範囲をできるだけ排水して水位を下げ，乾燥状態にして作業効率を上げるようにする。また，地下工事中に排水を打切ると水位の上昇に伴う浮力により，地下構造物が浮き上がることがあるため，事前に検討を行う。

(1) ウェルポイント工法

　地中に敷設した管内を真空状態にして揚水するもので，透水性の高い粗砂層から低いシルト質砂層までの地盤に適する。気密保持が重要であり，パイプの接続箇所で漏気が発生しないようにする。

(2) ディープウェル工法

　透水性の高い地盤に鋼管などケーシング等を地中に埋め込み，揚水管の先に水中ポンプを接続したもので，周辺地盤の水位を低下させる。排水量は初期の方が安定期よりも多い。

(3) 釜 場 工 法

　根切り底の1ヶ所に集水ピット（釜場）を井戸状に掘り下げてつくり，排水溝から集水した水をポンプで揚水する。重力排水工法の一つである。

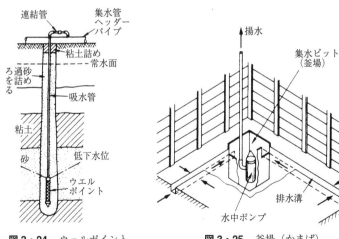

図3・24 ウェルポイント　　　　**図3・25** 釜場（かまば）

建築施工

リチャージ工法
ディープウェルによって低下させた根切り周辺地盤の水位を，リチャージウェルを用いて周辺地盤へ復水する工法。
周辺の井戸枯れや地盤沈下防止等に有効となるが，リチャージ中の水質が問題となる場合がある。

3・4・4　山留めの計測管理

① 山留め壁の頭部の変位を把握するために，トランシットやピアノ線を用いて頭部の変位を測定する。

② 油圧式荷重計は，切梁の中央部を避け，火打ち梁との交点に近い位置に設置する。

③ 山留め壁周辺の地盤の沈下を計測するための基準点は，山留め壁から離れたBMとする（支持杭基礎の建物など垂直方向に動きがないこと）。

④ H形鋼を用いた切梁の軸力を計測するためのひずみ計は，2台を1組としてウェブに設置する。

⑤ 傾斜計を用いて山留め壁の変形を計測する場合には，山留め壁下端の変位量に注意する。

⑥ 壁面土圧計を用いると，土圧計受圧面に集中荷重が作用して，大きな応力値を示す場合がある。

⑦ 変形や荷重等の管理基準値を定め，計測値が管理基準値に近づいた場合の具体的な措置を決めておく。

3・4・5　床付けと埋戻し

(1) 床 付 け

　床付けとは，所定の深さまで掘削して，砂利の敷き込みや捨てコンの打設ができる状態にすることである。そのため床付け面は乱された状態にしてはならない。

　粘性土の床付け地盤を乱した場合は，礫・砂質土に置換するか，セメント・石灰等による表層改良を行う。

　また，床付け地盤が凍結した場合は，溶けると体積が減少するために乱された土と同様に扱い，凍結した部分を良質土と置換（置換工法）するなどの処置を行う。

(2) 埋 戻 し

　基礎周辺等の埋戻しには，均等係数の大きい（いろいろな粒径の土粒子が混在），透水性の良い砂質土で行う。

　埋戻しは，**水締め**（水を撒きながら）を行い，厚さ30cm程度ごとに突固めを十分にする。透水性の悪い山砂を用いた場合は，埋戻し厚さ30cmごとにランマーで締固めながら行う。

【ヒント】
水締め
水が重力で下部に浸透する際に土の微粒子が沈降して土の粒子間のすき間を埋める現象を利用したものである。

3·5 鉄筋コンクリート工事

建築施工

学習のポイント

　試験では，毎年5問程度出題され，鉄筋工事とコンクリート工事が2問ずつ，型枠工事が1問という構成が続いている。いずれの工事も施工上の基本的な留意点（遵守すべき寸法や数値等）が問われている傾向にあるので，反復学習により覚えておきたい。

3·5·1　鉄　筋　工　事（令和5年度の応用能力問題として出題された）

(1)　加　　工

　鉄筋の切断・曲げなどの加工作業は，工場または現場の下小屋で，加工図によって正確に行う。

① 折り曲げ加工は，冷間加工で行う。

② 切断は，シャーカッターなどで行う。

③ あばら筋・帯筋・スパイラル筋の加工において一辺の加工寸法許容差は，±5mmとする。

④ 以下の鉄筋の末端部には，表3·2のようにフックを付ける。

　ⅰ）丸鋼

　ⅱ）あばら筋，帯筋

　ⅲ）柱および梁（基礎梁を除く）の出隅部の鉄筋

◀よく出る

　ⅳ）煙突の鉄筋

表3·2　鉄筋の折曲げ形状・寸法（JASS 5）

▼よく出る

図	折曲げ角度	鉄筋の種類	鉄筋の径による区分	鉄筋の折曲げ内法の直径（D）
180° 余長 4d以上 / 135° 余長 6d以上 / 90° 余長 8d以上	180° 135° 90°	SR 235 SR 295 SD 295 A SD 295 B SD 345	16φ以下 D16以下	3d以上
			19φ D19～D41	4d以上
		SD 390	D41以下	5d以上
	90°	SD 490	D25以下	
			D29～D41	6d以上

注　(1)　dは，丸鋼では径，異形鉄筋では呼び名に用いた数値とする。
　　(2)　スパイラル筋の重ね継手部に90°フックを用いる場合は，余長は12d以上とする。
　　(3)　片持ちスラブ先端，壁筋の自由端側の先端で90°フックまたは180°フックを用いる場合は，余長は4d以上とする。
　　(4)　スラブ筋，壁筋には，溶接金網を除いて丸鋼を使用しない。
　　(5)　折曲げ内法直径を上表の数値よりも小さくする場合は，事前に鉄筋の曲げ試験を行い支障ないことを確認した上で，工事監理者の承認を得ること。
　　(6)　SD490の鉄筋を90°を超える曲げ角度で折り曲げ加工する場合は，事前に鉄筋の曲げ試験を行い支障ないことを確認した上で，工事監理者の承認を得ること。

(2) 組 立 て

① 鉄筋の継手は，次のようにする。

ⅰ）継手位置は，応力の小さい位置に設ける。

ⅱ）径の異なる鉄筋の継手は細いほうの継手長さによる。

ⅲ）D35 以上の異形鉄筋には，原則として重ね継手は用いない。

ⅳ）梁主筋の重ね継手は，水平または上下のいずれの重ねでもよい。
隣り合う鉄筋の継手中心位置は，重ね継手長さの 0.5 倍または，1.5 倍ずらす。

ⅴ）フック付重ね継手の長さは，鉄筋の折曲げ開始点間の距離とする。

ⅵ）柱に用いるスパイラル筋の重ね継手長さは，50d 以上かつ，300mm 以上とする。また，末端の定着は，1.5 巻以上の添巻とする。

ⅶ）壁縦筋の配筋において，下階からの位置のずれについては鉄筋を折り曲げない，あき重ね継手としてもよい。

ⅷ）フック付鉄筋の定着長さは，定着起点から鉄筋の折曲げ開始点までの距離とする。

② 鉄筋の**最小かぶり厚さ**は表 3・3 による。実際の建築物でのかぶり厚さは，10 mm 程度の割増しを行う。

ⅰ）**開口補強等の斜め筋**は，壁がダブル配筋の場合，壁筋の内側にしてかぶり厚を確保する。

ⅱ）**耐久性上有効な仕上げ**には，密着張り工法による外壁タイル仕上げや屋根スラブの防水層などが該当する。

異形鉄筋の定着
直線定着の長さは，鉄筋の種類やコンクリートの設計基準強度によって決められている。
［例］
① Fc 21N/mm^{2}の場合
　SD295B＜SD390
　（35d）　（40d）
②種類と径が同じ場合
21N/mm^2＞30N/mm^2

機械式継手
ねじ節継手，端部ねじ継手，スリーブ圧着継手，くさび圧入継手およびモルタル充填継手があり，2 種類の継手を組合わせることを併用継手という。

スラブの開口補強
（500 角程度）
開口によって切断される鉄筋と，同量の鉄筋で周囲を補強し，隅角部に斜め補強筋を配する。

表 3・3 鉄筋の最小かぶり厚さ(JASS 5)　　　　〔単位：mm〕

部材の種類		短 期	標準・長期		超長期	
		屋内・屋外	屋内	屋外[2]	屋内	屋外[2]
構造部材	柱・梁・耐力壁	30	30	40	30	40
	床スラブ・屋根スラブ	20	20	30	30	40
非構造部材	構造部材と同等の耐久性を要求する部材	20	20	30	30	40
	計画供用期間中に維持保全を行う部材[1]	20	20	30	(20)	(30)
直接土に接する柱・梁・壁・床および布基礎の立上り部		40				
基 礎		60				

注 (1) 計画供用期間の級が超長期で計画供用期間中に維持保全を行う部材では，維持保全の周期に応じて定める。
　 (2) 計画供用期間の級が標準および長期で，耐久性上有効な仕上げを施す場合は，野外側では，最小かぶり厚さを 10 mm 減じることができる。

③ **鉄筋のあき**は，表 3・4 による。

表 3・4　鉄筋のあき

		あ き	間 隔
異形鉄筋		・呼び名の数値の1.5倍 ・粗骨材最大寸法の1.25倍 ・25 mm のうちの大きい数値	・呼び名の数値の1.5倍＋最外径 ・粗骨材最大寸法の1.25倍＋最外径 ・25 mm＋最外径 のうちの大きい数値
丸　鋼		・鉄筋径の1.5倍 ・粗骨材最大寸法の1.25倍 ・25 mm のうちの大きい数値	・鉄筋径の2.5倍 ・粗骨材最大寸法の1.25倍＋鉄筋径 ・25 mm＋鉄筋径 のうちの大きい数値

注　D：鉄筋の最外径　　d：鉄筋径

(3) ガ ス 圧 接

① 圧接工は，表3・5のとおり，工事に相応したJISによる技量を有した者とする。なお，SD490の圧接は第4種または第3種の技量資格者が行えるが，施工前試験を行わなければならない。

◀よく出る

SD490に用いる加圧器
上限圧及び下限圧を設定できる機能を有するものとする。

表 3・5　技量資格種別作業可能範囲

技量資格種別	作 業 可 能 範 囲	
	鉄 筋 の 材 質	鉄 筋 径
1　種	SR235, SR295, SD295A, SD295B, SD345, SD390 ※ SD490は，3種または4種で可（ただし，施工前試験が必要）	径25mm以下 呼び名D25以下
2　種		径32mm以下 呼び名D32以下
3　種		径38mm以下 呼び名D38以下
4　種		径50mm以下 呼び名D51以下

種類が異なる鉄筋の圧接可能な組合せ
SR235：SR295
SR295：SR235
SD295A：SD295B, SD345
SD295B：SD295A, SD345
SD345：SD295A・B, SD390
SD390：SD345, SD490
SD490：SD390

② **圧接部**は以下のような形状とする。
　ⅰ）ふくらみの直径は，鉄筋径の1.4倍以上（径の異なる場合は，細いほうの鉄筋径）
　ⅱ）ふくらみの長さは，鉄筋径の1.1倍以上
　ⅲ）接合される鉄筋中心軸の偏心量は，鉄筋径の1/5以下
　ⅳ）ふくらみの頂部から圧接面のずれは，鉄筋径の1/4以下
　ⅴ）隣り合う鉄筋の位置は400 mm以上ずらす。
③ 付き合わせた圧接面のすき間は2 mm以下
④ 鉄筋は，ガス圧接による短縮（アップセット）を考慮し，鉄筋径程度の縮みしろ（鉄筋径の1〜1.5倍）を見込んで切断する。
⑤ 径または呼び名の差が7 mmを超える場合は，原則として圧接してはならない。
⑥ 圧接端面の加工を圧接作業の当日より前に行う場合には，端面保護剤

◀よく出る
◀よく出る

ねじ節継手
鉄筋表面の節がねじ状に形成された異形鉄筋を，内部にねじ加工されたカプラーによって接合する。充填継手であるグラウド方式やロックナットを締め付けるトルク方式，両者を併用した方式がある。

を使用する。

⑦ **不良圧接部**については，以下のような修正を行う。

ⅰ）ふくらみの直径が足りない場合は，再加熱する。

ⅱ）ふくらみに著しい曲がりを生じた場合は，再加熱する。

ⅲ）軸心のずれが規定値を超えた場合は，圧接部を切り取り再圧接する。

ⅳ）圧接部の形状が著しく不良なもの，有害と思われる欠陥がある場合は，再圧接する。

充填継手
内面に凹凸のついた比較的径の大きい鋼管内部に高強度の無収縮モルタルを充填して接合する。

【ヒント】
圧接の加熱初期には，還元炎によって，接合面の酸化を防ぐ。
突合せ接合面が閉じた後は，中性炎で加熱する。

3・5・2 コンクリート工事（令和5年度の応用能力問題として出題された）

(1) コンクリートの種類と品質

① コンクリートの使用骨材による種類分けは，**普通コンクリート**，**軽量コンクリート**1種および2種，**重量コンクリート**とする。

② **スランプ**は，品質基準強度が 33 N/mm^2 以上の場合は 21 cm 以下，33 N/mm^2 未満の場合は 18 cm 以下とする。

③ 使用するコンクリートの強度は，工事現場で採取し，標準養生した供試体の材齢28日の圧縮強度で表す。その値は，品質基準強度に予想平均気温によるコンクリート強度の補正値を加えた値（調合管理強度）以上でなければならない。

④ コンクリートに含まれる**塩化物イオン量**は 0.30 kg/m^3 以下とする。また，塩化物イオン濃度は，同一試料からとった3個の分取試料について各1回測定し，その平均値とする。

圧縮強度の標準偏差
工場の実績がない場合は，2.5 N/mm^2 または 0.1 Fm の大きい方の値とする。

(2) コンクリートの材料

① **骨材**は，有害量のごみ・土・有機不純物・塩化物などを含まず，所要の耐火性および耐久性を有するものとする。

② 粗骨材の最大寸法は特記によるが，砕石を用いた場合，砂利を用いる場合に比べ，所要スランプに対する単位水量が大きくなる。

③ 球形に近い骨材を用いるほうが，偏平なものを用いるよりも**ワーカビリティー**がよい。

④ **アルカリシリカ反応性試験**で無害でないものと判定された骨材を使わざるを得ない場合は，コンクリート中のアルカリ総量を 3 kg/m^3 以下とする。

⑤ **細骨材率**は，品質が得られる範囲内でできるだけ小さくする。細骨材率を高くすると，所要スランプを得るのに必要な単位セメント量および単位水量が多く必要となる。

◀よく出る

(3) コンクリートの調合

① **水セメント比**は，セメントに対する水の重量比で，水：セメント＝W/C（%）で表す。

② 普通ポルトランドセメントを用いる場合の水セメント比の最大値は65%とする。

③ 水セメント比は小さいほど強度が大で，収縮も小さく，水密性・耐久性が高く，塩化イオンの浸透に対する抵抗性も高まる。

④ **単位水量**は，185 kg/m³ 以下とする。

⑤ **単位セメント量**の最小値は，270 kg/m³ とする。過小の場合，ワーカビリティーが悪くなる。

⑥ **空気量**は，普通コンクリートでは4.5 %，軽量コンクリートでは5 %を標準とする。

　　空気量が多くなると⟹硬化後の圧縮強度の低下・乾燥収縮率の増加

　　空気量が少なくなると⟹凍結融解作用に対する抵抗性が低下

(4) コンクリートの打設

① コンクリートの練り混ぜから打込み終了までの時間を，外気温が25度未満の場合は120分，25度以上の場合は90分以内とする。

② コンクリートポンプによる圧送では，輸送管を支持台や緩衝材により設置し，鉄筋や型枠に有害な影響を与えないように注意する。

③ 輸送管の径ならびに配管は，粗骨材の最大寸法（表3・6）によって決める。

表3・6 粗骨材の最大寸法に対する輸送管の呼び寸法
(JASS 5)

粗骨材の最大寸法〔mm〕	輸送管の呼び寸法〔mm〕
20	100 A 以上
25	
40	125 A 以上

④ コンクリートの打込み速度の目安は，コンクリートポンプでは20〜30m³/h である。

⑤ コンクリートの圧送に先立ち，富調合のモルタルを圧送し，配管内面の潤滑性を高める。また，品質を低下させるおそれがあるため，型枠内には打込まない。

⑥ 打設は鉛直に打込み，落下高さを小さくする。壁部分は1〜2 mの間隔で打設し，横流しをしてはならない。

⑦ 梁部分は，壁や柱部分のコンクリートの沈みが落ち着いてから打設する。

⑧ コンクリート内部振動機（棒形振動機）の挿入間隔は，有効範囲を考慮して60 cm 以下とし，コンクリート1層の打込み厚さは，60 cm 以下とする。また，加振時間は，1ヶ所5〜15秒が一般的である。

⑨ 高強度コンクリートを使用したRC 造では，配筋量が多く柱と梁の接合部では鉄筋が輻輳しているため，柱などの垂直部材と梁，スラブの水平部材を分けてコンクリートを打設する。

調合管理強度とスランプ

普通コンクリートで調合管理強度が33 N/mm² 以上の場合21 cm 以下，33 N/mm² 未満の場合は18 cm 以下とする。

◀よく出る

◀よく出る

高強度コンクリートの運搬

練り混ぜから打込み終了までの時間は，原則として120分以内とする。

コンクリート温度

暑中コンクリートの荷卸し時のコンクリート温度は原則として35 ℃以下とする。

◀よく出る

高強度コンクリートにおけるフレッシュコンクリートの流動性

スランプ又はスランプフローで管理する。

建築施工

　⑩　コンクリートの圧送負荷の算定におけるベント管の水平換算長さは，ベント管実長の3倍とする。

(5)　コンクリートの打継ぎ

　①　梁およびスラブの鉛直打継ぎ部は，せん断応力の小さいスパンの中央部に設けることが基本である。

　②　打継ぎ部は，**レイタンス**および脆弱なコンクリートを取り除き，コンクリート打設前に十分な湿潤を行う。ただし，後に残った水は高圧空気などで取り除く。

(6)　コンクリートの養生

　①　打設後は，散水などで**湿潤養生**し，コンクリート温度を2℃以上に保つ。ブリーディングが終了した後の透水性の少ない小さいせき板や水密シートによる被覆なども湿潤養生となる。寒中コンクリートで加熱養生の際も湿潤養生は必要となる。

　②　湿潤養生は普通ポルトランドセメントを用いる場合5日以上とするが，早強ポルトランドセメントを用いる場合は3日以上とする。湿潤養生を打ち切ることができる圧縮強度は，同じである。　◀よく出る

　③　寒冷期においてはコンクリートを寒気から保護し，打設後5日以上はコンクリート温度を2℃以上に保つ。早強ポルトランドセメントを用いる場合は3日以上とする。

　④　打設中および打設終了後5日間は，乾燥・振動によってコンクリートの凝結や硬化が妨げられないようにする必要がある。　◀よく出る

　⑤　大断面の柱や基礎梁など，部材断面の中心部の温度が外気温より25℃以上高くなるおそれがある場合は，保温養生により，温度ひび割れの発生を防止する。　◀よく出る

　⑥　寒中コンクリートの初期養生の期間は，圧縮強度が$5\,N/mm^2$に達するまでとする。

　⑦　暑中コンクリートの湿潤養生の開始時期は，コンクリートの上面においては，ブリーディング水が消失した時点とする。

(7)　コンクリートの試験と検査

　①　荷卸し地点におけるコンクリートの強度試験回数は，普通コンクリートの場合，種類が異なるごとに1日1回以上，$150\,m^3$ごとまたはその端数につき1回以上とする。

　②　軽量コンクリートは，普通コンクリートに比べてスランプの低下や輸送管の閉そくが起こりやすいため，強度管理用供試体の採取は，輸送管の筒先で行う。

　③　スランプコーンにコンクリートを詰め始めてからスランプコーンの引上げが終わるまでの時間は3分以内とする。
　　　また，スランプの許容差は表3・7のとおりとする。

スランプ試験（例）
①スランプ18cmのレディミクストコンクリートのスランプの許容差は，±2.5cm
②スランプコーンにコンクリートを詰め始めてから，スランプコーンの引上げを終了するまでの時間は3分以内
③スランプコーンを引上げる時間は，高さ30cmで2～3秒

④　空気量の許容差は表3・8のとおりとする。

表3・7　スランプの許容差　〔単位：cm〕

スランプ	スランプの許容差
2.5	± 1
5 および 6.5	± 1.5
8 以上 18 以下	± 2.5
21	± 1.5 *

＊　呼び強度27以上で，高性能AE減水剤
　を使用する場合は±2とする。

表3・8　空気量の許容差　　〔単位：%〕

コンクリートの種類	空気量	空気量の許容差
普通コンクリート	4.5	
軽量コンクリート	5.0	± 1.5
高強度コンクリート	4.5	

3・5・3　型　枠　工　事

(1)　型枠の主な材料と組立て方法

(a)　せき板

・合板は，日本農林規格「コンクリート型枠用合板」に定めるものを用いる。

・合板は，コンクリートの表面硬化不良の原因とならないように，できる
　だけ直射日光にさらされないようシートなどを用いて保護する。

・合板は，方向性(長さ方向，幅方向)による曲げヤング係数の低下を考
　慮する。

(b)　型枠支保工

・支保工は，パイプサポートの沈下防止のため，コンクリートを打設した
　上や敷板の上に設置し，滑動防止として脚部に根がらみを取り付ける。

・支保工に用いる鋼材と鋼材との交差部は，クランプ等の金具を用いて緊
　結する。

・パイプサポートは3本以上継いで用いない。

・パイプサポートを2本継ぐときは，4本以上のボルトあるいは専用の金
　物で固定する。

・パイプサポート以外の鋼管を支柱として使用するときは，高さ2.0m以
　内ごとに水平つなぎを2方向に設ける。

・パイプサポートの高さが3.5mを超える場合は，2m以内に水平つなぎ
　を2方向に設ける。

・鋼管枠を支柱とするときは，鋼管枠相互の間に交差筋かいを設け，水平
　つなぎは最上層および5層以内に設ける。

・組立て鋼柱の高さが4mを超える場合は，4mごと水平つなぎを設ける。

・スラブ型枠の支保工に鋼製仮設梁（軽量型支保工含む）を用いる場合は，
　トラス下弦材をパイプサポートで支持してはならない。

・パイプサポートの水平荷重は，鉛直荷重（作業荷重を含む）の5％を
　見込み，鋼管枠を用いる場合は2.5％を見込む。

**鋼材の長期許容曲げ応
力度**
その鋼材の降伏強さの
値又は引張強さの値の
3/4の値のうち，いず
れか小さい値の2/3の
値以下とする。

◀よく出る

建築施工

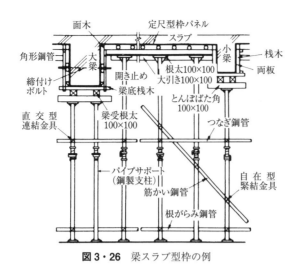

図3・26 梁スラブ型枠の例

(2) 型枠の設計

① スラブ型枠に加わる荷重

◀よく出る

スラブ型枠に加わる荷重は，固定荷重＋積載荷重

・固定荷重：24.0 kN/m³（普通コンクリートの単位体積重量）×スラブ厚〔m〕＋ 0.4 kN/m²（型枠の重量）

・積載荷重（作業荷重＋衝撃荷重）：1.5 kN/m²

（労働安全衛生規則による）

【ヒント】
型枠の構造計算に用いる支保工以外の材料の許容応力度は，長期と短期の平均値とする。

② 合板のせき板のたわみは，各支点間を単純梁として計算する。

③ 大引のたわみは，単純支持と両端固定の支持条件で算出した値の平均とする。

④ 型枠の各部材それぞれの許容変形量は3 mm 程度とする。

⑤ 合板を型枠に用いる場合は，方向性による曲げヤング係数の低下を考慮する。

⑥ 型枠に及ぼすコンクリートの側圧

設計型枠用のコンクリート側圧は表3・9による。

【例】 高さ1.5 m の型枠の側圧は，フレッシュコンクリートの単位容積質量に重力加速度とフレッシュコンクリートの**ヘッド**を乗じた値となる。

表3・9 型枠設計用コンクリートの側圧〔kN/m²〕（JASS 5）

打込み速さ〔m/h〕	10 以下の場合		10 を超え 20 以下の場合		20 を超える場合
H〔m〕 部位	1.5 以下	1.5 を超え 4.0 以下	2.0 以下	2.0 を超え 4.0 以下	4.0 以下
柱	$W_0 H$	$1.5W_0 + 0.6W_0 \times (H - 1.5)$	$W_0 H$	$2.0W_0 + 0.8W_0 \times (H - 2.0)$	$W_0 H$
壁		$1.5W_0 + 0.2W_0 \times (H - 1.5)$		$2.0W_0 + 0.4W_0 \times (H - 2.0)$	

注 H：フレッシュコンクリートのヘッド〔m〕（側圧を求める位置から上のコンクリートの打込み高さ）
W_0：フレッシュコンクリートの単位容積質量〔t/m³〕に重力加速度を乗じたもの〔kN/m³〕

(3)　型枠の組立て準備（墨出し）

- 平面位置基準のBMから，通り心からの逃げ通り墨（通り心から1m または50cm内側に移した墨）を床の上に印し，これを基準にして通り心，壁墨，柱型墨を印す。
- 建物四隅の基準墨の交点を上階に移す場合，4点を下げ振りで移す。
- SRC造では，鉄骨柱を利用して基準高さを表示してレベルの墨出しを行ってもよい。
- RC造では，各階ごとの基準高さは，1階からの基準高さからのチェックも行う。

◀よく出る

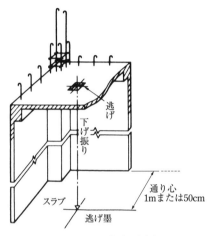

図3・27　逃げ通り墨

(4)　型枠の存置期間

- 型枠の最小存置期間は，①コンクリートの圧縮強度が5N/mm² 以上の場合，②表3・10に示す，コンクリートの材齢が経過した場合による。基礎，梁，柱，壁などの部位ごとには異ならない。
- スラブ下および梁下の支保工の存置期間は，コンクリートの圧縮強度がその部材の設計基準強度に達したことが確認できるまでとする。
- スラブ下および梁下のせき板は，支保工を取り外した後に取り外す。

表3・10　せき板（スラブ下，梁下を除く）存置期間を定めるためのコンクリートの材齢（JASS 5）

平均気温 ＼ セメントの種類	コンクリートの材齢（日）		
	早強ポルトランドセメント	普通ポルトランドセメント 高炉セメントA種 シリカセメントA種 フライアッシュセメントA種	高炉セメントB種 シリカセメントB種 フライアッシュセメントB種
20℃以上	2	4	5
20℃未満 10℃以上	3	6	8

建築施工

3・5・4 耐震改修工事

鉄筋コンクリート造の耐震改修工事には様々な工法がある。下記に各工法の留意点を示す。

(1) 柱

① 溶接金網巻き工法では，溶接金網のかぶり厚さ確保のため，金網は型枠建込み用のセパレータに結束する。溶接金網相互の接合は，重ね継手とする。

② 溶接閉鎖フープ巻き工法では，フープ筋の継手は，溶接長さ 10 d 以上のフレア溶接とする。　◀よく出る

③ 鋼板巻き工法では，2つの鋼板を□形に一体化する際，接合部を突合せ溶接とする。角部の鋼板の曲げ加工は，内法半径を板厚の3倍以上とする。

④ 柱補強工事の鋼板巻き工法では，鋼板と既存柱のすき間にモルタルポンプによりグラウト材を圧入する。

⑤ 柱の連続繊維補強工法では，躯体表面を平滑にするための下地処理後，その表面は接着力確保のためプライマーを塗布し，隅角部は面取りを行う。

⑥ 連続繊維補強工法のうち炭素繊維シートを用いる場合，シートの水平方向の重ね継手位置は，柱の各面に分散させて，重ね長さを 200 mm 以上とする。

(2) 壁

① 既存構造体にあと施工アンカーが多数埋め込まれる増設壁部分に用いる割裂補強筋には，スパイラル筋又ははしご筋を用いる。

② 柱と接する既存の袖壁部分に完全スリットを設ける工事では，袖壁の切欠きは，袖壁厚の深さ（接合を切る）とする。

③ 壁上部と既存梁下との間に注入するグラウト材の練上り時の温度は，練り混ぜる水の温度を 10～35℃ の範囲で管理する。

④ 増設壁との打継ぎ面となる既存柱や既存梁に施す目荒しの面積の合計は，打継ぎ面の 15 ～ 30％程度とする。

⑤ 既存壁に増打ち壁を設ける場合，シアコネクタを型枠固定用のセパレーターとして兼用しても良い。

⑥ 既存梁下へ壁を新設する場合，コンクリートポンプによる圧入工法を採用しても良い。

(3) ブレース

① 枠付き鉄骨ブレースの設置工事では，現場で鉄骨ブレース架構を組み立てるので，継手はすべて高力ボルト接合とするのが好ましい。

3・6 特殊コンクリートと木造建築工事

学習のポイント

　コンクリートブロック工事，ALCパネル工事とも出題頻度が低く，一般的な施工手順と管理方法の理解を求められている。一方で，大断面集成材などの木造建築の構法等について，知識を問われている。

3・6・1 補強コンクリートブロック工事

(1) モルタルの調合

　モルタルの調合および目地幅は表3・11による。表3・11によらない場合の目地および電気設備配管部の充てんに使用するモルタルは，4週間圧縮強度を18 N/mm² 以上とする。

表3・11 モルタルの調合（容積比）および目地幅

用　　　　途	セメント	砂	目地幅〔mm〕
目　地　用	1	2.5	10
充 て ん 用	1	2.5	——
化粧目地用	1	1	10

(2) 施工上の留意点

① 壁縦筋はブロック中心部に配筋し，上下端は，がりょう，基礎等に定着する。

② 壁鉄筋の重ね継手長さは $45\,d$ とし，定着長さは $40\,d$ とする。その他は，表3・12による。

表3・12

適 用 箇 所	重ね継手の長さ	定着の長さ
一般部分の配筋	$25\,d$	$25\,d$
開口部周囲の配筋 隅 角 部 の 横 筋 耐 力 壁 の 配 筋	$40\,d$	$40\,d$
ブ ロ ッ ク 塀	$40\,d$	$40\,d$

d：鉄筋径

③ 丸鋼の末端部には，フックをつける。

　また，耐力壁の端部および交差部の縦補強筋，ならびに開口縁の縦補強筋に結合する横筋などで所定の定着長さが確保できない場合は，180°フックをつけて縦補強筋にかぎ掛けする。

建築施工

④　ブロックを積む前に目地やモルタル，またはコンクリートに接する面のブロックに水をかけて湿潤にする。

⑤　ブロックは**フェイスシェル**の厚いほうを上にして積み上げる。

⑥　1 日の積み上げ高さは 1.6 m 以下とする。

⑦　目地モルタルは，ブロック相互が接合する全面に塗り付けて積み，目地幅は 1 cm とする。

⑧　縦目地空洞部へのコンクリートまたはモルタルの充てんは，ブロックの 2 段以下ごとに入念に行う。

⑨　コンクリートまたはモルタルの打継ぎは，ブロックの上端から 5 cm 下がった位置とする。

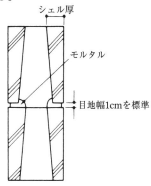

図 3・28　ブロック積み

3・6・2　ALCパネル工事

(1)　取扱いと保管

　①　取扱いに際しては，使用上有害なひび割れ，破損，汚れを生じないように留意する。

　②　保管のための積み上げは2m以下とし，パネルにねじれ，反り，ひび割れなどが生じないようにする。

　③　取扱い時に「欠け」が生じた場合，構造耐力上支障がないことを確認し，製造業者指定の補修用モルタルで補修する。

　④　耐火性能が要求される目地部には，耐火目地充填材を挟み，シーリング材等による伸縮目地を施工する。

(2)　パネルの孔あけ

　①　外壁，屋根および床パネルは，溝掘りおよび孔あけを，原則として行ってはならない。孔あけを行う場合は，1枚当たり1箇所とし，主筋の位置を避けて50mm以下の大きさとする。

　②　間仕切り壁パネルの短辺方向には，溝掘りを原則として行ってはならない。

(3)　パネルの施工

(a)　床および屋根パネル

　・長辺を突き付け，短辺は20mm程度の目地をとる。

　・かかり寸法は主要支点間距離の1/75以上かつ40mm以上とする。

　・長辺方向接合部の目地鉄筋は，支持材に溶接固定した取付け金物の穴に通し，パネルの溝部に500mm挿入する。

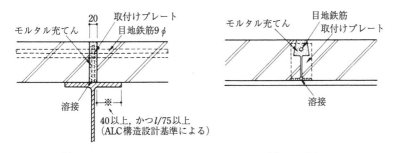

(a)　短辺接合部　　　　　　　　　(b)　長辺接合部

図3・29　屋根・床パネル取付け例（単位：mm）

建築施工

(b)　**外壁横形パネル**

・長辺を突き付け，短辺小口相互の接合部などの目地を 10 mm 以上とる。

・かかり寸法については，標準として 30 mm 以上とする。

・横目地調整用受け金物は，パネル積上げ段数 5 段以下ごとに設ける。

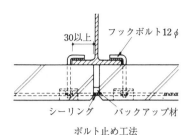

図 3・30　外壁横形パネル取付け例
（単位：mm）

(c)　**外壁縦形パネル**

・パネルごとに仮止めし，縦目地空洞部に 500 mm の挿入筋を通し，モルタルを充てんする。

・本構法(挿入筋構法)は，躯体の変形に対する追従性能が低い。

・外壁の出隅および入隅部のパネル接合部は，耐火目地材を挟み込み，伸縮目地を設ける。

・縦目地に目地用モルタルを充てんする場合は，空洞部の頂部よりモルタルを流し込む。

・縦壁ロッキング工法では，パネル重量は，下部短辺小口の幅中央でウケプレートなどで支持する。

・縦壁ロッキング工法の横目地は，伸縮目地とし，目地幅は 10～20 mm とする。

(d)　**間仕切壁パネルのフットプレート構法**

・間仕切壁のフットプレート構法は，躯体の層間変形に対して，パネル上部がスライドして追従する機構で，パネル下部をフットプレートにより躯体に固定する。

・間仕切壁パネルの上部は，面内方向に可動するよう取付ける。

・間仕切壁パネルを一体化するため，パネル長辺側面相互に接着剤を用いる。

・間仕切壁パネルの上部は，間仕切チャンネルへのかかり代を確保する。

・間仕切壁パネルの出隅・入隅部の縦目地ならびに外壁・柱および梁の取合い部は，伸縮目地を設ける。

3・6・3　押出成形セメント板張り

① 横張り工法は，パネル積上げ枚数 2 〜 3 枚ごとに自重受け金物を取り付ける。

② 横張り工法では，パネルの取付金物（Z クリップ）は，パネルがスライドできるようにし，パネル左右の下地鋼材に堅固に取り付ける。

③ 縦張り工法では，パネルの取付け金物（Z クリップ）は，回転防止のため，下地鋼材に溶接し，かつ，パネルがロッキングできるように取り付ける。

④ パネルの取付け金具（Z クリップ）は，取付けボルトがルーズホールの中心とし，下地鋼材にかかりしろを 30 mm 以上確保して取り付ける。

⑤ 幅 600 mm のパネルに設ける欠込み幅は，300 mm 以下とする。

⑥ パネル間の横目地は，縦張りで 15 mm，横張りで 10 mm とする。

⑦ パネルへの取付けボルトの孔あけは，専用の穿孔ドリルを使用する。

⑧ 二次的な漏水対策として，室内にはガスケット，パネル張最下部には水抜きパイプを設置する。

3・6・4　木造建築工事

大断面集成材を用いた木造建築物

① 接合金物のボルトの孔あけ加工の大きさは，以下の通りである。

　ねじの呼びが M16 未満の場合，公称軸径に 1 mm を加える。

　ねじの呼びが M16 以上の場合，公称軸径に 1.5 mm を加える。

② 建入れ直しは，全体の建方の完了時ではなく，ブロック毎に実施する。

③ 集成材は，地面に接しないよう，また雨や雪がかからないように養生して保管する。

④ 大断面材における標準的なボルト孔に心ずれは，± 2 mm を許容誤差とする。

⑤ 梁材の曲げ許容誤差は，長さの 1/1000 とする。

⑥ 柱材の長さの許容誤差は，± 3 mm とする。

⑦ 集成材にあけるドリフトピンの孔径は，ドリフトピンの公称軸径と同じとする。

木質軸組構法

① 1 階と 2 階の上下同位置に構造用面材を耐力壁として設ける場合，胴差部の上下の構造用面材相互間に 6 mm 以上のあきを設ける。

② 建方精度は，特記なき場合に垂直，水平の誤差の範囲は 1/1000 以下とする。

建築施工

3・7 鉄 骨 工 事

学習のポイント

試験では，鉄骨の加工・組立のうち，溶接や高力ボルトによる接合方法や工事現場における建方・組立に関する知識が問われる傾向にある。

3・7・1 溶 接 接 合（令和5年度の応用能力問題として出題された）

(1) アーク溶接

鉄骨工事に一般的に用いられる溶接は，**アーク溶接法**であり，溶接棒と母材を2つの電極としてその間に発生させるアーク熱により金属を融解して接合する方法である。

表3・13 組立て溶接のビード長さ （単位：mm）

板厚*	組立て溶接の最小ビート長さ
$t \leqq 6$	30
$t > 6$	40

注 ＊：仮付け溶接部材の厚いほうの板厚

アーク溶接法には「手溶接」「半自動溶接」「自動溶接」の三種類があるが，「手溶接」「半自動溶接」に従業できる溶接技能者については，作業姿勢・板厚などに応じた検定試験を合格する必要がある。

(2) 溶 接 継 目

(a) 突合せ溶接（完全溶込み溶接）

母材の接合部を加工（**開先加工**）して突き合わせる部材の全断面が完全に溶接されるように行うもので，全長にわたって溶接を行う。

また，溶接の始端や終端に欠陥を生じたり，**ルート部**（接合される両母材の最も接近している部分）は，アークを強くすると溶け落ちやすく，溶込みが不十分になりやすい。

この場合は，図3・32のように**エンドタブ**や**裏当て金**を用いたり，裏はつりを行ってから裏面の溶接を行う。

R：ルート間隔，
A：開先角度，
a：開先深さ

図3・31 突合せ溶接

エンドタブの長さ
自動溶接とする場合，手溶接より長くする。

余盛り高さ
開先寸法によって変わるが，$0 <$ 余盛り高さ $\leqq 3\,mm$ とする。

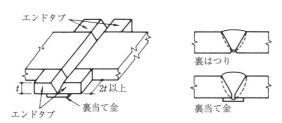

図3・32 突合せ溶接のエンドタブと裏当て金

柱梁接合部にエンドタブを取り付ける場合は，直接柱梁に溶接を行わず，裏当て金に取り付ける。また，本溶接によって再溶融される場合，開先内の母材に組立て溶接してもよい。

　板厚の差が薄いほうの板厚の1/4を超える場合，あるいは10 mmを超える場合は，T継手に準じた高さの余盛（突き合わせる材の厚さの1/4，材の厚さが40 mmを超える場合は10 mm）を設ける。

(b)　隅肉溶接

母材を垂直や重ねて接合する際，開先加工を行わない溶接である。隅肉溶接の大きさは図3・33のようにSで示される。のど厚aを確保するために余盛が必要であるが，0.6 S以下かつ6 mm以下とする。

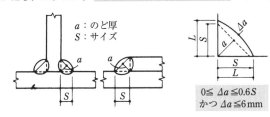

図3・33　隅肉溶接

(c)　部分溶込み溶接

接合部の一部に不溶着部分を残す溶接で，適切なエンドタブを取り付けることが必要である。

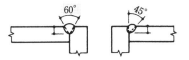

図3・34　部分溶込み溶接

(3)　溶接作業

① 溶接に先立ち，開先が適切か否かを確認する。

② 溶接割れ防止のため，溶接棒は低水素系のものを選定する。

③ 溶接割れ防止のため，鋼材は炭素当量（炭素，マンガン，ニッケル，クロムなどの配合比率）の少ないものを選定する。

④ 母材の溶接面は，スラグ，水分，ごみ，錆，油，塗料，その他溶接に支障となるものは除去する。

⑤ 気温が−5℃未満の場合，溶接を行ってはならない。気温が−5℃以上，5℃以下の場合は，母材の溶接部より100 mmの範囲を適切に加熱すれば，溶接を行ってよい。

⑥ 鉄骨溶接部の溶接割れの防止対策として，溶接部とその周辺の予熱によって，溶接部の冷却速度を遅くさせるなどの措置を行う。

⑦ ガスシールドアーク溶接は，風速2 m/s以上の場合，風を遮るなどの措置をとり，溶接を行う。

⑧ 雨天または湿度の高い場合は，屋内であっても母材の表面などに水分が残っていないことを確かめて溶接を行う。

◀よく出る

⑨ 溶接部は目視や超音波探傷試験など
により，「**割れ**」，「**溶込み不良**」，「**融
合不良**」，「**スラグ巻込み**」，「**ブローホ
ール**」，「**アンダーカット**」などの有害
な欠陥がないことを確認する。

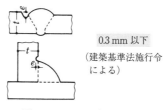

0.3 mm 以下
（建築基準法施行令
による）

図 3・35 アンダーカット

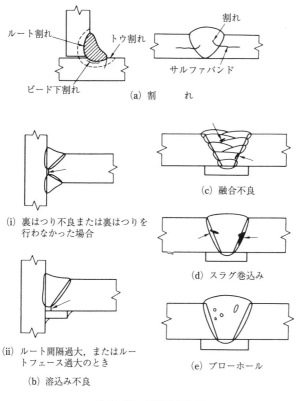

図 3・36 溶接内部欠陥

⑩ 「割れ」が発見された場合，割れの入った溶着金属を全長にわたって
完全に除去し，再溶接を行う。

⑪ 「表面割れ」が発見された場合，割れの両端から 50 mm 以上溶接部を
はつり取り，補修溶接を行う。 ◀よく出る

⑫ 「溶込み不良」，「融合不良」，「スラグ巻込み」，「ブローホール」が発
見された場合，欠陥部分を除去し，再溶接を行う。

⑬ 「アンダーカット」は溶接速度が速い場合などに母材が掘られ，溝状
になった部分であるが，補正溶接を行う。

⑭ スタッド溶接後に打撃曲げ試験を実施する。1ロットにつき1本以上
行い，打撃により角度15°まで曲げた後，溶接部に割れその他の欠陥が
生じない場合は，そのロットを合格とする。

3・7・2　高力ボルト接合

高力ボルト接合には，高力ボルトの強力な締付けによって，接合部材間に生じる摩擦力を利用して応力を伝える摩擦接合と，材間圧縮力を利用して，高力ボルトの軸方向の応力を伝える引張接合，ボルト軸部のせん断抵抗と接合材の支圧力によって応力を伝える支圧接合がある。高力ボルト接合には，JISの**高力ボルト**と**トルシア形高力ボルト**のいずれかが使用される。

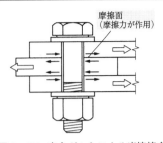

図3・37　高力ボルトによる摩擦接合

(1)　高力ボルトの寸法

高力ボルトの長さは首下寸法とし，締付け長さに表3・14の長さを加えたものとする。

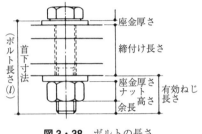

図3・38　ボルトの長さ

表3・14　締付け長さに加える長さ（単位：mm）

ボルトの呼び径	高力ボルト	トルシア形高力ボルト
M12	25	–
M16	30	25
M20	35	30
M22	40	35
M24	45	40
M27	50	45
M30	55	50

(2)　組　立　て

① 高力ボルトは，包装が未開封状態のまま工事場所へ搬入し，搬入時に荷姿外観・等級・径・長さ・ロット番号などについて確認する。

② 部材接合面は，浮き錆，油，塗料，塵あいなど摩擦力を低減させるものが発生または付着しないように保護し，付着した場合は組立て前に取り除く。部材を屋外に自然放置して発生させた赤錆状態が必要となる。ただし，摩擦面をショットブラスト処理（表面あらさ50 µmRz以上）とすれば，赤錆を発生させなくても良い。

③ 接合部に生じるはだすきが1 mmを超えるものは，**フィラー**を入れて補う（溶接は不可）。

④ ボルト頭部またはナットと部材の接合面が，1/20以上傾斜している場合は，勾配座金を使用する。

⑤ ボルト孔に食い違いが生じた場合，その食い違い量が2 mm以下の場合は，リーマ掛をして修正できる。

⑥ ボルト孔の径は，高力ボルト（M12，M16，M20～24）の呼び径に2 mm（普通ボルトは0.5 mm）を加える。なお，ドリル孔あけとする。

(3)　締　付　け

① 高力ボルトの締付けは，二度締めとし，一次締め，マーキング，本締めの順に行う。

◀よく出る

建築施工

② 本接合の前に，仮ボルトで締付けを行い，接合部材の密着を図る。

③ 一群となっているボルトの締付けは，継手部分である群の中央から周辺に向かう順序で行う。

④ 一次締めは，表3・15に示すトルク値で行う。

⑤ 一次締め後，図3・40に示すように部材，座金，ナット，ボルトにマーキングを行い，次に本締めを行う。

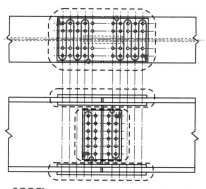

ボルト1群ごとに，継手の中央部より板端部に向かって締め付ける。

図3・39 ボルトの締付け順序

表3・15 一次締付けトルク値（単位：N·m）

ボルトの呼び径	一次締付けトルク
M12	約 50
M16	約100
M20，M22	約150
M24	約200
M27	約300
M30	約400

(a) 一次締め後のマーキング　　(b) 本締め後の適切な状態　　(c) ナットとボルトが共まわりした状態　　(d) ナットと座金が軸まわりした状態

図3・40 マーキング

(4) 締付けの確認

① JISの高力ボルトは締付け完了後に，マーキングのずれによって完了を確認する。

② トルシア形高力ボルトはピンテールの破断によって完了を確認する。

◀よく出る

(5) 締付けの検査

① ボルトの余長は，ねじ山が1～6山ほど出ているものを合格とする。

② トルクコントロール法による検査は，トルクレンチを用いてナットを追締めし，ナットが回転をはじめたときのトルク値による。所要トルク値の±10％以内のものを合格とする。

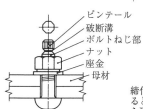

締付けが所定トルクに達するとピンテールが破断溝から取れる。

図3・41 トルシア形高力ボルトによる締付け

③ ナット回転法による検査は，一次締付け後のナット回転量が120°±30°の範囲にあるものを合格とする。

④ 検査の結果，締付け不足の場合は，追締めを行う。

⑤ 検査の結果，共まわり，軸まわりを生じた場合やナット回転量に異常が認められた場合は，新しいものと取り替える。

⑥ 一度使用したボルトは，再度使用してはならない。

3・7・3 工作・建方

(1) 工作

①　鋼製巻尺は JIS の 1 級品を使用し，鉄骨製作用と工事現場用の基準巻尺の**テープ合わせ**は巻尺相互を並べて一端を固定し，他端に 50N 程度の張力を与え，目盛りのずれが，10 m に 0.5 mm 以内であることが望ましい。

②　切断は，鋼材の形状，寸法に合わせて最適な方法で行う。ガス切断は原則として，自動ガス切断機を用いる。せん断による切断は，厚さ 13 mm 以下の鋼材とする。

③　開先加工は，自動ガス切断機や開先加工専用機を用いて行い，加工後は，ゲージを用いて開先角度の検査を行う。

④　曲げ加工は常温または加熱加工とする。加熱加工の場合は，赤熱状態で行う。

⑤　孔あけ加工は，ドリルあけを原則とする。ただし，普通ボルト，アンカーボルト，鉄筋貫通孔で板厚が 13 mm 以下の場合は，せん断孔あけとすることができる。

⑥　摩擦面処理は，摩擦面のすべり係数が 0.45 以上確保できるよう，赤錆の自然発生やブラスト処理などを行う。

⑦　錆止め塗装は指定の塗り回数で行うが，次の部分は塗装しない。

　ⅰ）　現場溶接を行う箇所およびそれに隣接する両側それぞれ 100 mm 以内，および，超音波探傷に支障を及ぼす範囲

　ⅱ）　高力ボルト摩擦接合部の摩擦面

　ⅲ）　コンクリートに密着する部分，および埋め込まれる部分

　ⅳ）　密着または回転のための削り仕上げを行った部分

　ⅴ）　密閉される閉鎖型断面の内部

⑧　490 N/mm² 級以上の高張力鋼のけがきには，原則としてポンチ，たがね等は使用しない（孔あけで除却される箇所は除く）。

⑨　鋼板の曲げ加工において，外側曲げ半径が鋼板厚さの 10 倍以上の場合，加工後の機械的性質が加工前と同等以上であることを確かめなくてよい。

⑩　鉄骨鉄筋コンクリート造の最上部柱頭のトッププレートには，コンクリートの充てん性を考慮して，空気孔を設ける。

(2) アンカーボルトとベースプレートの設置

①　**アンカーボルト**の心出しは，型板を用いて基準墨に正しく合わせ，適切な機器等で正確に行う。

②　アンカーボルトは，二重ナットおよび座金を用い，その先端はねじがナットの外に 3 山以上出るようにする。ただし，コンクリートに埋め込

赤熱状態
850℃〜900℃
青熱ぜい性域
200℃〜400℃

建築施工

【ヒント】
ショットブラストによる表面あらさは，50 µmRz 以上とする。

まれる場合は，二重ナットをしなくてよい。

③　アンカーボルトは，据付けから鉄骨建方までの期間に，錆，曲がり，ねじ部の打こんなどの有害な損傷が生じないようにビニールテープ，塩化ビニルパイプなどにより養生を行う。

④　**ベースプレート**の支持方法は，特記によるが，特記なき場合は，ベースモルタルの後詰め中心塗り工法とする。

⑤　後詰め工法に使用するモルタルは，レベルが変わらないよう無収縮モルタルとする。

⑥　モルタルの塗り厚さは30 mm以上50 mm以内とし，中心塗りモルタルの大きさは，200 mm角あるいは200 mm φ以上とする。

⑦　モルタルに接するコンクリート面は，レイタンスを除去し，十分に目荒らしを行ってモルタルとコンクリートが一体となるようにする。なお，ベースモルタルは鉄骨建方までに3日以上の養生期間をとらなければならない。

(3) 建　　方

①　**建方**は，組立て順序，建方中の構造体の補強の要否等について，十分検討した計画に従って行い，本接合が完了するまで強風，自重，その他の荷重に対して安全な方法とする。

②　建方精度の測定にあたっては，温度の影響を考慮する。

③　仮ボルトは，中ボルトなどを用い，ボルト一群に対して，高力ボルト接合では1/3程度，かつ2本以上とする。　◀よく出る

④　柱および梁を現場溶接接合とする場合，仮接合用ボルトは，全数を締め付ける。

⑤　本接合に先立ち，ひずみを修正し，建入れ直しを行う。ターンバックル付筋かいを有する構造物においては，その筋かいを用いて建入れ直しを行ってはならない。

⑥　建入れ直しは，各節の建方が終了するごとに行う。面積が広くスパンの数が多い場合は，有効なブロックに分けて修正することが望ましい。

⑦　架構の倒壊防止用ワイヤーロープを使用する場合，このワイヤーロープは，各節，各ブロックの現場接合が終わるまで緊張させたままとする。なお，建入れ直し用に兼用しても良い。

⑧　鉄骨に材料，機械などの重量物を積載する場合や，特殊な大荷物を負担させる場合は，監理者などの承認を受けて，適切な補強を行う。

⑨　吊り上げの際に曲がりやすい部材は，適切な補強を行う。

⑩　建方完了時に，形状および寸法精度について確認し，検査を受ける。

⑪　高力ボルト接合と溶接接合を併用または混用する場合は，高力ボルト接合を締め付けたのちに溶接を行うのが原則である。ウェブを高力ボルト，フランジを溶接とする混用接合は，梁せいやフランジ厚が大きい場　◀よく出る

合は，溶接部に割れなどの欠陥を生ずる場合があるので，高力ボルトの一次締め段階で溶接をするなどの方法を検討する。

⑫ 梁の接合部のクリアランスに矢（くさび）を打ち込んで押し広げる方法は，計測寸法が正規より小さいスパンの微調整に用いる。

⑬ 柱の溶接継手のエレクションピースに使用する仮ボルトは，高力ボルトを使用して全数締め付ける。　◀よく出る

⑭ 総足場工法は，必要な高さまで足場を組み立てて，作業用の構台を全域にわたり設置し，架構を構築する工法である。

⑮ スライド工法は，作業構台上で所定の部分の屋根鉄骨を組み立てたのち，そのユニットを所定位置まで順次滑動横引きしていき，最終的に架構全体を構築する工法である。

⑯ 移動構台工法は，移動構台上で所定の部分の屋根鉄骨を組み立てたのち，構台を移動させ，順次架構を構築していく工法である。

⑰ リフトアップ工法は，架構全体を地組みし，複数のジャッキやワイヤー等で吊り上げ，先行して構築された柱に接合する工法である。

表3・16 鉄骨建方標準（日本建築学会）

名　称	図	許　容　差
(1) 建物の倒れ (e)		$e \leqq \dfrac{H}{4000} + 7\text{mm}$ かつ　$e \leqq 30\text{mm}$
(2) 建物のわん曲 (e)		$e \leqq \dfrac{L}{4000}$ かつ　$e \leqq 20\text{mm}$
(3) 階　高 (ΔH)		$-5\text{mm} \leqq \Delta H$ 　　　　$\leqq +5\text{mm}$
(4) 柱の倒れ (e)		$e \leqq \dfrac{H}{1000}$ かつ　$e \leqq 10\text{mm}$
(5) 梁の水平度 (e)		$e \leqq \dfrac{L}{1000} + 3\text{mm}$ かつ　$e \leqq 10\text{mm}$
(6) 梁の曲がり (e)		$e \leqq \dfrac{L}{1000}$ かつ　$e \leqq 10\text{mm}$

建築施工

3・7・4 耐火被覆

鉄骨造の主要構造部材は，火災時の所要延焼時間を確保するため耐火被覆を施す必要がある。各種工法とその特徴は以下の通りである。

(1) 耐火被覆材の吹付け

ロックウール，セメント，せっこう，水を混合して圧送して吹付ける湿式工法である。吹付ける各面に1箇所以上の確認ピンを差し込んで吹付け厚さを確認する。施工中に粉塵が発生するため，吹付け材料が硬化するまでの養生が必要となる。

(2) 耐火板張り

耐火性のある加工した成形板を鉄骨に貼り付ける工法であり，表面に化粧仕上げができる。材料によっては繊維混入けい酸カルシウム板のように，一般に吸水性が大きいため，雨水がかからないよう養生を行い，接着剤と釘を併用して取り付けることが必要である。

(3) 耐火被覆材の巻き付け

無機繊維のブランケットを鉄骨に取り付ける工法である。固定ピンを鉄骨にスポット溶接し，そのピンにブランケットを取り付ける。施工時の粉塵が発生しないなどの利点がある。

(4) モルタルの塗布（左官工法）

鉄骨材料にモルタル剥落防止用の鉄網(ラス金網)を取り付け，そこへ各種モルタルを塗る工法であり，どのような形状の下地にも施工継目のない耐火被覆を施すことができる。

3·8 防 水 工 事

学習のポイント

　防水工事では，アスファルト防水およびシート防水のルーフィング張りに関する設問が頻出している。シーリング工事は各種材料の働きを理解することが必要である。

3・8・1　アスファルト防水

　アスファルトプライマーを塗った上に溶融アスファルトとアスファルトルーフィング類を交互に重ねて防水層としたものである。寒冷地においては，JIS 規格 4 種（一般は 3 種）のアスファルトを使用する。他に，改質アスファルトを主原料としたシートを，裏面をバーナーであぶって貼り付ける改質アスファルトシート防水トーチ工法などがある。

(1)　密着工法と絶縁工法

　下地面に防水層を密着させる**密着工法**と，一般部は防水層を下地に密着させず絶縁し，立ち上がりおよび周囲を密着させる**絶縁工法**がある。絶縁工法は，下地のひび割れや継目の挙動による防水層の破断を防ぐことができる。防水層の最下層に穴あきルーフィングを用いる工法が多い。

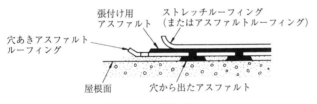

図 3・42　絶縁工法

(2)　施工上の留意点

① 　防水層のなじみをよくするために，下地面の出隅では面取り，入隅部はモルタル等で三角形または R などを成型したり，成形キャント材（角度 45°，見付幅 70 mm 程度）を取り付けたりする。

② 　アスファルトルーフィング類の張付けは以下の通りとし，出隅，入隅，下地目地部等は，一般部分に先立ち，増張りを行う。

・スラブの打継ぎ箇所およびひび割れ部には，幅 50 mm 程度の絶縁用テープを貼り付け，その上に幅 300 mm 以上のストレッチルーフィングを増張りする。

・出隅，入隅および立上りの出隅，入隅には，幅 300 mm 以上のストレッチルーフィングを最下層に増張りする。

アスファルトの溶融温度
低煙・低臭タイプでは上限を 240～260℃ 程度とする。

コンクリート下地のアスファルトプライマーの使用量は，0.2 kg/m^2 とする。

改質アスファルトシート防水（トーチ工法）の下地
入隅部は直角とし，出隅部は面取りまたは R 面とする。

◀よく出る

◀よく出る

建築施工

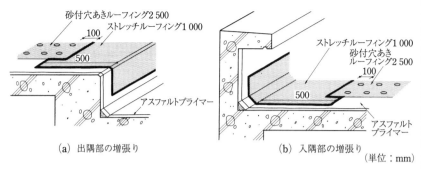

（a）出隅部の増張り　　　　　　　　　　　　（b）入隅部の増張り

（単位：mm）

図3・43　絶縁工法における出隅・入隅部の増張り（JASS 8 より）

保護コンクリート
屋上アスファルト防水の保護を目的として防水層の上にコンクリートを打設するものである。
・伸縮目地は壁際60 cm程度，それ以外は3 m程度。
・伸縮目地は，保護コンクリートの下端までの深さとする。
・コンクリート内に線径6.0 mm，網目寸法100 mmの溶接金鋼などを敷設する。

・密着工法において，貫通配管廻りに増張りする網状アスファルトルーフィングは，アスファルトで十分に目つぶし塗りを行う。

・絶縁工法における出隅，入隅には，幅700 mm以上のストレッチルーフィングを用いて500 mm以上張り掛けて増張りする。さらに100 mm程度の重ね長さをとって平場の砂付穴あきルーフィングに張り付ける。

・アスファルトルーフィング類の継目は，縦横とも100 mm以上重ね合わせ，水下側のアスファルトルーフィングが下側になるように張り重ねる。

・絶縁工法の場合の砂付穴あきルーフィングは砂付面が下向きになるようにして，通気性を妨げないようにして突き付けに張る。

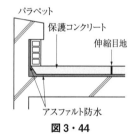

保護コンクリート（伸縮目地位置と深さが分かることが必要）

図3・44

・**保護コンクリート**に用いる成形伸縮目地材の目地幅は25 mm，本体は目地幅の80 %以上とする。また，目地はパラペットなどの立上りから600 mm程度離したところから割り付ける。

・ルーフドレン回りは最下層に幅300 mm程度のストレッチルーフィングを増張りし，平場のルーフィング類を張り重ねる。

ルーフドレン
ビルの屋上など陸屋根に設置される排水口

・改質アスファルトシート防水トーチ工法の平場の貼付けでは，シートの3枚重ねの場合，中間のシート端部を斜めにカットする。

・改質アスファルトシート防水トーチ工法において，露出防水用改質アスファルトシートの重ね部は，砂面をあぶり，砂を沈めて重ね合わせる。

③ アスファルト防水工事において，アスファルトが規定量どおり施工されててるかの確認は，施工面積と全使用量から単位面積当たりの数量を算出して確認する。

④ 露出防水の留意点は以下の通りである。

・絶縁工法では，アスファルトプライマー塗りの後，砂付あなあきルーフィングを突き付けて敷き並べる。

・平場部と立上り部で構成する入隅部に成形キャント材（角度45度，見付幅70mm程度）を取付ける。

・密着工法の平場におけるアスファルトルーフィング類の重ね幅は100mm程度とし，重ね部から溢れ出たアスファルトは，刷毛を用いて塗り均す。

・ALCパネル下地のアスファルトプライマーは，刷毛塗り2回とし，2回目の塗布は1回目に塗布したプライマーが乾燥したのを確認した後に行う。

(3) 改修工事

【既存防水層を撤去する場合】

・既存の保護コンクリートの撤去は，ハンドブレーカーを使用し，仕上げや構造体に影響を与えないように行う。

・既存のアスファルト防水層の撤去は，けれん棒を使用し，下地に影響を与えないように行い，劣化の少ない立ち上がりも平場とともに撤去する。

・既存の保護コンクリートの撤去後，下地コンクリート面に2mm以上のひび割れがある場合，Uカットしてポリウレタン系のシーリング材等を充てんするなどの処置をする。

【既存防水層に重ねる場合】

・既存の露出アスファルト防水層の上に，露出アスファルト防水密着工法を行う場合，既存防水層表面の砂は可能な限り取り除き，清掃後，アスファルト系下地調整材を $1.0\ kg/m^2$ 塗布する。

・既存のコンクリート保護層の上に露出アスファルト防水絶縁工法を行う際，二重ドレンを設けない場合，コンクリート保護層は，ルーフドレン端部から500mmまで四角形に撤去する。

・既存のコンクリート保護層は撤去するが，防水層を撤去しないで保護アスファルト防水密着工法を行う場合，ルーフドレン周囲の既存防水層は，ルーフドレン端部から300mmまで四角形に撤去する。

屋上緑化の耐根層
直接土壌が接する立上り部は，防水層と同じ高さまで耐根層も立ち上げる。

建築施工

3・8・2　シート防水

　厚さ 1.2 ～ 2.0 mm の薄い合成高分子ルーフィングを接着剤を用いて，ルーフィング相互および下地と一体化させて防水層を形成させるものである。

(1)　施工上の留意点

(a)　目地処理

　ALC パネルの接合部は短辺方向のみ幅 50 mm 程度の絶縁用テープを張り付け，さらに幅 150 ～ 200 mm の増張り用ルーフィングを張り付ける。

(b)　ルーフィングの接合幅

・コンクリートスラブの出隅，入隅は，立上り面でルーフィング 150 mm 程度を重ね合わせて接合する。出隅では，それぞれ 150 mm 程度ずつ振り分けて重ね合わせ接合する。

(c)　シートの固定方法（機械式固定工法）

・出隅，入隅の処理はシートを張付けたのち，成形役物を張り付ける。　◀よく出る

・平場のシートの固定方法には，固定金具の取付けをシート敷設後に行う後付けとシート敷設前に行う先付けの 2 つの方法がある。

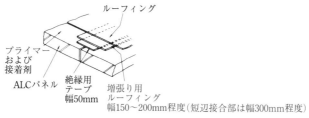

図 3・45　目地処理 (JASS 8 より)

(d)　出隅・入隅・末端部の処理

・防水層の末端部は，テープ状のシーリング材と押え金物を用いて止め付け，さらに不定形シーリング材で処理する。

・加硫ゴム系シート防水の出隅角の処理は，シートの張付け前に非加硫ゴム系シートで増張りを行う。　◀よく出る

表 3・17　ルーフィングの接合幅

種　　類	長手方向	幅　方　向	立上り部	接合方法
加硫ゴム系	100 mm 以上	100 mm 以上	150 mm 以上	接着剤による接合 (テープ状シール材併用)
非加硫ゴム系	70 mm 以上	70 mm 以上	150 mm 以上	接着剤による接合
塩化ビニル樹脂系	40 mm 以上	40 mm 以上	40 mm 以上	溶剤溶着または熱融着 (液状またはひも状シール材併用)

接着剤
接着剤は使用するシートとの適性を考える。例えば，塩ビ樹脂系のシートにはトルエンなどの溶剤が入っているクロロプレンゴム系は適さない。合成ゴム系等を使用する。

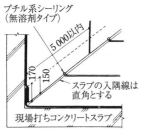

プチル系シーリング
（無溶剤タイプ）
5,000以内
170
150
スラブの入隅線は
直角とする
現場打ちコンクリートスラブ

図 3・46　スラブの入隅線
（JASS 8 より）

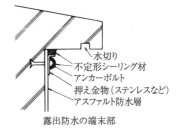

水切り
不定形シーリング材
アンカーボルト
押え金物（ステンレスなど）
アスファルト防水層
露出防水の端末部

図 3・47　パラペットの末端部

建築施工

3・8・3　ウレタンゴム系塗膜防水

　ウレタンゴム系塗膜防水とは，緩衝用シート，補強布などと組み合わせて所定量の厚さに塗り付けて防水層をつくる工法である。緩衝工法とは下地などからの湿気による膨れや挙動による破断を防ぐために通気緩衝用シートを張り付けて防水材を塗布する工法である。

施工上の留意点

・防水層の下地からの水蒸気を排出するための脱気装置は，$50 \sim 100 \, \mathrm{m}^2$ に1箇所の割合で設置する。

・通気緩衝シートは，接着剤を塗布し，シート相互を突付け張りとする。

・穴あきタイプの通気緩衝シートは，下地に通気緩衝シートを張り付けた後，ウレタンゴム系防水材でシートの穴を充てんする。

・立上がり部における補強布は，平部の通気緩衝シートの上に 100 mm 張り掛けて防水材を塗布する。

・塗継ぎの重ね幅は 100 mm 以上，補強布の重ね幅は 50 mm 以上とする。　◀よく出る

・コンクリートの打継ぎ箇所は，U 字形に斫り，シーリング材を充填した上，幅 100 mm 補強布を用いて補強塗りを行う。

・平場部の総使用量は，硬化物比重が 1.0 のものを使用し，$3.0 \, \mathrm{kg/m}^2$ とし，立上り部は $2.0 \, \mathrm{kg/m}^2$ とする。

・低温時で防水材の粘度が高く施工が困難な場合は，防水材製造メーカーの指定する範囲で希釈剤を使用する。

・密着工法において，平場部に張り付ける補強布は，防水材を塗りながら張り付ける。

3・8・4　シーリング工事（令和5年度の応用能力問題として出題された）

(1) 材　料

(a) プライマー

- ・プライマーは，目地に充てんされたシーリング材と被着体とを強固に接着して，シーリング材の機能を長期間維持するものである。
- ・場合により被着体表面を安定させ，下地の水分やアルカリの影響を防止するシーラーの役割も果たす。

(b) バックアップ材

- ・バックアップ材は，シーリング材の3面接着の回避，充てん深さの調整，目地底の形成を目的として用いられる。
- ・バックアップ材は，シーリング材と接着せず，弾力性をもち適用箇所に適した形状とする。
- ・バックアップ材は，シーリング材と被着体の接着面積が確保でき，2面接着が得られるように装てんする。

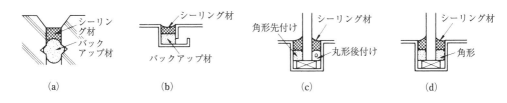

図3・48　バックアップ材の用い方

(c) ボンドブレーカー

- ・ボンドブレーカーは，目地が浅い場合に3面接着を回避する目的で目地底に設けるテープ状の材料である。
- ・ボンドブレーカーは，紙，布およびプラスチックフィルム等からなる粘着テープで，プライマーを塗布してもシーリング材が接着しないものとする。

(d) マスキングテープ

- ・マスキングテープは，プライマー塗布およびシーリング材充てん部以外の汚染防止と，目地縁の線を通りよく仕上げるために用いる粘着テープである。

(2) 一般的な施工手順と留意点

① シーリング材の施工性，硬化速度などは温度や湿度に影響される。

② 一般的には，気温15～25℃，湿度80%未満で，晴天，無風状態であることが望ましい。

③ 被着体が5℃を下回ったり，50℃以上になるおそれがある場合，湿度が85%を超える場合は，施工を中止する。

ボンドブレーカー
シーリング材の材質にあわせたテープを使用する。クラフトテープ（ポリウレタン系，ポリサルファイド系）とポリエチテープ（ポリイソブチレン系，シリコーン系，変成シリコーン系）がある。

④ 降雨時または降雨が予想されるときも中止し，目地部や周辺の水漏れを防ぐ処理を行う。

⑤ バックアップ材の取付けは，所定の目地深さになるように装てんし，降雨などがあった場合は，再装てんする。

⑥ マスキングテープは，シーリング材の接着面にかからない位置に通りよく張り付ける。

⑦ 2成分形プライマーを用いる場合は，可使時間内に使い切る量を正しく混合する。

⑧ プライマーの塗布後，塵あいなどの付着などがあった場合は，再清掃し，再塗布を行う。

⑨ シーリング材の充てんは，図3・49に示すように，交差部あるいは角部から行う。　◀よく出る

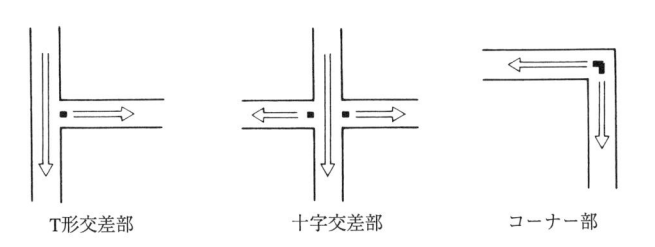

| T形交差部 | 十字交差部 | コーナー部 |

■＝充てん開始位置　⟹ ガン打ちの方向

図3・49 シーリング材充てんの順序

⑩ シーリング材の打継ぎは，図3・50に示すように目地の交差部および角部を避け，そぎ継ぎとする。

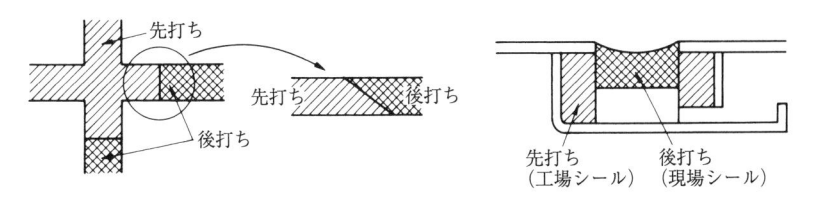

先打ち　先打ち　後打ち　後打ち　先打ち（工場シール）　後打ち（現場シール）

図3・50 シーリング材の打継ぎ（一般の打継ぎ）

⑪ マスキングテープの除去は，シーリング材表面仕上げ後，直ぐに行う。シーリング材の可使時間が過ぎてからでは，目地縁がきれいに仕上がらず，除去しにくくなる。

⑫ ワーキングジョイントに装てんする丸形のバックアップ材は，目地幅より20％大きい直径のものとする。　◀よく出る

建築施工

(3) その他の留意点

① 目地の変位が極めて少ない場合，**ノンワーキングジョイント**として3面接着の目地とする。

（例：外壁の石張り等では，ムーブメント追従性の少ないポリサルファイド系が用いられる。）

② ALCパネルなど被着体の表面強度が低い場合の目地には，**低モジュラス**（モジュラス＝引張応力）のシーリング材を使用する。

③ PCパネル間の目地やコンクリートの水平打継ぎ目地には，2成分形変成シリコーン系シーリング材が使用できる。

④ ガラス回りの目地には，シリコーン系，ポリサルファイド系2成分形が用いられる。

⑤ 異種シーリングの打継ぎについて

・やむを得ず打継ぐ場合は，先打ち材が十分に硬化してから後打ち材を施工する。

・ポリウレタン系には，ポリサルファイド系が後打ちできる。

・ポリサルファイド系には，変成シリコン系が後打ちできる。

・基本的にシリコーン系の先打ちには，変成シリコーン系や他の材の後打ちはできない。

3・9 石 工 事

学習のポイント

外壁の湿式工法は，躯体との一体性が強いので耐衝撃性が大きいが，躯体や裏込めモルタルの変形や変色の影響を受けやすいなど，軽くて変形追従性のある乾式工法との施工方法の違いを理解することが必要となる。

(1) 外壁湿式工法

石材を引き金物と取付けモルタルで固定したのち，裏込めモルタルを石裏全面に空隙なく充てんする工法であり，高さ 10 m 以下の外壁に用いられる。

① 石材の厚さは，25 mm 以上とする。

② 引き金物用の穴は，石材の上端の横目地合端に 2 箇所，両端部より 100 mm 程度の位置に設ける。

③ だぼ用の穴は，石材の上端の横目地合端に 2 箇所，両端部より 150 mm 程度の位置に設ける。

④ 下地は，埋込みアンカーを縦横 400 mm 程度（屋内は 600 mm 程度）の間隔であらかじめ躯体に打込み，これに縦流し筋を溶接し，石材の横目地位置に合わせて横流し筋を溶接する。

⑤ 溶接箇所には錆止め塗料を塗布する。

⑥ 石材の取付けは，最下部の石材を水平，垂直および通りを正確に据付け，下端を取付け用モルタルで固定する。上端は，引き金物で下地に緊結したのち，引き金物回りを取付け用モルタルで被覆する。

⑦ 躯体コンクリートの水平打継ぎ位置では，縦流し筋を切断し，横流し筋は下側の縦流し筋の上端に取り付ける。

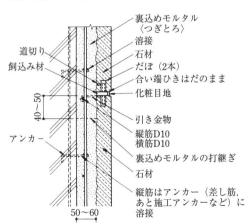

図 3・51 湿式工法による一般壁張り

⑧　裏込めモルタルの充てんに先立ち，目地からモルタルが流出しないように発泡プラスチック材等で目止めを行う。

⑨　裏込めモルタルの充てんは，石材を1段積み上げるごとに行い，上端から40〜50mm下がった位置まで充てんし，打ち継ぐ。

⑩　裏込めモルタルは，容積比でセメント1に対し，砂3の貧配合とし，流動性をもたせる。

⑪　充てんにあたっては，モルタルを2〜3回に分けて，空隙ができないよう留意する。

⑫　一般目地幅は6mm以上とし，伸縮調整用目地の位置は1スパンおよび間隔6m程度で配置する。伸縮目地は発泡プラスチック材などを下地コンクリート面まで挿入し，シーリング材で仕上げる。

【湿式工法での留意点】

・白色系大理石の裏込めモルタルには，白色セメントを使用する。

・最下段の石材では，石材が水を吸って，色ムラ，変色，白華などが生じるのを防ぐため石裏や小口にアクリル系やエポキシ系の樹脂を塗るなどの処理を行う。

・石材の引き金物に合わせて，下地となるコンクリート躯体にあと施工アンカーを打込み，引き金物緊結下地とするあと施工アンカー工法もある。

だぼ穴
石厚40mm未満
　穴径3.2mm
　埋込長20mm
石厚40mm以上
　穴径4.0mm
　埋込長25mm
乾式であればスライド方式
　径5mm
　埋込長20mm
ロッキング方式
　径4mm
　埋込長20mm

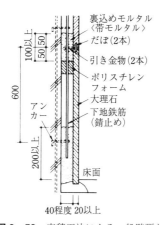

図3・52　空積工法による一般壁張り

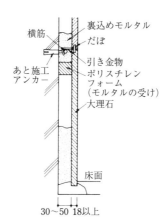

図3・53　あと施工アンカーの場合

(2)　内壁空積工法

①　石材の厚さは20mm以上とする。

②　取付け代は40mmを標準とする。

③　石材の加工，取付けは外壁湿式工法に準じる。

④　引き金物と下地の緊結部分は，石裏と下地面との間に50×100mm程度にわたって取付け用モルタルを充てんする。

⑤　一般目地幅は6mm以上とし，伸縮調整用目地の位置は間隔6m程

度で配置する。

(3) 乾式工法

① 石材の厚さは 30 mm 以上とする。

② ダブルファスナーの取付け代は 90 mm を標準とする。

③ だぼ穴の位置は，石材の上端横目地合端に 2 箇所，両端部より石材の
幅 1/4 程度の位置に設ける。だぼ穴は板厚方向の中央とする。

④ スライド方式で石材を取り付ける場合，だぼの周囲に盛り上がるだぼ
穴充てん材は，硬化前に除去する。

⑤ 石材が衝撃を受けた際の飛散や脱落を防止するため，繊維補強タイプ
の裏打ち処理などを行う場合もある。

⑥ 乾式工法による外壁の石材の最大寸法は，安全性や施工性から幅
1200 mm，高さ 800 mm，面積で 1 m² 以下とする。

⑦ 一般目地幅は，石材相互の変位およびシーリング材の変形性能を考慮
して 8 〜 10 mm とする。

⑧ スライド方式のファスナーに設けるだぼ用の穴は，外壁の面内方向の
ルーズホールとする。

⑨ 下地となるコンクリート面の寸法精度は，± 10 mm 以内とする。

◀**よく出る**

建築工事標準仕様書・
同解説　石工事では，
90 mm，JIS では 70 mm
を標準としている。

建築施工

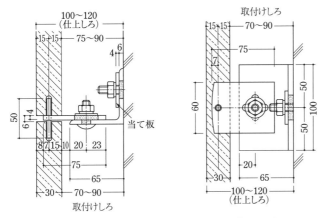

図 3・54 乾式工法（ダブルファスナー）の例

3·10 タイル工事

学習のポイント

　各種工法の張付けの特徴を理解することが必要である。特に張付けモルタルの塗付ける面積やタイルを張り終える時間などについて問われるケースが多い。

3·10·1 壁タイル張り

(1) 密着張り（ヴィブラート工法）

・下地コンクリートへモルタル中塗りまで木ゴテで仕上げた上に，張付けモルタルを2回塗って下地とし，張付けタイル用振動機で密着させる工法である。小口タイルの張付けは，振動機による衝撃位置を，タイルの両端と中間の3箇所にする。

・モルタルの塗付け面積は，2 m² 程度で，30分以内にタイルを張り終える面積とし，塗置き時間は20分程度が望ましい。

・タイルは，上部より下部へと張るが，一段置きに張ったのち，その間を埋めるように張る。なお，目地深さは，タイル厚の1/2以下とする。

(2) 改良積上げ張り

・下地コンクリートへモルタル中塗りまで木ゴテで仕上げた上に，張付けタイルの裏面にモルタルを平らに塗付けたものを押し付け，木づち類で叩き締めて張る工法である。

・練り混ぜたモルタルで30分を経過したものは使用せず，塗付けたモルタルの塗置き時間は5分以内とする。

・タイルは下から上へと張っていくが，1日の積み上げ高さの限度は1.5 m程度とする。

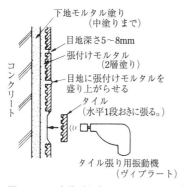

図3·55 密着張り（ヴィブラート工法）

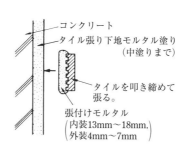

図3·56 改良積上げ張り

(3) 改良圧着張り

・張付けモルタルを塗付けた壁面にタイル裏面にモルタルを塗付けてタイルを圧着する工法である。

・モルタルの塗付ける面積は，2 m² 程度で，60 分以内に張り終える面積とする。　◀よく出る

・塗置き時間は 30 分未満とする。

・圧着張りによる二丁掛けタイルの改修において，下地コンクリートに生じたひび割れ幅が 0.2 mm 以上 1.0 mm 以下では，エポキシ樹脂注入工法で下地コンクリートを改修して，周囲のタイルは張り替える。

・圧着張りによる二丁掛けタイルの改修において，漏水がなく，浮きも見られず，単にタイル表面のひび割れ幅が 0.3 mm 程度であれば，美観上該当タイルをはつって除去し，部分張替え工法で改修する。

・圧着張りによる二丁掛けタイルの改修において，タイルと下地モルタルとの間で，1 箇所が 0.2 m² 程度の浮きが発生している場合，注入口付アンカーピンニングエポキシ樹脂注入タイル固定工法で改修する。

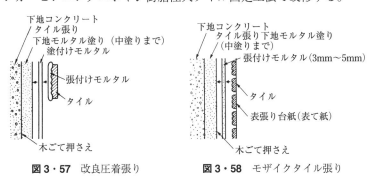

図 3・57 改良圧着張り　　　　**図 3・58** モザイクタイル張り

(4) モザイクタイル張り（25 mm 角以下のタイル）

・接着面にばらつきがあり，はく離の原因となりやすいので，屋内の小面積壁面以外に用いないことが望ましい。

・張付けモルタルの 1 回の塗付け面積の限度は 3 m² 以下とし，20 分以内に張り終える面積とする。　◀よく出る

(5) マスク張り

・25 mm 角を超え小口未満のタイルの張付けに用いられる。タイルに見合ったユニットタイルマスクを用い，タイルの裏面全面に張付けモルタルをコテで圧着して均一に塗り付け，たたき板で目地部分にモルタルがはみ出すまで押さえをしながら張り付ける工法である。

・張付けモルタルには，メチルセルロース等の混和剤を用いる。

・表張り紙の紙はがしは，張付け後，時期を見計らって水湿しをして紙をはがし，タイルの配列を直す。

建築施工

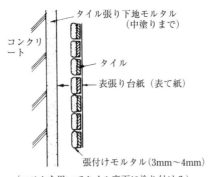

図3・59 マスク張り

(6) 接着剤張り　◀よく出る

・使用環境，使用下地，使用タイルに応じた接着剤を金ごて等で下地に塗布（厚さ3mm程度）し，くし目ごてでくし目を立て，タイルを張り付ける。

・接着剤の1回の塗付け面積は2m²程度とし，30分以内に張り終える面積とする。

・常時水がかかるような場所では用いない。

【施工上の留意点】

・伸縮調整目地は，水平・垂直ともに3〜4mごとに設け，伸縮調整目地で囲まれた面積は10m²以内を標準とする。

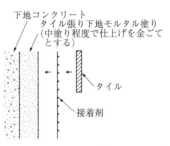

図3・60　接着剤張り（モルタル下地）

・伸縮調整目地の位置は躯体のひび割れ誘発目地位置には必ず設け，その他の水平方向では各階の水平打継ぎ，垂直方向では柱際，開口部際，建物のコーナー，隅切部などに設ける。

・化粧目地はタイル張り後，24時間程度経過し，張付けモルタルが適度に硬化してから行う。

・接着力試験は，目地部分を下地のコンクリート面まで切断して周囲と絶縁したものとする。

・試験体の個数は100m²およびその端数につき1個以上，かつ全体で3個以上とする。

・接着力は引張接着強度が0.4N/mm²以上の場合を合格とする。

3・11 屋根工事

学習のポイント

　出題の頻度は少なく，施工上の留意点も比較的少ないため，図を中心に工法の概要を覚えることに注力したい。

3・11・1　長尺金属板葺

(1) 下　　葺

　下葺材料として用いられるアスファルトルーフィングは，通常アスファルトルーフィング940のものを使用する。葺き方は，シートの長手方向200 mm以上，幅方向100 mm以上重ね合わせ，重ね合わせ部分および要所をタッカーによるステープル留めとする。

(2) 材　　料

　長尺金属板は，塗装溶融亜鉛めっき鋼板および鋼板の屋根コイルとし，厚さは0.4 mmとする。留め付け用釘は亜鉛めっき，またはステンレス製とする。

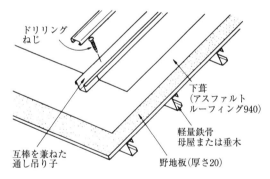

ドリリング
ねじ

下葺
(アスファルト
ルーフィング940)

軽量鉄骨
母屋または垂木

瓦棒を兼ねた
通し吊り子

野地板(厚さ20)

図3・61　瓦棒葺（心木なし）

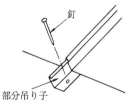

釘

部分吊り子

図3・62　立てはぜ葺

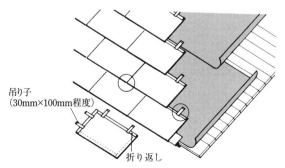

吊り子
(30mm×100mm程度)

折り返し

図3・63　平葺(一文字葺)
　　　　(千鳥に配置)

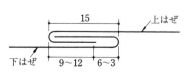

15

上はぜ

下はぜ

9～12　6～3

図3・64　こはぜの折返し幅の寸法〔mm〕
　　　　(上はぜと下はぜの寸法は異なる)

(3) 工　法

工法には，心木なし瓦棒葺，立てはぜ葺，平葺（一文字葺）がある。

(a) 心木なし瓦棒葺の留意点

・金属板を取り付けるために通し吊り子が用いられる。

・通し吊り子の留め付け用の釘間隔は，一般地域で 250 mm，強風地域で 200 mm とする。

・棟部は，溝板の水上端部に八千代折とした水返しを設け，棟包を取付ける。

・けらば部の溝板幅は，瓦棒の働き幅の 1/2 以下とする。

・軒先の桟鼻は，キャップと溝板の立上がり部分でつかみ込んで取付ける。

(b) その他の留意点

・長尺亜鉛めっき鋼板の折曲げは，めっきおよび地はだに亀裂を生じないように行い，切り目を入れずに折り曲げる。箱形の隅などには，特に注意して，形に合わせて加工する。

・はぎ合わせなどは，小はぜ掛け（引掛けまたはつかみ合わせ）とし，小はぜ掛けのはぜかかり，折り返し幅は 15 mm 程度とする。

・水上部分と壁との取合い部に設ける雨押えは，壁際立上りを 120 mm 程度とする。

3・11・2　折　板　葺

(1) 材　料

折板は金属性折板屋板構成材による鋼板製とする。

(2) 工　法

折板葺は，鋼板を V 字に近い形に折り曲げて屋根材としたもので，垂木，野地板を省略し，直接下地に取り付けたタイトフレームの上にかぶせる工法である。タイトフレームの墨出しは，山ピッチを基準に行い，割付けは，建物の桁行方向の中心から行う。

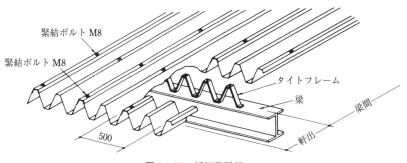

図 3・65　折板葺屋根

① 折板の流れ方向には，原則として継手を設けてはならない。

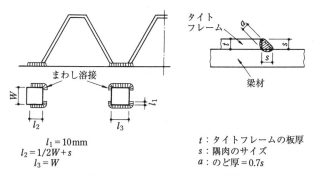

$l_1 = 10\,mm$
$l_2 = 1/2W + s$
$l_3 = W$

t：タイトフレームの板厚
s：隅肉のサイズ
a：のど厚 $= 0.7s$

図3・66　タイトフレームの溶接

② タイトフレームともや（母屋）などの下地との接合は隅肉溶接とし，側面の隅肉溶接の効果を高めるためにまわし溶接を行う。

③ タイトフレームの溶接は，表面に防錆処理が施されたままでよい。

④ まわし溶接の際，タイトフレームにアンダーカットが生じやすいので慎重に溶接する。溶接はタイトフレームの立上り部分の縁から10 mm残し，底部両側を隅肉溶接する。

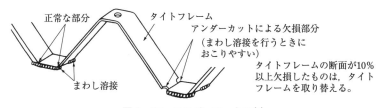

図3・67　アンダーカットの例

⑤ 溶接後はスラグを除去し，錆止め塗装を行う。

⑥ 折板は，各山にタイトフレームに固定し，緊結時のボルト間隔は600 mm以下とする。

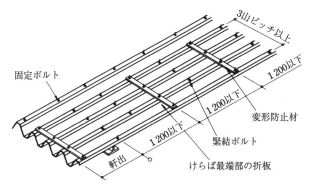

図3・68　変形防止材によるけらば納め

⑦　けらば納めは，最端部の折板の上底で留める方法を原則とし，けらば先端部には，1200 mm以下の間隔で，折板の山間隔の3倍以上の長さの変形防止材を取り付ける。

⑧　けらば包みの継手は，60 mm以上重ね合わせ，その位置は，けらば用タイトフレームに近いところとする。

⑨　端部用タイトフレームは，けらば包みの下地として，1,000 mm間隔で取り付ける。

⑩　水上部分の折板と壁との取合い部に設ける雨押えは，壁際立上りを150 mm程度とする。

⑪　軒先の落とし口は，折板の底幅より小さく穿孔し，テーパー付きポンチで押し広げ，10 mmの尾垂れをつける。

⑫　軒先のアール曲げ加工は，曲げ半径を450mm程度とする。

3・11・3　瓦　　葺

　瓦の割付けは，葺き上がりが納まるように，「働き幅」や「働き長さ」に基づいて行う。

　桟瓦を取り付ける方法は，下地に桟木を取り付け，瓦を引っ掛けて緊結材で留付ける引っ掛け桟工法と，桟瓦を直接下地面に置き緊結材で留付ける直葺き工法の2種類がある。

　引掛け桟瓦葺きにおける桟山補強工法の縦桟木の取り付け方法は，桟木の上に瓦働き幅で割付を行い縦桟木を取り付ける。

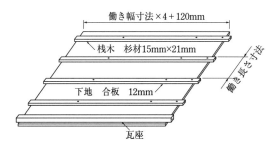

図3・69　標準的な各部位の名称

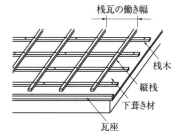

図3・70　桟山補強工法の縦桟木割付

3・12 金 属 工 事

学習のポイント

主に軽量鉄骨による天井下地や壁下地に関する設問で構成されている。部材の構成を理解し，取付け方法や固定箇所の間隔などを覚えておく。

3・12・1 軽量鉄骨天井下地

(1) 軽量鉄骨天井下地

(a) **材 料**

野縁などの種類は，表3・18および図3・71により一般的には屋内は19形，屋外は25形を使用する。

表3・18 野縁などの種類〔mm〕

部材＼種類	19 形	25 形
シングル野縁	25 × 19 × 0.5	25 × 25 × 0.5
ダブル野縁	50 × 19 × 0.5	50 × 25 × 0.5
野縁受け	38 × 12 × 1.2	38 × 12 × 1.6

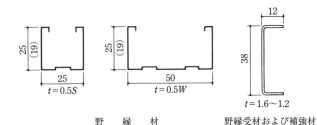

25
(19)
25
t = 0.5S
25
(19)
50
t = 0.5W
12
38
t = 1.6〜1.2
野 縁 材
野縁受材および補強材

図3・71 野縁などの下地材

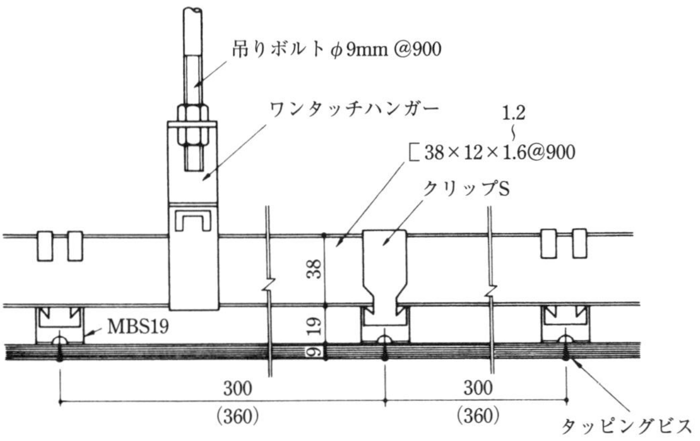

吊りボルト φ9mm @900
ワンタッチハンガー
1.2
〔38×12×1.6@900
クリップS
38
19
9
MBS19
300
(360)
300
(360)
タッピングビス

図3・72 部材の間隔

(b) **工　法**

- 野縁受け，吊りボルトおよびインサートの間隔は900mm程度とし，周辺部は端から150mm以内とする。 ◀よく出る

- 野縁は，クリップを仲介にして野縁受けに固定する。クリップの向きは交互にし，野縁受け材の溝に十分に折り曲げる。

- 屋内の野縁の間隔は，
  - ⅰ）下地のある場合，金属成形板張：360mm程度
  - ⅱ）仕上げ材直張り，塗装下地の類：300mm程度
    （ただし，ⅱ）の場合でボードの1辺が455mm以下の場合は，225mm程度以下とする。）

- 屋外の野縁の間隔は，300mm程度とする。

- 開口部で野縁が切断された場合は，補強野縁受けをその端部を引き通されている野縁に固定する。

- 野縁は野縁受けから150mm以上はね出してはならない。

- 溶接した箇所は，錆止めの塗料を塗布する。

- 天井のふところが，屋内で1.5m以上，屋外で1.0m以上の場合は，1800mm間隔で振止めの補強を行う。

- 下り壁による天井の段違い部分は，2,700mm程度の間隔で斜め補強を行う。

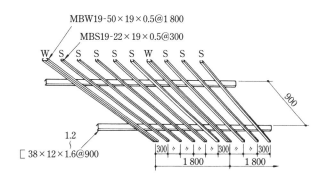

図3・73 野縁の間隔例（間隔は360mm，455/2mm）

(2) **特定天井**

　特定天井とは，脱落によって重大な危害を生ずるおそれがある天井を指す。具体的には，6m超の高さにある，面積200m²超，質量2kg/m²超の吊り天井で，人が日常利用する場所に設置されているものとなる。

- 吊り材は，天井面の面積1m²当たり1本以上とし，釣合いよく配置する。

- 吊り長さは，3m以下でおおむね均一とする。

- 野縁受け相互にジョイントを差し込んだ上でねじ留めする。

3・12・2　軽量鉄骨壁下地

(a)　材　料

・スタッド，ランナーの種類は，表3・19，図3・74による。スタッドには50形，65形，90形，100形があるが，スタッドの高さによって使い分ける。

振止めと補強材
天井内の振止め，軽量鉄骨壁下地材の開口補強，そで壁端部は，**専用の材料**（表3・19）**がある**ので注意すること。

表3・19　スタッド，ランナーなどの種類〔mm〕

部材等 種類	スタッド	ランナー	振れ止め	出入口及びこれに準ずる開口部の補強材	補強材取付け用金物	スタッドの高さによる区部
50形	50 × 45 × 0.8	52 × 40 × 0.8	19 × 10 × 1.2	−	−	高さ 2.7 m 以下
65形	65 × 45 × 0.8	67 × 40 × 0.8	25 × 10 × 1.2	〔 − 60 × 30 × 10 × 2.3	L − 30 × 30 × 3	高さ 4.0 m 以下
90形	90 × 45 × 0.8	92 × 40 × 0.8		〔 − 75 × 45 × 15 × 2.3	L − 50 × 50 × 4	高さ 4.0 m を超え 4.5 m 以下
100形	100 × 45 × 0.8	102 × 40 × 0.8		2〔 − 75 × 45 × 15 × 2.3		高さ 4.5 m を超え 5.0 m 以下

(注) 1.　ダクト類の小規模な開口部の補強材は，それぞれ使用した種類のスタッド又はランナーとする。
　　　2.　スタッドの高さに高低がある場合は，高い方を適用する。
　　　3.　50形は，ボード片面張りの場合に適用する。
　　　4.　スタッドの高さが5.0mを超える場合は，特記による。

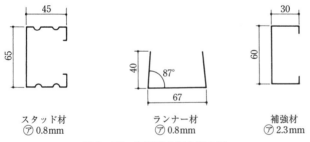

図3・74　65形間仕切り材の例

スタッド材 ⑦0.8mm　　ランナー材 ⑦0.8mm　　補強材 ⑦2.3mm

(b)　工　法

・ランナーは，端部から50 mm 程度の位置で押え，900 mm 間隔程度に打込みピンなどで床，梁下，スラブ下等に固定する。

・鉄骨や軽量鉄骨天井下地に取り付ける場合は，900 mm 間隔程度でタッピングビスまたは溶接により固定するが，溶接した箇所は錆止め塗料を塗布する。

・スタッドの間隔は，

　ⅰ) 下地のある場合：450 mm 程度（ボードの2枚張りなど）

　ⅱ) 仕上げ材直張り：300 mm 程度

◀よく出る

・振れ止めは，フランジ側を上に向け，スタッドを引通して床面から1,200 mm 程度毎に設ける。

・スペーサーはスタッドの端部を押さえ，600 mm 間隔程度に留め付ける。

・出入口およびダクト類の開口部は，それぞれの大きさに応じた補強材と

建築施工

取付け方法を選定し，溶接，ボルト類，小ねじ類等で取り付ける。

・スタッドは，スタッドの天端と上部ランナー天端とのすき間が 10 mm
　以下となるように切断する。

・スタッドの建込み間隔の精度は ± 5 mm とする。

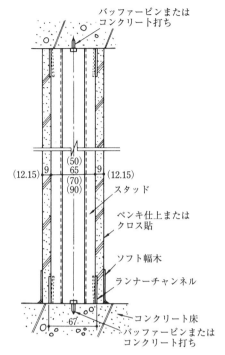

図 3・75　コンクリートスラブへの取付け

3・12・3　その他の金属材料

・亜鉛めっき法には，溶融亜鉛めっきと電気亜鉛めっきがあり，めっき面
　のクロメート処理には防錆効果がある。

・屋外に使用する亜鉛めっきは，溶融亜鉛めっきのほうがめっき層が厚く
　耐久性がある。

・アルミニウム材の表面には陽極酸化皮膜の上に着色塗装するものがあ
　る。また，アルカリ性材料に接する箇所には耐アルカリ性の塗料を施す。

・ステンレス材にはヘアライン仕上げと鏡面仕上げがある。前者は軽微な
　補修が容易であるのに対し，後者は耐食性に優れている。一般的に使
　用されているのは SUS304 で SUS430 に比較して，耐食性・耐熱性に優
　れ，磁性がない。

・銅合板の表面仕上げはバフ仕上げとヘアライン仕上げがある。

3・13 左 官 工 事

学習のポイント

　主に，モルタル塗りの配合および各塗層の注意点を覚える必要がある。また，頻度は少ないがロックウール吹付けや仕上塗り等の基礎的な知識も確認しておくことが必要である。

(1) モルタル塗り

(a) 調合および塗り厚

・モルタルの調合および塗り厚は，表3・20 による。

・モルタル塗りの各層の調合は，下塗りほど富配合（セメント量が多）とし，強度を大きくするのが原則である。

・各層の塗り厚は，なるべく薄いほうがよいが，通常は床を除き1回の塗り厚は7mm を標準とする。

・全塗り厚は，床を除き25mm 以下とする。なお，塗り厚は下地の表面からの厚さで，ラスこすりの厚さを含まない。

・防水下地の床および立ち上がりの塗り厚は，15mm 以上とする。

表3・20　調合（容積比）および塗り厚の標準値（建築工事共通仕様書より）

下　地	施工箇所		下塗り ラスこすり		むら直し 中塗り		上塗り			塗り厚の 標準値 〔mm〕
			セメント	砂	セメント	砂	セメント	砂	混和材	
コンクリート，コンクリートブロック，れんが	床	仕上げ	－	－	－	－	1	2.5	－	30
		張り物下地	－	－	－	－	1	3		
	内　壁		1	2.5	1	3	1	3	適量	20
				(注) 1						
	外壁その他 （天井の類を除く）		1	2.5	1	3	1	3	－	25
ラスシート，ワイヤラス，メタルラス	内　壁		1	2.5	1	3	1	3	適量	15
				(注) 1						
	外　壁		1	2.5	1	3	1	3	－	20

注　1.　内壁下塗り用軽量モルタルは，細骨材を砂に代えてセメント混和用軽量発泡骨材とし，塗り厚は5mm 以内とする。
　　2.　ラスこすりの場合は，必要に応じて，すさを混入することができる。
　　3.　ラスこすりは，ラスの厚さより1mm 程度厚くする。
　　4.　ラスこすりは，塗り厚に含まない。
　　5.　ビニル床シート，ビニル床タイル等の場合は，床モルタルの塗り厚さには，張り物材の厚さを含む。

(b) 下地処理

・コンクリート，コンクリートブロック等の壁，床等で，ひずみ，不陸などの著しい箇所は，目荒らし，水洗い等のうえモルタルで補修し，夏期は7日以上，冬期は14日以上放置する。

・コンクリート床面ではコンクリート硬化後，なるべく早い時期に塗付けを行う。コンクリート打込み後，長時間放置した場合は，水洗いを行う。

・合板せき板を用いたコンクリート下地に，セメントペーストを塗る場合

建築施工

は，乾かないうちに下塗りを行う。

・つけ送りを要する下地は，下塗り用と同配合のモルタルで不陸を調整する。

(c) **壁塗り**

・下地処理の後，乾燥具合を見計らい，吸水調整材を全面に塗る。ただし，下塗りに内装下塗り用軽量モルタルまたはポリマーセメントモルタルを塗る場合以外にあっては，ポリマーセメントペーストを1～2mm塗ることができる。

・下塗り面は，内壁下塗り用軽量モルタルの場合を除き，金ぐし類で荒らし目をつける。下塗り後はモルタル表面のドライアウトを防止するため，水湿しを行う。

・下塗りおよびラスこすりは，14日以上放置し，ひび割れ等を十分発生させる。

・下塗りの砂の粒度は，一般にふるいの呼び寸法5mmを最大，0.15mmを最小としている。

・額縁のちりじゃくりの周囲は，こて1枚の厚さだけ透かして仕上げる。

(d) **床塗り**

・下地処理の後，デッキブラシ等でセメントペーストを十分に塗り付けたのち，直ちにモルタルの塗付けをする。

・塗付けは，水の引き具合を見計らい，定規通しよく，金ごてで平滑に仕上げる。

・目地工法の特記がない場合は，押し目地とし，室内は縦横1.8m程度，廊下は3.6m程度の割付け間隔とする。

(2) **ロックウール吹付け**

・材料混和方法を現場配合とする場合，現場でセメントをスラリー化し，ノズル先でロックウールとセメントスラリーを吐出させながら吹付ける。

・プレキャストコンクリート部材で，型枠はく離剤が塗られている場合は，接着力を高めるためにシーラー等による下地調整を行う。

・吹付けロックウールの密度は，断熱吸音用の場合は，0.18 g/cm^{3}程度とし，不燃材指定の場合は，0.20 g/cm^{3}以上とする。

・発塵防止のために表面を硬化させる場合は，こて押さえ終了後，表面にセメントスラリーを均一に吹付ける。

(3) **建築用仕上塗り**

・薄付け仕上塗材は，吹付け工法とローラー工法があるが，砂壁状や凸凹状の仕上げは吹付け工法が，ゆず肌状やさざ波状などの仕上げはローラー工法が一般的である。

・軽量骨材仕上塗材は，砂壁状の仕上げは吹付け工法，平坦状の仕上げはこて塗りとする。

ドライアウト
コンクリート下地が乾燥しているとコンクリートに水分をとられて，水和反応が阻害され，硬化不良や接着不良を起こしやすくなる。

・厚付け仕上塗材は,吹付け工法とこて塗り工法によりスタッコ状仕上げ
　とするが,外装厚塗材 E の場合は吹付け工法とする。

・複層仕上塗材は,吹付け工法とローラー工法があるが,凸凹状の仕上げ
　は吹付け工法が,ゆず肌状の仕上げはローラー工法が一般的である。

表3・21　薄付け仕上塗装の工法と仕上　　　　　　　◀よく出る

工　　法	仕　　上
吹付け工法	・砂壁状 ・凹凸状
ローラー工法	・ゆず肌状 ・さざ波状

(4)　セルフレベリング材塗り

　セルフレベリング工法とは,材料のもつ流動性を利用して重力により自
然流動させ,床面に平滑な床面を形成する工法であり,次の特徴がある。

・熟練した左官技術を要しない。

・省力化と工期短縮。

・材料の収縮性がないのでひび割れや浮きを発生することが少ない。

・普通の塗厚さは,5 〜 15 mm である。

・せっこう系は耐水性がないため屋外,浴室など湿潤となる床には施工で
　きない。

(5)　防水形合成樹脂エマルション系複層仕上塗材（防水形複層塗材 E）

・下塗材は,指定量の水または専用うすめ液で均一に薄め,その所要量
　は,試し塗りを行い,0.2 kg/m^2 とする。

・入隅,出隅,開口部まわりなど均一に塗りにくい箇所は,はけやコーナ
　ー用ローラーなどで主材塗りの前に増塗りを行う。

・主材は,下地のひび割れを発生させないように,混合時にできるだけ気
　泡を混入させない。これは,気泡によってひび割れに対する追従性がな
　くなるためである。

・主材の基層塗りは所要量を 1.7 kg/m^2 で 2 回塗りとし,ダレ,ピンホー
　ルが無いように均一に塗りつける。

・主材の模様塗りは,1.0 kg/m^2 を 1 回塗りとする。

・上塗材は,0.3 kg/m^2 を 2 回塗りとする。

・凸部処理は,主材の模様塗り後,1 時間以内に均一に仕上がるように,
　ローラーにより行う。

建築施工

3·14 建具工事

> **学習のポイント**
>
> 　金属製建具は，取付け時の注意点（溶接やモルタル詰め等），シャッター工事では，防煙や防火機能に関することと閉鎖時の安全性，ガラス工事ではサッシへの取付け時の注意点を問われている。

3·14·1　金属製建具工事

(1) アルミニウム製建具

(a) 形状・仕上げ

・アルミニウム板を加工して，枠，かまち，水切り，ぜん板，額縁等に使用する場合の厚さは，1.5 mm 以上とする。

・建具の枠の見込み寸法は，特記がなければ 70 mm 以上とする。

・周囲に充てんするモルタルや鋼材との接触腐食を避けるため，絶縁処理する必要がある。表面は陽極酸化塗装複合皮膜とすることが望ましい。

(b) 加工・組立て

・枠，くつずり，水切り板等の取付け用の躯体アンカーは，開口の隅より 150 mm 内外を端とし，中間は 500 mm 以下とする。

・雨水浸入のおそれのある接合部には，その箇所にシーリング材を用いて漏水を防ぐ。

・同面サッシ（面付け納まりサッシ）は，壁面を流れ落ちる雨水等が直接サッシにかかり，漏水のおそれがあるため，枠の形状等に配慮が必要である。

・水切り板と下枠との取合いには，建具枠周囲と同一のシーリング材を用いる。

・補強材，力骨，アンカー等は鋼製またはアルミニウム合金製とし，鋼製のものは亜鉛めっき等の接触腐食防止処置を行う。

(c) 取付け

・現場内での建具の仮置きは，立て置きとする。

・くさび等により仮止めののち，アンカーをコンクリートに固定されたサッシアンカー類に溶接してとめ付ける。なお，溶接箇所は，錆止め塗料を塗布する。

・躯体と下部サッシ枠とは，75 mm 程度のすき間をとり，水切り板およびサッシ下枠部と躯体間を二度に分けてモルタル詰めを行う。

・連窓の取付け精度は，ピアノ線を張って ± 2 mm 以内とする。

表 3 · 22 JIS の性能項目による等級

性能項目	等 級	対 応 値	性 能
耐風圧性	S-1 S-2 S-3 S-4 S-5 S-6 S-7	800 Pa 1200 Pa 1600 Pa 2000 Pa 2400 Pa 2800 Pa 3600 Pa	左の加圧値での加圧中に破壊および規定を超える変位がないこと
気 密 性	A-1 A-2 A-3 A-4	120 等級線 30 等級線 8 等級線 2 等級線	通気量が図 3 · 76 の気密性等級線を上回らないこと
水 密 性	W-1 W-2 W-3 W-4 W-5	100 Pa 150 Pa 250 Pa 350 Pa 500 Pa	左の圧力差において，流れ出し等がないこと
遮 音 性	T-1 T-2 T-3 T-4	25 等級線 30 等級線 35 等級線 40 等級線	図 3 · 77 に示す遮音等級線に適合すること
断 熱 性	H-1 H-2 H-3 H-4 H-5	0.215 以上 0.246 以上 0.287 以上 0.344 以上 0.430 以上	左の熱貫流抵抗値〔$m^2 \cdot K/W$〕に適合すること

建築施工

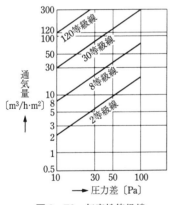

図 3 · 76 気密性等級線

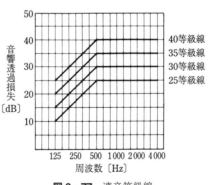

図 3 · 77 遮音等級線

・結露防止のため，アルミニウム製ぜん板および額縁の裏側に，現場発泡断熱材を充てんする。

・モルタルが長時間アルミニウム材に付着すると変色することがあるため，早期に除去し，清掃を行う必要がある。

・外部建具周囲の充てんモルタルに使用する防水剤は，塩化カルシウム系などの金属腐食を進行させるようなものは使用しない。

※ JIS の性能項目による等級は，表 3 · 22 のとおりで，すべて等級番号が大きいほど性能がよい。

(2)　鋼製建具

(a)　材料

・鋼板（大きな力のかかる部分は厚さ 2.3 mm 以上，その他は厚さ 1.6 mm 以上）は，溶融亜鉛めっき鋼板および鋼帯による表面処理亜鉛めっき鋼板とする。ただし，鋼製軽量建具の鋼板厚さは，枠類や力骨等が 1.6 mm 以上，大きな力がかかる取付部分の補強板が 2.3 mm 以上，その他が 0.6 mm 以上である。

・くつずりの材料は，ステンレス鋼板(SUS304)で厚さ 1.5 mm 以上とする。

・摺動部（上吊建具の下枠取合い等）の材料は，ステンレス鋼板とする。

(b)　加工・組立て・取付け

・組立ては，表3・23 および表3・24 を標準とし，雨仕舞いや開閉具合に注意する。

・取付け精度は，許容差を ± 2 mm 程度とする。

・取付けは，アルミニウム製建具に準じる。

・排煙窓の手動開放装置のうち，壁に設ける場合の手動操作する部分は，床から 80 cm 以上 150 cm 以下に設ける。

表3・23　鋼製建具の枠類の組立て

名　　　称	工　　　法
枠	隅は胴づきまたは留め，下部は胴づきとし，外部（水掛かりを含む）に面するものは溶接とする。ただし，屋内において加工，組立てが必要な場合は，溶接にかえて小ねじどめ（裏板厚さ 2.3 mm 以上）によることができる。
く　つ　ず　り	外部（水掛かりを含む）に面するものは，両端を縦枠より延ばし，屋内は，縦枠内に納め裏面で溶接する。
水　切　り　板	両端は，水返し付き，枠にねじどめまたは溶接する。
中　鴨居，無　目	両端は胴づき溶接，雨掛かり箇所は，原則として見掛かりを避け胴づき部をすべて溶接する。
方　　　　　立	両端は，胴づき溶接とする。
額　縁，ぜ　ん　板	隅は留めとして溶接または縦延ばし胴づき溶接とし，表面を平らに仕上げる。ぜん板は，胴づきとすることができる。
枠類のつなぎ補強板	枠，くつずり，水切り板等には，見隠れ部につなぎ補強板を，両端を押さえ間隔 600 mm 以下に取り付ける。
金物取合い補強板	枠に丁番，ドアクローザ，ピボットヒンジ等の取り付く箇所は，裏面に補強板を取り付ける。
ア　ン　カ　ー	間隔は，枠類のつなぎ補強板に合わせ，原則としてつなぎ補強板と一体のものとする。

表3・24　鋼製建具の戸の組立て

名　　　称	工　　　法
か　ま　ち	(1)　縦がまちと上がまちの取合いは，留めまたは胴づきとし，溶接または小ねじどめとする。小ねじどめの場合は，裏面に補強板を当てる。その他は，胴づき溶接とする。 (2)　1 枚板を中抜きする場合は，四隅を溶接する。 (3)　下がまちは，下部を包まず□形の力骨を通してはめ込み，溶接または小ねじどめとする。
鋼　　　板	表面板は，力骨および中骨にかぶせ，溶接または小ねじどめ，あるいは中骨には表面からの溶接にかえて構造用接合テープを用いる。押縁は，小ねじどめ，外部に面する両面フラッシュ戸は，下部を除き，三方の見込み部を表面板で包む。
力骨および中骨	力骨は戸の四周に設け，中骨の間隔は 300 mm 以下とする。
金物取合い補強板	錠，丁番，ドアクローザ，ピボットヒンジ等の取り付く箇所は，裏面に補強板を取り付ける。

3・14・2　重量シャッター工事

(1) 概　　要

　重量シャッターには，表3・25に示すように，一般重量シャッター，外壁用防火シャッター，屋内用防火シャッター，防煙シャッターなどがあり，開閉機能による種類には表3・26による。

表3・25　重量シャッターの種類

種　類	区　分	用　途	付　帯　条　件
一般重量シャッター	強さによる区分	外壁開口部	──
外壁用防火シャッター	強さによる区分 構造による区分 防火等級による区分		──
屋内用防火シャッター	構造による区分 防火等級による区分	防火区画	煙または熱によって自動閉鎖できる。 随時手動によって閉鎖できる。
防煙シャッター(1)	構造による区分 防火等級による区分		煙によって自動閉鎖できる。 随時手動によって閉鎖できる。

注　(1)　防煙シャッターは，屋内用防火シャッターのうち，遮煙性能をもつもの。
　　　　内のり幅は，5.0 m以下とする。

表3・26　開閉機能による重量シャッターの種類

種　類	巻取りシャフトの駆動方法	操　作	手動時の操作
上部電動式 (手動併用)	ローラーチェーンまたは歯車による。	押しボタンによる巻上げ，降下および停止	鎖による巻上げ（クラッチ付き）またはハンドルによる巻上げ 降下用ひもまたはフックによる自重降下
上部手動式	ローラーチェーンによる。	鎖，ハンドルまたはフックによる巻上げ 降下用ひもまたはフックによる自重降下	──

(2) 保護装置

・電動式の場合は，リミットスイッチのほかに保護スイッチ等を設ける。
・出入口および開口面積が15 m²以上の電動シャッターは，不測の落下に備え，二重チェーン，ガバナー装置，落下防止装置などを設ける。
・操作する人が安全を確認できないシャッターには，障害物感知装置を設ける。
・障害物感知装置は，人がシャッターに挟まれた場合，重大な障害を受けないようにするもので，障害物を感知してシャッターを停止または一旦停止後直ちに反転上昇させる装置がある。
・煙または熱感知器連動機構により閉鎖する防火または防煙シャッターには，次の方式による危害防止機構を設ける。
　i）**障害物感知方式**（自動閉鎖型）：シャッター最下部の座板に感知板を設置し，シャッターが煙または熱感知器の作動により降下している場

合には，感知板が人に接触すると同時に作動を停止し，人がいなくなる
と，再び降下を開始し，完全に閉鎖する。

ⅱ）**シャッターの二段降下方式**：煙感知器からの信号によって閉鎖作動
　したシャッターを，あらかじめ設定した高さ（床面より 300 mm ～
　500 mm 程度）のところで停止し，次に，熱感知器からの信号により再
　下降させて完全に閉鎖する。

(3)　スラットの形式

スラットの形式は，原則としてインターロッキング形とする。

ただし，防煙シャッターの場合は，遮煙性能試験に合格したオーバーラッ
ピング形にしてもよい。

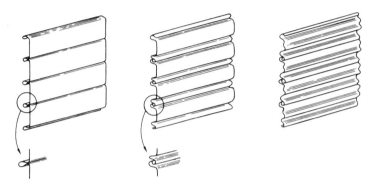

　　（a）オーバーラッピング形スラット　　　（b）インターロッキング形スラット

図 3・78　スラットの形

(4)　防煙シャッターの遮煙装置

防煙シャッターのまぐさには，一般にシャッターが閉じたとき，漏煙を抑
制する遮煙装置をつける。

防煙シャッターは，吹抜け部の防火区画などに採用する。

(5)　耐風圧への対応

外部に面し，耐風圧性が必要となる場合には，スラットにはずれ止め機構
を取り付ける。

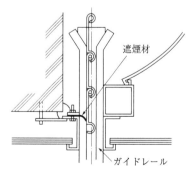

遮煙材

ガイドレール

図 3・79　まぐさ部の遮煙装置の例

3・14・3　ガラス工事

(1) 留意事項

・板ガラスの保管は，立置きを原則とし，できるだけ乾燥した場所に置く。

・網入板ガラスを用いる場合には，ガラス切り口に対する水密施工を行い，網入板ガラスの下部小口の網材，線材が錆びないようにする。

・複層ガラス，合わせガラスおよび網入板ガラスを用いるサッシは，ガラス端部に接する水を排除できる構造とする。

・サッシは，必要に応じて結露水を処理できる構造とする。

・不定形シーリング材工法におけるセッティングブロックの設置位置は，ガラス両端部より1/4のところとする。

・グレイジングチャンネル構法によるグレイジングチャンネル（U字型のはめ込み用資材）は，水密性・気密性の観点よりガラスの上辺の中央部で突き合わせる。

・不定形シーリング材構法において，可動窓の場合，開閉時の衝撃によるガラスの損傷を避けるため，エッジスペーサーを設置する。

・グレイジングガスケット工法におけるガスケットは，伸ばさないようにし，各隅を留め付ける。

・構造ガスケット構法の場合，ジッパーを取り付ける際には，ジッパーとジッパー溝に滑り剤を塗布する。

表3・27　ガラス溝の大きさ〔mm〕

ガラス留め材	ガラス (t)	面クリアランス (a)	エッジクリアランス (b)		掛かりしろ (c)	備　考
			固 定 部	可動部		
シーリング材	単板ガラス 6.8以下	3.5程度	4程度		6.5以上	単板ガラスの場合
	単板ガラス 8および10	5程度	上　6程度	3程度	ガラス厚さ以上	
			縦　5程度	3程度		
			下　7以上			
	複層ガラス 8未満	5以上	上　6程度	3程度	15以上	
			縦　5程度	3程度		
			下　7以上			
	複層ガラス 8および10	5以上	上　6程度	3程度	$t+9$以上	複層ガラスの場合
			縦　5程度	3程度		
			下　7以上			
グレイジングチャンネル・ガスケット	単板ガラス 6.8以下	3程度	4程度		6.5以上	
	複層ガラス 8未満	5以上	上　6程度	3程度	15以上	
			縦　5程度	3程度		
			下　7以上			

注　複層ガラスのガラス厚 t は，外側のガラス厚さとする。

・板ガラスをはめ込むガラス溝の大きさの標準は，表3・27のとおりである。

(2)　グレイジングビートによる取付け

・押縁を外し，板ガラスを四周均等にはめ込み，押縁を取り付ける。

・下がまち，または枠の辺返りには，セッティングブロックを2個置き，その位置は左右両端より辺長の1/4とする。

3・14・4　自　動　扉

自動扉は利用者が不特定多数（身長差，車椅子利用等）であることから，その操作方法に加えて，挟まれ防止，衝突防止などの安全対策を施す必要がある。

表3・28に自動扉の開閉速度の目安を示す。

表3・28　自動扉の開閉速度の目安

	オフィスビル等	病院・公共施設等 *
開き速度	500 mm/秒以下	400 mm/秒以下
閉じ速度	350 mm/秒以下	250 mm/秒以下

＊障害者，高齢者，子供連れなどが多く利用する場所の例

3・15 塗 装 工 事

学習のポイント

塗装工事は，塗装の種類による性能・素地との適応のほか，素地ごしらえ，塗装種類による工程，塗装の欠陥と対策など多岐にわたる知識が要求される傾向にある。

（令和4年度応用能力問題に出題された箇所を赤下線で示している）

(1) 材　料

① 上塗り用の塗料

・原則として製造所において指定された色およびつやに調合する。

・少量の場合は，同一製造所の塗料を用いて現場調色とすることができる。

② 塗料

・素地の種類，部位，性能等から適切なものを選択する。表3・29に「JASS 18塗装工事」に規定される塗装の種類による性能・適応表を示す。

・塗料の耐久性は「促進耐候性試験」で決められており，「耐候形1種」から「耐候形3種」に分類される。1種が最も耐久性に優れている。

(2) 素地ごしらえ（種別は特記による）

① 木部（A種の場合，B種は※印を省略）

汚れ・付着物除去──→やに処理──→研磨紙ずり──→節止め※──→あな埋め※──→研磨紙ずり※

② 鉄部（A種の場合，B種は※印を省略，C種は化成皮膜処理を省略）

汚れ・付着物除去※──→油類除去──→錆落とし──→化成皮膜処理※（りん酸塩処理等）

③ 亜鉛めっき鋼面（A種は※Bを省略，B種は※Aを省略，C種は※A，※Bを省略）

汚れ・付着物除去──→油類除去──→化成皮膜処理※A（りん酸塩処理等）──→エッチングプライマー塗り※B

④ モルタル・プラスター部（A種の場合，B種は※印を省略）

乾燥──→汚れ・付着物除去──→吸込止め──→あな埋め，パテかい──→研磨紙ずり──→パテしごき※──→研磨紙ずり※

⑤ コンクリートおよびALCパネル部（A種の場合，B種は※印を省略）

乾燥──→汚れ・付着物除去──→下地調整塗り──→研磨紙ずり──→パテしごき※──→研磨紙ずり※

⑥ せっこうボード部（A種の場合，B種は※印を省略）

乾燥──→汚れ・付着物除去──→あな埋め，パテかい──→研磨紙ずり──→吸込止め──→パテしごき※──→研磨紙ずり※

表 3・29　JASS 18 に規定される塗装の種類による性能・適応表

種類	上塗乾燥時間(半硬化時間)	付着性	耐衝撃性	耐摩耗性	耐水性	耐酸性	耐アルカリ性	耐候性(屋外暴露)	防食性	美装性	汎用性	鉄面	アルミニウム面	亜鉛めっき面	コンクリートモルタル面	木部	プラスチック面	防火認定材料(基材同等)	備考
油性調合ペイント塗り	20	○	○	△	○	△	×	○	○	○	△	◎	−	○	−	◎	−	−	JIS K 5511, 5512, 5515
合成樹脂調合ペイント塗り	16	○	○	○	○	△	×	○	○	◎	○	◎	△	○	−	◎	−	○	JIS K 5516
アルミニウムペイント塗り	16	○	○	△	○	×	×	○	○	△		−	◎	−	−	◎	−		JIS K 5492
フタル酸エナメル塗り	10	○	○	○	○	○	×	○	○	◎	○	◎	△	○	−	◎	−	○	JIS K 5572
スパーワニス塗り	20	○	○	○	○	△	×	○	○	○	△	−	−	−	−	◎	−	−	主として内部用
フタル酸樹脂ワニス塗り	16	○	○	○	○	×	△	×	○	○	△	−	−	−	−	◎	−	−	同　上
アクリル樹脂ワニス塗り	3	○	○	○	○	○	△	△	×	△	×	−	△	−	○	◎	−	−	同　上
アクリルラッカーつやなしクリヤ塗り	1	○	○	○	○	○	×	○	×	△	×	−	−	−	−	◎	−	−	同　上
2液形ポリウレタンクリヤラッカー塗り	16	○	○	○	○	○	○	△	×	△		−	△	△	−	◎	△	−	同　上
1液形ウレタンワニス塗り	16	○	○	○	○	○	○	○	×	△	△	−	−	−	−	◎	△	−	同　上
2液形ウレタンワニス塗り	16	◎	◎	◎	◎	◎	◎	○	○	◎	△	−	−	−	−	◎	△	−	同　上
ステイン塗り	24	○	○	○	○	○	○	○	×	△	×	−	−	−	−	◎	−	−	−
ラッカークリヤー塗り	1	○	○	○	△	△	△	△	×	△	×	−	−	−	−	◎	−	−	JIS K 5531 主として内部用
ラッカーエナメル塗り	1	○	○	○	○	○	△	○	○	○	○	◎	△	◎	−	○	−	−	JIS K 5532
塩化ビニルエナメル塗り	2	○	○	○	○	○	○	○	○	◎	○	◎	△	◎	−	△	−	○	JIS K 5582
アクリルエナメル塗り	2	○	○	○	○	○	○	○	△	○	◎	◎	○	◎	−	△	−	○	JIS K 5654
塩化ゴム系エナメル塗り	24	◎	○	○	○	○	○	○	◎	△	○	◎	△	○	−	△	−	○	JIS K 5639
合成樹脂エマルションペイント塗り	2	○	○	○	○	○	○	×	○	○	◎	−	−	−	◎	○	−	○	JIS K 5663
つや有り合成樹脂エマルションペイント塗り	3	○	○	○	○	○	○	×	○	○	◎	−	−	−	◎	○	△	○	JIS K 5600
合成樹脂エマルション模様塗料塗り	3	○	○	○	○	○	○	×	○	◎	◎	−	−	−	◎	△	−	○	JIS K 5668
多彩模様塗料塗り(主として内部用)	24	○	△	△	△	○	○	×	◎	◎	○	◎	○	○	◎	△	−	○	JIS K 5667
薄付け仕上げ塗材塗り　内装	3	○	△	△	○	×	○	×	○	○	◎	−	−	−	◎	○	−	○	JIS K 6909
薄付け仕上げ塗材塗り　外装	3	○	△	△	○	○	○	○	◎	○	◎	−	−	−	◎	△	−	○	JIS K 6909
複層仕上塗材塗り	5	○	○	○	○	○	○	×	◎	◎	○	−	−	−	◎	△	−	−	JIS K 6910
防水形合成樹脂エマルション系複層仕上塗材塗り	6	○	○	○	○	○	○	×	◎	○	○	−	−	−	◎	△	−	−	JIS K 6910
2液形ポリウレタンエナメル塗り	16	◎	◎	◎	◎	○	○	◎	○	○	△	◎	○	○	◎	−	−	−	−
常温乾燥形ふっ素樹脂エナメル塗り	16	◎	○	○	○	○	○	◎	○	◎	×	◎	○	○	◎	−	−	−	−
エポキシエステルエナメル塗り	16	○	○	○	○	○	×	○	○	△	△	◎	○	○	−	◎	−	−	
2液形エポキシエナメル塗り	16	◎	◎	◎	◎	◎	◎	△	○	○	○	◎	○	○	◎	−	−	−	
2液形タールエポキシエナメル塗り	24	◎	○	◎	◎	◎	○	△	◎	×	△	◎	○	○	◎	−	−	−	主として内部用
2液形厚膜エポキシ樹脂エナメル塗り	16	◎	○	◎	◎	◎	◎	○	◎	○	○	◎	○	○	◎	−	−	−	
シリコーン樹脂耐熱塗料塗り	24	○	○	○	○	○	○	○	○	△	×	◎	○	−	−	−	−	−	

性能：◎優，○良，△可，×不可　　素地の種類：◎最高，○適，△素地調整必要，−不適

(3) 塗装の工程（数字は塗布量：kg/m^2）

① 木部　合成樹脂調合ペイント塗り

下塗り（0.09）⟶パテかい⟶研磨紙ずり⟶中塗り（0.09）⟶研磨紙ずり⟶上塗り（0.08）

② 鉄部　合成樹脂調合ペイント塗り

中塗り（0.09）⟶研磨紙ずりまたは水研ぎ⟶中塗り（0.09）⟶研磨紙ずりまたは水研ぎ⟶上塗り（0.08）

◀よく出る

③ 木部　クリヤーラッカー塗り

下塗り（0.10）⟶目止め⟶中塗り（0.10）⟶研磨紙ずり⟶上塗り1回目（0.10）⟶研磨紙ずり⟶上塗り2回目（0.10）⟶研磨紙ずり⟶仕上げ塗り（0.10）

④ 塩化ビニル樹脂エナメル塗り

素地押さえ⟶あな埋め・パテかい⟶研磨紙ずり⟶下塗り（0.08）⟶パテしごき⟶研磨紙ずり⟶中塗り（0.08）⟶研磨紙ずり⟶上塗り（0.08）

⑤ 合成樹脂エマルションペイント塗り，アクリル樹脂系非水分散形塗料塗り

下塗り（0.10）⟶研磨紙ずり⟶中塗り（0.10）⟶研磨紙ずり⟶上塗り（0.10）

(4) 施工上の留意点

・気温が5℃以下，または湿度が85％以上の時は，乾燥不良となるので作業しない。

・アクリル樹脂系非水分散形塗料塗りで気温20℃の場合は，中塗り後の工程間隔時間は3時間以上とする。

・合成樹脂エマルションペイント塗りは，水による希釈で塗料に流動性が上がる。

・屋外の木質系素地面の木材保護塗料塗りでは，原液で使用するので希釈しない。

木材保護塗料
原液のまま，または指定のシンナー等で希釈して使用する。

(5) 塗膜の欠陥

塗装の不良の原因は，塗料によるもの，塗装作業時に起こるものおよび塗装後塗膜に起こるものがある。これらの不良の原因と対策の主なものを表3・30に示す。

表3・30 塗膜欠陥の原因とその対策

塗膜の欠陥	原　　因	対　　策
は　け　目	塗料の流展性が不足している場合（調合ペイント等）	1. 十分均一になるようはけを替えて塗り広げる 2. 希釈を適切にする
流　　れ 〈だ　れ〉	1. 厚塗りし過ぎる場合 2. 希釈し過ぎ 3. 素地にまったく吸込みのないとき	1. 作業性が悪い場合もあまり希釈し過ぎないこと 2. 厚塗りしない 3. 希釈を控えはけの運行を多くする
し　　わ	1. 油性塗料を厚塗りすると上乾きし，表面が収縮して起こる 2. 乾燥時に温度を上げて乾燥を促進すると上乾きし，しわを生じる 3. 下塗りの乾燥不十分なまま上塗りすると，同様なしわを生ずる	1. 厚塗りを避ける。特にボルト，リベットの頭，アングルの隅等塗料のたまるのを防ぐ 2. 下塗り塗料の乾燥を十分行ってから上塗りする
白　　化 〈ブラッシング〉 〈か ぶ り〉	1. 塗膜から急激に溶剤が蒸発すると，湿度が高いときは塗面が冷えて水が凝縮し，白化現象を起こす（ラッカー，ウォッシュプライマー） 2. 塗装後気温が下がり，空気中の水分が塗面で凝縮するために白化する 3. 湿度が高く昼夜の気温の差が大きい戸外で，夕刻までに指触乾燥に達する時間がないときは白化を起こしやすい	1. リターダーシンナーを用いる 2. 湿度が高いときの塗装を避ける
色 分 か れ	1. 混合不十分のとき色分かれを起こす 2. 溶剤を多く加え過ぎた場合 3. 顔料粒子の分散性の違いにより2色を混ぜると色分かれを起こすことがある	1. 十分に混合する 2. 厚塗りしたり，流れを生ずると色分かれが生じやすい 3. はけ目が多いと色分かれが目立ちやすい

建築施工

3·16 内外装工事

学習のポイント

内外装工事は，床仕上げではビニル系材料の張付け，塗り床の塗布，壁仕上げでは留め付け時における留意点が出題されている。

3・16・1 床仕上げ工事（令和5年度の応用能力問題として出題された）

(1) ビ ニ ル 床

(a) ビニル床タイル

・下地は突起がないようにし，凹部は必要に応じて補修する。

・張付け前は下地面を十分に清掃し，乾燥させ，材料，下地とも5℃以下では施工しない。

・接着剤は酢酸ビニル樹脂系のものを用い，下地およびタイル裏面に塗布し，所要のオープンタイムをとってから張付ける。

・はみ出した接着剤は早めに削り取り，中性洗剤を含ませた布でふき取る。

・張付け後，1～2週間は水拭きを避ける。

(b) ビニル床シート

・下地面に関する留意点はタイルと同様である。

・湯沸室の床への張付けには，酢酸ビニル樹脂系接着剤を避ける。

・寒冷期に施工する際は採暖を行い，床シート及び下地とも5℃以下にならないようにする。

・シート類は長手方向に縮み，幅方向に伸びる性質があるため，長めに切断して仮置きし，24時間程度放置して馴染ませる。

・床シート張付け後，接着剤が完全硬化してから，はぎ目および継手を電動溝切り機または溝切カッター等で溝切を行う。

・溝は，床シート厚の2/3程度とし，V字形またはU字形に均一な幅とする。

・溶接作業は，床シートを張付け後，12時間以上放置してから行う。

・熱溶接機を用いて，溶接部を160℃～200℃の温度で，床シートと溶接棒を同時に溶融し溶接棒を余盛断面両端にビードができる程度に加圧しながら溶接する。 ◀よく出る

・溶接完了後，溶接部が完全に冷却したのち，余盛を削り取り平滑にする。

接着剤
耐湿対策として接着剤は，ウレタン・エポキシ樹脂系を使用する。

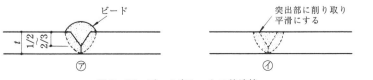

図3・80 ビニル床シートの熱溶接

(2) カーペット床

(a) グリッパー工法

・床の周囲に釘または接着剤で固定したグリッパーと呼ばれる取付具のピンに，引き延ばされたカーペットの基布を刺し込み固着させる工法。

・クッション性のあるアンダーレイ（下敷き材）を用いる。

(b) 直張り工法

・ニードルパンチカーペットは裏面に樹脂加工を施してあり，接着工法で張付ける。

・タフテッドカーペットは，機械刺繍織物で，接着工法で張付ける。

・**タイルカーペット**は，タフテッドカーペット材を基材とし裏面にパッキング加工されたタイル状のカーペットであり，OA フロアなどの仕上げ材として利用される。接着工法ではあるが，簡単にはく離し，再接着ができる接着剤を使用する。

・湿気や水掛りの影響を受けやすい箇所では，接着剤はエポキシ樹脂系を用いる。

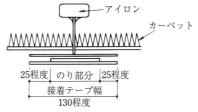

図3・81 ヒートボンド工法

(c) はぎ合わせの方法

・ウィルトンカーペットは，置敷き工法，グリッパー工法が採用されるが，はぎ合わせには丈夫な綿糸，亜麻糸または合成繊維で手縫いとし，間ぜまにつづり縫いとする方法のほかに接着テープをアイロンで加熱しながら接着はぎ合わせする**ヒートボンド工法**がある。

(3) 塗 り 床

(a) 弾性ウレタン塗り床

・コンクリート下地面の含水率を定期的に測定し，下地が十分乾燥したことを確認し，ピンホール防止のため直射日光は遮って施工する。

・コンクリート下地面は，研磨機で表面の脆弱な層を除去する。

・コンクリートの土間下には，あらかじめ防湿シートなどを敷く。

・ウレタン樹脂1回の塗付量は，$2\,kg/m^2$ 以下とする。

・平滑仕上げでは，下地調整後にウレタン樹脂を流し，金ごてやローラーなどで平滑に仕上げる。

・防滑仕上げでは，ウレタン塗り床材の乾燥後，スチップル材を均一に塗りつけてからトップコートを塗りつける。

(b) エポキシ樹脂塗り床

・下地コンクリートは金ごてで平滑に仕上げる。通常，コーティング工法のベースコートは，ローラー塗，トップコートは金ゴテ塗となる。

・主剤と硬化剤の1回の練混ぜ量は，通常30分以内に使い切れる量とする。

⑷　**フローリング床**

　体育館の床のフローリング張りでは，壁との取合い部分は幅木の下にのみ込みとし，壁に突付けにせずクリアランスを設ける。

3・16・2　壁・天井・外装仕上げ工事

⑴　**壁・天井のボード張り工事**

⒜　**ボード類の留付け**

・ボード類を下地材に直接張付ける場合の留付け用小ねじ，釘などの間隔は表3・31のとおりである。

表3・31　ボード類の留付け間隔〔mm〕

下　　地	施工箇所	下 地 材 に 接 す る 部 分 の 留 付 け 間 隔		備　　　考
		周 辺 部	中 間 部	
木　　造	天　井	90 程度	120 程度	釘の場合
	壁	100 程度	150 程度	
軽量鉄骨下地	天　井	150 程度	200 程度	小ねじの類の場合
	壁	200 程度	300 程度	

・せっこう系接着剤による直張り工法での仕上り面までの寸法はボード厚＋3mm以上とされるが，施工誤差を考慮し，次の通りとする。　◀よく出る

　厚さ9mm ⟶ 20mm,

　厚さ12mm ⟶ 25mm

・せっこう系接着剤を一度に練る量は，1時間以内に使い切れる量とする。

・せっこう系接着剤の一回の塗付面積は，張り付けるボード1枚分とする。

・直張り工法では，ボードの下端と床面との間にスペーサーを置き，床面から浮かせることで水分を吸わせず，通気性をよくする。

・直張り工法では，鉄筋コンクリート造の薄い戸境壁の共振現象による遮音性の低下を避けるため，同じ仕様の場合には厚さを違えたり，ロックウール板やグラスウール板のような遮音材を挟んだサンドイッチ構造等とする必要がある。

・ALCを下地とする直張り工法では，ALCパネル面にはプライマー処理を行う。

・外壁の室内面の直張り工法では，躯体に打ち込んだポリスチレンフォーム断熱材にプライマー処理をする。

・2重張りとする場合は，下張りは横張りに上張りは縦張りにし，継目位置を重ねない。　◀よく出る

・2重張りとする場合は，上張りボードは接着剤を主とし，ステープルを200〜300mmの間隔で併用して張付ける。

・せっこう系ボードの継目部が，仕上げ表面に現れて仕上げの品質を損うことのないよう，仕上げ材に合わせて処理を行う。

建築施工

せっこう系接着材の間隔
ボード周辺部：
　　　150〜200mm
床上1.2m以下部：
　　　200〜250mm
床上1.2m超部：
　　　250〜300mm

・テーパーエッジボードの穴付ジョイント部の目地処理における上塗りは，ジョイントコンパウンド幅 200 〜 250 mm 程度に塗り広げる。

(b) **クロス張り**

パテ処理を実施する。継目部やビス頭にパテを塗付け，表面を均す。

(c) **塗装仕上げ**

継目部に寒冷紗（薄い布テープ）を張り，表面をパテでしごく。

・テーパーボード(角がテーパーになっている)の継目処理で，グラスメッシュのジョイントテープを用いる場合，ジョイントコンパウンドの下塗りを省略できる。

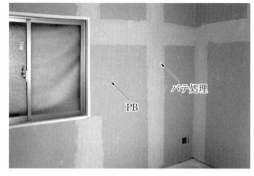

図3・82 パテ処理（PB 下地）

・天然木化粧合板は，釘穴が見えないように接着剤が硬化するまでとんぼ釘で目地部分を押さえる。

(2) **壁紙張り工事**

・防火材料に認定された壁紙の防火性能は，下地材の種類や施工方法などの認定条件により認定材料となる。

・せっこう系接着剤で直張りした下地にビニールクロスを張る場合は，下地を 20 日間以上放置し，接着剤を乾燥させる。

・壁紙の張付け完了後の室内は，急激な乾燥を避けるため直射日光，通風などを避ける。

(3) **壁の断熱工事**

(a) **硬質ウレタンフォーム吹付け工法**

・室温が低いと均一に吹けないため，20 ℃〜30 ℃を保つ必要がある（下地は 5 ℃以上）。

・吹付け中および，硬化後も火気厳禁である。

・吹付け厚さが均一で，所定厚さが確保されていることをピンの目視等で検査する。一回の吹付け厚さは 30 mm 以下，一日の層厚は，80 mm 以下とする。

・厚く付きすぎて支障となるところは，カッターナイフで表層を除去する。

・自己接着性が大きく，接着剤等を使用しなくても強く接着する。

(b) **押出法ポリスチレンフォーム張付け工法**

・断熱材と躯体の間にすき間ができないように樹脂モルタルなどにより全面接着する。

壁紙の張り替え
既存の壁紙の除去は，下地が見える状態まで行う。

『火気厳禁』の表示

図3・83 ウレタンフォーム吹付け

吹付け厚さ検査用ピン

図3・84 吹付け厚の検査

(c) **押出法ポリスチレンフォーム打込み工法**

・断熱材の継目は突き付けとし，テープなどで押さえてコンクリート流出を防ぐ。

・継目にコンクリートがはみ出している箇所は，Vカットした後に断熱材現場発泡工法により補修する。

・セパレータなどの貫通部も断熱材を補修する。

(4) 外装仕上げ工事

(a) **押出成形セメント板による外壁パネル工法**

【縦張り工法】

・縦目地より横目地の幅が大きい。

・取付金物は，上下にロッキングできるように取り付ける。

・各段ごとに構造体に固定した下地鋼材で受ける。

【横張り工法】

・横目地より縦目地の幅が大きい。

・取付金物は，左右にスライドできるように取り付ける。

・パネルの積上げ枚数3枚以下ごとに構造体に固定した下地鋼材で受ける。

【共通】

・2次的な漏水対策として，室内側にガスケットを，パネル張最下部に水抜きパイプを設置する。

・取付金物は，下地鋼材に30mm以上のかかりしろを確保する。

(b) **メタルカーテンウォール**

・部材の熱伸縮による発音を防止するため，滑動する金物間に摩擦低減材を挟む。

・床面に取り付けるファスナーのボルト孔は，躯体の施工誤差を吸収するため，ルーズホールとする。

・パネル材は，脱落防止のために3箇所以上仮止めし，本止め後速やかに仮止めボルトを撤去する（形材は2箇所以上）。

・目地幅の許容差は，メタルカーテンウォール（±3mm），アルミ鋳物カーテンウォール（±5mm），プレキャストコンクリートカーテンウォール（±5mm）とする。

(5) 木 工 事

・**木材の含水率**は，構造材はA種20%，B種25%以下，下地材はA種15%，B種20%以下，造作材はA種15%，B種18%以下とする。

・釘の長さは，留め付ける材料に材料厚さの1.5倍以上打込む。

・常時，湿気を受けやすい部分の木材には，防腐処理を行う。

・石膏ボード張りに用いる壁胴縁の取付けは，柱及び間柱に添え付け，釘打ち（ボード厚の3倍程度の長さ）とする。

・両面仕上げの柱材の削り代は，5mmとする。

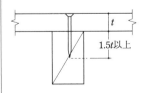

図3・85 釘の打込み長さ

3·17 建 設 機 械

学習のポイント

　建設機械は，土工事における掘削機械の種類と特徴や資機材の揚重作業におけるクレーンの種類と留意点について問われる。

(1)　ショベル系掘削機

・ショベル系機械本体に各種のアタッチメントを取り付けて掘削を行う。
・走行装置（図3·87）にはタイヤ式とクローラー式があるが，後者のほうが不整地や軟弱地盤での走行性能が優れている。

(2)　クレーン

(a)　トラッククレーン

・トラック台車にクレーンが搭載されており，トラック部（走行部）とクレーン部（旋回部）のそれぞれに運転席が設けられており，機動性に優れ，長距離の移動に適している。

(b)　ホイールクレーン

・トラッククレーンより移動性は劣るが，運転席にクレーンの操作装置があるためコンパクトで狭い作業現場などで機動性に優れる。

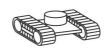

(a) タイヤ式（車輪）　　　(b) クローラー式（履帯）

図3·86　走 行 装 置

(c)　機械式トラッククレーン

・ブームがラチス構造になっているもので，中間のラチスは現場まで別に運ばれるため，組立解体のスペースが必要となる。

(d)　タワークレーン

・建築物の内部に設置されるものと外部に設置されるものがあり，建築物が高くなるに従ってクレーン本体も上昇していく。
・高層ビルなど，高揚程で比較的重量の大きい荷の吊り上げに用いられる。
・ブームの先端が60 m以上の高さとなる場合は航空障害灯を設置する。
・作業終了時に強風が予想される場合は，旋回装置を固定する。

◀**よく出る**

【ヒント】
湿地ブルドーザーの平均接地圧は，普通ブルドーザーより小さい。

油圧式トラッククレーンのつり上げ性能
以下の状態で最大荷重をつり上げられる。
①アウトリガー
　　→最大張出
②ジブ長さ
　　→最短
③ジブ傾斜角
　　→最大

建築施工

【クレーン作業での留意点】

・作業地盤の安定性を検討する場合は，アウトリガーの1点に作用する最大荷重として，定格総荷重に全装備重量を加えた値を安全側の値として用いる。

・クレーンの定格荷重とは，吊り上げ荷重からフックやグラブバケットなどの吊り具の重量に相当する荷重を除いた荷重をいう。

・瞬間風速が30 m/sを超える風が吹いたのちに作業を行う場合は，クレーン各部を点検する。

・10分間の平均風速が10 m/s以上の場合は，作業を中止する。

・重量物を吊り上げる場合，地切り後に一旦停止して機械の安定や荷崩れの有無を確認する。

・トラッククレーンにおける最も荷重がかかるアウトリガーには，自重と荷物重量の合計の75%がかかると考える。

・旋回範囲内に6,600 Vの配電線がある場合，配電線からの安全距離を2 m以上確保する。

(3)　ロングスパン工事エレベーター

・搭乗席には，高さ1.8 m以上の囲い及び落下物防止用のヘッドガードを設ける。

・搬器の傾きが1/10の勾配を超えると自動停止する機能をつける。

・機器の床と着床階の床との間隔は，4 cm以下とする。

・安全上支障がない場合は，昇降中の警報装置を備えないことができる。

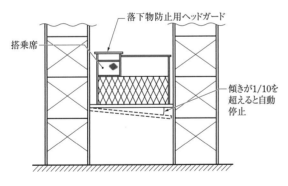

搭乗席

落下物防止用ヘッドガード

傾きが1/10を超えると自動停止

図3・87　ロングスパンエレベーター

建設用リフト

資機材の揚重のために建設用リフトを設置することもあるが，仮設のためリフトおよび各階の開口には遮断用の扉が必要となる。
組立解体作業では，指揮者を選任する。

定格速度

積載荷重に相当する荷をのせて上昇させる場合の最高速度。

建築施工

3·18 各種改修工事

学習のポイント

　スクラップ＆ビルドからストックへという社会要請から建物の長寿命化が求められ，改修のための新しい技術が出てきている。基本的な改修方法について理解を深めておくことが必要となる。

（令和4年度応用能力問題に出題された箇所を赤下線で示している）

(1)　鉄筋コンクリート造の外壁改修

(a)　ひび割れ補修

・ひび割れ注入工法とは，0.2 mm以上のひび割れに樹脂系またはセメント系の材料を注入する工法である。

・ひび割れ充填工法とは，1.0 mm以上の比較的大きなひび割れに適用し，ひび割れ部分のコンクリート表面をカットし，その部分にシーリング材やポリマーセメントモルタルなどで補修する工法である。

・注入工法における注入材は，ひび割れ幅により使用する材料が異なり，低粘度形と中粘度形を使い分ける。また，硬質型と軟質型があり，ひび割れ部に挙動がある場合は，軟質型を使用する。

(b)　欠損部補修

・コンクリートの脆弱部を除去し，欠損部を補修する工法である。コンクリートの剥離が比較的大きく深い場合は，エポキシ系樹脂モルタル，浅い場合はポリマーセメント系モルタルを充填する。

(2)　外壁仕上材の浮き補修

(a)　浮きの調査

・打診法とは，タイル張り壁面を打診用ハンマーなどを用いて打撃して，反発音の違いから浮きの有無を確認する。

・赤外線装置法とは，タイル張り壁面の内部温度を赤外線装置で測定し，浮き部と接着部における熱伝導の違いにより浮きの有無を確認する。天候や時刻の影響を受けやすい。

(b)　アンカーピンニング工法

・浮きが発生している箇所に穿孔を行い，浮いている部分にエポキシ樹脂などの接着剤を注入し，アンカーピンを挿入して固定する工法。

・「部分エポキシ樹脂注入工法」は，タイルなどの仕上げ材に浮きがなく構造体コンクリートと下地モルタル間に浮きが発生している場合に用いる。

・1箇所当たりの浮き面積が $0.25 \ m^2$ 程度までは，「部分エポキシ樹脂注入工法を採用する。

・「注入口付エポキシ注入工法」は下地モルタルとコンクリートには浮き

赤外線装置法
外壁のタイル等から放射されている熱エネルギーを感知して赤外線画像として処理する検査方法で，表面温度分布から浮き部を検出する。そのため，天候や時刻による影響を受ける。

がなく，タイルなどの仕上げ材に浮きが生じている場合に採用する工法。

(3)　内装改修工事

(a)　床仕上げ材の撤去と下地処理

・構造体を傷つけないように仕上げ材に適した方法で撤去する。

・既存合成樹脂塗床面に同じ塗床
材を塗り重ねる場合，接着性を
高めるため，既存仕上げ材の表
面を目荒しをする。

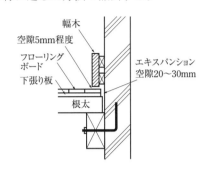

図 3・88　幅木との取合い

・合成樹脂塗床の塗り替えでは，
下地面に油が付着している場
合，油潤面用のプライマーを用
いる。

・合成樹脂塗床となる下地コンク
リート面の凹凸部の補修は，エポキシ樹脂モルタルで行う。

・コンクリート下地の合成樹脂塗床材は，電動ケレン棒を使用し，コンク
リート下地表面から3mm程度の深さまで削り取る。

・磁器質床タイルを電動はつり器具により撤去する場合は，張替え部をダ
イヤモンドカッターで縁切りをする。

・下地面に残ったビニル床タイルの接着剤は，アスベストの含有を確認す
る。含有していない場合に限り，ディスクサンダーを用いて除去する。

・既存床仕上げ材の撤去及び下地処理において，ビニル床シートの下地モ
ルタルの浮き部分の撤去の際に用いるダイヤモンドカッターの刃の出
は，本体スラブを損傷しないようにモルタル厚さ以下とする。

・乾式工法のフローリング張り床材の除去は，丸のこで適切な寸法に切断
し，ケレン棒ではがし取る。

・合成樹脂塗床面の改修において，同じ塗床材を重ねる場合は，既存仕上
材の表面の目荒しを行い，既存仕上材を撤去する場合は，下地モルタル
まで削り取る。

・新規仕上げが合成樹脂塗床の場合，下地コンクリート面の凸凹部は，エ
ポキシ樹脂モルタルで補修する。

・撤去する仕上材種類によって，下地や躯体を傷めないような使用工具を
選定する。（例：ビニール床シートは，カッターとスクレーパー）

(b)　その他

・アスベスト含有成形板の除去は，アスベストを含まない内装材や外部建
具の撤去より先に行う。

・既存の天井埋込みインサートは，吊りボルトの引抜き試験による強度確
認を行う。

・防火認定の壁紙の張替えは，既存壁紙の裏打紙まで除去する。

建築施工

第4章 施工管理法
（知識）

━━ 令和5年度 施工管理法の出題分析 ━━

　令和3年度より問題数が変更になった。この科目は，15問出題され，**全問解答の必須問題**である。

　「施工計画」から4題，「工程管理」から3題，「品質管理」から3題，「安全管理」から5題の計15題の出題である。

　過去問が正答肢となっている問題がほとんどで比較的易しかった。

　「施工計画」では，施工計画，材料の保管など過去問を学習していれば解答できる問題であった。

　「工程管理」では，工程計画，ネットワーク手法など過去問を学習していれば解答できる問題であった。

　「品質管理」では，各種工事の管理値や管理図等既出の問題が多く，過去問を学習していれば解答できる問題であった。

　「安全管理」は，災害防止対策や作業主任者の職務等既出の問題の他，事業者の講ずべき措置については，個別の施工内容について，確実に理解していないと難しい内容であった。

4・1　施工計画

学習のポイント

「第4章　施工管理法」は，例年，試験で出題される全72問題中の約2割にあたるの15題を占め，しかもすべて解答しなければならない。「施工計画」では，施工計画書および総合仮設計画など，発注者と請負者の間で，工事を進める上での合意すべき内容と，計画の届出などの労働基準監督署と請負者との間における確認事項など，施工に関する全体的な基本計画能力を中心に理解が必要となる。

4・1・1　施工計画の立案

(1)　施工計画書

　請負者が工事の着工に先立ち，工程・仮設・揚重，安全衛生計画などについて，施工方法を記載したものであり，工事をスムーズに進めることができるようにする計画書である。

◀よく出る

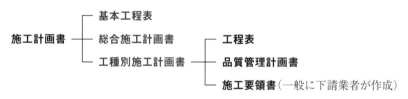

(2)　基本工程表

　工事全体にわたって予定される進捗状況を表したもので，施工図，工事材料等の承認・検査・立会いの日程も含めて記載した工程表である。基本工程表→月間工程表→週間工程表の順に作成し，再度，全体を調整する。

(a)　工程計画作成の流れ

① 設計図書等から各部の工事量を把握
② 機械・設備，労働者1日当たりの作業量を予想
③ 上記①の工事量を上記②の作業量で割ることで，所要日数を算出
④ 各工事の始点・終点を決定し，工程表に記入

【ヒント】
手順を理解しよう

　算出した工期が指定工期を超える場合は，作業日数を短縮するため，クリティカルパス上の作業について，作業方法の変更や作業員増員等を検討する。

　なお，上記の流れから算出された日数に，天候条件などを加味した余裕を見ておかなければならない。

(b)　工程計画作成の注意点

① 土・基礎・地業工事は，天候の変動や想定外の地下障害や湧水等，不測の条件の影響があり，工期が遅れやすいため，余裕を見込んでおく。

② 躯体工事は，雨天・祝祭日，および，季節的な労働力の減少等に注意を払う。

③ 仕上げ工事は，工程段階が多いので，養生期間の確保や関連する工事との取り合いを調整する。

④ 全体的に，施工機械や労務の歩掛りや需要状況を調査し，考慮する。

⑤ 重複可能な作業は重複させる。

(3) 総合施工計画書

総合施工計画書は，工事を施工する際に必要な工事関係図書である。計画に当たっては，以下の事項を十分に調査・検討・把握し，施工性や経済性・安全性との関連を十分に考慮し，決定することが重要である。

【ヒント】
記載内容を理解
しよう

① 工事の目的，内容，契約条件等の把握

② 現場条件（地形，気象，道路状況，近接状況，環境，制約条件等）

③ 全体工程（基本工程）　④ 施工方法（施工順序，使用機械等）

⑤ 仮設設備の選択及び配置

記載内容には，以下の事項が要求されている。

① 工事概要，② 実施工程表，③ 現場組織表，④ 施工体系図，

⑤ 主要工種，⑥ 品質計画，⑦ 養生計画，⑧緊急時の体制および対応，

⑨ 安全対策，⑩ 環境対策，⑪ 仮設計画，

⑫ 再生資源の利用の促進と建設副産物の適正処理方法，

⑬ 産業廃棄物処理フロー図，⑭その他

(4) 工種別施工計画書

工種別施工計画書は，工事ごとに①工程表，②品質管理計画書，③工事別施工要領書などを示す。

工種別施工計画書は，全ての工種で必要ではなく，当該工事の主要工事と考えられる工種のみを作成してもよい。ただし，その場合は，総合施工計画書の品質管理（工種別施工計画書作成要領）の項目にその旨を記載し，監督職員の承諾を受ける。

工種別施工計画に含まれる施工要領書は，専門工事業者が作成してもよいが，個別の施工条件に適合するように指導し作成させること，及び，関連する工種との調整が重要である。

上記の基本工程表・総合施工計画書・工種別施工計画書を着工前に作成することにより，当該工事の全体が把握できることになる。

(5) 事 前 調 査

建築工事を順調に施工・完成するためには，計画の立案に際し，表4・1に示す各項目について入念な事前調査が必要である。

そのうち，特に注意すべき項目として以下があげられる。

【ヒント】
項目を整理しよう。

① **事前調査**では，敷地内およびその周辺の地盤，埋設物，架線，建築物，道路，河川などの現場周辺状況を調査する。

施工管理法

表4・1　事前調査項目

◀よく出る

項　　　目	内　　　　容
地　　　形	工業用地・土捨場・民家・道路
地　　　質	土質・地層・地下水
水文・気象	降雨・雪・風・波・洪水・潮位
用地・権利	用地境界・未解決用地・水利権・漁業権
公　　　害	騒音防止・振動防止・作業時間制限・地盤沈下
輸　　　送	道路状況・トンネル・橋梁
電　力・水	工事用電力引込地点・取水場所
建　　　物	事務所・宿舎・機械修理工場・病院
労　　　力	地元労働者・季節労働者・賃金
物　　　価	地元調達材料価格・取扱商店

② 設計段階で行われた地盤調査の結果だけでは，施工性を判断する情報が不足していることが多い。杭地業工事を計画する場合の事前調査では，地中障害の有無，近隣建物の状況，敷地の高低差の有無，地下水の量や流れの方向など，施工性に大きく影響する内容を検討する。

③ 根切り山留め工事そのものが，周辺環境に対して影響を及ぼすことが多い。隣接建物の基礎や埋設物，地下水との関係，周辺道路の埋設物との関係などについて，十分な事前調査が必要である。周辺への影響が大きいことが予測される場合には，事前に敷地内外の水質や周辺での地下水の利用状況等を調査する。

◀よく出る

④ 地下埋設施設（ガス・水道管，ケーブル），境界線または境界石，基準点の位置確認など，重要なものは関係者（隣地所有者など）に立会って承認を得る。

⑤ 敷地周辺（特に病院・学校・精密機器工場など）への影響として，大気汚染，騒音・振動，地盤沈下や揚重機の設置による電波障害などがある。建物が出来上がったとき，電波障害の発生が予測されている計画では，工事期間中から，その対策を講じる必要がある場合が多い。工事用のタワークレーンや飛散防止の養生金網等が電波障害の原因となることがあるので，事前の調査や検討を行う。

⑥ 鉄骨工事を計画する場合には，場内の検討はもとより，鉄骨部材などがスムーズに搬入されるかなど，資機材の搬入が計画に大きく影響する。制作工場から作業場までの運搬経路に沿って，交通規制，埋設物，架空電線など，大型車両通行の支障の有無を調査する。また，クレーンが稼働することにより電波障害が発生しないかなど，周辺への影響を調査し，対策を検討する。

⑦ 工事車両出入口，仮囲い及び足場の設置に伴う道路占用の計画では，歩道の有無や道路幅員について調査する。

施工管理法

(6)　工事記録

　工事の記録は，必ずしも発注者への提出が必要となるものではないが，日々の施工状況の内容について，記録を残しておくと，作業の効率化，安全管理等に活用することができる。また，記録したものを保管しておくことにより，後日の紛争や他工事における種々の管理にも対応できる。

　国土交通省大臣官房官庁営繕部監修「建築工事標準仕様書」には，以下のように明記されている。(1.2.4　工事の記録)

(a)　監督職員の指示した事項及び監督職員と協議した結果について，記録を整備する。

(b)　工事の全般的な経過を記載した書面を作成する。

(c)　工事の施工に際し，試験を行った場合は，直ちに記録を作成する。

(d)　次の(1)から(4)のいずれかに該当する場合は，施工の記録，工事写真，見本等を整備する。

(1)　工事の施工によって隠ぺいされるなど，後日の目視による検査が不可能又は容易でない部分の施工を行う場合

(2)　一工程の施工を完了した場合

(3)　施工の適切なことを証明する必要があるとして，監督職員の指示を受けた場合

(4)　設計図書に定められた施工の確認を行った場合

(e)　(a)から(d)の記録について，監督職員より請求されたときは，提出又は提示する。

◆**記録・確認が必要とされている事項例**

・第三者からの環境問題に関する苦情，その対応および交渉等の内容

・地方公共団体や地域住民・関係者等からの工事の施工に関する苦情，その対応および交渉等の内容

　など

◆**記録しておいたほうが望ましい事項例**

・作業した内容（工種，施工量，工程等）

・下請工事や委託による作業の実施内容，指示および確認等の状況

・有資格者の配置（従事）状況

・危険の予見や予見に基づく危険回避の措置など，雇用している従業員や作業員への安全配慮義務の履行状況

　など

【ヒント】

形式を変えて試験に出る。

施工管理法

・監理者から指示された事項，監理者と協議した結果については，軽微な事項であっても記録を作成しておかなければならない。

・承認あるいは協議を行わなければならない事項について，建設業者はそれらの経過内容の記録を作成し，施工者と監理者が双方で確認し，監理者へ提出する。

・「監理者の検査」や「監理者の立会い」を受けた場合も，工事記録を作成し，その場での「監理者の承諾した内容」，「監理者からの指示」や「監理者との協議」した内容について，記録を作成する。

・監理者の立会いのうえ施工するものと指定された工事で，監理者の立会いなしで施工してもよいという監理者の指示があった場合は，施工が適切に行われたことを証明する記録を整備し提出する。

・過去の不具合事例等を調べ，あとに問題を残しそうな施工や材料については，記録を残しておく必要がある。特に，あとで目視による確認ができない隠ぺい部の施工や，施工の適切さを証明する必要性の高そうな場合は，写真や見本とともに，記録を作成する。

・一工程の施工の確認において，「材料の検査」，「材料の検査に伴う試験」や，「施工の検査」，「施工の検査に伴う試験」など，試験の目的となる検査とセットで確認できるように，工夫するとよい。

・建設工事の施工にあたり必要に応じて作成し，発注者と施工者相互に交付した工事内容に関する打合せ記録は，建設物引渡しの日から10年間保存する。

・建設工事の施工において必要に応じて作成した完成図は，元請の建設業者が建設工事の目的物の引渡しの日から10年間保存する。

・工事施工により近隣建物への影響が予想される場合は，近隣住民など利害関係者立会いのもと，現状の建物の写真記録をとる。

・設計図書に定められた品質が証明されていない材料について，建設業者は，現場内への搬入前に試験を行い，記録を整備する。

・デジタルカメラによる工事写真は，黒板の文字や撮影対象が確認できる範囲で有効画素数を設定して記録する。

・既製コンクリート杭工事の施工サイクルタイム記録，電流計や根固め液等の記録は，発注者から直接工事を請け負った建設業者が保存する期間を定め，当該期間保存する。

4・1・2　仮　設　計　画（令和4年度応用能力問題に出題された箇所を赤下線で示している）

(1)　仮設工事

(a)　仮設計画

　仮設計画に際しては，工事内容，種々の条件などを十分に把握し，作業所内での維持・管理体制を明確にしておく。仮設計画の良し悪しは，工事の品質，安全性，工程の進捗，経済性などに大きな影響を与える。仮設計画は，なるべく図面化し，関係者の意見を聴くとともに，関係者に計画を徹底する。仮設は，特殊な場合を除き，施工者の創意・工夫に任されている。

> **仮設工事**　本体工事を進めるための一時的な建物，工作物，設備などをつくる工事で，建物が竣工すれば撤去される。

(b)　仮設工事の範囲

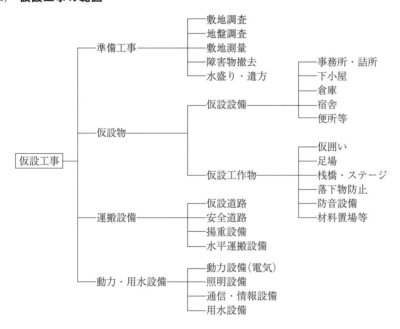

(c)　総合仮設計画

◀よく出る

　総合仮設計画図とは，工事を行う際に，工事に必要となる仮設計画に関して，仮囲い，仮設建物，仮設資材，仮設電力，仮設給排水等の仮設設備や作業動線等の配置計画を記載した図である。

　総合仮設計画で，施工計画書を作成する事項
①　工事目的物の位置と敷地との関係（配置と高低）
②　仮囲いの位置および構造
③　材料運搬経路と主な作業動線
④　仮設物などの配置（監督員事務所，建築業者事務所，設備業者事務所，作業員休憩所，危険物貯蔵所，材料置場，下小屋など）
⑤　排水経路，仮設用電力並びに水道の引込み位置および供給能力
⑥　足場および桟橋の位置および構造

施工管理法

⑦　揚重機（リフト，クレーン，エレベーター，ゴンドラなど）の種類および配置

⑧　作業員の墜落防止および感電防止，並びに，落下物の危険防止の施設

⑨　近隣の安全に対する処置（近隣使用道路の配置計画図など）

⑩　コンクリート打設設備

⑪　鉄骨建て方設備

⑫　各工事工程と仮設の関連およびその撤去時期

(2)　準備測量

(a)　敷地測量

　敷地境界に関し，隣地所有者，敷地所有者（民－民，官－民）の立会いの下に測量作業および確認作業を行う。

(b)　縄張り，遣り方

　建物の実施位置を示すために，工事監理者立会いの下に建物外周に木杭を打ち，これに縄を張って建物の外形を表示することを**縄張り**という。

　遣り方は，縄張りによって定まった位置に設け，建物の各部位の通り芯，基準となる高さを示す定規とする。木杭は根切り部分から少し離して打ち，頭部を残すかまたは矢はずに切っておき，木杭に物が当たった場合，その頭部がつぶれて移動したことを発見しやすくしておく。

　遣り方の検査は，相互確認のために，墨出しの順序を変えるなどして，請負者が行った方法とは異なった方法でチェックする。

(c)　ベンチマーク

　敷地や建物の高さの基準点のことである。付近の工作物や隣接建物など，工事中でも撤去しないもので，動かないものに高さの基準レベルを写し，そこを基準点として用いる。もともと，測量法における水準点が，国道や主要街道沿いに設置さされていることもあって，前面道路のマンホールや道路の縁石などが，ベンチマークとして用いられることが多い。作業場内に設ける基準点は，工事による影響を受けやすいため，数か所設置し，相互にチェックを行えることが望ましい。

(d)　墨出し

　墨出しは，建物の着工から仕上げの最後に至る全工期を通じて一貫した基準墨により，建物の内外および敷地周囲に境界線，基準高，通り心(親墨)，仕上げの逃げ墨などを出すことをいう。

　墨出しの注意事項は以下のとおりである。

①　墨出しの実施計画，作業要領，検査の方法，専任者を決めておく。

②　親墨，逃げ心などは重要なので，隠れるものは延ばすか，他へ転記しておく。

③　親墨出しに使用するスチールテープはテープ合せを行ったものを用い，計測に当たっては温度，張力，たるみなどによる誤差を考慮して作業する。

(3)　仮設物

(a)　材料置場

　搬入された材料は，施工するまでの間，現場内の所定の場所に仮置きし，施工場所まで移動するのが一般的である。仮置きの状態で，材料が変質・変形したり，破損または傷ついたりしないように管理することが，重要である。

◀形式を変えて出題される

【コンクリート関係】

①　**セメント**は，保管する部屋の防湿に注意して開口は出入口のみとし，通風により湿気を与えてはならない。また，床面から30 cm以上高くし，板張りの場合，すき間なく張るか，鉄板を張る。積み重ねは **10袋以下** とする。古いものから使い，2ヶ月以上で風化して凝固が認められるものは使用してはならない。

◀よく出る

②　**鉄筋**は，雨や雪にさらされないように，枕木等の上に地面から10 cm以上離し，種類・長さ・径を別にして並べ，シートで保護して，油や泥で汚れないようにする。

③　**骨材**は，種類別に分類し，不純物が混ざらないように土の上に直置きしない。また，コンクリート練混ぜ時にセメントペースト中の水分を吸水しないよう，保管中は均一に散水して一定の吸水状態を保つ。

④　**コンクリート型枠用合板**は，屋内保管が望ましいが，屋外で保管するときは直射日光を避け，濡らさないようにシートなどで覆う。

⑤　**コンクリートブロック**は，乾燥した場所に荷崩れ防止のため縦積みとし，積み上げ高さは1.6 m以下とする。形状・品質を区分し，覆いを掛けて雨掛りを避けるように保管する。なお，工事における積上げ高さも1日1.6 m（8段）までとする。

⑥　**コンクリート杭**（RC杭，PC杭）は，所定の位置に枕木を設置しその上に置く。やむを得ず2段以上に積む場合は，同径のものを並べ，まくら材を同一鉛直面上にして仮置きする。

【砂，砂利】

①　泥水，泥土が混入しないように，周囲地盤より高くし，床には水がたまらないよう，幾分，勾配をつける。

②　砂，砂利などを近くに並べて置く場合は，混ざらないように仕切り板などを設ける。

【鉄骨】

①　建て方に便利な場所とする。

②　鉄骨に泥がつかないよう，また，変形しないよう，受け材を置く。

施工管理法

③　**高力ボルト**は，包装の完全なものを未開封状態で工事現場に搬入し（荷揚げ高さを3～5段とする），施工直前に必要な量だけ包装を解き，使い残さないようにする。最後に残ったボルトセットは箱に戻して元のように包装し直す。　◀よく出る

④　低水素系の**被覆アーク溶接棒**は，吸湿するとブローホールが発生し銀点・割れなどの欠陥が生じるので，密封・乾燥状態で保管する。その日の使用分だけを取り出し，吸湿しているおそれがある場合は乾燥機で乾燥してから使う。溶接ワイヤーについては，梱包状態であれば，乾燥の必要はない。

⑤　鉄骨の現場溶接部は，開先に錆の発生が予想されるときは，開先保護のため，工場で溶接に支障のない塗料を塗布しておく。

【塗料関係】

①　**塗料**は，「化学物質等安全データシート（MSDS：Material Safety Date Sheet)」の記載内容に従い取り扱う。

②　火薬類や塗料などの**危険物の貯蔵場所**は，人の出入りする作業事務所や材料置き場などから離れた場所に設置する。塗料置場については，不燃材料でつくった平屋で，周辺建物から1.5m以上離し，天井を設けず，屋根は軽量な不燃材料で葺く。

③　**フタル酸樹脂系塗料**が付着した布片は，自然発火のおそれがあるため，水の入った金属製の容器に入れるなどして他の塗装材料とは分別して保管する。

④　エマルション乾燥硬化形**シーリング材**は，冬季の低温時に凍結のおそれがあるので凍結温度以下にならないように保管する。有効期間の確認，高温多湿も避ける。

【板状のもの】

①　**板ガラス**は，ガラス工事の箇所まで，車輪付き裸台で水平移動を行うため，**縦置き**でできるだけ乾燥した場所に裸台に乗せたまま保管する。構造躯体に緊結するなどして，転倒しないように安全管理にも配慮する。また，他の工事の影響で角を破損したり，溶接の火花を浴びたりすることのない場所を選び，シートなどで養生しておく。

②　**ALC板**は，室内の水平な場所に枕木を2本置いて**平積み**とする。積上げ高さは，1段を1m以下とし2段まで（総高2m以下）とする。なお，剛性の高いPC板やALC板の場合は枕木の数は2本とするが，剛性の低い木毛セメント板やスレート板の場合は枕木を3本とする。　◀よく出る

③　**押出成形セメント板**は，含水率により，反り変形を生じやすいので雨水の影響を受けないように養生する。

④　プレキャストコンクリート床部材は平置きとし，上下の台木が鉛直線上に同位置になるように積み重ねる。台木は2箇所とし，積み重ね段数

は6段以下とする。

⑤　発泡プラスチック系保温板は，長時間紫外線を受けると表面から劣化するので，日射を避け屋内に保管する。

⑥　断熱用の押出法**ポリスチレンフォーム**，硬質ウレタンフォーム保温板は，反りぐせ防止のため，平坦な敷台の上に積み重ねて保管する。

⑦　**フローリング類**は，屋内の床にシートを敷き，角材を並べた上に積み重ねて保管する。

⑧　張り石工事に用いる**石材**の運搬は，仕上面・稜角を養生して，取り付け順序を考慮して輸送用パレット積みとする。

【シート類】

①　**アスファルトルーフィング**は，吸湿すると施工時に泡立ち，耳浮きなどの接着不良になりやすいので，屋内の乾燥した平坦な場所に**縦積み**（耳をつぶさないように2段以内）とする。ただし，**砂付ストレッチルーフィング**は，ラップ部分（砂の付いていない張付け時の重ね部分）を上に向けて**縦置き**で保管する。

②　**壁紙**などの巻いた材料は，横置きにすると重量でくせがつくので**縦置き**とする。また直射日光を避け，湿気の多い場所やコンクリートの上に置かない。

③　**床シート類**は，屋内の乾燥した場所に直射日光を避けて**縦置き**にし，倒れないようにロープなどで固定して保管する。横積み（俵積みや井桁積み）にすると自重で変形し，（特に井桁積みの場合は）床に馴染まなくなる。

④　**ロールカーペット**は，屋内で直射日光の当たらない乾燥した平坦な場所に保管する。足元が自重で曲がってしまうので，縦置きにせずに，2〜3段までの**俵積み**とする。

【その他】

①　吸水してはならない材料は，水がかからないようにするとともに，台の上に置くなどして，水が流れても濡れないようにする。

②　ブロック，耐火れんがなどは，雨に濡れたり，泥で汚れたりしないようにする。また，ポリスチレンフォーム保温材など，軽量のものは，風に飛ばされないようにする。

③　防水用の袋入り**アスファルト**はアスファルト溶解釜の近くに保管する。袋を井桁状に重ねるなどして，崩れ落ちないように10段程度を限度として積み置き，雨養生のシートを掛けてロープあるいはネットなどを掛けて押さえておく。

　　アスファルトは260℃前後で溶解するため，湿気のおびたアスファルトを加えると，アスファルトが水蒸気とともに飛び散り，火傷の原因にもなる。

　　④　木製建具は，取付け工事直前に搬入するものとし，障子や襖は縦置き，フラッシュ戸は平積みとする。

　　⑤　ガスボンベ類の貯蔵小屋は，金属板などの軽量な不燃材で葺き，風通しのよい構造とする。

(b)　危険物貯蔵所

　　①　仮設事務所，隣地の建築物，材料置場などから離れた場所に設ける。

　　②　不燃材料を用いた囲いをし，周囲に空地を設ける。

　　③　各扉には錠をかけ，「火気厳禁」の表示を行い，消火器を置く。

　　④　塗料，油類などの引火性材料の貯蔵所については，関係法令による。

　　⑤　関係法令には，消防法，危険物の規制，労働安全衛生規則等がある。

(4)　工事用仮設事務所

　　工事用の仮設事務所を計画する場合，工事の全期間を通じて支障がないように弾力的な計画とする。作業場が見渡せ，作業員や諸資材の搬出入を管理しやすい場所が望ましく，作業場の出入口（仮設ゲート）付近に計画するのが，一般的である。

　　また，工事用の事務所は，建物の強度，防火・耐久の諸性能はもちろん，転用時の作業性（組立・解体作業の容易さ，運搬，荷卸しの堅牢さなど）に優れたものがよい。

　　作業員詰所は，大部屋方式の方が火災防止や異業種間のコミュニケーションが図れ，衛生管理がしやすい。

(5)　仮設便所

　　作業員用仮設便所の計画では，男子と女子とを区別すること。同時に就業する作業員の男子大便所の便房は60人以内ごとに1個，小便所は30人以内ごとに1個，女子は20人以内ごとに1個の便房の数とする。

(6)　仮囲い　　　　　　　　　　　　　　　　　　　　　　◀よく出る

　　建築基準法施行令（第136条の2の20）においては，木造以外の構造で，2階以上の建築物の工事を行う場合は，期間中，高さ1.8 m以上の仮囲いを設けることを定めている。ただし，工事現場の周辺，もしくは，工事の状況により，危害防止上支障がない場合は，仮囲いを設けなくてもよい。

(a)　仮囲いの機能と条件

　　仮囲いの機能は，①工事現場と外部との隔離，②所定の場所以外からの入退場の防止，③盗難の防止，④災害の防止，⑤美観の維持，などであるが，仮囲いは工事期間に見合った耐久性のあるものを設置する。場合によっては，工事の支障になることがあるため，部分的に取外しができるようにしておくとよい。

(b)　仮囲い設置の留意点

　　・敷地境界線を越境しないのが大原則であるが，敷地内に納まらない場合

は，近隣所有者と協議する。

・道路を借用して設置する場合は，申請用書類を用意し，道路管理者と所轄警察署の許可を得る。

・仮囲いは，風のあおりを受けて倒れないよう，建地および控えの根元をしっかりと固定し，十分，安全な構造とする。工事の都合で控えを盛り替えるときは，控えに代わる十分な補強をする。

・前面道路に設置する仮囲いは，道路面を傷めないよう，ベースをH形鋼とする。

・防護構台と仮囲いとの空隙は，仮囲いを高くするか，金網を張るなどをして塞ぐ。

・仮囲いの下端の空きは，幅木を取り付けたり，土台コンクリートを打つなどして塞ぐ。

・道路面が傾斜している場合は，仮囲いを道路面と直角に取り付けることはむずかしいので，土台コンクリートを階段状に打って，下端の空きをなくす等の工夫が必要である。　◀よく出る

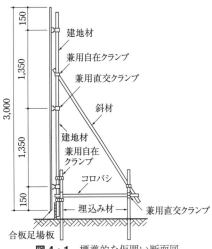
図4・1 標準的な仮囲い断面図

(c) 工事用車両出入口

工事用の車両出入口を計画する場合，前面道路の幅員および交通量，交差点や横断歩道などの位置，電柱や街灯，消火栓など，道路に設置されたものの位置などを考慮して，搬出入車両が現場へスムーズに出入りできることを主眼に計画する。

(7) 動力・用水設備

(a) 電気設備

契約電力が50kW未満の場合は「**低圧**」，50kW以上2,000kW未満の場合は「**高圧**」，2,000kW以上の場合は「**特別高圧**」の電圧で受電することになる。仮設電力契約は，工事完了まで変更しない計画とし，短期的に電力需要が増加した場合は，臨時電力契約を併用する。

工事用電気設備のケーブルを直接埋設する埋設方法には，表4・2のようなものがある。

仮設照明用のビニル外装ケーブル（Fケーブル）は，コンクリートスラブに直接打ち込んでもよい。

溶接用ケーブル以外の屋外に使用する移動電線で，使用電圧が300V以下のものは，2種のキャブタイヤケーブルを使用する。

工事用電力使用量の算出において，各工事用機械についての同時使用係数（実負荷／計算負荷）は，使用機械の種類，工期の長短，作業員の能力・効率，天候などに大きく左右される。照明器具の需

表4・2 ケーブル埋設

要率及び負荷率を加味した同時使用係数は，1.0 とする。コンセントから使用する電動工具の同時使用係数は，1.0 として計画する。

　一般的な工事用の動力負荷は，工程表に基づいた電力量山積みの 60 〜 70% を実負荷として最大使用電力量を計算する。　◀よく出る

　電力量の山積み検討の結果，一時期に電力が集中して，これを変圧器容量とすると明らかに無駄のある場合には，①工法の変更，②作業順序の入替え検討，③使用機械の変更，④発電機の供給によって山崩しを図る，などの工夫をする。　スタッド溶接工事等

　工事用電気設備の建物内幹線の立上げは，上下交通の中心で最終工程まで支障の少ない階段室に計画する。

(b)　照明設備

　労働者が常時就業する場所の作業面の照度は，精密な作業：300 [lx] 以上，普通の作業：150 [lx] 以上，粗な作業：75 [lx] 以上とする。

(c)　用水設備

　仮設の給水設備において，工事事務所の使用水量は，飲料水として 30ℓ/人・日，雑用水として 10 〜 20ℓ/人・日，計 40 〜 60ℓ/人・日を見込む。一般的な工事用と生活用とを含めて，250ℓ/人・日程度であるが，工事工程に基づき，各月の施工に従事する稼働員の累計より，各月の必要生活用水量を予測する。　◀よく出る

・アースドリル工法による掘削に使用する水量は，1 台当たり 10 m^3/h として計画する。

・水道本管からの供給水量の増減に対する調整が必要な時は，貯水槽を設ける。

4・1・3　建築工事の届出

建築工事に係る各種届出を表4・3から表4・8にまとめる。

表4・3　建築基準法関係　　　▼よく出る

申請・届出の名称	提 出 者	届出・申請先	提 出 時 期
① 建築確認申請・工作物確認申請	建築主	建築主事 または 指定確認検査機関	着工前
② 建築工事届		都道府県知事	
③ 建築物除却届	施工者		
④ 中間検査申請	建築主	建築主事 または 指定確認検査機関	特定工程後，4 日以内
⑤ 完了検査申請（工事完了届）			完了した日から 4 日以内

表 4・4　労働安全衛生法関係　　　　　　　▼よく出る

申請・届出の名称	提 出 者	届出・申請先	提 出 時 期	備考
① 建築工事の計画届	事業者	厚生労働大臣	仕事開始の 30 日前まで	注1)
		労働基準監督署長	仕事開始の 14 日前まで	注2)
② 機械の設置届（移転・変更含む）			仕事開始の 30 日前まで	注3)
③ 機械の設置報告（移転・変更含む）				注4)
④ 特定元方事業者の事業開始報告	特定元方事業者または施工者		工事開始後，遅滞なく	注5)
⑤ 企業共同体代表者届	共同企業体代表者	労働基準監督署長を経て，同局長	仕事開始の 14 日前まで	注6)
⑥ 統括安全衛生責任者選任報告・元方安全衛生管理者報告	事業者	労働基準監督署長	選任後，遅滞なく	注7)
⑦ 総括安全衛生管理者選任報告				注8)
⑧ 安全管理者　衛生管理者　産業医　}選任報告				注9)

注　1)a. 高さ 300 m 以上の塔
　　　b. 堤高 150 m 以上のダム
　　　c. 最大支間 500 m 以上の橋梁（吊り橋 1000 m 以上）
　　　d. 長さ 3000 m 以上のずい道（1000 m 以上で，立て坑が 50 m 以上も含む）
　　　e. ゲージ圧 0.3 MPa 以上の圧気工法
　　2)a. 高さ 31 m を超える建築物などの建設，改造，解体など
　　　b. 最大支間 50 m 以上の橋梁
　　　c. 掘削深さ，高さ 10 m 以上の掘削
　　　d. ずい道・圧気工事（石綿の除去，ダイオキシンに係る設備の解体）
　　　e. 坑内掘りによる土砂採取の掘削
　　　f. 石綿等吹付け建築物の石綿等の除去作業
　　3)a. 吊り足場，張出し足場，高さ 10 m 以上の足場（60 日以上設置）
　　　b. 架設通路の高さおよび長さが 10 m 以上
　　　c. 高さ 3.5 m 以上の型枠支保工
　　　d. 軌道装置
　　　e. ガス集合溶接装置
　　　f. 3 t 以上のクレーン（スタッカ式 1 t 以上）
　　　g. 2 t 以上のデリック

h. 1 t 以上のエレベータ
i. 積載荷重 0.25 t 以上，高さ 18 m 以上のリフト（ガイドレール）
j. ゴンドラ
4)a. 0.5 t から 3 t 未満のクレーン（スタッカ式 1 t 未満）
b. 移動式クレーン
c. 0.5 t 以上 2 t 未満のデリッククレーン
d. 0.5 t 以上 1 t 未満のエレベータ
e. 高さ 10 m から 18 m 未満の建設用リフト
f. 0.2 MPa 以上の第 2 種圧力容器
5)　下請負人を使用する場合で，労働者合計が 10 人以上の場合
6)　2 以上の建設業の事業者が，一つの仕事を共同連帯で請負う場合，その代表 1 名を選定する。
7)　下請・元請が混在する事業所で，常時 50 人以上，トンネル，圧気工事は 30 人以上
8)　1 事業所 100 人以上，事由が生じて後 14 日以内に選任
9)　1 事業所 50 人以上，事由が生じて 14 日以内に選任

表 4・5　道路交通法関係　　　　　　　▼よく出る

申請・届出の名称	提 出 者	届出・申請先	提 出 時 期
① 道路占用許可申請	道路占有者	道路管理者	工事開始 1 ヶ月前
② 道路使用許可申請	施工者	警察署長	着工前

表 4・6　危険物・消火設備関係

申請・届出の名称	提 出 者	届出・申請先	提 出 時 期
① 設置許可申請	設置者	都道府県知事　または　市町村長	着工前
② 設置完成検査申請			完成時
③ 消防用設備等着工届	甲種消防設備士	消防長 または 消防署長	着工 10 日前
④ 消防用設備等設置届	対象物の所有者または管理者		完成日から 4 日以内

施工管理法

表4・7　電気関係

申請・届出の名称	提出者	届出・申請先	提出時期
①　工事計画認可申請	設置者	経済産業大臣	着工前
②　工事計画届			着工30日前
③　保安規程届			着工前

表4・8　環境関係

申請・届出の名称	提出者	届出・申請先	提出時期
①　特定建設作業実施届	元請事業者	市町村長	着工7日前
②　特定施設設置届	設置者		着工30日前
③　ばい煙発生施設設置届		都道府県知事	着工60日前

4・1・4　各種工事の施工計画

　各種工事の施工計画については，第3章　建築施工の内容をよく理解しておく必要がある。

(1)　鉄筋コンクリート工事の計画

(a)　鉄筋工事の留意点

① 加工

　i）　鉄筋は加熱しない冷間加工とし，ガス圧接の場合は切断面をグラインダーで仕上げる。

　ii）　太い異形鉄筋の本数が多い場合は，原寸図で重なりを確認する。

　iii）　プレストレストコンクリート工事の PC鋼材 は，現場で加工・組立するとき，原則として加熱・溶接してはならない。

② 組立て

　i）　設計図・施工図に基づき，特に地中梁などの基礎部の配筋に注意して組み立てる。

　ii）　スペーサにより，所定のかぶりを確実にする。

③ 継手・定着

　i）　圧接工は，工事に相応した JIS による技量を有した者とする。

　ii）　φ16(D16) 以下の鉄筋は，付着力で力を伝達する重ね継手とし，φ19 (D19) 以上ではガス圧接とする。

　iii）　ねじ継手はナットで締め，スリーブ継手はモルタルを充てんして接合する。

　iv）　ガス圧接継手で，圧接作業当日に鉄筋冷間直角切断機を用いて切断した鉄筋の圧接端面は，グラインダー研削を行わなくてもよい。

④ 品質確認

　加工済みの鉄筋は圧延マーク，加工前の鉄筋は鉄筋端面の色により確

【ヒント】
形式を変えて出る

機械式継手
鋼材製の鋼管と異形鉄筋の節とのかみ合いを利用して接合する工法。

認する。

(b)　**コンクリート工事の留意点**

一般にレディーミクストコンクリートを用い，次の工程で施工する。

① 設計基準強度が **36 N/mm²** を超える普通コンクリートは**高強度コンクリート**として扱う。

② マスコンクリート・暑中コンクリートでは **AE 減水剤遅延形**を用いる。

③ レディーミクストコンクリートの指定項目には，1. 骨材の種類，2. 粗骨材の最大寸法，3. スランプ値，4. 呼び強度　がある。

④ 生産者と協議して指定する項目には，1. セメントの種類，2. 混和剤の種類，3. 呼び強度を保証する材齢，4. アルカリ骨材反応の抑制方法，5. 塩化物含有量が 0.3 kg/m³ を超えるときの上限値（0.6 kg/m³ 以下），6. コンクリート温度　がある。

⑤ スランプ値および空気量の許容差を，表 4・9 および表 4・10 に示す。この範囲内は受け入れる。

表 4・9　スランプの許容差〔cm〕

スランプ	許容差
2.5	± 1
5 および 6.5	± 1.5
8 以上 18 以下	± 2.5
21 以上	± 1.5

表 4・10　空気量の許容差〔%〕

	空気量	許容差
普通コンクリート	4.5	± 1.5
軽量コンクリート	5.0	± 1.5
舗装コンクリート	4.5	± 1.5
高強度コンクリート	4.5	± 1.5

⑥ **塩化物含有量**は，0.3 kg/m³ 以下とする。無筋の場合は 0.6 kg/m³ 以下とする。

⑦ **受入れ検査**は，荷卸しの現地とし，塩化物含有量については工場での出荷時でもよい。

⑧ 打継ぎ目地の位置は，せん断力の小さいスラブや梁の中央付近とし，部材の圧縮力に対して直角方向に継ぐものとする。

⑨ **コンクリートの打込速度**は，**コンクリートポンプ 1 台当たり 25 m³/h** として計画する。

(2)　**鉄骨工事の計画**

鉄骨造（S 造）と鉄骨鉄筋コンクリート造（SRC 造）があり，10 階建前後では SRC 造が多く，S 造は工場・倉庫・超高層ビルなどに用いられる。

(a)　**鉄骨の工場製作**

鉄骨の工場製作は，以下の工程で行われる。

現寸：定規・型板の確認，鋼製巻尺の確認

素材加工：けがき，切断，摩擦面の処理，ひずみ矯正

溶接接合：溶接材料の選定，開先・補助材の確認

塗装：素地調整

(b)　**建て方工事の計画**

① 　心墨出しはテープを合わせた鋼巻尺を使用する。

② 　アンカーボルト穴の位置ずれは，熱を用いて修正してはならない。

③ 　建て方には，**ブロック建て**と**屏風建て**があるが，屏風建てはなるべく避ける。なお，このとき架構の転倒防止に用いるワイヤーロープは建て入れ直しに兼用してもよい。

④ 　ターンバックル付筋かいを有する構造物では，建入れ直しにその筋かいを用いてはならない。

⑤ 　部材の剛性が小さい鉄骨の建入れ直しは，ワイヤーを緊張しても部材が弾性変形するだけで修正されない場合があるので，できるだけ小ブロックにまとめて行う。

◀よく出る

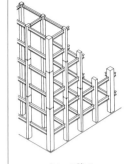

ブロック建て

屏風建て

◀よく出る

(3)　**躯体工事の省力・短縮化**

① 　基礎型枠にせき板の解体が不要なラス型枠を用いる。

② 　床型枠に捨型枠としてデッキプレートを用いる。

③ 　**プレキャスト製品**を使うことで，現場作業の削減と能率向上により，工期短縮が図れる。

④ 　鉄筋工事において，柱や梁の鉄筋を**先組み工法**とし，継手は**機械式継手**とする。

⑤ 　鉄骨の建て方では，**タワークレーン**を使う**水平積上げ方式**を採用する。狭小敷地などではトラッククレーンを使った建て逃げ方式を採用する場合もあるが，建入れ修正が容易で鉄骨骨組みの安定性に優れているのは水平積上げ方式である。

⑥ 　**湿式工法**から**乾式工法**に変更する。たとえば，仕上げ工事の石張りを，モルタルを用いる湿式工法からファスナーを用いる乾式工法にして養生期間を短縮する。

⑦ 　軟弱地盤での深い地下工事では，山留め壁の変形が少ない**逆打ち工法**を採用し，周辺建物の沈下被害を防ぐ。また，地下躯体工事と並行して上部躯体を施工できるので，工期短縮にもなる。

⑧ 　メタルカーテンウォール工事の躯体付け金物は，鉄骨躯体の製作に合

施工管理法

わせてあらかじめ鉄骨製作工場で取り付ける。

(4)　鉄筋コンクリート造建築物の解体工事の施工計画

(a)　**階上解体**：重機を建物屋上に揚重し，上階から順に解体していく工法。
　　　　　　　敷地周辺に重機を置くスペースの取れない場所で採用される。

・解体は上階から順に，1層ごとに解体する。

・外壁を残し，中央部分を先行して解体する。

・解体重機の移動にコンクリート塊を集積したスロープを利用するため，
解体重機と合わせた最大荷重に対して補強をする。

・作業開始面の外壁から1スパンを上階から下階に向かって全階解体し，
解体重機のオペレーターの視界を確保する。

(b)　**転倒解体**：柱，壁等の転倒方向を定めて脚部の一部を破壊し，所定の方
　　　　　　　向に転倒させ解体する工法。

・倒す壁の大きさや重量に応じて，解体する部材の大きさを検討し，倒壊
時の振動を規制値以内に収める。

・1回の転倒解体高さは1層分以内とし，柱2本を含み，幅は1～2スパ
ン程度とする。

(c)　その他注意事項

・搬出するアスファルト・コンクリート塊及び建設発生木材の重量の合計
が200t以上の場合，再生資源利用促進計画書を作成する。

・検討用作業荷重は，振動，衝撃を考慮して，解体重機とコンクリート塊
の荷重を1.3倍程度に割り増す。

・解体重機やコンクリート塊を同一の床上に長期間置く場合，検討用作業
荷重と固定荷重による各部の応力度は，長期許容応力度以下に収める。

(5)　躯体改修工事の施工計画

①　柱のコンクリートが鉄筋位置まで中性化している場合は，コンクリー
トのアルカリ度を回復させるため，浸透性アルカリ性付与材を塗布する。

②　コンクリート表面の欠損深さが30mm以下の場合は，ポリマーセメ
ントモルタルによる充填工法を用いる。

耐震改修工事について
は3・5・4（P126）参
照

(6)　仕上改修工事の施工計画

①　コンクリートのひび割れ幅が1.0mmを超える挙動しないひび割れの
場合は，可とう性エポキシ樹脂またはポリマーセメントモルタル充填工
法を用いる。

②　タイル張り仕上げ外壁の改修工事において，1箇所の張替え面積が
0.25m² 程度以下の場合は，タイル部分張替え工法を用いる。

仕上改修工事について
はP184，185も参照
のこと。

施工管理法

4・2 工 程 管 理

学習のポイント

　「工程管理」では，工程表の種類，工期短縮案，工事歩掛，ネットワーク工程表に関する問題など，工程計画の実務能力および，工程管理の実務能力が問われている。

4・2・1　工程計画の立案

(1)　工程計画

　工程計画の立案には，大別して 2 種類ある。各工種に関して資機材の組合せ等を設定し，算出される各工種の工程を積み上げて全体を求める**積上方式（順行型）**と，定められた工事期間の中に経験から割り出された各工種の所要期間を割付け，全体的にバランスのとれた工程を求める**割付方式（逆行型）**がある。工期が制約されている場合は，割付方式を採用して最適工程を計画する。

◀よく出る

　工程計画は，品質，安全，コスト，工事に関してバランスのとれた施工計画にするためのものでなければならず，一連の施工計画作業の中で組み立てられた工程計画に基づいて労務各職，各種資材，各種荷捌き・揚重機械などの山積みを行い，必要投入量が集中している部分については効果的な労務・資機材の活用のために山崩し（山均し）による平準化を行うことで，より一層バランスのとれた工程計画にする。

　工程計画は，一般的に次の手順で実施する。

【ヒント】
手順を学んでおく

①　施工条件の確認・整理および，工事内容（施工数量，難易度など）の把握

　工程計画の準備として，施工場所・近隣の施工条件の確認，設計図書・工事内容の把握，材料の調達等の市場の情報，各種労働者および建設機械等の作業能率の把握等を行う。

②　施工法・順序などの基本方針の決定

③　工事ごとの施工計画を立てる。

④　作業ごとに適切な作業日数（歩掛り）および作業人員などを決める。

⑤　工事ごとの作業日数を決める。

　まず主要工程を中心に概略の基本工程を最初に組立て，工事の進捗に合わせて詳細工程を作成し，全体バランスに配慮しながら，決定する。

⑥　全工事が，与えられた工期内に納まるように割り振って工程表を作成する。

　作業における，工期の調整は，工法，作業方法の変更，作業員の増員，工事用機械の変更や台数の増加，作業手順の見直し等の検討を繰り返しながら

実施する。算出した工期が指定工期を超える場合は，作業日数を短縮するため，クリティカルパス上の作業について，作業方法の変更や作業員の増員等を検討する。

　このように，工程計画を立てるにあたっては，設計図書から数量や仕様を確認して仕事の順序を明らかにして手順を決定した上で，その手順に沿って各作業の日程を決定して工期を計算するのが一般的である。

　マイルストーンとは，各作業工程の節目（目標完了の計画日時など）という意味であり，工事の進捗を表す主要な日程上の区切りを示す指標となる。一般的に，マイルストーンは，山留め杭打ち，掘削，鉄骨建方作業の開始日や掘削，地下躯体コンクリート打設，屋上防水作業などの完了日に設定する。

　暦日は，実働日数に作業休止日（日・祝日，土曜休暇，5 月の連休，年末年始休暇，お盆休暇，そしてこれら休暇と重複しない雨天などの作業不能日）を考慮した日数を言い，工程表は暦日換算を行い，作成する。一般的には，月当たりの実働日は，おおむね 20 日前後である。

(2)　工程管理の手順

　工程管理は **4 大管理（品質・工程・原価・安全）**のひとつで，施工管理の中核をなす。工程管理は，発注者側からは主に工期を守るためのものとして利用され，請負者側からは最少の費用で最大の生産をあげるために用いられる。

　工程管理は，**手配管理・作業量管理・進度管理**から成立し，このうち手配管理と作業量管理の良し悪しが工程の進み具合となって現れ，進度管理が工程管理の総合的な手段として重要な役割を果たす。　◀ **よく出る**

　進度管理の手順は，現状把握，異常時の課題の顕在化，課題解決のための検討，対策立案および遅延対策実行，となる。

　①「進捗の現状把握」→ ②「原因調査」→ ③「再検討」→ ④「遅延対策」

①**「現状の把握」**では，異常値に対してできるだけ定量化することで，対策目標を関係者間で共有できるようにする。

②**「原因調査」**においては，当初計画と何が違っているのかを明確にする。リソース，いわゆる「**4 M**（1. 労力―Men，2. 材料―Materials，3. 施工方法―Methods，4. 機械―Machine)」の投入タイミングによる事象なのか，投入計画そのもののミスなのかを，明確にすることである。

③**「再検討」**では，当該工程の再検討はもとより，全体計画との調整が重要である。当初計画の余裕だけで吸収できない場合，全体での調整・検討が必要になる。

④**「遅延対策」**においては，変更事項・手順について，関係者全員が問題認識や対策目的を共有し，変更内容についての相互理解，協力体制について合意してもらい，次のステップに移行することが重要である。

施工管理法

(3)　**作業量管理**

　単位時間当たりの作業量を増大するためには，図4・2に示すように，能率の向上と施工量の確保が重要である。能率の向上のためには，稼働率・作業効率の向上を目指し，一方，施工量の確保のためには，施工速度（単位時間の生産量）の向上と作業時間の確保が必要となる。

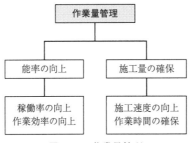

図4・2　作業量管理

(a)　**稼働率の向上**

　当該工事に従事するために，その現場に在籍している作業員や機材の総数に対して実際に稼働している数の割合を**稼働率**という。稼働率を低下させる要因には以下のものがあり，これらをできるだけ排除することが必要である。

◀よく出る

(b)　**稼働率を低下させる要因**

　① 悪天候・悪地質・天災などの不可抗力

　② 災害事故や作業員の病気などによる工事の休業

　③ 手待ち（作業の段取り待ち・材料の供給待ち）や機械の故障

(c)　**作業効率の向上**

　作業可能な状態で実働した場合の実作業量は，時間的・能力的に減少していき，標準作業量を維持することは難しい。この実作業量と標準作業量の割合を**作業効率**という。

　また作業効率は，時間的損失による**作業時間効率**（＝実作業時間／標準作業時間）と性能の低下による**作業能率**（＝実作業量／標準作業量）に二分される。

　作業時間効率を低下させる要因には，機械の給油・調整・小修理や場内移動など避けられないものもあるが，次のような現場運営管理のまずさによる損失があり，これらを排除する必要がある。

(d)　**作業（時間）効率を低下させる要因**

　① 監督員の指示の遅れによる手待ち，すなわち段取りの不適切

　② 組合せ機械のアンバランスによる手待ち

　③ 建設機械の能力不足

4・2・2　工程表の種類と特徴

(1)　工程表にはどんなものがあるのか

　工程表には，従来からいろいろな種類のものが使用されてきているが，それらは，工程表の目的によっては，長所・短所をもっており，選定に際しては，十分に考慮する必要がある。

表4・11　工程表の種類

名　称	バーチャート工程表	ネットワーク工程表
説　明	縦軸に作業名，横軸に作業に必要な予定日数と実施状況を合わせて示した図	○と線で表現され，先行作業とそれに続く後続作業の関係を明確に表した図
表現方法		
長　所	作成が容易。工期および所要日数が明確。	工期，重点管理作業，および作業相互関係が明確。
短　所	重点作業，作業の相互関係が不明。	全体出来高の把握が困難。

名　称	出来高累計曲線（Sチャート）	バナナ曲線
説　明	縦軸に出来高累計，横軸に時間をとり，施工量の時間的変化を表した図	縦軸に工事の出来高率，横軸に工期消化率をとり，複数の同種工事をプロットした図
表現方法		
長　所	工程速度良否の判定が可能。	管理限界が明確。
短　所	出来高以外の管理項目が不明確。	出来高以外の管理項目が不明確。

(a)　バーチャート工程表

　作業名を縦軸に，工期を横軸にとって，各作業の工事期間を横線で表したものであり，作業ごとの作業量と所要日数を把握する管理に向いている。比較的作成しやすい工程表であるが，作業の前後の関係が明確にできないため，関連性や作業における問題点を把握しにくく修正が困難という欠点がある。クリティカルパスが不明確であることから，部分的変更が全体に与える影響を発見しにくい。重点管理に不向きな工程表である。

【ヒント】

工程表の特徴をよく理解しよう

◀よく出る

基本工程表
工事全体の進捗を表で表したもの。この工程表から月間工程→週間工程と順に工程表を作成していく。

施工管理法

(b)　ネットワーク工程表（Network）

◀よく出る

今日では工程計画に欠かすことのできない手法の一つであり，工事の規模が大きいだけでなく工事の手順が複雑な場合には工事関係者全員に各作業に対する先行作業，並行作業，後続作業の相互関係や余裕の有無，遅れの日数が容易に把握できる利点がある。数多い作業の経路のうち，主要な流れと主要な作業の管理など，工程の重点管理ができる。

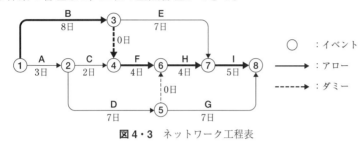

図4・3　ネットワーク工程表

①表現方法

ネットワーク工程表の表現方法には，作業が**イベント番号**で結ばれる矢線の上下に表示される**アロー型**とサークルの中に表示されるサークル型の2つがある。

- 結合点に入ってくる矢線の作業がすべて完了した後でなければ次の作業は開始できない。
- 一つの結合点から次の結合点へ入る矢線は1本とする。
  一つの結合点から同時に2つ以上の作業が開始される場合は**ダミー**を用いる。
- 開始の結合点と終了の結合点はそれぞれ1つである。
- サイクルを構成しない。

②長所と短所

〈長所〉

- 重点管理作業の把握が容易
- 各作業の関連性の把握が容易
- 労務・資材等の投入時期の把握が容易
- 工期短縮の方針を立てやすい

〈短所〉

- 作成に手間がかかる
- 各作業の進捗状況が把握しにくい
- 全体の出来高が把握しにくい

③用語の定義

- **パ ス**：ネットワークの中で2つ以上の作業のつながりをいう。
- **クリティカルパス**（CP）：開始結合点から終了結合点に至る最長パス（まったく余裕ないパス）

　ネットワークにおいて，出発点から終点のイベントに至る経路は複数あるが，この中で最も時間のかかる最長経路を**クリティカルパス**という。トータルフロートが0の作業を開始結合点から終了結合点までつないだものがクリティカルパスになる。図4・4ではこれを太線で示す。クリティカルパス上の工事が遅れると工期全体が延びてしまうので，クリティカルパス上に**マイルストーン（重点管理日）**を置く。クリティカルパス以外の作業でも，フロート（余裕日数）を使い切ってしまうと，クリティカルパスになる。

・**最早開始時刻**（EST）：作業を始めうる最も早い時刻（一番早く開始できる時間）

　最早開始時刻は，各イベントにひとつずつあり，図4・4のように，各イベントの右寄り，後続作業側の□内に記入する。二つのアローが流入するイベント，すなわち先行イベントが複数ある場合は，大きいほうの数字とする。最終イベントの最早開始時刻がこの工事の**工期**となり，各イベントの最早開始時刻をつないだ経路がクリティカルパスとなる。すなわち，クリティカルパスの所要日数が工期となる。なお，クリティカルパスはひとつとは限らない。

【ヒント】
◀計算方法を
覚えよう

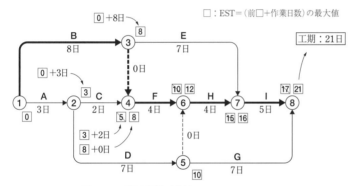

図4・4 最早開始時刻とクリティカルパス

・**最早終了時刻**（EFT）：作業を終了しうる最も早い時刻（一番早く終了できる時間）。最早開始時間（EST）に作業日数（D）を加えて得られる。
・**最遅開始時刻**（LST）：プロジェクト工期に影響のない範囲で最も遅く当該作業を開始してもよい時刻（最も遅く始められる時間）。その作業の最遅終了時刻（LFT）から作業日数（D）を減じて得られる。
・**最遅終了時刻**（LFT）：プロジェクト工期に影響のない範囲で最も遅く当該作業を終了してもよい時刻（最も遅く終了できる時間）
・**最遅結合点時刻**（LT）：工期に影響することなく，各結合点が許される最も遅い時刻

施工管理法

　図4·5に示すように，以下のような手順で最終イベントから順次逆算
して求め，最早開始時刻□の左，前作業側に○を記入する。

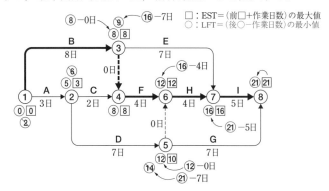

図4·5　最遅完了時刻とLFTクリティカルパス

ⅰ）**最終イベントの最遅完了時刻 ＝ 工期（＝最終イベントの最早開始時刻）**とする。

ⅱ）**あるイベントの最遅完了時刻 ＝ 後続イベントの最遅完了時刻 － 作業の所要日数**

　ただし，後続イベントが複数あるときは最小値を採用する。

④**余 裕 日 数（フロート）**

　余裕日数には，作業別に次の3種類がある。○＞□のとき，その前後の作業で余裕が発生する。

(a)　**総余裕日数（TF：トータルフロート）**

　　総余裕日数＝当該作業の最遅終了時刻（LFT）－当該作業の最早終了時刻（EFT）

　作業を最早開始時刻で始め，最遅完了時刻に終わる場合の余裕日数。経路共通の余裕で，トータルフロートが0の作業をつないだものが，クリティカルパスになる。

(b)　**自由余裕日数（FF：フリーフロート）**

　　自由余裕日数＝後続作業の最早開始時刻－（当該作業の所要日数＋最早開始時刻）

　作業を最早開始時刻で始め，後続イベントも最早開始時刻に始めてなお存在する余裕日数。後続の作業に影響を与えることなく，その作業が単独でもつ余裕。

(c)　**干渉余裕日数（DF：デペンデントフロート）**

　　独立余裕日数＝総余裕日数 TF － 自由余裕日数 FF

　消費しなければ，次の作業に持ち越せる余裕。また上式の関係から，**TF ＝ FF ＋ DF** でもある。

(c) 出来高累計曲線（Sチャート）

　横軸で工程の進捗状況を，縦軸に工事の出来高状況を表す。この組合せにより，工程速度の良否の判定をする工程表である。曲線の傾きが大きいと工事が進捗していることを，水平になると工事が進捗していないことを示している。しかし，出来高以外は不明確であり，他の管理項目には不向きである。

　出来高累計曲線は，図4・6に示すように，つりがね形をした毎日の出来高（左図）を累計して作成する。

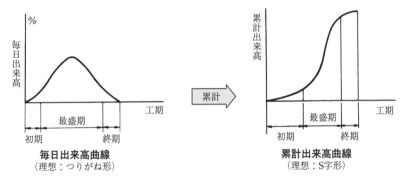

図4・6　毎日出来高曲線と累計出来高曲線

　Sカーブは3つの部分に大別でき，各段階の特徴は以下の通りである。

　初　期：仮設備・段取りなどで出来高は少ない。出来高を急増しようとすると不経済となる。

　最盛期：毎日の出来高は順調に増大するが，できるだけ平滑化を図る。

　終　期：仕上げ・後片付けなどで毎日の出来高は少なくなる。

　なお，出来高累計曲線は各作業の工程管理用として用いられるのではなく，工程全体の進度を判断するためのものであることから，バーチャートと組み合わせて利用されることが多い。

(d) バナナ曲線工程表

　横軸に時間経過，縦軸に出来高をそれぞれ百分率でとり工程として安全な管理範囲を示す。

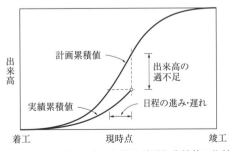

図4・7　Sチャートにおける計画と実績値の比較

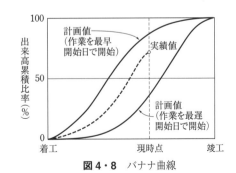

図4・8　バナナ曲線

4・2・3　工期とコストの関係

　総工事費（総コスト）は，①直接工事費と②間接工事費に一般管理費，消費税相当額を加えたものである。直接工事費，関節工事費と工期の関係は図4・9のとおりである。

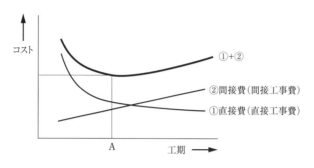

図4・9　工事費と工期の関係

　①は工期に対して反比例して減少し，②は工期に比例して増加する。上図のからもわかるように，総工事費（総コスト）は，工期があまりに短くなると増加し，逆に長過ぎても増加する。工期を短くしたからといって総工事費が抑えられるとは限らない。

　最適工期（適正工期）　総工事費を最小にする工期のことで，直接工事費と間接工事費の和が最小となる工期（A点）である。

　直接工事費　材料費・労務費・機械経費などのように工事の目的に直接使われる費用をいい，一般的に，工期が短くなるにつれて増加する。

　間接工事費　共通仮設費・現場管理費・減価償却費など工事に間接的に使われる費用をいい，工期が長くなるにつれ間接工事費も増加する。

　ノーマルタイム（標準時間）　直接費が最小となるときに要する工期。

　クラッシュタイム（特急時間）　どんなに直接費を投入しても，ある限度以上には短縮できない工期。

　突貫工事になると工事原価が急増するが，その理由として，

①　材料の手配が施工量の急増に間に合わず，労務の手持ちが生ずる。

②　1日の施工量の増加に対応するため，仮設及び機械器具の増設が生じる。

③　一交代から二交代へと1日の作業交代数の増加に伴う現場経費が増加する。

④　型枠支保工材，コンクリート型枠等の使用量が，施工量に比例的でなく急増する。

などがあげられる。

4・2・4 工程の合理化，工期の短縮

(1) タクト手法

◀よく出る

工程計画の**タクト手法**は，中高層建物の地上工事のように，同一設計内容の基準階が多い場合や，事務所，住宅，ホテル客室などのように，仕上工事で連続的に繰返す施工が多い工事の場合，1フロアー（あるいは1ブロック）の作業パターンおよび各作業の所要期間を一定にして，順次連続で作業ができるようにした工程計画手法である。1つのタクト期間で終わらない作業は，2つ分または3つ分のタクト期間を設定する。

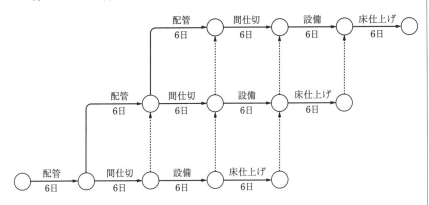

図4・10 仕上げ設備のタクトの例

・タクト手法は，各作業が連動して進むため，1つの作業の遅れは全体の作業を停滞させる原因となる。流れを止めないことが重要である。仮に，何かのタクトの遅延が予想される場合には，一時的に作業人数を投入するなどして，他のタクトに影響を及ぼさないような管理が必要である。

・一般的にタクト手法では，繰返し作業により習熟効果が生じて，生産性が向上する。当初のタクト期間を，工事途中から短縮する，または1つのタクトに投入する作業人数を削減するなど，省力化（工期短縮）が可能になる。

・一連の作業は同一の日程で行われ，次の工区へ移動することになるので，各工程が切れ目なく実施できる。

・タクト工程表の中に習熟曲線を想定して，効率的な工程計画を行うには，高度な知識と技術を要する。

施工管理法

(2)　**工期の短縮**

◀よく出る

工期短縮のポイントは,

① 全体の搬送回数を減らす

② 揚重機の稼働率を上げる

③ 作業効率の向上

である。

工期短縮を図るために行う工区の分割は,各工区の作業数量が同等になるようにする。

一般的に,躯体工事はクリティカルな工程である。この主要な工程が少なくなることは,工程管理上効果的である。

(a)　**先組工法**

鉄骨建方と同時に鉄筋材料を組み立てる先組工法は,全体の搬送回数を減らし,揚重機の稼働率を上げる点で,工期短縮に効果的である。鉄筋の組立てを,鉄骨のストックヤードで作業することで,高所作業も減るなど,安全面での効果もある。

(b)　**工業製品化**

工業製品に代替できると,現場での作業量が減り,養生期間など躯体独特の品質管理上の工程も圧縮できる。

①**デッキプレートの採用**

スラブ型枠に床型枠用鋼製デッキプレートを採用することは,スラブ型枠材料の解体工事手間および支柱の数量が減ることになり,材料搬送の回数の圧縮につながるとともに,作業効率が向上するため,工期短縮に効果的である。スラブ型枠の解体材が出ないことは,環境配慮に効果的であり,支柱本数が減ることから,下階の作業床も広く利用できるなど,さまざまな効果が期待できる。反面,貫通孔が開けにくいこと,躯体への掛かり代分の梁躯体のふかしが増えることなど,安全面・コスト面での十分な検討が必要になる。

②**PC の採用**

ハーフ PC 板を床に使用する工法は,支柱の省略や型枠の取外しがないことから省力化,工期短縮が図れる。

タイル打込みハーフ PC 板を使用することにより,外装工事の現場での作業量が大幅に省力化できる。同様に,躯体工事の外部型枠が不要になることは,工事手間の圧縮である。

③**ALC の採用**

内部の非耐力壁を,現場打ちコンクリートから ALC パネルに変更することは工程短縮につながる。

(c) 内装工事の合理化

システム天井は，工事加工されユニットになった構成部材を，あるモジュールで取り付け組み立てする作業である。在来の天井工事に比べ，天井下地材が減り，天井埋め込み器具類の開口部周りの作業が減るなど，材料も手間も省力化できることで，工程短縮方法として効果的である。

(3) 所要工期算出

鉄骨工事の所要工期算出にあたっては，各作業の一般的な能率を把握しておく必要がある。

以下にいくつか例を示す。

・トラッククレーンによる建方の取り付けピース数は，1台1日あたり30〜35 ピースとする。

・タワークレーンの揚重ピース数は，1日あたり40〜45 ピースとする。

・トルシア形高力ボルトの締取付本数は，3人1組で1日あたり450〜700本程度，1人1日あたり200本程度とする。

・現場溶接は，溶接工1人1日あたりボックス柱で2本，梁で5箇所程度とする。

・鉄骨のガスシールドアーク溶接による現場溶接の作業効率は，1人1日当たり6 mm 換算溶接長さで80 m として計算する。

・タワークレーンのクライミングに要する日数は，1回あたり1.5 日程度とする。

・タワークレーンの鉄骨建方作業のみに占める時間の割合は，補助クレーンを併用した場合でも25％程度とする。

・建方用機械の鉄骨建方作業占有率は，60％として計算する。

施工管理法

4・3 品　質　管　理

「品質管理」では，躯体工事の材料品質，仕上工事の施工品質，そして QMS（Quality Management System）に関して出題されている。また，品質管理の手法，検査の意味についての出題も多い。工事ごとの品質は，各施工と合わせて品質管理が必要となるポイントを学習する。ツール，検査については，その目的と管理方法などを体系的に理解する。

4・3・1　品質管理計画

(1)　品質管理の定義

品質管理（**QC**；Quality Control）とは，発注者が要求する品質を確保し，向上させるために，施工段階で行う様々な管理のことである。試験や検査により点検や確認だけの業務を行うのではなく，プロセスに重点を置いた管理としなくてはならない。

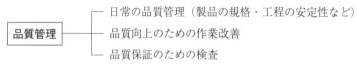

品質管理 ── 日常の品質管理（製品の規格・工程の安定性など）
　　　　 ── 品質向上のための作業改善
　　　　 ── 品質保証のための検査

(2)　品質管理の考え方

品質管理計画では，設計品質を確認して重点的に管理する項目や管理目標を設定し，管理目標を可能な限り管理値として明示する。この管理値は次工程に渡してもよい基準として設定する。

これから挑戦し，または実現しようとするものを「改善目標」といい，既に実現している目標を「管理目標」という。管理目標は，品質項目の管理水準など今後も維持していかなくてはならない重要な指標であり，異常が起きたかどうか判断するのに必要な基準となる管理値である。

発注者ニーズや目標の設計品質を確認して，設定された管理目標および重点管理項目を実現するために，関連する工事関係部門をグループ化するとともに，各部門の品質管理活動に必要な業務分担，責任および権限を明確にした組織作りを行う。

記録は，施工者と監理者が双方で確認し，品質管理計画段階において，どのような記録を作成し，保管すべきかを明確にしておく。作業履歴などを調べたいときにすぐに見つけだせるようにするルールや，保管期間・保存期間を決めて管理する。

施工管理法

(3)　建築施工の品質

　品質管理は，すべての品質について同じレベルで行うよりは，守るべき品質目標に対して重みづけを行い，**重点的な管理等**を行うことが要求品質に合致したものを作ることにつながる。

　発注者が要求する基本的な要求事項としては，建築物の仕上り状態，機能や性能，使用材料等について定めているのみならず，耐久性・保守性，省力化などの建物のライフサイクルに関すること，さらには，管理のしやすさ，使いやすさなど，施設運営上の要求事項や，環境配慮に関することなど，広範囲にわたる。計画段階で施工情報を検討する方が効率的な品質管理ができる。

　品質計画は，総合施工計画書の一部として計画する。品質計画には，設計図書で要求された品質実現を目的として，品質目標，品質管理方針，品質管理体制，重点管理項目，工種別施工計画書作成要領，検査立会い項目，養生計画，不具合発生時の対応等が具体的に記載される。さらには，関係者に周知され，目的・目標意識が共有されることが重要である。

　品質確保のための作業標準が計画できたら，作業がそのとおりに行われているかどうかの管理に重点をおく。

　試験または検査の結果に疑義が生じた場合，品質計画に則り適切な処理を施す。速やかに原因を究明し，特定された課題に対しての改善対策を検討するとともに，不具合事項の排除と修正を行う。再発防止についても，関連する工事まで配慮の上，検討を行い必要な処置をとるとともに，関係者全員で，課題認識を共有し，再発防止の徹底に努める。

(4)　施工品質管理表（QC 工程表）作成時における注意点

①　管理項目は，請負者が定めた重点管理項目をとりあげる。

②　工種別又は部位別とし，管理項目は作業の重要度に関わらず施工工程に沿って並べる。

③　工事監理者，施工管理者，専門工事業者の役割分担を明確にする。

④　検査の時期，頻度，方法を明確にする。

⑤　管理値を外れた場合の処置を考えておく。

施工管理法

4・3・2 ISOと品質管理用語

(1) ISO 9000 と JIS Q 9000（品質マネジメントシステム —— 基本および用語）

日本では JIS（日本産業規格）によって日本国内における品質の基準を定めてきたが，国際標準規格を定め，この規格に統一したほうがより利便性が高まると考えられるようになった。ここに登場したのが**国際標準化機構 (ISO)** である。

建築工事に関する ISO には，設計・生産・管理に関する ISO9000 シリーズと，環境保全関係の ISO14000 シリーズがある。

ISO9000 シリーズは，「品質管理及び品質保証に関する国際規格」で，規格番号が 9000 番台をあてがわれた規格の総称である。

この 9000 シリーズの規格は，製品そのものの規格ではなく，製品をつくり出すシステムに関する評価の規格である。

ISO9000 シリーズは 2000 年に大幅な規格改訂があり，ISO9000，9001，9004 の3つに集約された。日本では，これらの ISO9000 シリーズを翻訳し，JIS も JIS Q 9000 ファミリー規格として，JIS Q 9000，9001，9004 を制定している。

JIS Q 9000 は，ISO 9000 を技術的内容および規格票の様式を変更することなく翻訳・作成したものである。

(a) **品質に関する用語**　　　　　　　　　　　　　　　　　　　◀よく出る

　ⅰ） **品質**：本来備わっている特性の集まりが，要求事項を満たす程度をいい，"本来備わっている" とは，"付与された" とは異なり，そのものが存在している限りもっている特性を意味する。

　ⅱ） **要求事項**：明示されている，通常暗黙のうちに了解されている，または義務として要求されているニーズもしくは期待。

　ⅲ） **顧客満足**：顧客の要求事項が満たされている程度に関する顧客の受けとめ方。

　ⅳ） **実現能力**：要求事項を満たす製品を実現する組織，システムまたはプロセスの能力。

(b) **マネジメントに関する用語**　　　　　　　　　　　　　　　◀よく出る

　マネジメント（運営管理，運用管理）組織を指揮し，管理するための調整された活動。

　ⅰ） **システム**：相互に関連するまたは相互に作用する要素の集まり。

　ⅱ） **マネジメントシステム**：方針および目標を定め，その目標を達成するためのシステムをいう。組織のマネジメントシステムには，例えば，品質マネジメントシステム，財務マネジメントシステムまたは環境マネジメントシステムといった，複数の異なるマネジメントシステ

ムを含むことがある。

iii)　**標準**：関連する人々の間で利益または利便が公正に得られるように，統一し，または単純化する目的で，もの（生産活動の産出物）及びもの以外（組織，責任権限，システム，方法など）について定めた取り決め。

iv)　**品質マネジメントシステム**：品質に関して組織を指揮し，管理するためのマネジメントシステム。

v)　**品質方針**：トップマネジメントによって正式に表明された，品質に関する組織の全体的な意図および方向付け。

vi)　**品質目標**：品質に関して，追求し，目指すもの。

vii)　**トップマネジメント**：最高位で組織を指揮し，管理する個人またはグループ。

viii)　**品質マネジメント(QM)**：品質に関して組織を指揮し，管理するための調整された活動をいう。品質に関する指揮および管理には，通常，品質方針および品質目標の設定，品質計画，品質管理，品質保証および品質改善が含まれる。

ix)　**品質計画**：品質目標を設定すること，並びにその品質目標を達成するために必要な運用プロセスおよび関連する資源を規定することに焦点を合わせた品質マネジメントの一部。

x)　**品質管理（QC）**：品質要求事項を満たすことに焦点を合わせた品質マネジメントの一部。

xi)　**品質保証**：品質要求事項が満たされるという確信を与えることに焦点を合わせた品質マネジメントの一部。

xii)　**品質改善**：品質要求事項を満たす能力を高めることに焦点を合わせた品質マネジメントの一部。

xiii)　**有効性**：計画した活動が実行され，計画した結果が達成された程度。

xiv)　**効率**：達成された結果と使用された資源との関係。

(c)　**組織に関する用語**

i)　**組織**：責任，権限および相互関係が取り決められている人々および施設の集まり。

ii)　**インフラストラクチャー**：組織の運営のために必要な施設，設備およびサービスに関するシステム。

(d)　**プロセスおよび製品に関する用語**

i)　**プロセス**：インプットをアウトプットに変換する，相互に関連する又は相互に作用する一連の活動をいう。

　　プロセスのインプットは，通常，他のプロセスからのアウトプットである。また，組織内のプロセスは，価値を付加するために，通常，管理された条件のもとで計画され，実行される。

ⅱ）　**工程（プロセス）管理**：工程（プロセス）の出力である製品またはサービスの特性のばらつきを低減し，維持する活動のことである。

ⅲ）　**製品**：プロセスの結果。

ⅳ）　**プロジェクト**：開始日及び終了日を持ち，調整され，管理された一連の活動からなり，時間，コストおよび資源の制約を含む特定の要求事項に適合する目標を達成するために実施される特有のプロセス。

ⅴ）　**手順**：活動またはプロセスを実行するために規定された方法。

(e)　**特性に関する用語**

ⅰ）　**品質特性**：要求事項に関連する，製品，プロセスまたはシステムに本来備わっている特性をいう。

　　　"本来備わっている"とは，そのものが存在している限りもっている特性を意味し，"製品，プロセスまたはシステムに付与された特性（製品の価格，製品の所有者など）は，その製品，プロセスまたはシステムの品質特性ではない。

ⅱ）　**ディペンダビリティ**：アベイラビリティ及びその影響要因，すなわち信頼性・保全性および保全支援の能力を記述するために用いる用語の総称。

ⅲ）　**トレーサビリティ**：考慮の対象となっているものの履歴，適用又は所在を追跡できること。

(f)　**適合性に関する用語**

ⅰ）　**不適合**：規定要求事項を満たしていないこと。

ⅱ）　**欠陥**：意図された用途または規定された用途に関連する要求事項を満たしていないこと。

ⅲ）　**予防処置**：起こり得る不適合またはその他の望ましくない起こり得る状況の原因を除去するための処置。発生を未然に防止するためにとる処置である。

ⅳ）　**是正処置**：検出された不適合またはその他の検出された望ましくない状況の原因を除去するための処置。不適合の原因が何であったかを明らかにすることが必要で，その原因が除去されれば，再発の可能性がなくなるので再発防止策になる。

ⅴ）　**修正**：検出された不適合を除去するための処置。

ⅵ）　**手直し**：要求事項に適合させるための，不適合製品に取る処置。

ⅶ）　**修理**：意図された用途に対して受入可能とするための，不適合製品に取る処置。

(g)　**文書に関する用語**

ⅰ）　**品質マニュアル**：品質に関して組織を指揮し，管理するためのマネジメントシステムを規定する文書。

ⅱ）　**品質計画書**：個別のプロジェクト，製品，プロセスまたは契約に

対して，どの手順及びどの関連する資源が，誰によって，いつ適用されるかを規定する文書。

(h)　**評価に関する用語**

ⅰ)　**検査**：品質またはサービスの一つ以上の特性値に対して，測定，試験，検定，ゲージ合せなどを行って，規定要求事項と比較して，適合しているかどうかを判断する活動をいう。

ⅱ)　**試験**：手順に従って特性を明確にすること。

ⅲ)　**検証**：客観的証拠を提示することによって，規定要求事項が満たされていることを確認すること。

ⅳ)　**妥当性確認**：客観的根拠を提示することによって，特定の意図された用途または適用に関する要求事項が満たされていることを確認することをいう。妥当性確認のための使用条件は，実環境でも模擬でもよい。

ⅴ)　**レビュー**：設定された目標を達成するための検討対象の適切性・妥当性および有効性を判定するために行われる活動。

(i)　**監査に関する用語**

ⅰ)　**監査**：監査基準が満たされている程度を判定するために，監査証拠を収集し，それを客観的に評価するための体系的で，独立し，文書化されたプロセス。

ⅱ)　**力量**：知識と技能を適用するための実証された能力。

(j)　**測定プロセスの品質保証に関する用語**

ⅰ)　**計測管理システム**：計量確認および測定プロセスの継続的な管理を達成するために必要な，相互に関連するまたは相互に作用する一連の要素。

ⅱ)　**計量特性**：測定結果に影響を与え得るもので，そのものを識別するための性質。

ⅲ)　**計量機能**：計測管理システムを定め，実施するための組織的責任をもつ機能。

(k)　**サンプリング用語**

ⅰ)　**母集団の大きさ**：母集団に含まれるサンプリング単位の数。

ⅱ)　**層別**：母集団をいくつかの層に分割すること。

(l)　**仕様・規格値に関する用語**

ⅰ)　**目標値**：仕様書で述べられる，望ましい又は基準となる特性の値のこと。

4・3・3　ヒストグラム

　品質の良否を判断するために，**品質特性**を定め，それ固有の**試験**を行い，**測定値**すなわちデータを得る。このデータを基に良否を断定する基準として，① **ヒストグラム**，② 平均値などの**データの代表的数値**，さらに③ **規格値**がある。

　また，品質の時間的な変動は，次項で説明する**工程管理図**で把握することができる。

⑴　ヒストグラム

　ヒストグラムは，計量特性の度数分布をグラフ表示したもので，製品の品質の状態が規格値に対して満足のいくものか等を判断するために用いられる。

　図4・11はコンクリートのスランプ値のばらつきを示したヒストグラムである。このようにヒストグラムは，横軸にデータ区間・階級（ある値の範囲，問題・状態の属性や性質など），縦軸に度数（頻度）をとった棒グラフで，データの分布の中心位置やばらつきの度合いを把握することができる。

◀よく出る

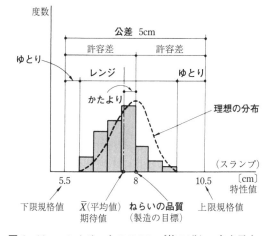

図4・11　コンクリートのスランプ値のばらつきを示す
ヒストグラム

　コンクリートのスランプ値についていえば，8 cm ± 2.5 cm を許容品質とすると，公差は5 cm となり，公差を10等分して，0.5 cm きざみとなる。

⒜　ヒストグラムの留意事項

① 全体の形状を参考にして細かい凹凸は無視する。

② 分布形状が理想的なひとつの**釣鐘状**になっているか。

③ 平均値と**ねらいの品質**（製造目標）との差が小さいか。

④ 分布幅の左右に**ゆとり**はあるか（上・下の規格限界近くまで広がっていないか）。

(b)　**ヒストグラムの関連用語**

・**平均値（x̄）**：測定データの要約値で，全データの合計を個数で除した値。

・**メジアン（Me）**：データを小さいほうから順に並べたとき，その順番の中央値。ヒストグラムでいえば面積をほぼ中央で分ける値。

・**モード（Mo）**：最頻値のことで，ヒストグラムの一番長い棒の値。通常，モードはひとつであるが，二つ以上のこともある。平均値・メジアン・モードはデータの個数が多い場合はほとんど一致する。

・**許容差**：規定された基準値と規定された限界との差。

・**許容限界**：あらかじめ許された誤差の限界の範囲。

　誤差：期待される値に対するずれの大きさのことで，観測値・測定結果から真の値を引いた値である。

　一般に精度を表す語として用いられており，定量的に物事を語る場合には忘れることのできないものである。

　誤差は少ないほど望ましいが，建築工事においては関係者それぞれが，製作誤差，製品誤差，墨出し誤差，取付け誤差，検査における誤差など，それぞれ後工程を考慮して，誤差の許容範囲の中に納まるような管理をしている。

・**かたより**：観測値・測定結果の期待値から真の値を引いた差である。なお，現実には真の値の代用として参照値または合意値が用いられる。

・**公差**：許容限界の上限と下限の差。

・**範囲（R：レンジ）**：データの最大値と最小値の差。

・**残差平方和**：個々のデータ x と平均値 $\bar{x}$ との差の平方の合計 $\Sigma(x - \bar{x})^2$。平方和または変動ともいう。

・**分散**：残差平方和をデータ総数（N）で除した値。

・**不偏分数**：残差平方和を（$N-1$）で除した値。

・**標準偏差**：分散の正の平方根である。値が大きいと測定値のばらつきは大きく，値が小さいと測定値のばらつきが小さいことを示す。

・**ばらつき**：観測値・測定結果の大きさがそろっていないこと，または不ぞろいの程度をいう。ばらつきの大きさを表すには，標準偏差などを用いる。

【ヒント】

◆標準偏差　〜「ばらつき」は標準偏差で表す〜

　例えば，以下の2組のデータがあったとします。

　　(1)　50，50，50，50，100　　　　(2)　40，50，60，60，90

　この2組の平均値はいずれも60で，最大と最小の差はいずれも50です。

　しかし，あきらかに，この2組のデータの「ばらつき」は，異なります。

　「ばらつき」を最大と最小の差としただけでは，真の「ばらつき」を表現できません。

　　(1)　$(50-60)^2+(50-60)^2+(50-60)^2+(50-60)^2+(100-60)^2 = 2000$

　　　　標準偏差 $=\sqrt{2000/5} = 20$

　　(2)　$(40-60)^2+(50-60)^2+(60-60)^2+(60-60)^2+(90-60)^2 = 1400$

　　　　標準偏差 $=\sqrt{1400/5} = 16.7$

　(1)のデータのほうが，「ばらつき」は大きいといえます。「ばらつき」は標準偏差で表すと，正確です。

(2)　正規分布と品質強度基準

　正規分布は，無限界データを測定したときのヒストグラムの形状で，建築工事の全てのデータは正規分布するものとして処理される。図4・12のように，正規分布の標準偏差 σ の内部に68.27％，2σ のとき95.45％，3σ のとき99.73％の確率でデータ数が含まれると考えられる。建築工事では，このうちの 3σ を基準としてコンクリートの品質を管理する。

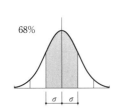

68%

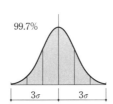

95%　　99.7%

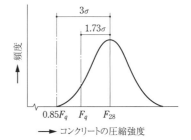

図4・12　標準偏差と正規分布の関係　　　　**図4・13**　コンクリート強度の標準偏差

　たとえば図4・13は，コンクリートの調合強度の平均値（材齢28日）$F_{28}〔\mathrm{N/mm^2}〕$としたときのコンクリートの強度の標準偏差 σ と品質基準強度 $F_q〔\mathrm{N/mm^2}〕$ の関係を示し，調合強度は $F_{28}=F_q+1.73\sigma$，$F_{28}=0.85F_q+3\sigma$ の大きいほうの値を定めるため，品質基準強度 F_q の85％を下回る確率はほとんどない。レディーミクストコンクリートの場合，3回の試験でどの1回も品質基準強度の85％を下回ってはならない。

4・3・4 管　理　図

管理限界
工程が統計的管理状態にあるとき，管理図上で統計量の値がかなり高い確率で存在する範囲を示す限界。

ある項目の推移を表し，その項目が管理できているかを示すもので工程管理図ともいう。多少のばらつきを認め，**上方管理限界**（UCL）と**下方管理限界**（LCL）の間を推移している間は管理下にあると判断する。ただし，七の法則というものがあり，平均値の上方または下方に続けて7回データが続くとそれは異常な状態である。推移を把握することで，異常事態が発生するのを事前に把握し，それに対応することができる。

(1) 管理図の見方

管理図は，横軸に時間を取り，工程の安定性を判断する基準として平均値を縦軸の中心として上下の管理限界線を設ける。点の並び方に以下の6つの傾向が現われたとき，原因を究明し，改善を行わなければならない。

◀よく出る

① 点が限界線外に出た。
② 点が片方に偏る。
③ 点が上昇または下降の傾向をもつ。
④ 点が周期をもつ。
⑤ 点が何度も限界線に近づく。
⑥ ほとんどの点が平均値付近に集まり，管理限界線の近くにない。

図4・14に①〜⑥の事例を示す。

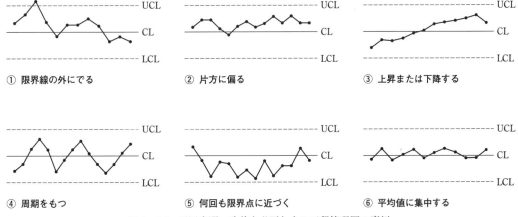

図4・14 原因究明→改善を必要とする工程管理図の事例

(2) 管理図の種類

データは，**連続的な値**と**不連続（離散的）な値**とがある。連続的な値とは，長さ，重さ，強度などの測定値で，これを**計量値**という。一方，不連続な値とは，たとえば鉄筋100本中に不良品5本とか，現場における1ヶ月の事故回数といったように，小数点以下の値を取り得ないもので，これを**計数値**という。点の分布も計量値は連続的になり，計数値は不連続となる。

(a) $\overline{X} - R$ 管理図

◀よく出る

平均値の変化を見るための$\overline{X}$管理図と，ばらつきの変化を見るためのR管理図を同時に併記し管理する図で，レディーミクストコンクリートの品質管理には，一般的に，$\overline{X} - R$管理図が用いられる。

(b) X 管理図

得られた個々のデータをそのまま用いる管理図で，データを取るのに時間や経費がかかり，データがあまりとれない場合に用いる。サンプルの個々の観測値を用いて工程を評価するための管理図であり，計量管理に使うものである。

(c) $\overline{X}$ 管理図

工程が時間とともにどのような変化をするかを見るための管理図で，サンプルの群の平均値を用いる。これだけでは製品の精度のばらつきはわからない。

(d) R 管理図

時間とともに工程のばらつきがどのように変化するかを見るための管理図で，群のデータのばらつき範囲を用いて工程の分散を評価するための管理図である。

(e) $\overline{X} - R_s - R_m$ 管理

個々のデータをそのまま時間的に順次並べて管理していくもので，一点管理という。$\overline{X} - R$管理図のように多くのデータが得られず群に分けられないときに用いる。$\overline{X}$はデータの平均値，R_sは相隣するデータの差の絶対値，R_mはレンジでデータの最大幅を意味する。

(f) P 管理図・P_n 管理図

ボルト，ナット，釘などの製品の不良品に用いる。P管理図はサンプル中の不良品の割合（不良率），P_n管理図は不良個数で表したものである。

(g) C 管理図・U 管理図

ひとつの製品に欠点が何箇所あるかを検討するときに用いる。C管理図はサンプルの大きさが一定単位のとき（一定の面積の板や1台のテレビなど）に用いる。これに対し，U管理図はサンプリングした板の大きさが一定でないときに用いる。

(h) np 管理図

サンプルサイズが一定の場合に，所与の分類項目に該当する単位の数を評価するための計数管理図である。

(i) R 管理図

群の範囲を用いて変動を評価するための計量値管理図である。

(j) s 管理図

群の標準偏差を用いて変動を評価するための計量値管理図である。

4・3・5　各種品質管理図表（QC 工程図表）

品質管理に用いられる図表をまとめると，表4・12のようになる。

表4・12　品　質　管　理　図　表

図表名	表示内容	図表の表示名
統計図表	数の比較，累計	ヒストグラム，パレート図
分析図表	原因の分析	特性要因図，連関図，散布図
記録図表	時間とデータの記録	管理図，工程能力図，チェックシート
日程図表	日程の作業	ネットワーク式工程表，バーチャート，曲線式工程表
系統図表	系統や組織	連絡網，安全組織図
計算図表	データとデータの関係図	ノモグラフ

このうち主要なものは，① ヒストグラム，② 管理図，③ チェックシート，④ 特性要因図，⑤ パレート図，⑥ 散布図，⑦ グラフ　の7つで，品質管理（QC）の七つ道具などといわれ，データを数値的・定量的に表し分析するために用いられる。QC 七つ道具をどのような作業に対して利用できるかは以下の通り。

表4・13　QC 七つ道具

【凡例】◎：特に有効　　○：有効

	QC 七つ道具						
	ヒストグラム	管理図	チェックシート	特性要因図	パレート図	散布図	グラフ
テーマの選定	○	○	○	○	◎		○
現状の把握	○	○	○	○	○		◎
目標の設定		○	○		○		◎
要因と特性の関係を測定				◎		○	
過去の状況や現状を測定	◎	◎	◎		○		◎
層別して測定	◎	○	○	○	○	◎	○
時間的変化の測定		◎					○
相互関係の測定					○	◎	○
対策の検討・評価・実施				◎			○
効果の確認	◎	◎	○		○		○
標準化と管理の徹底	○	◎	◎				○

①と②については前項までに詳述したので，本項では主に③以降について，図表を示し説明する。

(1)　特性要因図

特性要因図とは，特性とそれに影響を及ぼす要因の関係を矢印で体系的に表したもの。特性とは，原因を探る対象であり，問題や結果などがこれにあたる。改善項目決定後に，その項目に関係すると

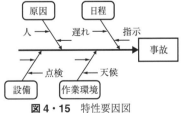

図4・15　特性要因図

考えられる要素を挙げ，それらの関係性を明らかにする。

結果や問題を導いた要因の関係性を明らかにすることで，改善すべき対象を明らかにする。要因の次元をそろえ，末端は具体策がとれるまで細分化する。

(2)　チェックシート／チェックリスト

チェックシートとは，チェックまたは管理に必要な確認要点項目を前もって抽出して一覧にした表のことをいう。欠点や不良項目などのデータを取るためまたは作業の点検確認をするために用いられる。

(3)　パレート図

パレート図とは，縦軸に割合，横軸に項目をとり，左から数値が大きい順に項目別の棒グラフを並べ，累積度数分布線（各要素のパーセンテージを次々に足し合わせた線）を描いたものである。パレート図を作成することで，どの項目がどの程度結果に対して影響力をもっているのか把握することができる。影響力の大きな項目に対しては，重点管理項目として集中的に管理するなど，影響力の度合いによって管理方法を使い分けることで，効率的な管理活動が行える。

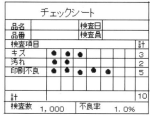

図4・16　チェックシート

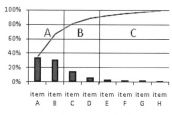

図4・17　パレート図

(4)　散布図

対応する2つの特性を横軸と縦軸にとり，観測値を打点して作るグラフである。2つの変数間の相互関係を調べるために用いられ，対角線上に点が集中していると相関関係が深いことを確認することができる。

(5)　グラフ

2つの変数間の関係を図形で表わしたもの。

折れ線グラフ，円グラフ，棒グラフなどが用いられる。

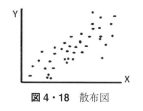

図4・18　散布図

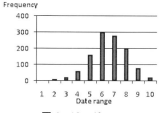

図4・19　グラフ

(6) その他の図表

原語データを扱う手法として，新 QC 七つ道具といわれる手法がある。
① 系統図，② 連関図，③ 親和図，④ アローダイアグラム，⑤ マトリックス図法，⑥ PDPC 法，⑦ マトリックスデータ解析法の 7 つで，以下にいくつか図表を示す。

系統図
設定した目的や目標と，それを達成するための手段を系統的に展開した図

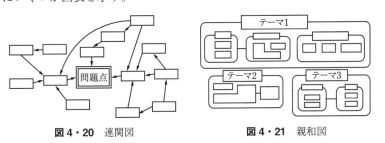

図 4・20　連関図　　　　　　図 4・21　親和図

4・3・6　検査・試験

(1)　全数検査と抜取検査

検査とは，施工された構造物の品質を定められた方法で測定し，この結果を判定基準と照合し，その良否を判定することである。検査の方法は，大別して**全数検査**と**抜取検査**の二つがある。

(a)　全数検査

全数検査とは，製品を一つ一つ調べて不良品を取り除くもので，品質を保証する点から最も望ましい方法である。しかし，多数の検査をするときや**破壊検査**となるときは不可能であり，時間と経費もかかる。また，必ずしも全ての不良品を取り除くことはできない。

① 全数検査の条件

・不良率が大きく，所定の品質基準に達していない。

・不良品を見逃すと人命にかかわり，後の工程や消費者に大きな損失を与える。

・検査費用に比較して得られる効果が大きい。

・全数検査が容易にできる。

・非破壊検査ができる。

(b)　抜取検査

建築工事における材料，施工の検査には抜取検査が行われることが多い。抜取検査は対象となる物品の量が非常に多い場合や連続して生産される場合を対象として行われる（JIS Z 9015）。検査しようとする 1 集団の製品（これを**ロット lot** という）からあらかじめ定められた検査の方式に従ってサンプルを抜き取って試験し，その結果に基づいてそのロット集団の合否を判定する。また抜取検査では製造工程が管理状態にあり，そのまま次工程に流れても損失が問題にならないと判断される場合，ロット単位の抜取検査を省略

ロット
等しい条件下で生産され，または生産されたと思われる品物の集まり。
非破壊検査
非破壊試験の結果から，規格などによる基準に従って合否を判定する方法。品物を試験してもその商品価値が変わらない検査。

施工管理法

（**無試験検査**）することがある。

無試験検査
サンプルの試験を行わず，品質情報，技術等に基づいてロットの合格，不合格を判定する。

① 抜取検査の条件

抜取検査はロット内の個々の製品を別々に処理するものではないので，製品がロットとして処理できる場合に限られる。

・合格ロットの中にある程度の不良品が混入してもよい場合。

・試料の抜取りがランダムにできること。

・誰がいつ検査をしても同じ結果が出るように，適切な計測方法，計器，測定値の必要けた数まで，基準が明確であること。

必然的にサンプリングの数は標準偏差既知の場合のほうが標準偏差未知のものよりも少なく，費用も少なくてすむ。

② 抜取検査の長所

全数検査に比べて次のような長所がある。

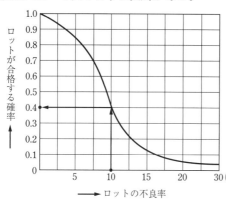

OC曲線（検査特性曲線）
ロットの抜取検査でロットの不良率と合格率との関係を表す曲線。この事例では不良率10%で合格率40%まで下がる。不良率が大きく品質水準に達しない製品は全数検査が望ましい。

図4・22　OC曲線

・品質について（結果として）情報がつかめる。

・生産者に品質改善の圧力を与える。

・全数検査に比べ，検査員の肉体的・精神的負担がなく，かえってより品質を保証することになる。

・全数検査の結果をチェックできる。

③ 抜取検査の分類

(a) 計数抜取検査

不良個数による抜取検査（ロットの品質を不良点数で表し，合否を判定）

欠点数による抜取検査（ロットの品質を平均点数で表し，合否を判定）

(b) 計量抜取検査

特性値による抜取検査ロットから試料を抜き取り，試料の特性を測定し，その平均値，標準偏差，範囲などが決められた条件に合致すれば合格，しなければ不合格と判定する。

(2) **各種検査・試験**

(a) **鉄筋のガス圧接部の試験**

圧接完了後，次により試験を行う。

施工管理法

(1)　外観試験

(ⅰ)　圧接部のふくらみの形状及び寸法，圧接面のずれ，圧接部における鉄筋中心軸の偏心量，圧接部の折れ曲り，片ふくらみ，焼割れ，へこみ，垂下がりその他有害と認められる欠陥の有無について，外観試験を行う。

(ⅱ)　試験方法は，目視により，必要に応じてノギス，スケールその他適切な器具を使用する。

(ⅲ)　試験対象は，全圧接部とする。

(ⅳ)　外観試験の結果不合格となった場合の処置は，以下による。

①　圧接部のふくらみの直径やふくらみの長さが規定値に満たない場合は，再加熱し，圧力を加えて所定のふくらみとする。

②　圧接部のずれが規定値を超えた場合は，圧接部を切り取り再圧接する。

③　圧接部における相互の鉄筋の偏心量が規定値を超えた場合は，圧接部を切り取り再圧接する。

④　圧接部に明らかな折れ曲りを生じた場合は，再加熱して修正する。

⑤　圧接部のふくらみが著しいつば形の場合又は著しい焼割れを生じた場合は，圧接部を切り取り再圧接する。

(2)　抜取試験は，超音波探傷試験又は引張試験とする。

(ⅰ)　超音波探傷試験

①　1ロットは，1組の作業班が1日に行った圧接箇所とする。

②　試験の箇所数は1ロットに対し30箇所とし，ロットから無作為に抜き取る。

(ⅱ)　抜取試験で不合格となったロットの処置

①　直ちに作業を中止し，欠陥発生の原因を調査して，必要な改善措置を定め，監督職員の承諾を受ける。

②　不合格ロットは，残り全数に対して超音波探傷試験を行う。

③　試験の結果，不合格となった圧接箇所は，監督職員と協議を行い，圧接箇所を切除して再圧接する。

(c)　再加熱又は圧接部を切り取り再圧接した箇所は，外観試験及び超音波探傷試験を行う。

(d)　不合格圧接部の修正を行った場合は，その記録を整理し，監督職員に提出する。

国交省大臣官房官庁営繕部監修『公共建築工事標準仕様書』（5.4.9，5.4.10より）参照

施工管理法

(b)　コンクリート工事の検査・試験

レディーミクストコンクリートの受入れ検査では，スランプ，空気量，塩化物含有量，コンクリート温度，圧縮強度等の検査を行う。受入れ検査は，荷卸しの現地とするが，塩化物含有量については工場での出荷時でもよい。

塩化物量は，塩化物イオン量で 0.30 kg/m³ 以下とする。

主な検査の判定基準を以下に示す。

表 4・14 コンクリート空気量の許容差

コンクリートの種類	空気量（%）	許容差（%）
普通コンクリート	4.5	
軽量コンクリート	5.0	± 1.5
舗装コンクリート	4.5	
高強度コンクリート	4.5	

表 4・15 スランプの許容差

指定スランプ（cm）	許容差（cm）
5 および 6.5	± 1.5
8 以上 18 以下	± 2.5
21	± 1.5

※スランプの測定は，スランプゲージを用いて行い，スランプコーンを引き上げた後のコンクリート最頂部の下がりを測定する。

表 4・16 圧縮強度試験手順

	受入れ検査	構造体コンクリート検査
供試体採取方法	普通，軽量，舗装コンクリート 　　打込み工区ごと 　　打込日ごと 　　かつ，150 m³ またはその端数 　　ごとに 1 回。 高強度コンクリート 　　打込み工区ごと 　　打込日ごと 　　100 m³ またはその端数 　　ごとに 1 回。 任意の 1 台の運搬車から 3 個採取する。 3 回の試験で 1 検査ロットとする。	打込み工区ごと 打込日ごと かつ，150 m³ またはその端数 ごとに 1 回。 適当な間隔を置いた 3 台の運搬車から 1 個ずつ合計 3 個採取する。
養生方法	標準養生	（一般コンクリートの場合） 材齢 28 日　　　：標準養生または 　　　　　　　　　現場水中養生 材齢 28 日を越え，91 日以内：現場封かん養生

① 高流動コンクリートの荷卸し地点でのスランプフローは 55 cm 以上，65 cm 以下とする。許容範囲は ± 7.5 cm とする。

② 1 回の試験における塩化物量は，同一試料からとった 3 個の分取試料についてそれぞれ 1 回ずつ測定し，その平均値から算定する。

③ 構造体コンクリート部材の断面寸法の許容差は，柱・梁・壁においては － 5 mm から ＋ 20 mm [※] までとする。

④ コンクリート部材の設計図書に示された位置に対する各部材の位置の許容差は，±20 mm とする。

⑤ 化粧打放しコンクリート仕上げ壁面の仕上がりの平坦さは，3 m につき 7 mm 以下とする。

⑥ ビニル床シート下地のコンクリート面の仕上がりの平坦さは，3 m につき 7 mm 以下とする。

(c) 日本工業規格（JIS）による鋼材の引張試験

引張強さ：引張強度ともいい，最大引張荷重を平行部の原断面積で除した値である。降伏後に試験片が耐えた最大の荷重が上降伏点より低い材料

※)
国土交通省 公共建築工事標準仕様書では「0〜＋20」，JASS5 鉄筋コンクリート工事では「－5〜＋20」と記載されている。

については，降伏後の最大の荷重を平行部の原断面積で除した値とする。

　破断伸び：試験片破断後における永久伸びである。

　上降伏点：引張試験の経過中，試験片平行部が降伏し始める以前の最大荷重を平行部の原断面積で除した値である。

　絞り：試験片破断後における最小断面積とその原断面積との差の原断面積に対する百分率をいう。

(d)　鉄骨の溶接部

①　表面欠陥については，非破壊試験（磁粉探傷試験，浸透探傷試験）を行う。

　磁粉探傷試験：磁性粉末を含む適切な試験媒体を利用し，漏えい磁界によって表面及び表面近傍のきずを検出する非破壊試験である。磁粉により微細な欠陥を容易に検出することができる。

　浸透探傷試験：一般に浸透処理，余剰浸透液の除去処理，および現像処理で構成される表面に開口したきずを指示模様として検出する非破壊試験である。

②　内部欠陥については，非破壊試験（超音波探傷試験，放射線透過試験）と破壊試験（マクロ試験）がある。

　超音波探傷試験：探触子から発信する超音波の反射波を利用して，溶接の内部欠陥を検出する非破壊試験である。

　放射線透過試験：放射線を試験体に照射し，透過した放射線の強さの変化から，試験体内部のきずを調べる非破壊試験である。

　マクロ試験：溶接部の断面または表面を研磨または腐食液で処理し，肉眼または低倍率の拡大鏡で観察して，溶込み，熱影響部，欠陥などの状態を調べる試験である。

③　鉄骨の隅肉溶接の検査で，のど厚を確保するための余盛の高さは6 mm以下とする。

名称	図	管理許容差	限界許容差
隅肉溶接の余盛の高さ Δa		$0 \leq \Delta a \leq 0.4S$ かつ $\Delta a \leq 4\,\mathrm{mm}$	$0 \leq \Delta a \leq 0.6S$ かつ $\Delta a \leq 6\,\mathrm{mm}$

図4・23

◀よく出る

④　スタッド溶接後の15°打撃曲げ試験は，1ロットにつき1本以上行い，打撃により角度15°まで曲げた後，溶接部に割れその他の欠陥が生じない場合に合格とする。

施工管理法

(e)　鉄骨工事の管理許容差

①　鉄骨梁の製品検査において，梁の長さの管理許容差は，±3mm以内とする。

②　鉄骨柱据付け面となるベースモルタル天端の高さの管理許容差は，±3mmとする。

③　通り心と鉄骨建方用アンカーボルトの位置のずれの管理許容差は，±5mm，構造用アンカーボルトの位置のずれの管理許容差は±3mmとする。

④　鉄骨の建方における柱の倒れの管理許容差は，柱1節の高さ（H）の1/1000以下，かつ10mm以下とする。

⑤　スタッド溶接のスタッド仕上り高さの管理許容差は，±1.5mm以内，スタッドの傾きの管理許容差は，5°以内とする。　◀よく出る

⑥　柱の製品検査における階高寸法は，梁仕口上フランジ上面で測り，その管理差は±3mmとする。

(f)　タイル工事

①　外観検査は，タイル張り面の色調，仕上がり状態，欠点の有無等について，限度見本の範囲内であることを確認する。

②　打音検査は，施工後2週間以上経過してから，全面にわたりタイル用テストハンマー又は打診棒を用いて行う。

③　外壁タイルの接着力試験は，施工後2週間以上経過してから実施し，後張り工法の場合は0.4N/mm²以上，先付け工法は0.6N/mm²以上を合格とする。

④　引張接着力試験の試験体の周辺は，試験に先立ち，コンクリート面までカッターで切断する。アタッチメントの大きさはタイルの大きさを標準とするが，二丁掛タイル以上の大きさの場合は小口平程度の大きさとする。強度の測定結果がすべて所定の強度以上，かつ，コンクリート下地の接着界面における破壊率が50%以下の場合を合格とする。　◀よく出る

⑤　陶磁器質タイルの接着力試験の試験体の個数は，100m²ごとおよびその端数につき1個以上，かつ全体で3個以上とする。

⑥　接着剤張りのタイルと接着剤の接着状況の確認は，タイル張り直後にタイルをはがして行う。

(g)　その他

①　現場搬入時の木材含水率は，構造材で20%以下，造作材で15%以下とする。高周波水分計等を用いて計測する。

②　アスファルト防水の溶融アスファルトの施工時の温度の下限は230℃とする。

③　アスファルト防水工事の下地コンクリートの乾燥状態の確認は，高周波水分計を用いて行う。

④　シーリング材の接着試験は，同一種類のものであっても，製造所ごとに行う。

　　2成分形シーリング材の硬化状況確認のためのサンプリングは，1組の作業班が1日に行った施工箇所を1ロットとして，ロットごとにアルミチャンネル材などに練り混ぜたシーリング材を充てんし，材料名・練混ぜ年月日・ロット番号・通し番号を記録し，数日以上経過後に，硬化状態を確認する。

⑤　塗装可能な下地のアルカリ度は，モルタル面，コンクリート面でpH 9以下，プラスター面でpH 8以下を目安とする。

⑥　錆止め塗装を現場で行う場合，膜厚測定が困難な場合が多いため，塗布面積に対する塗料の使用量をもとに塗付け量を推定する。

⑦　工場塗装において，鉄鋼面のさび止め塗装の塗膜厚の確認は，硬化乾燥後に電磁微厚計を用いて行う。

⑧　硬質吹付けウレタンフォーム断熱材の吹付け厚さの許容差は，0から+10 mmとする。

⑨　室内空気中に含まれるホルムアルデヒド等の濃度測定を実施する場合，正確に測定する方法のひとつに「クロマトグラフ法」があり，空気の補集方法の違いで以下の方法がある。

　　アクティブ法：補集剤の中に吸引ポンプなどの動力を用いて強制的に空気を通過させて試料を採取する方法

　　パッシブ法　：測定したい箇所に補集剤（パッシブ型採取機器）を吊るしておき，試料を採取する方法

⑩　アルミニウム製建具の陽極酸化皮膜の厚さの測定は，渦電流式測定器を用いて行う。

⑪　カーテンウォール部材の取付け位置の寸法許容差のうち，目地の幅は，±3 mmとする。

クロマトグラフ法
部屋の空気を補集剤に吸着させ，その吸着されたさまざまな有機化合物を細かく分離して，ホルムアルデヒドなどの化合物の量を調べる測定の方法

施工管理法

(3)　施工段階による検査

購入検査：提出された検査ロットを購入してよいかどうかを判定する検査で，品物を外部から購入する場合に適用する。

間接検査：供給側のロットごとの検査結果を確認することで，受入検査を省略する検査のことをいう。長期にわたって供給側の検査結果が良く，使用実績も良好な品物を受け入れる場合に適用される。

中間検査：不良なロットが次工程に渡らないように，事前に取り除くことによって損害を少なくするために行う検査。

完了検査：製品として完成したものが要求事項を満足しているかどうかを判定する検査。

巡回検査：検査を行う時点を指定せず，検査員が随時工程をパトロールしながら行う検査。

4・4 安全管理

学習のポイント

「安全管理」は，請負者として必要な知識，労働安全衛生法の基本的な理解度などが問われている。関連法則と合わせて勉強し理解する。

4・4・1 建設作業の特徴

建設作業の主だった特徴は，以下のようになる。

(1) 作業の環境

① 屋外作業のため，気候や気象に左右され，作業場環境が変化しやすい。

② 高所作業，地下作業，狭隘な場所での作業など，特殊な環境での作業が多い。

(2) 作業の状況

① 一日として同じ作業がない。

② 作業員の入れ替えが多い現場では，作業標準が守りにくい。

③ 作業，変更が発生すると，対応策が多様なこともあり，工種間の調整がむずかしい。

④ 作業は全て，人の手にゆだねられている。

(3) 作業の組織

① 同一の場所において，様々な作業員が混在していることから，安全衛生管理の基本事項や現場の安全衛生ルールが徹底しにくい。

② 指揮命令系統の違う作業員が混在することにより，連絡調査が徹底しにくい。

③ 各々の作業は，請負方式によることが多いため，仕事第一の傾向があり，他職種の作業にまで，安全の配慮が行き届きにくい。

④ 重層下請関係での作業員が多いため，安全・衛生管理が徹底しにくい。

⑤ 直傭形式が少ないため，安全・衛生教育の効果が具現化しにくい。

(4) 作業の方法

① 仮設の設備や機械の種類が多い。

② 共通仮設の設備や機械は，多くの工種で使われるため，維持・管理が徹底しにくく，原価管理上，費用を掛けにくい。

③ 車両系建設機械や工事用機械の運転，移動などが不規則である。

④ 扱う材料が定形的でなく，さらには，工種ごとに持ち込む機械が多様である。

　このように，建設作業には不特定要素が多い。これらを少しでも改善して，災害の少ない快適な作業環境にしなければならない。安全・衛生管理は，近代的な施工管理の重要なポイントである。

　安全・衛生管理に関連した法令は，こうした作業環境や使用機械，仮設設備，作業標準，関係請負人の管理，作業間の調整やルール化など，多岐にわたる観点から整備されていることを理解しよう。

　設問によっては，内容をよく読むと，不自然な内容が含まれていることに気付くことがある。わからなくなったら，この建設作業の特徴を背景にして考えてみよう。

施工管理法

4・4・2　安全管理体制

(1)　安全管理組織

(a)　事業者・労働者などの定義

　事業者：労働安全衛生法では，事業者として「事業を行う者で，労働者を使用するもの」をいう。

　元方事業者：一の場所において行う事業の仕事の一部を下請負人に請け負わせているもので，その他の仕事は自らが行う事業者をいう。

　特定元方事業者：元方事業者のうち，建設業と造船業（これを「特定事業」という。）を行うものをいう。

　労働者：労働安全衛生法では，労働者とは労働基準法第9条に規定する労働者をいう（同居の親族のみを使用する事業における労働者は除く）

(b)　事業者等の責務

　①事業者等の責務（第3条）

　事業者等が果たすべき具体的な措置は，

　　ⅰ）労働災害防止の最低基準の遵守

　　ⅱ）快適な職場環境の実現と労働条件の改善を通じての労働者の安全と健康の確保

　　ⅲ）国の施策への協力

　②注文者の責務（第3条第3項）

　建設工事の注文者など仕事を他人に請け負わせる者は，施工方法，工期等について，安全で衛生的な作業の遂行をそこなうおそれのある条件を附さないように配慮すること

　③労働者の責務（第4条）

　労働者は，労働災害を防止するため必要な事項を守るほか，事業者その他の関係者が実施する労働災害の防止に関する措置に協力するよう努めること

(c)　安全管理組織　　　　◀よく出る

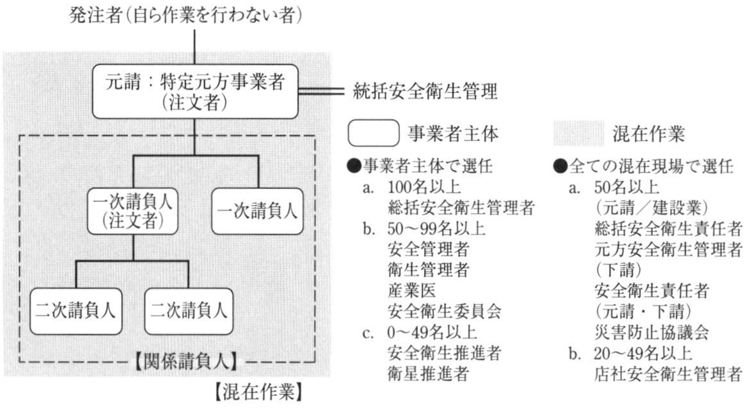

図4・24　安全管理組織

(2) 安全衛生管理組織

　安全衛生管理組織には，図4・25の4つの場合がある。50人以上，複数事務所では，**元請**が**統括安全衛生責任者**と**元方安全衛生管理者**を，**下請**が**安全衛生責任者**を選任する。**安全衛生協議会**は両者により構成される。 ◀よく出る

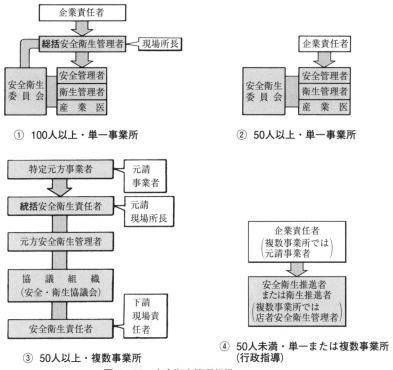

① 100人以上・単一事業所　　② 50人以上・単一事業所

③ 50人以上・複数事業所

④ 50人未満・単一または複数事業所（行政指導）

図4・25 安全衛生管理組織

(3) 安全衛生教育

◀よく出る

　事業者は，次の場合，業務についての安全衛生教育を行わなければならない。

① 労働者を雇い入れたとき

② 労働者の作業内容を変更したとき

③ 省令で定める危険または有害な業務に就かせるとき

④ 新任の職長および労働者を直接指導または監督する者（作業主任者を除く）に対して随時

施工管理法

(4)　安全衛生教育の内容

　事業者は，雇入れ時または配置転換時，次項についての安全教育を行わなければならない。

① 機械・原材料などの危険性・有害性とこれらの取扱い方法

② 安全装置，保護具の性能と取扱い方法

③ 作業手順

④ 作業開始の点検

⑤ 発生するおそれのある疾病の原因と予防

⑥ 整理整頓と清潔の保持

⑦ 事故発生時における応急措置と退避

⑧ 上記以外の安全衛生に必要な事項

(5)　統括安全衛生責任者の職務 (図 4・25 の③)

① 協議組織の設置および運営 (毎月 1 回以上)

② 作業間の連絡および調整

③ 毎日 1 回以上の作業場の巡視

④ 関係請負人の労働安全衛生の教育に対しての指導・支援

⑤ 元方安全衛生管理者の指揮

⑥ 労働災害の防止のための合図の統一，立入禁止措置など

4・4・3　事業者の講ずべき措置

(1)　特定元方事業者の講ずべき措置（労働安全衛生法第30条）

◀よく出る

特定元方事業者は，その労働者および関係請負人の労働者の作業が，同一の場所において行われることによって生じる労働災害を防止するため，次の事項に関する必要な措置を講じなければならない。

表4・17

労働安全衛生法第30条		労働安全衛生規則	
第1号	協議組織の設置及び運営	第635条	特定元方事業者及びすべての関係請負人が参加する協議組織を設置し，定期的に会議を開催する。
第2号	作業間の連絡及び調整	第636条	特定元方事業者と関係請負人との間及び関係請負人相互間における連絡及び調整を随時行う。
第3号	作業場所を巡視	第637条	毎作業日に少なくとも1回以上行う。
第4号	関係請負人が行う労働者の安全又は衛生のための教育に対する指導及び援助。	第638条	当該教育について教育の場所と資料の提供を行う。
第5号	仕事の工程及び機械・設備等の配置に関する計画の作成と，関係請負人が講ずべき措置についての指導。	第638条の3	工程表等の当工程計画並びに主要な機械・設備及び作業用の仮設の建設物の配置に関する計画を作成する。
		第638条の4	(1)　令別表第7各号に掲げる車両系建設機械を使用する関係請負人が定める作業計画が，作成した計画に適合するよう指導する。 (2)　つり上げ荷重が3t以上の移動式クレーンを使用する作業に関し，関係請負人が定める 同項各号に掲げる事項が，法第30条第1項第5号の計画に適合するよう指導する。
第6号	前各号に掲げるもののほか，当該労働災害を防止するため必要な事項。		

(2)　法第30条以外の特定元方事業者の講ずべき措置

特定元方事業者は，その労働者や関係請負人の労働者の作業が一か所で行われる場合，上表に加え，次の事項に関する措置を講じなければならない。

(a)　クレーン等の運転についての合図の統一

作業が，クレーン等(注)を用いて行うものであるときは，そのクレーン等の運転についての合図を統一的に定めて，これを関係請負人に周知させなければならない。

(b)　事故現場等の標識の統一等

① 作業を行う場所に次の事故現場等があるときは，その事故現場等を表示する標識を統一的に定めて，これを関係請負人に周知させなければならない。

ⅰ）タンク等の内部で有機溶剤業務を行うときに，排気装置等の故障などの事故が発生した場合，労働者を立ち入らせてはならない事故現場。

ⅱ）圧気工法による作業を行うための作業室または高圧室内業務に従事する労働者が使用する気閘室。

ⅲ）放射線業務の管理区域，放射線装置室，立入禁止場所または放射線

労働安全衛生規則第639条

（注）**クレーン等**
クレーン，移動式クレーン，デリック，簡易リフトまたは建設用リフトで，クレーン則の適用を受けるもの。
労働安全衛生規則第640条

施工管理法

漏れの区域。

　　ⅳ）酸素欠乏危険場所または労働者を退避させなければならない場所。

　②　特定元方事業者および関係請負人は，その労働者のうち，必要がある
　　者以外の者を事故現場等に立ち入らせてはならない。

(c)　有機溶剤等の容器の集積箇所の統一
労働安全衛生規則第641条

　作業を行う場所に次の容器が集積されるときは，その容器を集積する場所
を統一的に定めて，これを関係請負人に周知させなければならない。

　①　有機溶剤等を入れてある容器。

　②　有機溶剤等を入れてあった空容器で，有機溶剤の蒸気が発散する恐れ
　　のあるもの（屋外のみ）。

(d)　警報の統一等
労働安全衛生規則第642条

　次の場合に行う警報を統一的に定めて，これを関係請負人に周知させなけ
ればならない。

　①　その場所にあるエックス線装置に電力が供給されている場合。

　②　その場所にある放射性物質を装備している機器によって，照射が行わ
　　れている場合。

　③　その場所において発破が行われる場合。

　④　その場所において火災が発生した場合。

　⑤　その場所において，土砂の崩壊，出水，雪崩が発生した場合，また
　　は，これらが発生する恐れのある場合。

　特定元方事業者および関係請負人は，上記の③〜⑤の場合に，危険がある
区域にいる労働者のうち，必要がない者を退避させなければならない。

(e)　避難等の訓練の実施方法等の統一等
労働安全衛生規則第642条の 2

　①　特定元方事業者は，隧道等の建設作業を行う場合や，土石流危険河川
　　で建設工事を行う場合に，特定元方事業者及び関係請負人が行う避難等
　　の訓練について，その実施時期及び実施方法を統一的に定めて，これを
　　関係請負人に周知させなければならない。

　②　特定元方事業者は，関係請負人が行う避難等の訓練に対して，必要な
　　指導および資料の提供等の援助を行わなければならない。

(f)　周知のための資料の提供等
労働安全衛生規則第642条の 3

　作業を行う場所の状況や，行われる作業相互関係等に関して，新規入場者
に対して周知させるために，その関係請負人に対して，その周知を図るため
の場所の提供や，周知を図るために使用する資料の提供等の措置を講じなけ
ればならない。

(g)　**報告**

行われる作業の開始後，遅滞なく，次の事項を管轄する労働基準監督署長に報告しなければならない。

① 事業の種類，事業場の名称，所在地

② 関係請負人の事業の種類，事業場の名称，所在地

③ 統括安全衛生責任者を選任しなければならないときはその旨と統括安全衛生責任者の氏名

④ 元方安全衛生管理者を選任しなければならないときはその旨と元方安全衛生管理者の氏名

⑤ 店社安全衛生管理者を選任しなければならないときはその旨と店社安全衛生管理者の氏名

（3）　**事業者の講ずべき措置**

事業者は，労働者の危険防止等以外の必要な措置を講じなければならない。

① 危険を防止するために必要な措置。

② 健康障害を防止するための措置。

③ 労働者の健康，風紀及び生命の保持のための措置。

④ 労働災害を防止するための措置。

⑤ 労働災害発生の急迫した危険があるときは，直ちに作業を中止し，労働者を作業場から退避させる等必要な措置。

事業者が講ずべき措置の具体的な事例については，労働安全衛生規則第二編 安全基準の内容をよく理解すること。

（4）　**事業者が行わなければならない点検**

・高所作業車での作業を行うときは，その日の作業を開始する前に，制動装置，操作装置及び作業装置の機能について，点検を行わなければならない。

・車両系建設機械を用いて作業を行うときは，その日の作業を開始する前に，ブレーキ及びクラッチの機能について点検を行わなければならない。

労働安全衛生規則第664条

労働安全衛生法第20条〜25条

労働安全衛生規則第101条〜575条

施工管理法

4・4・4 作業主任者

(1) 作業主任者制度

作業主任者制度は、職場における安全衛生管理組織の一環として、危険、または、有害な設備、作業について、その危害防止のために必要な事項を担当させるためのものと位置づけられている。

① 作業の危険・有害性に着目した作業指揮を主とするもの。

② 設備の危険・有害性に着目した設備管理を主とするもの。

このうち、②の類型に属する作業主任者については、交替制で作業を行う各直ごとに選任する必要はないが、①の類型に属する作業主任者については、その者が作業現場に立ち会わなければ作業を行うことはできず、したがって、交替制の各直ごとに作業主任者を選任しなければならない。

作業主任者を選任すべき作業を、同一の場所で行う場合で、当該作業に係わる作業主任者を2人以上選任したときは、それぞれの作業主任者の分担を決めなければならない。

なお、事業者が作業主任者を選任したときは、作業主任者の氏名と作業主任者に行わせる事項について、関係労働者に周知させなければならない。

(a) 作業主任者の職務

事業者が作業主任者に行わせるべき職務としては、労働安全衛生法に定められている職務内容をみていくと、作業の性質に応じて、次のようになる。

① 作業の方法を決定し、作業を直接指揮すること。

② 取り扱う機械、及び、その安全装置を点検する。

③ 取り扱う機械、及び、その安全装置に異常を認めた場合は、直ちに必要な措置をとる。

④ 作業中の器具、工具、保護具等の使用状況を監視する。

(b) 作業主任者の選任

作業主任者は、次の作業を行う作業場ごとに選任しなければならない。作業主任者を2人以上選任したときは、それぞれの作業主任者の職務の分担を定めなければならない。

① 高圧室内作業

② アセチレン溶接装置、または、ガス集合溶接装置を用いて行う金属の溶接、溶断または加熱の作業

③ 一定の機械集材装置、もしくは、運材索道の組立て、解体、変更もしくは修理の作業またはこれらの設備による集材もしくは運材の作業

④ ボイラー（小型ボイラーを除く）の取扱い作業

⑤ 放射線業務に係わる作業

⑥ ガンマ線照射装置を用いて行う、透過写真撮影の作業

◀よく出る

労働安全衛生法第14条参照

◀よく出る

【ヒント】
作業の方法及び順序を作業計画として定めることは、作業主任者の職務に定められていない。

◀よく出る

⑦ 木材加工用機械を5台以上有する事業場において行う，当該機械による作業

⑧ 動力により駆動されるプレス機械を5台以上有する，当該機械による作業

⑨ 乾燥設備等，一定の設備による物の加熱乾燥の作業

⑩ コンクリート破砕機を用いて行う，破砕の作業

⑪ 掘削面の高さが2m以上となる，地山の掘削作業　　　　　　　　◀よく出る

⑫ 土止め支保工の切り張り，または，腹おこしの取り付け，または，取り外しの作業

⑬ 随道等の掘削の作業，または，これに伴うずり積み，随道支保工の組立て，ロックボルトの取り付け，もしくは，コンクリート等の吹付け作業

⑭ 随道等の覆工作業

⑮ 掘削面の高さが2m以上となる岩石の採取のための掘削作業

⑯ 高さが2m以上のはい付け，または，はい崩し作業

⑰ 船舶へ荷を積み，船舶から荷をおろし，または，船舶において荷を移動させる作業

⑱ 型枠支保工の組立て，または，解体の作業　　　　　　　　　　◀よく出る

⑲ つり足場，張出し足場，または，高さが5m以上の構造の足場の組立て，解体，または，変更の作業

⑳ 建築物の骨組み，または，塔であって，金属製の部材により構成されるもの（その高さが，5m以上のものに限る）の組立て，解体，または，変更の作業

㉑ 橋梁の上部構造であって，金属製の部材により構成されるもの（その高さが5m以上であるもの，または，当該上部構造のうち，橋梁の支間が30m以上である部分に限る）の架設，解体，または，変更の作業

㉒ 軒の高さが5m以上の木造建築物の構造部材の組立て，または，これに伴う屋根下地，もしくは，外壁下地の取付け作業

㉓ コンクリート造の工作物（その高さが5m以上であるものに限る）の解体，または，破壊の作業

㉔ 橋梁の上部構造であって，コンクリート造のもの（その高さが5m以上であるもの，または，当該上部構造のうち，橋梁の支間が30m以上である部分に限る）の架設，または，変更の作業

㉕ 小型圧力容器等，一定の容器を除く第一種圧力容器の取扱い作業

㉖ 特定化学物質を製造し，または，取り扱う作業

㉗ 一定の鉛業務に係わる作業

㉘ 一定の四アルキル鉛等の業務に係わる作業

㉙ 酸素欠乏危険場所における作業

施工管理法

　⑳　屋内作業場等において，一定の有機溶剤を製造し，または，取り扱う業務のうち，一定のものに係わる作業

　㉛　石綿，もしくは，石綿を，その重量の0.1％を超えて含有する製材，その他の物を取り扱う作業，または，石綿等を試験研究のために製造する作業

(c)　作業主任者の資格

◀よく出る

　作業主任者の資格要件は，都道府県労働局長の免許を受けた者，または，都道府県労働局長の登録を受けた者（登録教習機関）が行う技能講習を修了した者の2種類である。

a．免許の取得が資格要件とされている作業主任者（6種類）

　①　高圧室内作業主任者

　②　ガス溶接作業主任者

　③　林業架線作業主任者

　④　ボイラー取扱い作業主任者

　⑤　エックス線作業主任者

　⑥　ガンマ線透過写真撮影作業主任者

b．技能講習の修了が資格要件とされている作業主任者（25種類）

　①　木材加工用機械作業主任者

　②　プレス機械作業主任者

　③　乾燥設備作業主任者

　④　コンクリート破砕機作業主任者

　⑤　地山の掘削作業主任者

　⑥　土止め支保工作業主任者

　⑦　随道等の履工作業主任者

　⑧　随道等の掘削作業主任者

　⑨　採石のための掘削作業主任者

　⑩　はい作業主任者

　⑪　船内荷役作業主任者

　⑫　型枠支保工作業主任者

　⑬　足場の組立て等作業主任者

　⑭　建築物等の鉄骨の組立て等作業主任者

　⑮　鋼橋架設等作業主任者

　⑯　木造建築物の組立て等作業主任者

　⑰　コンクリート造工作物の解体等作業主任者

　⑱　コンクリート橋架設等作業主任者

　⑲　第一種圧力容器取扱い作業主任者（化学設備・普通）

　⑳　特定化学物質作業主任者

　㉑　鉛作業主任者

㉒　四アルキル鉛作業主任者

㉓　酸素欠乏危険作業主任者（第1種・第2種）

㉔　有機溶剤作業主任者

㉕　石綿作業主任者

4・4・5　災害防止

労働災害　　労働者が業務遂行中に業務に起因して受けた業務上の災害のことである。それには，業務上の負傷，業務上の疾病（休業1日以上，および身体の一部または機能を失うもの），および死亡が含まれる。なお，ここでいう労働者とは，所定の事業又は事務所に使用される者で，賃金を支払われる者をいう。

(1)　災害発生率の計算式

厚生労働省では統計上の尺度として**度数率**と**強度率**を使用している。

(a)　度数率

度数率は，労働災害の頻度を表すものである。100万延労働時間当たりの労働災害による死傷者数で表し，次式で求められる。

◀よく出る

$$度数率 = \frac{死傷者数}{延労働時間数} \times 1,000,000$$

(b)　強度率

強度率は，災害の重さの程度を表すものである。1,000延労働時間当たりの労働損失日数で表す。

◀よく出る

平成28年の建築工事における死亡災害の発生件数は多い順に以下となっている。
1. 墜落
2. 建設機械等
3. 飛来，落下
4. 電気，爆発火災等

$$強度率 = \frac{労働損失日数}{延労働時間数} \times 1,000$$

労働損失日数は，強度率を算出する際に用いる係数で，労働災害により失われた日数を評価したものであり，以下のように定められている。

死　亡　　　　　　…7,500日

永久全労働不能　…身体障害等級1～3級の日数（7,500日）

永久一部労働不能…身体障害等級4～14級の日数（級に応じて50～5,500日）

一時労働不能　　…暦日の休業日数に $\frac{300}{365}$ を乗じた日数

表4・18　損失日数（永久一部労働不能）

身体障害等級	4	5	6	7	8	9	10	11	12	13	14
損失日数	5500	4000	3000	2200	1500	1000	600	400	200	100	50

施工管理法

(c)　年千人率　　　　　　　　　　　　　　　　　　　　　　　　　◀よく出る

　年千人率は，労働災害の発生率を示したものである。1年間の労働者1,000人当たりに発生した死傷者数の割合で表し，次の数式で求められる。

$$年千人率 = \frac{年間死傷者数}{年間平均1日当たりの労働者数} \times 1000$$

(d)　重大災害

　重大災害とは，一時に3名以上の労働者が死傷または罹病した災害をいう。　◀よく出る

(2)　災害発生率

　災害発生の原因には，物的（不安全な状態），人的（不安全な行動），管理上の欠陥の3つが考えられる。全産業の4割にのぼる死亡者を建設業が占めており，建設業においていかに安全性が重要かわかる。

　死亡者についてその原因および作業内容をみると以下の順である。

　①　**墜落**　……………………………40%　　　　　　　　　　　◀よく出る

　②　クレーン・建設機械　………20%

　③　自動車等　………………………14%

　④　土砂崩れ　………………………6%

　⑤　飛来・落下　……………………5%

　⑥　足場倒壊　………………………5%

　墜落が4割また上位3つが全体の3/4を占め，これらを防止することが極めて重要である。

(3)　**有機溶剤中毒（有機溶剤中毒予防規則）**

　①　事業者は，屋内作業場等において有機溶剤業務に労働者を従事させる　◀よく出る
　　　ときは，以下の事項を作業中の労働者が容易に知ることができるよう，
　　　見やすい場所に掲示しなければならない。

　　ⅰ）　有機溶剤の人体に及ぼす作用

　　ⅱ）　有機溶剤等の取扱い上の注意事項

　　ⅲ）　有機溶剤による中毒が発生したときの応急処置

　　　また，同様に，有機溶剤等の区分を，色分けおよび色分け以外の方法により，表示しなければならない。

　②　事業者は，有機溶剤等を屋内に貯蔵するときは，有機溶剤等がこぼれ，漏えいし，しみ出し，または，発散する恐れのないふた，または，栓をした堅固な容器を用いるとともに，その貯蔵場所に，次の設備を設けなければならない。

　　ⅰ）　関係労働者以外の労働者がその貯蔵場所に立ち入ることを防ぐ設備。

　　ⅱ）　有機溶剤の蒸気を屋外に排出する設備。

　③　事業者は，有機溶剤作業主任者に次の事項を行わせなければならない。

　　ⅰ）　作業に従事する労働者が有機溶剤により汚染され，又はこれを吸入しないように，作業の方法を決定し，労働者を指揮すること。

ⅱ）　局所排気装置，プッシュプル型換気装置又は全体換気装置を1月を超えない期間ごとに点検すること。

ⅲ）　保護具の使用状況を監視すること。

ⅳ）　タンクの内部において有機溶剤業務に労働者が従事するときは，第26条各号に定める措置が講じられていることを確認すること。

④　事業者は，有機溶剤濃度の測定を必要とする業務を行う屋内作業場については，6月以内ごとに1回，定期に，濃度の測定を行わなければならない。

⑤　事業者は，局所排気装置について，原則として1年以内ごとに1回，定期に所定の事項について自主検査を行わなければならない。

⑥　事業者は，労働者の雇い入れ時，配置換え，及びその後6月以内ごとに1回，定期に，医師による健康診断を行わなければならない。

(4)　酸素欠乏症（酸素欠乏症等防止規則）　◀よく出る

①　酸素欠乏とは，空気中の酸素の濃度が18％未満である状態をいう。

②　酸素欠乏症とは，酸素欠乏の空気を吸入することによって生じる症状が，認められる状態をいう。

③　事業者は，その日の作業を開始する前に，酸素欠乏危険場所における空気中の酸素濃度を測定し，その記録を3年間保存しなければならない。

④　酸素欠乏危険場所では，空気中の酸素の濃度測定を行うため必要な測定器具を備え，又は容易に利用できるような措置を講じておかなければならない。

⑤　事業者は，酸素欠乏危険作業に係わる業務に労働者を就かせるときは，当該の労働者に対し，酸素欠乏危険作業特別教育を行わなければならない。

⑥　事業者は，酸素欠乏危険作業に労働者を従事させる場合は，当該作業を行う場所の，空気中の酸素濃度を**18％以上**（第2種酸素欠乏危険作業に係わる場所にあっては，空気中の酸素の濃度を18％以上，かつ，硫化水素の濃度を100万分の10以下）に保つように換気しなければならない。ただし，爆発，酸化等を防止するために換気ができない場合，または，作業の性質上，換気が著しく困難な場合は，この限りでない。　◀よく出る

⑦　事業者は，地層に接し，または，当該地層に通ずる井戸，もしくは，配管が設けられている地下室，ピット等の内部における作業に，労働者を従事させるときは，酸素欠乏の空気が漏出する恐れのある箇所を閉塞し，酸素欠乏の空気を，直接，外部へ放出することができる設備を設ける等，酸素欠乏の空気が，作業を行う場所に流入することを，防止するための措置を講じなければならない。

⑧　事業者は，酸素欠乏危険作業に労働者を従事させるときは，空気呼吸器等，はしご，繊維ロープ等，非常の場合に労働者を避難させ，または，救出するために必要な用具を備えなければならない。

施工管理法

⑨　事業者は，酸素欠乏危険作業については，第1種酸素欠乏危険作業にあっては，酸素欠乏危険作業主任者技能講習，または，酸素欠乏・硫化水素危険作業主任者技能講習を修了した者のうちから，第2種酸素欠乏危険作業にあっては，酸素欠乏・硫化水素危険作業主任者技能講習を修了した者のうちから，酸素欠乏危険作業主任者を選任しなければならない。

⑩　酸素欠乏危険作業主任者の職務は次のとおりである。

ⅰ）　労働者が酸素欠乏の空気を吸入しないように，作業の方法を決定し，労働者を指揮する。

ⅱ）　毎回作業を開始する前及び労働者の身体，換気装置等に異常があったときに，空気中の酸素の濃度を測定する。

ⅲ）　測定器具，換気装置，空気呼吸器等の器具または設備を点検する。

ⅳ）　空気呼吸器等の使用状況を監視する。

(5)　公衆災害の防止対策

・工事現場内に公衆を通行させるために設ける歩行者用仮設通路は，幅1.5 m，有効高さ2.1 m以上とする。

・道路の通行を制限する場合，制限後の車線が1車線になるときの道路幅員は3 m以上，2車線となるときは5.5 m以上とする。

・歩道に仮囲いを設置する場合，道路占用の幅は，路端から1 m以内とする。

・地下水の排水に当たっては，排水方法及び排水経路を確認し，当該下水道及び河川の管理者に届け出る。

・歩道の通行人の安全を確保すめため，仮囲いに設ける通用口の扉は施錠できる内開きとし，工事に必要がない限り閉鎖しておく。

・飛来落下物の防護，塗装や粉塵などの飛散防止のために足場の外側に設けた工事用シートは，JISに定める建築工事用シートの1類を使用する。シートの周囲は40 cm以下の間隔で，隙間やたるみが生じないように緊結する。

・コンクリート打設時のコンクリート等の飛散防止のために足場の外側に設けた工事用シートは，コンクリート打設階のスラブ高さより十分に立ち上げる。

・コンクリート解体工事における粉塵飛散防止のための散水は，破砕する部分だけでなく，集積された破砕済みのコンクリート塊にも行う。

・工事現場内の表土がむきだしになることによる土埃のおそれがある場合は，十分散水し，シートで覆いをかける。

・現場の周辺地域における許容騒音レベルの範囲内に騒音を抑えるために，外部足場に防音パネルを設置する。

・内部スパン周りを先に解体し，外周スパンを最後まで残し，解体する予定の構造物を遮音壁として利用できる。

・振動レベル測定器の指示値が周期的に変動する場合, 変動ごとの最大値の平均値を振動レベルとする。

・振動ピックアップの設置場所は, 緩衝物がなく, かつ, 十分踏み固めた堅い場所に設定する。

・転倒工法による壁の解体工事において, 先行した解体工事で発生したガラは, 転倒する位置に敷くクッション材として利用する。

・周辺環境保全に配慮し, 振動や騒音が抑えられるコンクリートカッターを用いる切断工法を採用する。

・敷地境界線からの水平距離が5m以内で, かつ地盤面からの高さが3m以上の場所から, ごみ, くず, その他飛散するおそれのある物の投下する場合は, ダストシュートを設ける。

4・4・6　足場・構台・支保工

(1)　足　　　場

(a)　本足場

　本足場は，主に，外壁躯体・仕上工事や内部の階高の高い柱・壁などの躯体工事の際に設置する。

表4・19　足場の比較表　　　　　　　　　▼よく出る

要　点	単管足場	枠組足場	くさび緊結式足場
建地の間隔	・けた方向：1.85 m 以下 ・梁間方向：1.50 m 以下 ・建地の下端に作用する設計荷重が最大使用荷重（建地の破壊に至る荷重の2分の1以下の荷重）を超えないときは，鋼管を2本組としなくてよい。	高さ20 m を超える場合や重量物の積載を伴う作業をする場合は， ・主枠の高さ：2 m 以下 ・主枠の間隔：1.85 m 以下	・けた方向：1.85 m 以下 ・梁間方向：1.50 m 以下
地上第1の布の高さ	2.0 m 以下		2.0 m 以下
建地脚部の滑動・沈下防止措置	ベース金具，敷板，敷角，脚輪付きは，ブレーキまたは歯止め	（同左）	ベース金具，敷板，根がらみ
継手部 接続部，交差部	付属金具で緊結	（同左）	・凸型，凹型金具等で打ち込む。 ・緊結金具を使用
補強	筋かいを入れる	（同左）	筋かいを入れる
壁つなぎ，控え	・垂直方向：5 m 以下 ・水平方向：5.5 m 以下	・垂直方向：9 m 以下 ・水平方向：8 m 以下 （高さ5 m 未満は除く）	・垂直方向：5 m 以下 ・水平方向：5.5 m 以下
壁つなぎの引張り材と圧縮材との間隔	1.0 m 以下	（同左）	──
建地間の積載荷重（表示する）	400 kg 以下	──	200 kg 以下
水平材	──	最上層および5層以内ごと	──
作業床[1]	・幅：40 cm 以上，すき間：3 cm 以下 ・転位脱落防止のため，2箇所以上を緊結する。 ・高さ2 m 以上に設ける場合，床材と建地とのすき間を12 cm 未満とする。		・幅：40 cm 以上，すき間：3 cm 以下 ・垂直間隔2 m 以下 ・腕木材又は緊結部材ブラケットに架け渡して取付ける。
墜落防止	高さ85 cm 以上の手すり及び中さん等[2]	・交さ筋かい及び下さん等[3] ・手すりわく	・高さ概ね90 cm の手すり及び中さん ・幅木等
物体の落下防止	高さ10 cm 以上の幅木，メッシュシートまたは防網		
その他の留意事項	・建地の最高部から測って31 m を超える部分は，原則として鋼管2本組とする。	・通常使用の場合，高さは45 m 以下とする。	

　1）作業床は，支持点および重ね部分を釘や番線類で取り付け，移動しないようにする。
　2）高さ35 cm 以上50 cm 以下のさんまたはこれと同等以上の機能を有する設備
　3）高さ15cm 以上40 cm 以下のさん，高さ15 cm 以上の幅木，またはこれらと同等以上の機能を有する設備

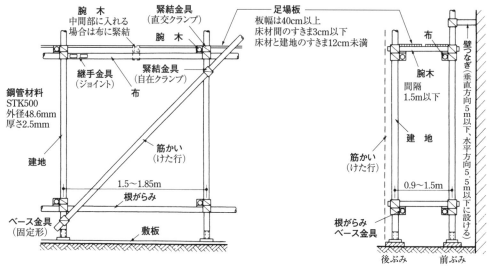

図4・26 単 管 足 場

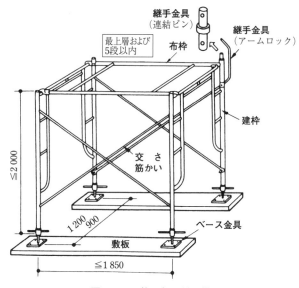

図4・27 枠 組 足 場

(b)　その他の足場

① 移動式足場：所定の部材を組み合わせてつくるローリングタワーと，脚部に車輪がついていて低い天井仕上げに用いる移動式室内足場とがある。ローリングタワーの上で作業する場合は，アウトリガー（控え枠）を張り出さなければならない。車輪の直径は 125 mm 以上とし，脚輪の下端から作業床のまでの高さが，脚輪の主軸間隔の 3 倍を超える場合，高さ中央付近に水平構としての控枠（アウトリガー）を設ける。

② 一側足場：敷地境界と建物の間が狭く，本足場が組めない場合に設置する足場で，高さが 15m 以内に限定される。

③ 棚足場：主に，ホールやロビーなど，高い天井の仕上げに使用され

る。単管パイプを組み上げる方法と枠組足場を用いるもの，および，脚立を用いるものがある。脚立の場合の高さは2m未満とし，角材を用いたけた材は脚立の踏さんに固定し，踏さんからの突出し長さを10cm〜20cmとする。

④　脚立足場：脚立を単体で使用する場合と，棚足場として連続して組み合わせる場合とがある。足場板は踏さん上で重ね，その重ね長さを20cm以上とする。

⑤　地足場：主に，背の高い大きな基礎地中梁の鉄筋の組立てに用いる。

⑥　**吊り足場**：鉄骨の塗装，ボルト締め，鉄骨鉄筋コンクリート造における梁筋組立用に設ける足場で，単管パイプによる場合と既成の吊り枠による場合とがある。

作業床は，幅40cm以上としすき間がないようにする。ただし，作業床の下方にネット等の墜落・落下防止設備を設けた場合は除く。

⑦　籠足場：鉄骨造の柱の本締めや溶接に用いられる。

⑧　うま足場における足場板は，長手方向の重ねを踏さん上で行い，その重ね長さを20cm以上とする。

(c) 作業主任者の選任と計画の届出

〈作業主任者の選任〉

吊り足場（ゴンドラを除く），張出し足場，または，高さが5m以上の足場の組立て・解体・変更の作業には，足場の組立など，作業主任者（技能講習を修了した者）を選任し，現場の見やすいところに氏名と作業内容を掲示する。

〈計画の届出〉

①　吊り足場，張出し足場，または，高さが10m以上の足場については，その工事の**開始30日前**までに，**労働基準監督署長**へ，(ア)設置場所，(イ)種類および用途，(ウ)構造，材質，および，主要寸法を届出る。

②　ただし，高さ10m以上の足場にあっても，組立から解体までの期間が60日未満の足場については，届出は不要である。

(d) 点検

①　点検：強風（10分間の平均10m/s以上），大雨（50mm以上），大雪（25cm以上），中震（震度4）以上の地震のときは点検をする。

②　安全ネット：手すりを一時はずしたときは，安全ネット等で労働者の安全を確保する。使用開始後1年以内に，その後は6ヶ月ごとに等速引張試験を行う。一度落下物を受け止めたものは再使用しない。

(2) 作業構台

作業構台とは，図4・28のように，建設材料・仮設機材などを上部に一時的に集積したり，建設機械・移動式クレーンを設置するための仮設の台である。作業構台には荷揚げ構台，乗入れ構台がある。

◀よく出る

労働安全衛生法施行令第6条，労働安全衛生規則第16条および第18条

労働安全衛生法第8条，労働安全衛生規則第86条

労働安全衛生規則第87条

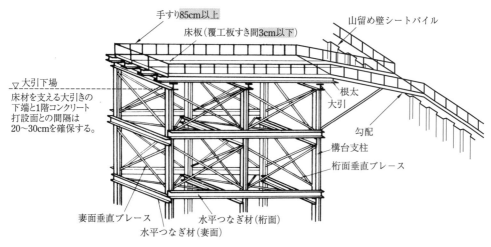

図4・28 作 業 構 台

作業構台の留意点を以下にあげる。

① 材料に強度上の欠点（木材），著しい損傷，変形，腐食がない。

② 主要部分の鋼材は JIS に適合し，引張強度と所要の伸びを有する。

③ 最大積載荷重を労働者に周知し，これを超えない。

④ 組立図に構造寸法を明示し，これに基づき組み立てる。

⑤ 高さ2 m 以上の作業床のすき間は3 cm 以下とし，高さ85 cm 以上 ◀よく出る
の丈夫な手すりを取り付ける。手すり・幅木・中さんなど，墜落防止や
物体の落下防止措置は足場と同様にする。

⑥ 組立て・解体は，その時期を労働者に周知し，関係者以外の立入を禁
止する。また，悪天候のときは作業を中止する。資材の揚げ降ろしに
は，吊り袋・吊り網を用いる。

⑦ 強風，大雨，大雪，中震以上の地震の後，および作業構台を一部変更
したときは，作業開始前に点検する。

⑧ 事業者は，その日の作業を開始する前に，作業を行う箇所に設けた手
すり等及び中さん等の取り外し及び脱落の有無について，点検を行わな
ければならない。

(3) 登りさん橋（仮設通路）

① スロープ式と階段式があり，スロープ式の場合，勾配は30度以下と
する。

② 高さ8 m 以上のとき，7 m 以内ごとに踊場（長さ1.8 m 以上）を設ける。 ◀よく出る

③ 勾配が15度を超える場合，歩み板に滑り止め（踏さん間隔は
40 cm）を設ける。

(4) 防護棚（朝顔）

① 工事場所が，地上10 m 以上は1段以上，地上20 m 以上は2段以上
設置する。

②　1段目は地上から4～5mに，2段目以上は下の段から10m以下に設置する。

③　足場からの突き出しは水平距離で2m以上，水平面との角度は20度以上とする。　◀よく出る

④　防護棚の敷板には，すき間がないもので，十分な耐力を有する適正な厚さの板を用いる。一般に厚さ15mm以上の木板，または厚さ1.6mm以上の鉄板が用いられる。

⑤　外部足場の外側から水平距離で2m以上の出のある歩道防護構台を設けた場合は，最下段の防護棚は省略できる。

(5)　はしご設備

①　高さ，または深さ1.5mをこえる箇所で作業を行うときは，作業に従事する労働者が安全に昇降できる設備を設ける。

②　移動はしごの幅は30cm以上とし，丈夫な構造とする。著しい損傷，腐食等のない材料を使用し，すべり止め装置，転位防止装置を講ずる。

4・4・7 建 設 機 械

(1) 概　　要

表4・20　よく使用される揚重機の分類

定置式クレーン	タワークレーン	ポスト＋ジブ形式
	ジブクレーン	ジブ形式（ポストなし）
移動式クレーン		トラッククレーン
		ホイールクレーン
		クローラクレーン
エレベーター		ロングスパンエレベーター
		人荷エレベーター
建設用リフト		貨物用リフト

建設機械の運転資格として，免許・技能講習修了・特別教育修了などが定められている。

(a) 特別教育修了で運転できる機械（事業者の安全教育修了者）

① 機体重量3t未満の各種建設機械

② くい打ち機・くい抜き機

③ タイヤローラ・ロードローラ

④ 吊り上げ荷重5t未満のクレーン

⑤ 吊り上げ荷重5t未満のデリック

⑥ 建設用リフト（荷のみを運搬）

⑦ 1t未満の移動式クレーン

(b) 技能講習修了で運転できる機械（都道府県の労働局長が指定）

① 機体重量3t以上の機械（ブルドーザ・スクレーパ・ショベル系など）

② 吊り上げ荷重1t以上5t未満の移動式クレーン

(c) 免許で運転する機械

① 吊り上げ荷重5t以上のクレーン

② 吊り上げ荷重5t以上のデリック

③ 吊り上げ荷重5t以上の移動式クレーン

(2) クレーン

・定置式／（ジブ起伏式）タワークレーン

高層ビルや大型構造物の建設などに用いられ，一つの工事が完了すると解体され，他の工事現場に移設して用いられる。揚重が主目的。

・定置式／水平クレーン（ジブ水平式タワークレーン）

水平ジブに沿って横行するトロリの形式によりホイスト式，クラブトロリ式，ロープトロリ式に分けられ，水平ジブは旋回運動を行う。走行する形式のものが多いが，固定形のものもある。主として造船所の船台用，艤装（ぎそう）用として用いられる。水平移動が主目的。

・**定置式／ジブクレーン**

　従来は主としてふ頭，岸壁等における荷役用として用いられたが，最近はビルの屋上に設置し建築にも用いられる。躯体資材から仕上げ材に至る部品の揚重。カーテンウォールなど，下方への揚重取付けに用いられる。タワークレーンの解体用として設置される場合もある。

(3)　クレーンに関する荷重の違い

・**吊上げ荷重**

　揚重機の構造および材料に応じて負荷させることができる最大の荷重をいい，クレーンの最大の吊上げ能力である。一番良い条件（ジブを最短にして，ジブ傾斜角を最大にした状態）で吊上げることができる最大の荷重のことであり，フックブロックやグラブバケット等の吊り具の質量を含む。

・**定格総荷重**

　クレーンの使用状態に応じて，負荷させることのできる最大の荷重のことであり，吊上げ荷重同様，フックなどの吊り具の質量を含む。

・**定格荷重**

　定格総荷重からフック等の吊り具の重量を差し引いた，実際に吊上げることのできる荷重のこと。

(4)　工事用エレベーター

　工事用エレベーターには，駆動方式により，ワイヤロープ式とラックアンドピニオン式がある。ワイヤー式EVは，動きがスムーズで速度が速いが，レールの継ぎ足しが困難で安全装置が大掛かりなため，保守に手間がかかる。それに比べラックアンドピニオン式EVは，起動時のスムーズさには欠けるが，ラック（マスト）の継ぎ足しが簡単で，安全性が高く簡便である。そのため，ラックを工事の進捗に合わせて延長させる建築工事では，ラックアンドピニオン式EVが利用されることが多い。

・**ロングスパンエレベーター**

　人荷エレベーターに比べ能力制限がある。

　揚重速度が10 m/min以下，積載能力10 kN（1.0 t）未満，一般的に搭乗人員1〜3名，最大6名の機種もある。

　作業員・人と躯体資材から仕上材に至る汎用材・設備材の揚重，搬出。

・**人荷エレベーター**

　揚重速度が10 m/minを超える仮設エレベーター。

　躯体資材から仕上材に至る汎用部品の揚重，搬出。

・**建設用リフト**

　荷物のみを運搬することを目的とするエレベーター。

　一般建築資材運搬用，コンクリート運搬用，土砂排出等に使用される。

(5)　車両系建設機械

　車両系建設機械の運転者の義務には以下のことがある。

① 座席以外に人を乗せない。

② 運転席を離れるときは，エンジンを切り，アタッチメントをおろし，ブレーキをかける。

③ 危険がないことが明らかなとき以外は，バックホウでの管の吊り込み作業は禁止である。また，主要用途以外の使用は原則禁止である。

また，アタッチメントの取り換え時は，作業指揮者（特別教育修了者）の指示によらなければならない。作業指揮者は安全ブロック・安全柱の使用を確認する。

(6) くい打ち（抜き）機

くい打ち機の組立て・解体は，作業指揮者を選任し，作業員を直接指揮させる。

(7) クレーン

① クレーン作業時は，クレーン検査証を作業を行う場所に備え付け，始業前および月1回の点検，年1回の定期主検査を実施し，記録を3年間保存する。クレーンの使用を廃止したときは，遅滞なくクレーン検査証を所轄労働基準監督署長に返還する。

② クレーンの落成検査は，定格荷重の1.25倍載荷し，走行・旋回作業の安全確認をする。

③ クレーンの作業範囲内に作業者を入れない。

④ 作業の性質上やむを得ない場合，吊り具に専用の搭乗設備を設けて労働者を乗せることができる。

⑤ 事業者が合図を定め，合図を行う者を指名し，その者が合図する。

⑥ 移動式クレーンを用いて荷をつり上げるときは，外れ止め装置を使用しなければならない。

⑦ 移動式クレーンを用いて作業を行うときは，その日の作業を開始する前に，巻過防止装置，過負荷警報装置その他の警報装置，ブレーキ，クラッチ及びコントローラーの機能について点検を行わなければならない。

⑧ ワイヤーロープの安全係数は6以上，素線の切断10％未満，直径の減少が公称の7％以下とする。

⑨ エンドレスなワイヤーロープまたは吊りチェーンについては，その両端にフック，シャックル，リングまたはアイを備えてなければ使用不可。

⑩ 強風により作業を中止した場合であって，移動式クレーンが転倒するおそれがあるときは，ジブの位置を固定させる等の措置を講じなければならない。

(8) ゴンドラ

① ゴンドラの操作の業務に労働者をつかせるときは，当該業務に関する安全のための特別の教育を行わなければならない。

② つり下げのためのワイヤロープが1本であるゴンドラで作業を行うと

きは，安全帯等を当該ゴンドラ以外のものに取り付けさせなければならない。

③　つり下げのためのワイヤーロープが2本のゴンドラでは，安全帯をゴンドラに取り付けて作業を行うことができる。

④　ワイヤーロープが通っている箇所の状態の点検は，その日の作業を開始する前に行わなければならない。

⑤　ゴンドラを使用して作業を行う場所では，作業を安全に行うため必要な照度を保持しなければならない。

⑥　ゴンドラを使用して作業するときには，原則として，1月以内ごとに1回，定期に自主検査を行わなければならない。

⑦　ゴンドラについて定期自主検査を行ったときは，その結果を記録し，これを3年間保存しなければならない。

⑧　ゴンドラ検査証の有効期間は，1年である。ただし，未設置期間の保管状況が良好であれば，1年を超えない範囲内で延長することができる。

⑨　ゴンドラを使用する作業を，操作を行う者に単独で行わせる場合は，操作の合図を定めなくてもよい。

(9)　点検・検査

①　建設用リフト：1ヶ月以内ごとに1回，ⅰ）ブレーキおよびクラッチの異常の有無，ⅱ）ウインチの据付状態，ⅲ）ワイヤーロープの損傷の有無などを定期に自主検査する。

②　墜落防止のネット：使用開始後1年以内およびその6ヶ月以内ごとに1回，試験用糸の等速引張試験を定期に行う。

③　クレーンなどの車両系建設機械：1カ月以内ごとに1回，ⅰ）巻過ぎ防止などの安全装置，ⅱ）ブレーキおよびクラッチの異常の有無，ⅲ）ワイヤーロープおよび吊りチェーンの損傷の有無などを定期に自主検査し，結果を3年間保存する。

④　積載荷重1.0 t以上のエレベーターの設置における落成検査の荷重試験は，エレベーターの積載荷重の1.2倍に相当する荷重の荷をのせて，行わなければならない。

⑤　車両系建設機械のブームを上げ，その下で修理，点検を行うときは，事業者は安全支柱，安全ブロック等を使用させなければならない。

⑥　繊維ロープを貨物自動車の荷掛けに使用するときは，その日の使用を開始する前に，繊維ロープの点検を行わなければならない。

⑦　高所作業車を用いて作業を行うときは，その日の作業を開始する前に，制動装置，操作装置及び作業装置の機能について点検を行わなければならない。

●車両系建設機械

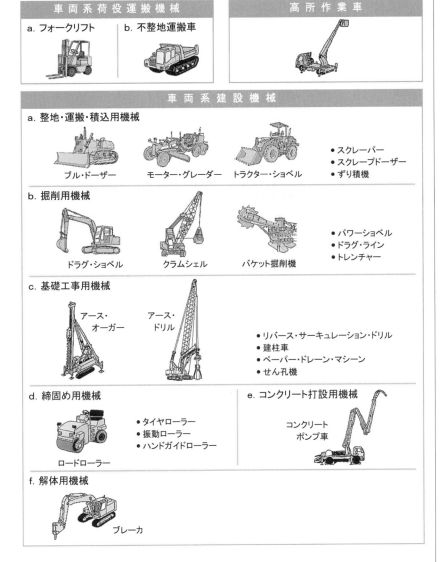

表 4・21　車両系建設機械の運転資格

種　別	基準	運転免許	技能講習	特別教育
フォークリフト	最大荷重	——	1 t 以上	1 t 未満
不整地運搬車	最大積載量	——		
高所作業車	作業床	——	10 m 以上	10 m 未満
車両系建設機械 ・整地, 運搬, 積込用 ・掘削用 ・解体用 ・基礎工事用	機体重量	——	3 t 以上	3 t 未満

●クレーン

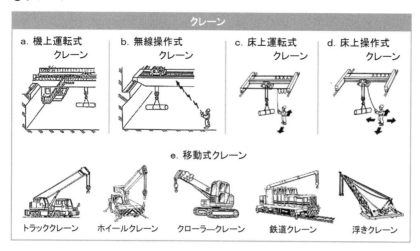

クレーン			
a. 機上運転式 クレーン	b. 無線操作式 クレーン	c. 床上運転式 クレーン	d. 床上操作式 クレーン

e. 移動式クレーン

トラッククレーン　ホイールクレーン　クローラークレーン　鉄道クレーン　浮きクレーン

表4・22　クレーンの運転資格　　▼よく出る

種　別	基準	運転免許	技能講習	特別教育
クレーン	吊り上げ荷重	5t以上	——	0.5t以上 5t未満
床上運転式クレーン		5t以上	——	0.5t以上 5t未満
床上操作式クレーン		——	5t以上	0.5t以上 5t未満
移動式クレーン		5t以上	1t以上 5t未満	0.5t以上 1t未満
玉掛け		——	1t以上	1t未満

⑽　**工具の携帯に関する法律**

　建設現場で使用する工具には，その携帯について法律で規制されているものがある。

　関係する法律について，よく確認しておく必要がある。

表4・23　工具と関係法規

工　具	関係法規
火薬式ピン打ち機	火薬類取締法 銃砲刀剣類所持等取締法 （銃刀法）
ガラス切り	軽犯罪法
バール （作用する部分の幅2cm以上かつ 　長さ24cm以上）	特殊開錠用具の所持の禁止等 に関する法律 （ピッキング防止法）
カッターナイフ （刃体の長さが6cmを超えるもの）	銃砲刀剣類所持等取締法 （銃刀法）

施工管理法

第5章　法　　　　　　規

法
規

━━━ 令和 5 年度　法規の出題傾向 ━━━

　「第 5 章　法規」は，全 72 問題中 12 問題を占め，そのうち 8 問題を選択し解答しなければならない。法令は試験の年の 1 月 1 日に施行されているものが対象となる。

　過去 5 年間の 12 問題の出題バランスは，「5.1　建築基準法」と「5.2　建設業法」が，それぞれ 3 問，計 6 問と半数を占め，以下，「5.3　労働基準法」1 問，「5.4　労働安全衛生法」2 問，「5.5　環境保全関係法」2 問，「5.6　その他の建築施工関連法規」1 問である。

　過去問を中心に，**頻出選択肢**の出題数も例年通りであり，過去問および頻出選択肢を押さえておくことで 12 問中の 8 問を確実に得点できる分野である。

5・1 建築基準法

学習のポイント

　用語定義，建築確認手続き等を中心に暗記が強いられるが，図表と絡めて法全般の理解がポイントとなる。

　建築基準法は，「建築物の敷地，構造，設備およびその用途に関する最低の基準を定めて，国民の生命，健康および財産の保護を図り，公共の福祉の増進に役立てることを目的とする」とある。

　この法律の定める内容は，大きく分けて次の三つに分類される。

①　制度規定（建築物の申請・許可・届出・是正命令・罰則）

②　単体規定（個々の建物の安全，防火・衛生の技術的基準）

③　集団規定（都市計画区域内および準都市計画区域内の用途・形態の制限）

　建築基準法の目的を達成するために，建築基準法施行令と建築基準法施行規則が制定されている。

　なお，建築基準法の適用の除外になるものとして，文化財保護法によって国宝・重要文化財等に指定または仮指定された建築物や，条例の定めるところにより現状変更の規制及び保存のための措置が講じられている建築物で，特定行政庁が建築審査会の同意を得て指定したものなどがある。

法令の種類
憲法＞法律（建築基準法／国会）＞政令（建築基準法施行令／内閣）＞省令（建築基準法施行規則／大臣）

5・1・1　用 語 の 定 義

(1)　建　築　物

　土地に定着する**工作物**のうち，下記の①〜④に該当するものをいう。

①　屋根と柱または屋根と壁のあるものや，これに類するもの（自走式の簡易立体駐車場など）。

②　①に付属する建築物の門や塀

③　観覧のための工作物

④　地下または高架の工作物内に設けられる事務所・店舗・興行場・倉庫，その他これらに類する施設

⑤　例外（建築物と定義されないもの）：鉄道および軌道の線路敷地内の運転保安施設・こ線橋，プラットホームの上屋，貯蔵槽，その他これらに類する施設

工作物
確認を要する工作物については p.273，表5・3参照

(2)　特殊建築物

　不特定多数の人が利用し危険物を取り扱うなど，住宅等の一般的な建築物よりも安全性が求められ，法規的にも強く規制を受ける建築物で，下記およ

特殊建築物
p.272，表5・2(1)参照

びこれらに類するものをいう。

①学校　　②体育館　　③病院　　④劇場　　⑤観覧場　　⑥集会場

⑦展示場　　⑧百貨店　　⑨市場　　⑩ダンスホール　　⑪遊技場

⑫公衆浴場　　⑬旅館　　⑭共同住宅　　⑮寄宿舎　　⑯下宿　　⑰工場

⑱倉庫　　⑲自動車車庫　　⑳危険物の貯蔵場　　㉑と畜場　　㉒火葬場

㉓汚物処理場

(3)　建築設備

　建築設備とは，建築物に設けるもので建築物の一部とみなされ，建築物に含まれる。

①電気設備　　②ガス設備　　③給水設備（貯水槽など）

④排水設備　　⑤換気設備　　⑥冷暖房設備

⑦消火設備（スプリンクラーなど）　　⑧排煙設備

⑨汚物処理設備　　⑩煙突　　⑪昇降機　　⑫避雷針

(4)　居　　室

　人の居住する部屋で，以下の目的で継続使用する部屋をいう。

①居住　　②執務　　③作業　　④集会　　⑤娯楽

(5)　主要構造部

　主に防災の観点から規定されており，建築物の空間を構成し，防火・耐火・避難上，必要な機能をもたせるべき下記の部分をいう。**建築物の構造上重要でない**間柱，付け柱，間仕切壁，揚げ床，最下階の床，局部的な小階段，屋外階段などは該当しない。

①柱　　②壁　　③梁　　④床　　⑤屋根　　⑥階段

(6)　構造耐力上主要な部分

　主に荷重の観点から規定されており，建築物の自重や外力を支える下記の部分をいう。構造計算は主にこの部分について行う。

①基礎杭　　②基礎　　③土台　　④柱　　⑤壁

⑥斜材（筋かい・方づえ・火打ち材など）　　⑦横架材（梁・けたなど）

⑧小屋組　　⑨床版　　⑩屋根版

主要構造部と構造耐力上主要な部分の比較を表5・1に示す。

表5・1　主要構造部と構造耐力上主要な部分の比較　◀よく出る

主　要　構　造　部 （除外される部分）	－	－	－	柱 （間柱・付柱）	壁 （間仕切壁）	－	梁 （小梁）	－	床 （最下階の床）	屋根	階段 （屋外階段）
構造耐力上主要な部分	基礎杭	基礎	土台	柱	壁	斜材	横架材	小屋組	床版	屋根版	－

(7)　工事監理者

　階数2以下かつ100 m² 以下の木造建築物などを除き，設計・工事監理は定められた有資格者が行うことが義務づけられている。一級建築士が設計・工事監理を行わなければならない建築物として，以下がある。

【ヒント】
児童福祉施設等（老人福祉施設）は特殊建築物である。

【ヒント】
事務所・銀行・パーキングタワーなどは特殊建築物でない。

【ヒント】
防火戸などの防火設備は，建築設備ではなく，建築物の一部である。

【ヒント】
百貨店の売場，公衆浴場の浴室は居室である。住宅の玄関，廊下，浴室，便所や，事務所の更衣室，倉庫は居室ではない。

【ヒント】
建築物の構造上重要でないものを覚えておくこと（表5・1参照）。また，主要構造部と構造耐力上主要な部分の違いを覚えておく。

法　規

① 高さが13mまたは軒の高さが9mを超えるもの

② 鉄筋コンクリート造，鉄骨造等で延べ面積が300m²を超えるもの

⑻ **設 計 図 書**

工事用の図面（現寸図および施工図，その他これに類するものを除く）および仕様書。

⑼ **建　　　築**

建築物を新築・増築・改築または移転すること。

⑽ **大規模の修繕**

建築物の主要構造部の一種以上について行う過半の修繕をいう。

⑾ **大規模の模様替**

建築物の主要構造部の一種以上について行う過半の模様替をいう。

⑿ **工事施工者**

工事の請負人または請負契約によらないで，自ら建築物の工事をする者をいう。前掲⑼〜⑾の施工者は，工事現場の見易い場所に，建築主，設計者，工事施工者及び工事の現場管理者の氏名又は名称並びに当該工事の確認があった旨の表示（確認表示板）を設置しなければならない。

⒀ **延焼のおそれのある部分**

隣接する建物等が火災になったとき延焼する可能性の高い部分で，隣地境界線（あるいは道路中心線または建物相互の中心線）から，1階では3m以下，2階以上では5m以下の距離にある部分をいう。

⒁ **耐火・準耐火・防火構造**

耐火性能は，耐火＞準耐火＞防火の順である。

ⓐ **耐 火 構 造**

壁・柱・床，その他の建築物の部分の構造のうち，耐火性能に関して政令に定められた技術的基準に適合する鉄筋コンクリート造・れんが造等の構造で，大臣が定めた構造方法を用いるもの，または大臣の認定を受けたものをいう。

ⓑ **耐火建築物**

図5・1のように，主要構造部が①または②のいずれかで，かつ，外壁の

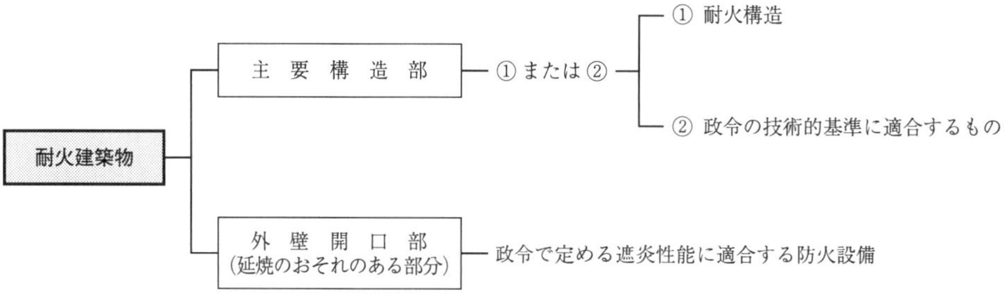

新築
更地に建築物を建てる行為。

増築
同一敷地内に，既存の建築物に接していない別棟で建てても，床面積が増えるので，増築となる。

改築
構造・規模・用途がほぼ同じ建築物に建て直す行為。

移転
同一敷地内での建物の移動であり，隣地への移動は移転ではなく，新築となる。

修繕と模様替
前者は同一材料による補修であり，後者は異種材料・仕様による造作行為である。

耐火性能
通常の火災が終了するまでの間，当該火災による建築物の倒壊および延焼を防止するために必要とされる性能をいう。

図5・1　耐火建築物

開口部で延焼のおそれのある部分に政令に適合する防火戸，その他の防火設備（遮炎性能）を有するものをいう。

① 耐火構造であること。

② 政令で定める技術的基準に適合するもの。これは，「耐火性能検証法・防火区画検証法」によるものである。

ⓒ **準耐火構造**

壁・柱・床，その他の建築物の部分の構造のうち，**準耐火性能**に関して政令に定める技術的基準に適合するもので，大臣が定めた構造方法を用いるもの，または大臣の認定を受けたものをいう。

ⓓ **準耐火建築物**

耐火建築物以外の建築物で次の①または②のいずれかに該当し，外壁の開口部で延焼のおそれのある部分に，政令（遮炎性能）に適合する防火戸，その他の防火設備を有するものをいう。

① 主要構造部を準耐火構造としたもの。

② 政令の技術的基準に適合する外壁耐火構造建築物（1号準耐）または不燃構造建築物（2号準耐）。

ⓔ **防 火 構 造**

建築物の外壁・軒裏の構造のうち，**防火性能**に関して政令で定める技術的基準（30分の防火性能）に適合する鉄網モルタル塗・しっくい塗等の構造で，大臣が定めた構造方法を用いるもの，または大臣の認定を受けたものをいう。木造建築物の延焼防止のために防災的制限を加えるものである。

⒂ **不燃・準不燃・難燃材料**

それぞれの不燃性能（不燃＞準不燃＞難燃）に応じて，防火上必要な場所が規定されている。

ⓐ **不燃材料**

不燃性能が20分間である建築材料をいう。

不燃材料の例：コンクリート，れんが，かわら，石綿スレート，鉄鋼，アルミニウム，ガラス，モルタル，しっくい等

ⓑ **準不燃材料**

不燃性能が10分間である建築材料をいう。

準不燃材料の例：木毛セメント板，せっこうボード等

ⓒ **難燃材料**

不燃性能が5分間である建築材料をいう。

難燃材料の例：難燃合板，難燃繊維板，難燃プラスチック板等

準耐火性能
通常の火災による延焼を抑制するために必要とされる性能をいう。

防火性能
建築物の周囲において発生する通常の火災による延焼を抑制するために，外壁・軒裏に必要とされる性能をいう。

準防火性能
準防火性能は，建築物の周囲で発生する通常の火災による延焼の抑制に一定の効果を発揮するために，外壁に必要とされる性能をいう。

不燃性能
建築材料に，通常の火災による火熱が加えられた場合に，火熱開始後一定の時間，次の要件を満たしていること。
①燃焼しないこと。
②防火上有害な変形・溶融・き裂，その他の損傷を生じないこと。
③防火上有害な煙またはガスを発生しないこと（ただし，外部に使用するものは除く）。

**法
規**

5・1・2　面積・高さ等の算定方法

(1)　敷　　　地

一つの建築物または用途上不可分の関係にある二つ以上の建築物のある一団の土地をいい，次の条件を満足するものとする。

① 　敷地は，道路より高くする。

② 　地盤面は，周囲の土地より高くする。

③ 　湿潤な土地・埋立地等の不良地盤は，盛土・地盤改良をして，衛生上・安全上必要な措置をする。

④ 　雨水・汚水を排出するため，下水管・下水溝・ためますを設ける。

⑤ 　がけ崩れなどで被害を受けるおそれのあるときは，よう壁を設け，安全上の措置をする。

(2)　敷地と道路

敷地は，幅4m以上の道路に2m以上接しなければならない。

(3)　建築面積（図5・2）

建築物の外壁で囲まれた部分をいう。ひさしが1m以上あるときは，1m後退した線をもって建築面積とする。

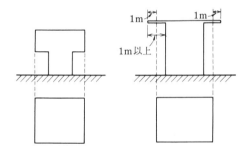

図5・2　建 築 面 積

(4)　床　面　積

建築物の各階または，その一部で壁その他の区画の中心線で囲まれた水平投影面積である。

(5)　建築物の高さ・階数（図5・3）

建築物の高さは，前面道路の路面中心から測り，階段室・昇降機塔などの屋上突出部が建築面積の1/8以内の場合に限り，高さは12mまで算入されない。このとき，屋上突出部は階数に算入しない。

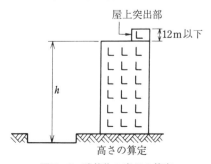

高さの算定

図5・3　建築物の高さの算定

(6) 延べ面積

　各階の床面積の合計により求める。ただし，容積率の算定においては，自動車の駐車施設は，建物全体の床面積の1/5を限度として，住宅の地階については，住宅部分全体の床面積の1/3を限度としての不算入の特例がある。

　地階とは，図5・4のように，その階の床が地盤面より低く，床面から地盤面までの高さ(A)がその階の天井高(H)の1/3以上のものであり，容積率緩和となる条件は，①地階でかつ②地盤面から天井までの高さが1m以下であることである。

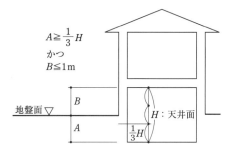

$A \geqq \dfrac{1}{3} H$
かつ
$B \leqq 1\text{m}$

地盤面▽

B

A

H：天井面

$\dfrac{1}{3}H$

図5・4　容積率緩和となる地階

(7) 軒高

　軒高は，地盤面から，小屋組またはこれに代わる横架材を支持する壁，敷げたまたは柱の上端までの高さをいう。

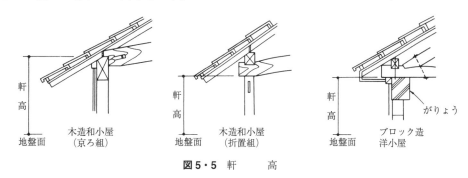

軒高
地盤面
木造和小屋
（京ろ組）

軒高
地盤面
木造和小屋
（折置組）

軒高
地盤面
ブロック造
洋小屋
がりょう

図5・5　軒　　　高

法規

5・1・3　制度の規定

(1)　建築確認

　建築主は，建築物の建築工事等を行う場合に，その計画が建築基準関係規定に適合するものであることの確認を受けるために，建築主事または指定確認検査機関に対して確認申請し，確認済証の交付を受けなければならない。

　確認を要する建築物等（建築物，工作物，建築設備，用途変更）を表5・2～表5・5に示す。

表5・2　確認を要する建築物

確認を要する建築物	構造・面積	工事種別
(1)　**特殊建築物**（法第6条1項1号，別表第一，令第115条の3） ・劇場，映画館，演芸場，観覧場，公会堂，集会場 ・病院，診療所（患者の収容施設のあるものに限る），ホテル，旅館，下宿，共同住宅，寄宿舎，児童福祉施設等 ・学校（専修学校および各種学校を含む），体育館，博物館，美術館，図書館，ボーリング場，スキー場，スケート場，水泳場，スポーツの練習場 ・百貨店，マーケット，展示場，キャバレー，カフェー，ナイトクラブ，バー，ダンスホール，遊技場，公衆浴場，待合，料理店，飲食店，物品販売業を営む店舗（床面積10 m² 以内のものを除く） ・倉庫 ・自動車車庫，自動車修理工場，映画スタジオ，テレビスタジオ	・用途に供する部分の床面積の合計が200 m² 超[※]	・建築 ・大規模の修繕 ・大規模の模様替 ・用途変更
(2)　**大規模な木造建築物** （法第6条1項2号）	・階数3以上 ・延べ面積500m² 超 ・高さ13 m 超 ・軒の高さ9 m 超	・建築 ・大規模の修繕 ・大規模の模様替
(3)　**木造以外の建築物**（鉄骨造，RC造など） （法第6条1項3号）	・階数2以上 ・延べ面積200m² 超	
(4)　小規模な建築物（法第6条1項4号） 　上記の(1)，(2)および(3)以外の建築物[注] 　都市計画区域外および確認不要区域にあっては申請の必要はない。ただし，都市計画区域外であっても，要確認区域の指定がある場合には申請を必要とする。	「防火地域および準防火地域」外における増築・改築・移転でその床面積が10 m² 以内のものは，申請不要。	建築

(注)・工事用仮設建築物および災害時の応急仮設建築物は確認申請が不要となる。
　　　・仮設興行場，博覧会建築物，仮設店舗等は確認申請が必要。

◀よく出る

建築主事
市町村または都道府県の職員で，建築基準適合判定資格者検定に合格し，国土交通省の登録を受け，市町村長または都道府県知事が任命

指定確認検査機関
民間の検査機関で都道府県知事または国土交通大臣が指定する法人

※）2019年（令和元年）6月施行の法改正により100 m²→200 m²となった。

法
規

表5・3 確認を要する工作物

確認を要する工作物（令第138条）
(1) 令第138条1項の工作物 ・高さが6mを超える煙突（支枠および支線を含む。ストーブの煙突を除く） ・高さが15mを超える鉄筋コンクリート造の柱，鉄柱，木柱，その他これらに類するもの（旗ざお並びに架空電線路用および電気事業者の保安通信設備用のものを除く） ・高さが4mを超える広告塔，広告板，装飾塔，記念塔，その他これらに類するもの ・高さが8mを超える高架水槽，サイロ，物見塔，その他これらに類するもの ・高さが2mを超える擁壁
(2) 令第138条2項の工作物 ・乗用エレベーターまたはエスカレーターで観光用のもの（一般交通の用に供するものを除く） ・ウォーターシュート，コースター，その他これらに類する高架の遊戯施設 ・メリーゴーラウンド，観覧車，オクトパス，飛行塔，その他これらに類する回転運動をする遊戯施設で原動機を使用するもの
(3) 令第138条3項の工作物 ・製造施設，貯蔵施設，遊戯施設で政令で指定するもの（略） (注) この3項によって準用される工作物のうち用途制限を受けるものは，特例許可を受けない限り，確認申請は提出することにはならない。

表5・4 確認を要する建築設備

確認を要する建築設備（令第146条）
(1) エレベーターまたはエスカレーターの設備
(2) 定期報告を義務づけられている建築設備（屎尿浄化槽を除く） (注) 法第6条1項1号から3号までの建築物に設置するものに限る。

表5・5 確認を要する用途変更

◀よく出る

確認を要する用途変更	確認手続きが不要である類似用途（令第137条の17）
建築物の用途を変更して，法第6条1項1号の**特殊建築物とする場合**においては，確認申請の手続が準用される。（法第87条準用）	下記の類似用途間相互の用途変更の場合は，手続を要しない。すなわち同一番号内の用途変更の場合のみ手続不要。 1. 劇場，映画館，演芸場 2. 公会堂，集会場 3. 診療所，児童福祉施設等 4. ホテル，旅館 5. 下宿，寄宿舎 6. 博物館，美術館，図書館 7. 体育館，ボーリング場，スケート場，水泳場，スキー場，ゴルフ練習場，バッティング練習場 8. 百貨店，マーケット，物品販売業を営む店舗 9. キャバレー，カフェー，ナイトクラブ，バー 10. 待合，料理店 11. 映画スタジオ，テレビスタジオ

法
規

(2)　各種手続の流れ

　表5・6に各種手続の提出義務者と提出先を，図5・6に各種手続きの流れをフローチャートで示す。

表5・6　各種手続の提出義務者と提出先

手　　続	提　出　者	提　出　先
建築物除却届*	工事施工者	都道府県知事
確認申請 中間検査申請 完了検査申請	建築主	建築主事または 指定確認検査機関
建築工事届		都道府県知事
仮使用認定申請	認定を受けようとする者	建築主事または 指定確認検査機関
定期報告・維持保全	所有者または管理者	特定行政庁
道路位置指定申請	道を築造しようとする者	特定行政庁

(a)　中間検査

　特定行政庁が指定する工程(特定工程)が含まれる場合には，建築主は，その特定工程を終えたとき，建築主事または指定確認検査機関に中間検査申請書を提出し，中間検査を受けなければならない。工事が建築基準関係規定に適合している場合には，中間検査合格証が交付される。この交付を受けた後でなければ，特定工程後の工程（特定工程と併せて特定行政庁が指定する）に係わる工事を行うことができない。

(b)　完了検査

　確認に係わる工事が完了したとき，建築主は，建築主事または指定確認検査機関に完了検査申請書を提出し，完了検査を受けなければならない。工事が建築基準関係規定に適合している場合には，検査済証が交付される。

　この交付を受けるまでの建築物の使用制限が規定されており，次の新築の建築物は，検査済証の交付を受けた後でなければ使用できない。

① 建築基準法別表第一(い)欄に掲げられている特殊建築物で，床面積の合計が200 m²を超えるもの*⁾

② 木造の建築物で3階以上，または延べ面積が500 m²，高さが13 mもしくは軒の高さが9 mを超えるもの

③ 木造以外の建築物で2階以上，または延べ面積が200 m²を超えるもの

　ただし，建築主事または指定確認検査機関**⁾が仮使用の認定をしたとき，および完了検査申請受理後7日を経過したときは，仮に使用することができる。

(c)　違反建築物に対する措置

　特定行政庁は，建築基準法令の規定に違反した建築物に関わる建築主，工事の請負人または現場管理者等に当該工事の施工の停止を命じることが

特定行政庁
建築主事を置く市町村ではその長，建築主事を置かない市町村では都道府県知事

*【ヒント】
・床面積10 m²を超える建築物の除却→建築物除却届
・床面積80 m²以上の建築物の解体→建設リサイクル法の対象建設工事・事前届出（p.315の表5・33参照）

中間検査特定工程
各特定行政庁が各々定めるが，以下は共通。階数が3以上の共同住宅で2階の床及びこれを支持する梁に鉄筋を配置する工事の工程

◀よく出る

*⁾2019年（令和元年）6月施行の法改正により100 m²→200 m²となった。

**⁾2015年（平成27年）6月施行の法改正により，指定確認検査機関でも実施可能となる。

できる。特定行政庁は，違反建築物に対する是正措置を行うために，建築監視員を任命する。

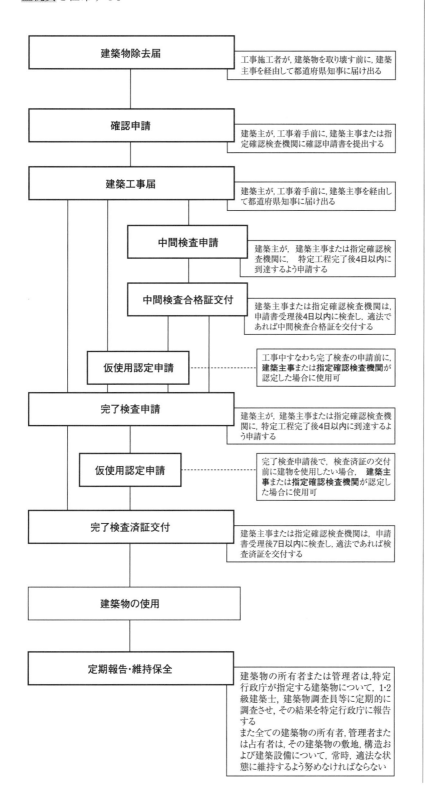

建築物除去届	工事施工者が，建築物を取り壊す前に，建築主事を経由して都道府県知事に届け出る	◀よく出る
確認申請	建築主が，工事着手前に，建築主事または指定確認検査機関に確認申請書を提出する	
建築工事届	建築主が，工事着手前に，建築主事を経由して都道府県知事に届け出る	
中間検査申請	建築主が，建築主事または指定確認検査機関に，特定工程完了後4日以内に到達するよう申請する	
中間検査合格証交付	建築主事または指定確認検査機関は，申請書受理後4日以内に検査し，適法であれば中間検査合格証を交付する	
仮使用認定申請	工事中すなわち完了検査の申請前に，建築主事または指定確認検査機関が認定した場合に使用可	
完了検査申請	建築主が，建築主事または指定確認検査機関に，特定工程完了後4日以内に到達するよう申請する	◀よく出る
仮使用認定申請	完了検査申請後で，検査済証の交付前に建物を使用したい場合，建築主事または指定確認検査機関が認定した場合に使用可	違反建築物に対し，竣工時は適法に建てられたが，その後の法改正等によって，現在の法律に適合しなくなった建築物を既存不適格建築物という。増築等をせず，継続使用する場合は，そのまま使っていて良い。
完了検査済証交付	建築主事または指定確認検査機関は，申請書受理後7日以内に検査し，適法であれば検査済証を交付する	
建築物の使用		
定期報告・維持保全	建築物の所有者または管理者は，特定行政庁が指定する建築物について，1・2級建築士，建築物調査員等に定期的に調査させ，その結果を特定行政庁に報告する また全ての建築物の所有者，管理者または占有者は，その建築物の敷地，構造および建築設備について，常時，適法な状態に維持するよう努めなければならない	特定行政庁は，特殊建築物または5階以上かつ延べ面積1,000 m²を超える建築物で，劣化が進み放置すれば危険となると認められる場合，所有者等に対して除去を勧告できる。

図5・6　各種手続の流れ

3000

5・1・4　単　体　規　定

(1)　居室に関する制限

(a)　居室の採光

居室には，採光のため窓その他開口部を設け，採光に有効な部分の面積の居室の床面積に対する割合は，居室の種類別により表5・7のように定められている。表5・7より，住宅等の居室の場合，**必要な採光有効面積**は，**居室の床面積の1/7以上**である。（ただし，50ルクス以上の照度の照明器具がある場合は1/10以上）

なお，居室のうち，ふすま，障子，その他の随時開放することができるもので仕切られた2室は，1室とみなすことができる。これは，次の居室の換気の規定においても適用される。

表5・7　採光に有効な開口部の面積

採光の必要な居室		床面積に対する割合
(1)	幼稚園，小学校，中学校，高等学校，中等教育学校の教室	1/5 以上
(2)	保育所の保育室	
(3)	病院・診療所の病室	1/7 以上
(4)	寄宿舎の寝室，下宿の宿泊室，住宅の居室（法第28条）	
(5)	児童福祉施設等(注1)の寝室および訓練等の用途に供する居室	
(6)	(1)以外の学校（大学，専修学校等）の教室	1/10 以上
(7)	病院・診療所・児童福祉施設等の入院患者等の談話・娯楽のための居室	

注1　児童福祉施設等：令第19条第1項で規定される，児童福祉施設，助産所，身体障害者社会参加支援施設，婦人保護施設，老人福祉施設，有料老人ホーム等をいう。
注2　上表(1)～(5)までの居室では，照明設備の設置等の基準（昭和55年告示1800号）に適合している場合には，1/10までの範囲で緩和される。

(b)　居室の換気

居室の換気上の有効面積は，居室の床面積の1/20以上とする。ただし，**換気設備**を設けたときはこの限りでない。なお，地階に設ける居室については，防湿面から，①規定の広さのからぼりとそれに面する開口部　②換気設備　③湿度調整設備　のいずれかが必要であり，直接土に接する外壁等は防水構造とする。

換気設備には，
① 自然換気設備
② 機械換気設備
③ 中央管理方式の空気調和設備　がある。

(c)　階　段

①　階段の幅・けあげ，踏面の寸法
それぞれの寸法は，表5・8のように定められている。

②　踊り場の設置
表5・8の(1)または(2)の階段は，**高さ3m以内ごと**に，他の階段は，**高さ4m以内ごと**に，踊場を設けなければならない。この規定によって設ける**直階段**の踊場の踏幅（左右の幅でなく進行方向の幅）は，**1.2m以上**必要である。

直階段
折れ曲がりせずに，下ってきてそのまま踊場を通ってほぼ真っすぐの方向に降りる階段

表 5・8　階段の寸法

階段の種類	階段・踊場の幅	けあげ	踏　面
(1)　小学校の児童用	140 cm 以上	16 cm 以下	26 cm 以上
(2)　中学校・高等学校・中等教育学校の生徒用 床面積が 1,500 m² を超える物品販売店舗 劇場・映画館・演芸場・観覧場・公会堂・ 集会場の客用	140 cm 以上	18 cm 以下	26 cm 以上
(3)　直上階の居室の床面積の合計が 200 m² を 超える地上階 　居室の床面積の合計が 100 m² を超える地 階・地下工作物内のもの	120 cm 以上	20 cm 以下	24 cm 以上
(4)　(1), (2), (3)以外のもの	75 cm 以上	22 cm 以下	21 cm 以上

注1　屋外階段の幅については 60 cm 以上（令第 120 条・第 121 条の規定による直通階段の場合は 90 cm 以上）とすることができる。

注2　**住宅の階段**（共同住宅の共用階段を除く）は，けあげ 23 cm 以下，踏面 15 cm 以上とすることができる。

注3　**回り階段の踏面**は，内側から 30 cm の位置で測る。

注4　階段および踊場の幅は，手すり等（手すり，階段の昇降設備で高さ 50 cm 以下のもの）が設けられた場合，10 cm まで，ないものとして算定する。

③　手すりの設置

階段には，手すりを設けねばならない。階段の幅が 3 m を超える場合は，中間に手すりを設けなければならない。ただし，けあげ 15 cm 以下で，かつ，踏面 30 cm 以上の場合は必要ない。なお，以上の規定は，高さが 1 m 以下の階段の部分には適用されない。すなわち，高さ 1 m 以下の部分には手すりは設けなくてよい。

④　階段に代わる傾斜路

階段に代わる傾斜路は，勾配は 1/8 以下とする。　◀よく出る

(d)　**居室の天井高**

①　天井高は，2.1 m 以上とする。玄関・廊下などはこの制限を受けない。

②　天井高が 1 室で異なるときは，その高さは平均とし，次の式による。

天井高〔m〕＝ 室の容積〔m³〕/ 室の床面積〔m²〕

(e)　**居室の床の高さおよび床下の防湿方法**（木造の場合）

①　床の高さを直下の地面から，45 cm 以上とする。

②　面積が 300 cm² 以上の床下換気孔を，外壁の長さ 5 m 以内ごとに設けて，これにねずみの侵入を防ぐために金網などを設置する。

ただし，床下をコンクリート，たたき，その他でおおうなど防湿上有効な措置をしたとき，または，防湿上有効な措置として大臣の認定を受けたものである場合には，この限りでない。

(f)　**長屋・共同住宅の界壁の遮音**

長屋・共同住宅の各戸の界壁は，小屋裏または天井裏まで達するものと

し，遮音性能について，令第22条の3に規定する技術的基準に適合するものとする。

(2) 建築の防火・避難に関する制限

(a) 特殊建築物の耐火制限

　不特定多数が使用したり，あるいは火災発生の恐れがあるなど，周辺環境に与える影響が大きい特殊建築物は，防火避難規定に対して，その他の建物より厳しい規定が設けられていたが，2015（平成27）年の木造建築関連基準の改正により，大断面木材などを活用した3階建ての学校等や3,000 m²を超える建築物が，以下のような場合に，耐火性の高い材料で被覆する等の措置によらずに準耐火構造等にできるようになった。

①延べ面積が3,000 m²を超える大規模な建築物について，火災の拡大を3,000 m²以内に抑える防火壁等の**防火設備等で区画した**場合（法第21条）

②3階建ての学校等について，天井の不燃化又は庇・バルコニーの設置など，区画を超えた早期の延焼を防止する措置を講じた場合（法第27条）

　このうち上記②については，主要構造部が，建築物に存する者の全てが地上までの避難を終了するまでの間，通常の火災による建築物の倒壊及び延焼を防止するために必要とされる性能を有し，かつ，建築物の他の部分から当該開口部へ延焼するおそれがある外壁の開口部に防火設備を設けることにより，建設することが可能となった（**特定避難時間倒壊等防止建築物**）。これをまとめると表5・9のようになる。

表5・9 耐火建築物等としなければならない特殊建築物

	用途	その用途に供する階	その用途に供する床面積の合計	その用途に供する部分の床面積の合計
（一）	劇場，映画館，演芸場	主階が1階にないもの3階以上の階	客席が200 m²以上（屋外観覧席は1,000m²以上）	
	観覧場，公会堂，集会場ほか	3階以上の階		
（二）	病院，診療所（患者の収容施設があるもの）ホテル，旅館，下宿，共同住宅，寄宿舎ほか	3階以上の階	2階が300 m²以上（病院及び診療所については2階に患者の収容施設がある場合）	
（三）	学校，体育館ほか	3階以上の階	2,000 m²以上	
（四）	百貨店，マーケット，展示場，キャバレー，カフェー，ナイトクラブ，バー，ダンスホール，遊技場ほか	3階以上の階	2階が500 m²以上	
			3,000 m²以上	
（五）	倉庫その他これに類するもので政令で定めるもの		3階以上の部分が200 m²以上	1,500 m²以上
（六）	自動車車庫，自動車修理工場ほか	3階以上の階		150 m²以上
（七）	危険物の貯蔵場所または処理場			危険物の数量が令116条の限度を超えるもの

☐ 特定避難時間倒壊等防止建築物または耐火構造建築物
▨ 耐火建築物
▨ 耐火又は準耐火建築物

　なお，特殊建築物の耐火規制については，都市計画区域内に定める防火地域・準防火地域における大規模建築に係る規定もあり，これを表5・10に示す。

表5・10　防火・準防火地域内の耐火・準耐火建築物

建築物の制限	防火地域内	準防火地域内
耐火建築物	・地階を含む階数 ≧ 3 ・延べ面積 > 100 m²	・地上の階数 ≧ 4 ・延べ面積 > 1,500 m²
耐火建築物 または 準耐火建築物	・階数 ≦ 2 かつ 延べ面積 ≦ 100 m²	・500 m² < 延べ面積 ≦ 1,500 m²

(b)　防火区画と内装制限

　初期消火の効果があがらず，延焼が続くと，やがてフラッシュオーバーなどの発生により火災が一気に拡大し，消火や避難が困難を極める。この段階での延焼拡大を遅らせるための方策として，火煙をできるだけ小さな範囲に封じ込める**防火区画**や，内装材をできる限り不燃性の高い材料で仕上げる**内装制限**などの規定が定められている。

①　防火区画とは，準耐火建築物と耐火建築物の建物内で発生した火災が急激に燃え広がることを防ぐために耐火構造でつくられた壁や床によって建築物を複数の区画に分割するもので，その分割方法によって，**面積区画**，**高層区画**，**竪穴区画**，**異種用途区画**の4種類がある。防火区画は，それ自体が耐火構造であると同時に，開口部や配管の貫通部に火炎の貫通を防ぐ処理をしなければならない。例えば，扉や窓については**特定防火設備**（かつての甲種防火戸）とし，また，空調用の風道（ダクト）が防火区画を貫通する場合には特定防火設備として防火ダンパーと呼ばれる火炎防止装置を，配管が防火区画を貫通する場合はすき間をモルタルその他の不燃材料で埋めなければならない。

②　内装制限の具体的な基準の内容は，内装に不燃材料・準不燃材料・難燃材料の3つの防火材料（難燃材料は使用できない部位がある）の使用を義務づけることである。

　表5・11に，内装制限の一覧表を示す。内装制限の対象となる部位は，壁（回り縁や窓台等は除く）および天井（天井のない場合は屋根の室内に面する部分）であり，床および建具は対象としていない。

(c)　廊下の幅

　廊下の幅は，表5・12の数値以上としなければならない。

(d)　屋外への出口等の施錠装置の構造等

　次に掲げる出口に設ける戸の施錠装置は，屋内からかぎを用いることなく解錠できるものとし，当該戸の近くの見やすい場所にその解錠方法を表示しなければならない。

①　屋外に設ける避難階段に屋内から通ずる出口

②　避難階段から屋外に通ずる出口

面積区画

一定の床面積ごとに準耐火構造等の壁（開口部については特定防火設備）や床で区画し，他の区画への延焼を防ぐ。主要構造部を耐火構造とした建築物は，原則として，1,500 m²以内ごとに区画する。

高層区画

避難が難しい11階以上の高層階では，原則として100 m²以内に耐火構造の床・壁で区画する。

竪穴区画

階段室などの吹き抜け部分は火災時には煙突効果により火災を増大させることになるため他の部分と区画して延焼を防ぐ。
準耐火構造で3階以下，延べ面積200 m²以内の一戸建住宅の階段等では，区画しなくてよい。

異種用途区画

1階を店舗，2階以上を共同住宅の用途とした建築の場合，用途によって利用状況や火災時の避難方法が異なることから1-2階の境界となる壁や床を準耐火構造等にして区画する。

特定防火設備

通常の火災時に，加熱開始後1時間，加熱面以外に火炎を出さない防火戸。

法規

(e)　**非常用の照明装置**

①　非常用の照明装置は次の建築物とその部分には**設置**しなければならない。

ⅰ）表5・9の(一)から(四)までに掲げる特殊建築物の居室

ⅱ）階数が3以上で延べ面積が500 m² を超える建築物の居室

ⅲ）居室の床面積の1/20以上の採光有効面積がない居室

ⅳ）延べ面積が1,000 m² を超える建築物の居室

ⅴ）上記ⅰ）～ⅳ）の居室から地上に通ずる廊下，階段，その他の通路（採光上有効に直接外気に開放された通路を除く）

ただし，次の建築物とその部分には設置しなくてもよい。

ⅰ）一戸建の住宅，長屋の住戸，共同住宅の住戸

ⅱ）病院の病室，下宿の宿泊室，寄宿舎の寝室等

ⅲ）学校等

ⅳ）避難階，避難階の直上階，避難階の直下階の居室で避難上支障がないもの等で国土交通大臣が定めるもの

②　非常用の照明装置の**構造**は，次のⅰ）～ⅳ）のいずれかに定めるものとするか，若しくは，火災時に停電した場合に自動的に点灯し，かつ，避難するまでの間に，当該建築物の室内の温度が上昇した場合にあっても床面において1ルクス以上の照度を確保することができるものとして国土交通大臣の認定を受けたものにしなければならない。

ⅰ）照明は，直接照明とし，床面において1ルクス以上の照度を確保できる。

ⅱ）照明器具の構造は，火災時において温度が上昇した場合であっても著しく光度が低下しないものとして国土交通大臣が定めた構造方法を用いるもの。

ⅲ）予備電源を設けること。

ⅳ）ⅰ）～ⅲ）のほか，非常の場合の照明を確保するために必要があるものとして国土交通大臣が定めた構造方法を用いるもの。

(f)　**非常用の進入口**

建築物の高さ31 m 以下の部分にある3階以上の階には，原則として，非常用の進入口を設けなければならない。

(g)　**無窓居室**

政令で定める窓その他の開口部を有しない居室は，その居室を区画する主要構造部を耐火構造又は不燃材料で造らなければならない。

表5・11　内装制限一覧（法第35条の2，令第128条の3の2～第129条）

用途・構造・規模区分	当該用途に供する部分の床面積の合計			適用除外	内装制限	
	耐火建築物の場合	準耐火建築物の場合	その他の建築物		壁・天井	地上に通ずる主たる廊下・階段・通路
(1) 劇場，映画館，演芸場，観覧場，公会堂，集会場	（客席）400 m² 以上	（客席）100 m² 以上			難燃材料 ・3階以上の階に居室を有する場合の天井については準不燃材料。 ・床面からの高さが1.2 m以下の部分には適用されない。	準不燃材料
(2) 病院，診療所（患者の収容施設のあるもの），ホテル，旅館，下宿，共同住宅，寄宿舎，児童福祉施設等	（3階以上の部分）300 m² 以上	（2階部分）300 m² 以上（病院・診療所は，2階に患者の収容施設がある場合）	200 m² 以上	・耐火建築物または主要構造部を準耐火構造等とした準耐火建築物にあっては100 m²（共同住宅の住戸にあっては200 m²）以内に防火区画された部分を除く。 ・1時間準耐火構造の準耐火建築物の下宿，共同住宅，寄宿舎の用途に供する部分は，耐火建築物とみなす。		
(3) 百貨店，マーケット，展示場，キャバレー，カフェー，ナイトクラブ，バー，ダンスホール，遊技場，公衆浴場，待合，料理店，飲食店，物品販売店（10 m² 以下を除く）	（3階以上の部分）1,000 m² 以上	（2階部分）500 m² 以上				
(4) 地階または地下工作物の居室で(1)～(3)の用途に供するもの	すべて				準不燃材料	
(5) 自動車車庫，自動車修理工場						
(6) 無窓の居室	床面積 50 m² を超える居室			天井の高さが6 mを超えるもの		
(7) 階数および規模によるもの	階数3以上で延べ面積 500 m² を超えるもの 階数2で延べ面積 1,000 m² を超えるもの 階数1で延べ面積 3,000 m² を超えるもの			・学校等（令第126条の2第1項第2号） ・100 m² 以内ごとに防火区画された特殊建築物の用途に供しない居室で，耐火建築物または主要構造部を準耐火構造等とした準耐火建築物の高さが31 m以下の部分 ・(2)の用途に供するもので，高さが31 m以下の部分	難燃材料 ・居室の壁の床面からの高さが1.2 m以下の部分には適用されない。	
(8) 火気使用室	住宅：階数が2以上の住宅で，最上階以外の階にある火気使用室 住宅以外：火気使用室はすべて			主要構造部を耐火構造としたものを除く	準不燃材料	

注1）内装制限の規定で，2以上の規定に該当する建築物の部分には，最も厳しい規定が適用される。
　　2）スプリンクラー設備，水噴霧設備，泡消火設備その他これに類するもので自動式のものおよび排煙設備を設けた建築物の部分には適用しない。

表5・12　廊下の幅

廊下の用途	廊下の幅	
	中廊下：両側に居室がある場合	片廊下：その他の場合
①小，中，高校の児童また生徒用	**2.3 m 以上**	1.8 m 以上
②病院の患者用 ③共同住宅の住戸・住室の床面積の合計が100 m² を超える階	1.6 m 以上	1.2 m 以上

5・1・5　集　団　規　定

前節の単体規定は，すべての建築物に適用される規定であるのに対し，集団規定については，都市計画区域および準都市計画区域内に限り適用される規定である。

(1)　道路に関する規定

(a)　道路の定義

「道路」とは，原則として，**幅員 4 m 以上**（特定行政庁が指定する区域内については 6 m 以上）のものをいう。

しかし，法の適用以前より道として扱われていたものには，4 m 未満の道もあることから，法第 42 条第 2 項により，特定行政庁が指定したものは道路とみなし，これを一般に「**2 項道路**」と呼んでいる。2 項道路では，道路の中心線から 2 m（道路の反対側ががけ地や水面のときには，反対側から 4 m）の線を道路境界線とみなし，この線から道路側の部分は道路とみなされる。したがって，その部分には建築物を建築することができない。また，敷地面積に算入されないので，建ぺい率や容積率の計算に際して注意が必要となる。

法第 42 条第 1 項・第 2 項による道路の定義を整理したものが，表 5・13 である。

表 5・13　道路の定義（法第 42 条）

◀よく出る

幅　員	条　項		内　　　容
4 m 以上	第 1 項	第 1 号	道路法による道路（高速自動車国道，一般国道，都道府県道，市町村道）
		第 2 号	都市計画法・土地区画整理法等による道路
		第 3 号	都市計画区域の指定・編入の際，既に存在した道
		第 4 号	道路法・都市計画法等による事業計画のある道路で，2 年以内に事業が執行される予定のものとして，特定行政庁が指定したもの
		第 5 号	土地を建築物の敷地として利用するため築造する道で，築造する者が特定行政庁の指定を受けたもの
4 m 未満	第 2 項		法適用前に現に建築物が立ち並んでいた道で，特定行政庁が指定したもの

(b)　接道（敷地と道路との関係）

建築物の敷地は，**道路に 2 m 以上接しなければならない。**この場合の道路には，自動車専用の道路などは含まれない（ただし，敷地の周囲に広い空地があるなど，安全上支障のない場合は緩和規定がある。）。

(c)　道路内の建築制限

建築物または敷地造成のための擁壁は，道路内または道路に突き出してはならない。ただし，次の①～④のいずれかに該当するものは建築できる。

① 地盤面下の建築物（特定行政庁の認定および許可不要）

② 公衆便所，巡査派出所等公益上必要な建築物で，特定行政庁が許可したもの

③ 地区計画または再開発地区計画内の自動車専用道路または特定高架道路等の上空または路面下に設ける建築物で，特定行政庁が認めるもの

④ 公共用歩廊（アーケード），道路上空の渡り廊下などで，特定行政庁が許可したもの

(2) 用 途 地 域

(a) 用途地域の種別・目的等

用途地域は，都市計画法によって指定される地域のうちで最も基本となるものである。その種別は表5・14 に示すように 12 種類で，都市計画法第 9 条にそれぞれの地域の目的が定められている。

用途地域内では，建築物の用途制限がなされるほか，地域によって，容積率・建ぺい率・高さ制限・日影規則などの集団規定の制限規定が異なる。単体規定においても，用途地域により採光に有効な開口部面積の算定方法が異なる。

表5・14　用途地域の種別・目的

種　別	系	目　的
① 第一種低層住居専用地域	住居系	低層住宅に係る住居の良好な環境の保護
② 第二種低層住居専用地域		主として，同上
③ 第一種中高層住居専用地域		中高層住宅に係る住居の良好な環境の保護
④ 第二種中高層住居専用地域		主として，同上
⑤ 第一種住居地域		住居の環境を保護
⑥ 第二種住居地域		主として，同上
⑦ 準住居地域		道路の沿道としての地域の特性にふさわしい業務の利便の増進を図りつつ，これと調和した住居の良好な環境を保護
⑧ 田園住居地域		農業の利便の増進を図りつつ，これと調和した低層住宅に係る良好な住居の環境を保護
⑨ 近隣商業地域	商業系	近隣の住宅地の住民に対する日用品の供給を行うことを主たる内容とする商業，その他の業務の利便を増進
⑩ 商業地域		主として商業，その他の業務の利便を増進
⑪ 準工業地域	工業系	主として環境の悪化をもたらすおそれのない工業の利便を増進
⑫ 工業地域		主として工業の利便を増進
⑬ 工業専用地域		工業の利便を増進

法
規

(b)　用途地域内の用途制限

　　用途地域内の建築物の用途は，それぞれの地域の目的によって制限されている。その主要なものは，法第48条に基づき法別表第2に規定されている。表5・15に用途制限の主なものを示す。

表5・15　用途制限の主要なもの（自動車修理以外の工場，自動車車庫は除く）

建築物 ＼ 用途地域	①第一種低層住居専用地域	②第二種低層住居専用地域	③第一種中高層住居専用地域	④第二種中高層住居専用地域	⑤第一種住居地域	⑥第二種住居地域	⑦準住居地域	⑧田園住居地域	⑨近隣商業地域	⑩商業地域	⑪準工業地域	⑫工業地域	⑬工業専用地域
保育所，一般公衆浴場，診療所，神社，寺院，教会，巡査派出所[2]，公衆電話等の公共施設[2]	○	○	○	○	○	○	○	○	○	○	○	○	○
住宅，共同住宅，寄宿舎，下宿，小規模店舗・事務所併用住宅[1]，図書館等，老人ホーム，身体障害者福祉ホーム等	○	○	○	○	○	○	○	○	○	○	○	○	×
郵便局，地方公共団体の支庁舎，老人福祉センター等	△[2]	△[2]	△[2]	○	○	○	○	△[2]	○	○	○	○	○
≦150 m² の特定店舗・飲食店（≦2階）	×	○[3]	○[3]	○	○	○	○	○[3]	○	○	○	○	×
＞150 m²，≦500 m² の特定店舗・飲食店（≦2階）	×	×	○[4]	○	○	○	○	×	○	○	○	○	×
〃　　（農業の利便増進に必要なもの）	×	×	×	×	×	×	×	○[6]	×	×	×	×	×
上記以外の店舗・飲食店≦1,500 m²（≦2階）	×	×	×	×	○	○	○	×	○	○	○	○	×
上記以外の店舗・飲食店≦3,000 m²	×	×	×	×	×	○	○	×	○	○	○	○	×
店舗・飲食店＞3,000 m²	×	×	×	×	×	×	×	×	○	○	○	×	×
一般事務所＞500 m²，≦1,500 m²（≦2階）	×	×	×	×	○	○	○	×	○	○	○	○	○
上記以外の一般事務所≦3,000 m²	×	×	×	×	×	○	○	×	○	○	○	○	○
同上＞3,000 m²	×	×	×	×	×	×	○	×	○	○	○	○	○
幼稚園，小・中・高校，盲・聾・養護学校	○	○	○	○	○	○	○	○	○	○	○	×	×
大学，高専，専修学校および類似，病院	×	×	○	○	○	○	○	×	○	○	○	×	×
ホテル・旅館≦3,000 m²	×	×	×	×	○	○	○	×	○	○	○	×	×
同上＞3,000 m²	×	×	×	×	×	○	○	×	○	○	○	×	×
自動車教習所≦3,000 m²，15 m²＜畜舎≦3,000 m²	×	×	×	×	○	○	○	×	○	○	○	○	○
自動車教習所・畜舎＞3,000 m²	×	×	×	×	×	×	○	×	○	○	○	○	○
ボーリング場，スケート場，水泳場，スキー場，ゴルフ練習場，バッティング練習場≦3,000 m²	×	×	×	×	○	○	○	×	○	○	○	○	×
同上＞3,000 m²	×	×	×	×	×	○	○	×	○	○	○	○	×
マージャン屋，ぱちんこ屋，射的場，馬券車券売場等	×	×	×	×	×	○	○	×	○	○	○	○	×
カラオケボックス等	×	×	×	×	×	○	○	×	○	○	○	○	○
キャバレー，料理店，ダンスホール等	×	×	×	×	×	×	×	×	○	○	○	×	×
個室付浴場業の公衆浴場　その他[5]	×	×	×	×	×	×	×	×	×	○	×	×	×
自動車修理工場（50 m²＜作業場≦150 m²）	×	×	×	×	×	×	○	×	○	○	○	○	○
同上（作業場＞150 m²）	×	×	×	×	×	×	×	×	×	×	○	○	○
倉庫業の倉庫	×	×	×	×	×	×	○	×	○	○	○	○	○
劇場，映画館，演芸場，観覧場（客席＜200 m²）	×	×	×	×	×	×	○	×	○	○	○	×	×
劇場，映画館，演芸場，観覧場（客席≧200 m²）	×	×	×	×	×	×	×	×	○	○	○	×	×

注　○：建築できる。　　△：一定規模以内のものは建築できる。　　×：原則として建築できない。

　　1)：令第130条の3　　2)：令第130条の4　　3)：令第130条の5の2

　　4)：令第130条の5の3　　5)：令第130条の9の2　　6)：令第130条の9の4

(3)　建ぺい率・容積率

(a)　建ぺい率

　建ぺい率とは，「建築面積の敷地面積に対する割合」をいい，敷地に対する建築の利用率を示す。表5・16に示すように，建ぺい率の限度には用途区分による規定と敷地条件等による緩和規定がある。

表5・16　建ぺい率一覧（単位：％）

条件等／用途地域等	(1) 通常の場合	(2) 角地等である場合 [1]	(3) 防火地域内で耐火建築物の場合 [2]	(4) 角地等で，かつ，防火地域内の耐火建築物である場合
一種・二種低層住専地域 一種・二種中高層住専地域 田園住居地域・工業専用地域	30, 40, 50, 60のうち都市計画で定めた数値	(1)の数値＋10	(1)の数値＋10	(1)の数値＋20
一種・二種・準住居地域 準工業地域	50, 60, 80のうち都市計画で定めた数値	(1)の数値＋10	(1)の数値＋10 [3]	(1)の数値＋20 [3]
近隣商業地域	60, 80のうち都市計画で定めた数値	(1)の数値＋10	(1)の数値＋10 [3]	(1)の数値＋20 [3]
商業地域	80	90	制限なし	
工業地域	50, 60のうち都市計画で定めた数値	(1)の数値＋10	(1)の数値＋10	(1)の数値＋20
用途地域無指定区域	30, 40, 50, 60, 70のうち特定行政庁が定める数値	(1)の数値＋10	(1)の数値＋10	(1)の数値＋20

[1]　角地等は，特定行政庁が指定するので，都道府県ごとに適用条件は一定ではない。

[2]　「防火地域内」とは，敷地の全部が防火地域内にあることだけでなく，一部が防火地域内にあって，敷地内すべての建築物が耐火建築物の場合も該当する（法第53条第5項）。

[3]　建蔽率の限度が80の地域には適用されない（法第53条第6項）

(b)　建ぺい率の限度の適用除外

　次の建築物では，建ぺい率が適用されない。したがって，建ぺい率に制限はない，あるいは建ぺい率が100％であることと同じである。

　①　近隣商業地域または商業地域内で，かつ，防火地域内の耐火建築物

　②　巡査派出所，公衆便所，公共用歩廊など

　③　公園，広場，道路，川などの中にある建築物で，特定行政庁が許可したもの

(c)　容積率

　容積率とは，「延べ面積の敷地面積に対する割合」をいう。敷地に対して，全体でどれだけの面積の建築物を建築することができるかを示した数値といえる。

　容積率の限度は，表5・17に示すように，用途地域に応じて，① **都市計画**で定められる限度，② **前面道路の幅員**に応じて定められる限度の2つがあり，どちらか厳しいほうの値が適用される。

法規

表5・17 用途地域と容積率の限度

用 途 地 域		①都市計画による容積率限度（以下の数値のいずれかを指定）	②道路幅員による容積率限度（前面道路幅員 12 m 未満）
住居系用途地域	一種・二種低層住専地域 田園住居地域	50, 60, 80, 100, 150, 200%	前面道路幅員〔m〕× 40%
	一種・二種中高層住専地域	100, 150, 200, 300, 400, 500%	前面道路幅員〔m〕× 40%（都道府県都市計画審議会の議を経て特定行政庁が指定する区域では 60%）
	一種・二種・準住居地域		
その他の用途地域	近隣商業地域, 準工業地域	100, 150, 200, 300, 400, 500%	前面道路幅員〔m〕× 60%（都道府県都市計画審議会の議を経て特定行政庁が指定する区域では 40% または 80% のうちいずれか指定する数値）
	工業地域, 工業専用地域	100, 150, 200, 300, 400%	
	商業地域	200, 300, 400, 500, 600, 700, 800, 900, 1000, 1100, 1200, 1300%	
用途地域無指定地域		50, 80, 100, 200, 300, 400% のうち特定行政庁が定める数値	

(d) **建ぺい率・容積率が異なる2以上の地域にまたがる敷地**

　敷地が，建ぺい率（容積率）の異なる2以上の地域にまたがる場合，全体の建ぺい率（容積率）は，**加重平均**による。すなわち図5・7のような敷地では，全体の建ぺい率 c と全体の容積率 c' は，それぞれ次のようになる。

　　全体の建ぺい率 $c = (aA + bB) / (A + B)$

　　全体の容積率 $c' = (a'A + b'B) / (A + B)$

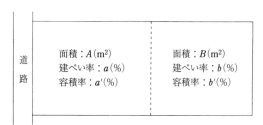

道路　　面積：$A(\text{m}^2)$　　　面積：$B(\text{m}^2)$
　　　　建ぺい率：a(%)　　建ぺい率：b(%)
　　　　容積率：a'(%)　　容積率：b'(%)

図5・7 建ぺい率(容積率)の異なる地域にまたがる敷地

⑷　**高 さ 制 限**

　建築物の高さを制限する規定は種々ある。その制限の主なものを，表5・18に示す。

表 5・18　高さ制限の概要

高さ制限		適　用　区　域	概　　　要
絶対高制限		低層住居専用地域，田園住居地域	絶対高 10 m，12 m のいずれかに制限
斜線制限	道路斜線	都市計画区域・準都市計画区域内すべて	前面道路の幅員による斜線による制限
	隣地斜線	低層住専地域，田園住居地域を除くすべて	隣地境界線からの斜線による制限
	北側斜線	低層住専，田園住居地域，中高層住専地域	北側隣地境界から真南方向への斜線による制限
高度地区		都市計画で指定された区域	都道府県ごとに規定が異なる
日影規制		住居系地域，近隣商業地域，準工業地域，無指定区域のうち条例で指定	建築物によって生じる日影の程度による建築物の形態の制限
地区計画等		地区計画等の区域	政令の範囲で条例で定める

⑸　**防火地域・準防火地域の建築物**

　防火地域と準防火地域に建築可能な建築物をそれぞれ表5・19と表5・20に示す。

表 5・19　防火地域内の建築物（法第 61 条，令 136 条の 2）

規　模・要　件	建築可能な建築物
階数が 3 以上（地階含む）または延べ面積が 100 m² を超える建築物	耐火建築物
階数が 2 以下で，延べ面積が 100 m² 以下の建築物	耐火建築物または準耐火建築物
（除外規定） ①　延べ面積 50 m² 以内の平家建附属建築物で，外壁・軒裏を防火構造としたもの ②　卸売市場の上家，機械製作工場で，主要構造部が不燃材料で造られたもの，その他これらに類するもの ③　高さ 2 m を超える門，塀で，不燃材料で造りまたは覆われたもののほか，厚さ 24 mm 以上の木材で造られたもの ④　高さ 2 m 以下の門・塀	耐火建築物または準耐火建築物でなくてもよい

　注　防火地域内の工作物で，看板・広告塔・装飾塔等で屋上に設けるもの，または高さが 3 m を超えるものは，その主要な部分を，不燃材料で造り，またはおおわなければならない（法第 64 条）。

表 5・20　準防火地域内の建築物（法第 61 条，令 136 条の 2）

規模・要件	建築可能な建築物
階数が 4 以上（地階を除く）または延べ面積が 1,500 m² を超える建築物	耐火建築物
階数が 3 または 2（地階を除く）以下で延べ面積が 500 m² より大きく 1,500 m² 以下の建築物	耐火建築物・準耐火建築物
階数が 3（地階を除く）で延べ面積が 500 m² 以下の建築物	耐火建築物・準耐火建築物または木造 3 階建ての防火上の技術基準に適合する建築物（令第 136 条の 2）
階数が 2 以下（地階を除く）で延べ面積が 500 m² 以下の建築物	制限なし （ただし，木造建築物は外壁・軒裏の延焼のおそれのある部分を防火構造とする。また，高さ 2 m を超える門，塀は，不燃材料で造りまたは覆われたもののほか，厚さ 24 mm 以上の木材で造られたものとする）

注　卸売市場の上家，機械製作工場で，主要構造部が不燃材料で造られたもの，その他これらに類するものは耐火建築物・準耐火建築物としなくてよい。

防火地域は，原則として耐火建築物としなければならない地域であるが，例外的に耐火建築物としなくてよい建築物が規定されている。

準防火地域も防火地域と同様に，市街地における火災の危険を防除するために都市計画によって定められるが，準防火地域内の建築制限は防火地域よりも規制が緩くなっている。

なお，準防火地域内の建築制限以外に，法第 27 条の耐火建築物等としなければならない特殊建築物の規定に注意が必要である。たとえば，準防火地域において地上 3 階建の病院，旅館等は，表 5・20 では，1,500 m² まで準耐火建築物とすることができるが，平成 27 年 6 月 1 日に施行された法第 27 条により（表 5・9），その用途が 3 階以上にある場合は耐火構造建築物に，その用途が 2 階でかつ 300 m² 以上ある場合は特定避難時間倒壊等防止建築物（準耐火構造）としなければならない。

ここで，難燃材料の使用が可能であるのは，特殊建築物の居室および大規模建築物の居室である。法令上「難燃材料」としており，難燃材料はもちろん，準不燃材料・不燃材料のいずれかでよい。同時に，これらの居室の壁については，床面からの高さが 1.2 m 以下の部分には内装制限が適用されない（p.281 表 5・11 参照）。

5・2 建 設 業 法

学習のポイント

　建設業法の全体像を下敷きに，建設業の許可の種類，請負契約に関する義務，管理技術者の資格の3点についてまとめの表を中心に理解することがポイントとなる。

　建設業法の目的は，**建設業**を営む者の資質の向上，建設工事の請負契約の適正化等を図ることによって，建設工事の適正な施工を確保し，発注者を保護するとともに，建設業の健全な発達を促進し，公共の福祉の増進に寄与することである。

　建設工事の注文者を**発注者**，工事を受注する建設業者を**請負人**といい，後者については，発注者から直接工事を請負う**元請負人**と元請負人から工事の一部を請負う**下請負人**に分けられる。両者の間で**下請契約**が締結され，下請負人を保護するために，賃金の支払いや安全教育の援助など，元請負人の義務が定められている。

> **建設業**とは，元請，下請その他いかなる名義をもってするかを問わず，建設工事の完成を請け負う営業をいう。

> **元請負人**とは，下請契約における注文者で建設業者であるものをいい，下請負人とは，下請契約における請負人をいう。

5・2・1　建設業の許可

(1)　建設工事

　建設工事は，下記の通り，土木と建築の2つの一式工事のほかに27の専門工事の計29業種があり，同時に2つ以上の業種の許可を取得することもできる。また，29業種のうち下線を引いた7業種は，他の業種に比べて総合的な施工技術を必要とし，社会的責任も大きいことから，**指定建設業**に指定されており，特定建設業の許可申請時の専任技術者は，実務経験のみでは認定されない。

① 土木一式工事　② 建築一式工事　③ 大工工事　④ 左官工事

⑤ とび・土工・コンクリート工事　⑥ 石工事　⑦ 屋根工事

⑧ 電気工事　⑨ 管工事　⑩ タイル・れんが・ブロック工事

⑪ 鋼構造物工事　⑫ 鉄筋工事　⑬ ほ装工事　⑭ しゅんせつ工事

⑮ 板金工事　⑯ ガラス工事　⑰ 塗装工事　⑱ 防水工事

⑲ 内装仕上工事　⑳ 機械器具設置工事　㉑ 熱絶縁工事

㉒ 電気通信工事　㉓ 造園工事　㉔ さく井工事　㉕ 建具工事

㉖ 水道施設工事　㉗ 消防施設工事　㉘ 清掃施設工事　㉙ 解体工事業

法規

(2)　建設業の許可

　建設業者は，次のように，国土交通大臣かまたは都道府県知事の許可を得なければならない。

　ただし，政令で定める**軽微な建設工事**のみを請け負うことを営業とする者は，この限りでない。

① 2以上の都道府県に営業所を設ける場合……………………**国土交通大臣**

② 1の都道府県にのみ営業所が限られる場合………………**都道府県知事**

　　①②両者とも，いずれの地域でも自由に営業活動すなわち施工できる。

　ただし，営業所ごとに所定の要件を満たした専任の技術者を置かねばならない。

③ **許可を受けずにできる軽微な建設工事**

　建築一式工事では，

　1) 1件の請負代金が1,500万円未満の工事

　2) 延べ面積が150m² 未満の木造住宅工事

　建築一式工事以外では，

　3) 1件の請負代金が500万円未満の建設工事

　ただし，請負契約を分割しても，請負代金合計が規定の金額を超える契約は違反である。また材料や運送費の提供があるとき，これも市場価格に換算して契約請負代金の一部とみなす。

④ **許可の更新**：建設業の許可は5年ごとに更新しなければならない。更新しようとする者は有効期間満了の30日前までに許可申請書を国土交通大臣または都道府県知事に提出しなければならない。なお，許可に係る**変更**または**廃業**の届出も，30日以内に届け出なければならない。

⑤ **附帯工事**：建設業者は，許可を受けた建設業に係る建設工事を請け負う場合，当該建設工事に附帯する他の建設業に係る建設工事を請け負うことができる。つまり，許可を受けていない附帯工事が含まれていても，建設業者は当該建設工事を請け負うことができる。ただし，実際の工事は許可をもつ建設業者に下請けさせなければならない。

(3)　建設業の許可による分類

① **特定建設業者**：発注者から直接請負う1件の建設工事につき，4,500万円（建築一式工事は7,000万円）**以上**の下請け契約を締結して施工する者に対する許可[※]

② **一般建設業者**：発注者から直接請負う1件の建設工事につき，4,500万円（建築一式工事は7,000万円）**未満**の下請け契約を締結して施工する者に対する許可[※]

　ただし，建設業の許可は，特定建設業または一般建設業の許可のいずれか一方の許可しか受けられない。特定建設業と一般建設業の許可要件の比較を表5・21に示す。

営業所
本店又は支店若しくは政令で定めるこれに準ずるものをいう。

許可の取消し
許可を受けてから1年以内に営業を開始せず，又は引き続いて1年以上営業を休止した場合。

[※] 金額用件の見直しは2023年1月1日施行

表5・21　特定建設業と一般建設業の許可要件の比較　◀よく出る

項　　目	特 定 建 設 業	一 般 建 設 業
下　請　契　約	4,500万円以上， 建築一式工事7,000万円以上	4,500万円未満， 建築一式工事7,000万円未満
財 産 的 基 礎	8,000万円以上	契約を履行する財産的基礎
常勤役員(法人) 個 人 経 営 者	許可を受けようとする建設業に関しては5年以上，それ以外の建設業に関しては6年以上の経営業務の管理責任者としての経験	
専 任 の 技 術 者	①高校卒業後5年以上，大学・高専卒業後3年以上の実務経験 ②10年以上の実務経験 ③上記の者と同等以上の能力を有する（1級建築施工管理技士等） ④4,500万円以上の工事で2年以上の指導監督的な実務経験	①，②は同左 ③上記の者と同等以上の能力を有する（2級建築施工管理技士等）

5・2・2　建設工事の請負契約

(1)　請負契約の原則

　建設工事の請負契約の当事者すなわち発注者と請負人は，対等な立場における合意に基づき公正な契約を締結し，信義に従い誠実にこれを履行しなければならない。

(2)　請負契約の内容

　建設工事の請負契約の当事者は，契約の締結に際して次に掲げる事項を書面に記載し，署名又は記名押印をして相互に交付しなければならない。ただし，書面による契約内容の明記に代えて，情報通信の技術を利用した一定の措置による契約の締結を行うことができる。

① 　**工事内容**
② 　**請負代金の額**
③ 　**工期**（工事着手の時期及び工事完成の時期）
④ 　請負代金を前金払又は出来形部分に対する支払とするとき，その支払の時期及び方法
⑤ 　当事者の一方から設計変更，着工延期，全部若しくは一部の中止の申出があつた場合の，工期の変更，請負代金額の変更又は損害の負担及びそれらの額の算定方法に関する定め
⑥ 　天災その他不可抗力による工期の変更又は損害の負担及びその額の算定方法に関する定め
⑦ 　価格等の変動若しくは変更に基づく請負代金の額又は工事内容の変更
⑧ 　工事の施工により第三者が損害を受けた場合における賠償金の負担に関する定め
⑨ 　注文者が工事に使用する資材を提供したり建設機械その他の機械を貸与するときは，その内容及び方法に関する定め

請負工事の3要素
①工事内容（目的建築物）
②請負代金額
③工期（着工と竣工の期日）
の3項目の明示が契約書の基本である。

法　規

⑩　注文者が工事の完成を確認するための検査の時期及び方法並びに引渡しの時期

⑪　工事完成後における請負代金の支払の時期及び方法

⑫　工事の目的物の瑕疵を担保すべき責任又は当該責任の履行に関して講ずべき保証保険契約の締結その他の措置に関する定めをするときは，その内容

⑬　各当事者の履行の遅滞その他債務の不履行の場合の遅延利息，違約金その他の損害金

⑭　契約に関する紛争の解決方法

⑮　工事を施工しない日・時間帯

(3)　請負契約の基本となる規定

◀よく出る

請負契約をより公正なものとするために，以下のような規定が定められている。

①　**現場代理人の選任等に関する通知**：請負人は，請負契約の履行に関し工事現場に現場代理人を置く場合，当該現場代理人の権限に関する事項及び当該現場代理人の行為についての注文者の請負人に対する意見の申出の方法を，書面により注文者に通知しなければならない。

また，注文者は工事現場に監督員を置く場合は，当該監督員の権限に関する事項及びその行為について，請負人の注文者に対する意見の申出方法を，書面により請負人に通知しなければならない。

②　**不当に低い請負代金の禁止**：注文者は，自己の取引上の地位を不当に利用して，その注文した建設工事を施工するために通常必要と認められる原価に満たない金額を請負代金の額とする請負契約を締結してはならない。

③　**不当な使用資材等の購入強制の禁止**：注文者は，請負契約の締結後，自己の取引上の地位を不当に利用して，その注文した建設工事に使用する資材若しくは機械器具又はこれらの購入先を指定し，これらを請負人に購入させて，その利益を害してはならない。

④　**発注者に対する勧告**：建設業者と請負契約を締結した発注者が規定に違反した場合において，特に必要があると認めるときは，当該建設業者の許可をした国土交通大臣又は都道府県知事は，当該発注者に対して必要な勧告をすることができる。

⑤　**建設工事の見積り等**：建設業者は，建設工事の請負契約を締結するに際して，工事の種別ごとに材料費，労務費その他の経費の内訳を明らかにして，建設工事の見積りを行うよう努めなければならない。また建設業者は，注文者から請求があつたときは，請負契約が成立するまでの間に，建設工事の見積書を提示しなければならない。一方，注文者は，随意契約の場合は契約を締結以前に，入札の場合は入札以前に，できる限

現場代理人

契約に定めがある場合に設置するもので，工事現場の運営，取り締まりを行うほか，代金の授受などを除いた請負契約に関する一切の権限を行使する。主任・監理技術者と現場代理人との兼務は可能。ほとんどの公共工事においては，現場代理人は現場常駐が定められており，他の工事との兼任は不可。

見積期間の明示

見積期間は予定価格により，500万円未満は1日以上，500万円以上5,000万円未満は10日以上，5,000万円以上は15日以上とするが，後二者については5日以内に限り短縮することができる。

り具体的な内容を提示し，かつ，当該提示から当該契約の締結又は入札までに，建設業者が当該建設工事の見積りをするために必要な一定の期間を設けなければならない。

⑥　**契約の保証**：注文者は，建設業者に対して前金払をする前に，保証人を立てることを請求することができる。但し，公共工事の前払金保証事業に関する法律に規定する工事又は政令で定める軽微な工事については，この限りでない。

⑦　**一括下請負の禁止**：建設業者は，請け負つた建設工事を，いかなる方法をもつてするかを問わず，一括して他人に請け負わせてはならない。また一括して請け負つてもならない。ただし，多数の者が利用する施設又は工作物に関する重要な建設工事で政令で定めるもの以外の場合は，当該建設工事の元請負人があらかじめ発注者の書面による承諾を得たとき，一括請負が認められる。

⑧　**下請負人の変更請求**：注文者は，請負人に対して，建設工事の施工につき著しく不適当と認められる下請負人があるときは，その変更を請求することができる。ただし，あらかじめ注文者の書面による承諾を得て選定した下請負人については，この限りでない。

⑨　**工事監理に関する報告**：請負人は，請け負った建設工事の施工について建築士法の規定により建築士から工事を設計図書のとおりに実施するよう求められた場合，これに従わない理由があるときは，直ちに，注文者に対して，その理由を報告しなければならない。

⑩　**請負契約とみなす場合（みなし契約）**：委託その他いかなる名義をもつてするかを問わず，報酬を得て建設工事の完成を目的として締結する契約は，建設工事の請負契約とみなして，この法律の規定を適用する。

(4)　元請負人の義務（下請負人の保護）

◀よく出る

元請負人は，発注者に対して工事施工の全責任があり，下請負人の工事施工にも責任をもたなければならない。無理な施工計画を下請に押し付けないよう下請負人を保護するため，以下の規定がある。

①　**下請負人の意見の聴取**：元請負人は，請負った建設工事を施工するために必要な工程細目，作業方法その他を定めるとき，あらかじめ下請負人の意見を聞かなければならない。

②　**下請代金の支払**：元請負人は発注者から請負代金の支払いを受けたとき，下請負人に対して，支払いを受けた日から1ヶ月以内のできる限り短い期間に下請け代金を払わなければならない。

③　**検査及び引渡し**：元請負人は，下請負人から建設工事完成の通知を受けたとき，当該通知を受けた日から20日以内で，かつ，できる限り短い期間内に，その完成を確認するための検査を完了しなければならな

下請代金（前払金）の支払
元請負人は，発注者から前払金の支払を受けたときは，下請負人に対して，資材の購入，労働者の募集その他建設工事の着手に必要な費用を前払金として支払うよう適切な配慮をしなければならない。

い。検査の確認後，下請負人が申し出たときは，直ちに，当該建設工事の目的物の引渡しを受けなければならない。ただし，下請契約において定められた工事完成の時期から20日を経過した日以前に引渡しを受ける旨の特約がされている場合，この限りでない。

④　**特定建設業者の下請代金の支払期日等**：特定建設業者が注文者となった下請代金の支払期日は，下請負人が目的物の引渡しを申し出た日から50日以内のできる限り短い期間内に定められなければならない。

期日の定めのない場合は，下請負人が目的物の引渡しを申し出た日を支払期日とする。

⑤　**下請負人に対する特定建設業者の指導等**：発注者から直接建設工事を請け負った特定建設業者は，当該工事の下請負人の指導に努めるものとする。下請負人が規定に違反していると認めたときは，違反している事実を指摘して，是正を求めるように努め，それでも是正しないときは，国土交通大臣若しくは都道府県知事に，速やかに，その旨を通報しなければならない。すなわち指導・助言であり，強制できない。

⑥　**施工体制台帳及び施工体系図の作成等**：特定建設業者は，発注者から直接建設工事を請け負った場合，当該建設工事のために締結した下請契約の請負代金の額が政令で定める金額以上，すなわち下請代金が4,500万円（建築一式工事7,000万円）以上のとき※)，建設工事の適正な施工を確保するため，元請・下請の関係を示した施工体系図および下請負人の商号又は名称，建設工事の内容などを記載した施工体制台帳を作成し，工事現場ごとに備え置くとともに，発注者から請求があったときは，その発注者の閲覧に供しなければならない。また，公共工事を施工するために下請契約を締結する場合は，その下請金額にかかわらず，施工体制台帳等が義務付けられる。

> ※) 金額用件の見直しは2023年1月1日施行

(5)　請負契約に関する紛争の処理

紛争は当事者間（元請と下請，請負者と発注者）で協議し解決するのが原則だが，契約書記載の調停が成立しないときは，紛争の解決を図るため，建設工事紛争審査会を設置する。同審査会は建設工事の請負契約に関する紛争を斡旋，調停及び仲裁を行う権限を有する。

> **建設工事紛争審査会**
> 中央（建設工事紛争）審査会は国土交通省に，都道府県（建設工事紛争）審査会は，都道府県に置く。

5・2・3　施工管理技術者

　建設業者は，施工技術の確保に努めなければならない。一方，国土交通大臣は，施工技術の確保に資するため，必要に応じ，講習の実施，資料の提供その他の措置を講ずる。

(1)　主任技術者

　建設業者は，建設工事を施工するとき，施工の技術上の管理をつかさどるものとして，元請下請，金額の大小に関係なく，すべての工事現場に主任技術者を置かなければならない。

(2)　監理技術者

　発注者から直接建設工事を請け負った特定建設業者(元請)は，当該建設工事を施工するために締結した下請契約の請負代金の額が政令で定める金額以上になる場合，すなわち 4,500 万円(建築一式工事は 7,000 万円)以上の場合※)は，工事現場における建設工事の施工の技術上の管理をつかさどるものとして，主任技術者に代えて監理技術者を置かなければならない。すなわちこの現場では，下請けからは主任技術者が，元請からは監理技術者が技術上の監理にあたる。

※) 金額用件の見直しは 2023 年 1 月 1 日施行

　表 5・22 に主任技術者と監理技術者の資格を整理して示す。

表 5・22　技 術 者 の 資 格　　◀よく出る

技術者の区分	主任技術者	監理技術者
資　格	①　許可を受けようとする建設業に係る工事に関する指定学科を修め，大学（短大等を含む）を卒業し 3 年以上，高校については卒業後 5 年以上の実務経験を有する者 ②　許可を受けようとする建設業に係る工事に関し 10 年以上の実務経験を有する者 ③　国家試験等に合格した者で国土交通大臣が認定したもの	①　国土交通大臣が定めた国家試験等に合格した者 ②　主任技術者となれる資格を有する者（左記，①，②および③に該当する者）で，4,500 万円以上の元請工事に関し，2 年以上直接指導監督した実務経験を有する者 ③　国土交通大臣が①および②と同等以上の能力があると認定したもの

法規

⑶　専任の技術者を必要とする工事

　公共性のある多数の者が利用する施設や工作物に関する重要な建設工事で政令で定めるものについては，主任技術者又は監理技術者は，工事現場ごとに，専任の者でなければならない。

　専任を要する工事を表5・23に示す。

表5・23　専任を要する工事※)

区　　分	建　設　工　事　の　内　容	専任を要する工事
主任技術者を設置する現場	①　下請の工事現場 ②　下請に出す金額が4,500万円（建築一式工事7,000万円）未満の工事現場 ③　建築一式工事については，大工，とび・土工，管，電気，左官等の各工事を施工するとき，各工事ごとの主任技術者 ④　附帯工事を施工する際の附帯工事の主任技術者	**国・地方公共団体の発注**する工事，学校，マンション等の工事で**4,000万円（建築一式工事については8,000万円）以上**のもの （個人住宅除く）
監理技術者を設置する現場	①　元請工事で合計4,500万円（建築一式工事7,000万円）以上の下請の工事現場 ②　指定建設業（土木，建築，電気，管，鋼構造物，舗装，造園の各工事業）は資格者証を有する監理技術者	

※）金額用件の見直しは2023年1月1日施行

　密接に関連する2ヵ所以上の工事を同一の建設業者が行う場合に限って，同一の専任主任技術者が同時に複数の現場を管理することができる。また，監理技術者は，専任の監理技術者を補佐するものを置くときは，兼任できる。*)

　また専任の者でなければならない監理技術者は，監理技術者資格証（有効期間は5年）の交付を受けている者であって，当該選任の期間中のいずれの日においてもその日の前5年以内に行われた国土交通大臣の登録を受けた講習を受講していなければならない。すなわち，資格者証の有効期限だけでなく，講習の有効期限の管理も必要となる。

*)2020年（令和2年）10月施行の法改正により，監理技術者の専任義務が緩和された。

法
規

5・3 労働基準法

学習のポイント

労働基準法と労働契約法の関係を理解した上で，労働者の保護および就業制限に関わる業務を関連数値と合わせて把握することがポイントとなる。

5・3・1 労 働 条 件

労働基準法は，**労働者**と使用者・男女などの平等を大原則として，**労働条件の最低基準を定めたもの**であり，たとえ労使間でこの基準以下で契約に合意しても無効になる。またこの法は，同居している親族のみを使用する事業所には適用されないが，他人を一人雇っていれば適用される。

労働条件については，以下のように，労働者と使用者が対等の立場で決定すべきものとしている。

① **均等待遇**：使用者は，労働者の国籍，信条又は社会的身分を理由として，賃金，労働時間その他の労働条件について，差別的取扱をしてはならない。

② **男女同一賃金の原則**：使用者は，労働者が女性であることを理由として，賃金について，男性と差別的取扱いをしてはならない。

③ **強制労働の禁止**：使用者は，暴行，脅迫，監禁その他精神又は身体の自由を不当に拘束する手段により，労働者の意思に反して労働を強制してはならない。

③ **中間搾取の排除**：何人も，法律に基いて許される場合の外，業として他人の就業に介入して利益を得てはならない。

④ **公民権行使の保障**：使用者は，労働者が労働時間中に，選挙権その他公民としての権利を行使し，又は公の職務を執行するために必要な時間を請求した場合においては，拒んではならない。但し，権利の行使又は公の職務の執行に妨げがない限り，請求された時刻を変更することができる。

労働者
職業の種類を問わず，事業又は事務所に使用される者で，賃金を支払われる者

使用者
事業主又は事業の経営担当者その他その事業の労働者に関する事項について，事業主のために行為をするすべての者

法規

5・3・2 労 働 契 約

平成20年3月から**労働契約法**が施行され，特に労使間のトラブルを防止するため，労働契約の締結，労働条件の変更，解雇等についての基本的なルールが明らかにされた。すなわち，違反があった場合には**労働基準法**に基づき労働基準監督署において是正の監督指導等を行い，**労働契約法**は，労使間

のトラブルを防止するため，民事上のルールとして定められた。すなわち労働基準法で定める基準に達しない労働条件を定める労働契約は，その部分については無効となり，無効となった部分は，労働基準法で定める基準に依ることになる。

(1)　労働契約の締結

　① 労働条件の明示

　　ⅰ）使用者が労働者を採用するときは，賃金・労働時間その他の労働条件を書面などで明示しなければならない（基準法）。

　　ⅱ）労働者と使用者が労働契約を結ぶ場合，使用者が，合理的な内容の就業規則を労働者に周知させていた場合には，就業規則で定める労働条件が労働者の労働条件になる（契約法）。

　② 契約期間

　　ⅰ）契約期間に定めのある労働契約（有期労働契約）の期間は，原則として上限は3年とする。なお，専門的な知識等を有する労働者，満60歳以上の労働者との労働契約については，上限は5年とする（基準法）。

　　ⅱ）使用者は，有期労働契約によって労働者を雇い入れる場合は，その目的に照らして，契約期間を必要以上に細切れにしないよう配慮しなければならない（契約法）。

(2)　労働契約の変更

　労働者と使用者が合意をすれば，労働契約を変更できる（契約法）。

　合意による変更の場合でも，就業規則に定める労働条件よりも下回ることはできない（基準法）。

　使用者が一方的に就業規則を変更しても，労働者の不利益に労働条件を変更することはできない。なお，就業規則によって労働条件を変更する場合，内容が合理的であることを労働者に周知させることが必要である（契約法）。

(3)　労働契約の終了

　① 解雇の有効性

　　ⅰ）解雇は，客観的に合理的な理由を欠き，社会通念上相当であると認められない場合，権利を濫用したものとして無効となる。

　　ⅱ）契約期間に定めのある労働者については，やむを得ない事由がある場合でなければ，契約期間が満了するまでの間において労働者を解雇することができない。

　② 解雇予告手当

　　ⅰ）やむを得ず解雇を行う場合でも，30日前に予告を行い，予告を行わない場合には解雇予告手当（30日分以上の平均賃金）を支払うことが必要となる。

5・3・3　労働者の保護

(1)　使用者の禁止事項

◀よく出る

① **強制労働**：労働者の意思に反する労働を強制してはならない。

② **賠償予定の禁止**：労働契約の不履行について違約金を定めたり，損害賠償を予定する契約をしてはならない。

③ **前借金の相殺**：前借金やその他労働で，労働者の債権と賃金を相殺せず，賃金をひとまず支払わなければならない。なお，天引は労働協約により可。

④ **強制貯金**：貯蓄契約の強制や貯蓄金の管理契約をしてはならない。ただし，労働組合との協定のもとに利子をつけるなどの条件付きで，労働者の貯蓄金を管理することができる。

⑤ **中間搾取**：他人の就業に介入して利益を得てはならない。

(2)　使用者の行うべき事項

① **解雇の制限**：原則として，業務上の負傷・疾病による療養・休業期間とその後の30日間および女性の産前・産後の休業期間とその後30日間は解雇してはならならない。ただし，天災事変その他やむを得ない事由のために，事業の継続が不可能となった場合は，この限りではない。

② **解雇の予告**：使用者は労働者を解雇しようとするとき少なくとも30日前に予告しなければならない。ただし，日雇いや期間限定の場合は即日解雇してよい。

③ **退職時等の証明**：労働者が，退職時に使用期間，業務の種類，その事業における地位，賃金又は退職の事由（退職の事由が解雇の場合は，その理由を含む。）について証明書を請求した場合，遅滞なく交付しなければならない。

④ **金品の返還**：労働者が死亡または退職した場合，権利者の要求があったときは7日以内に賃金を支払い，労働者の積立金・保証金・貯蓄金など労働者の金品を返還しなければならない。

⑤ **記録の保存**：事業者は，労働者名簿・賃金台帳・雇入れなどの関係書類を3年間保存する。

(3)　賃　　金

① **賃金**：賃金・給料・手当・賞与など，労働の代償

② **平均賃金**：算定すべき日以前3ヶ月間に支払われた賃金をその期間の総日数で割った額

③ **賃金支払いの5原則**：

ⅰ）毎月1回以上支払う。

ⅱ）一定の支払日を定める。（「第3金曜日」のような指定は違反）

ⅲ）通貨とする。（本人の同意により銀行振込みできるが，銀行振出し

法

規

の小切手は禁止）

　ⅳ）全額を支払う。（労働協約で一部天引きは可）

　ⅴ）未成年・年少者であっても直接労働者に支払う。

　④　**休業手当**：使用者の責任で労働者が休業するとき，使用者は平均賃金の60％以上の手当を支払わなければならない。

(4) 労 働 時 間

　①　**労働時間**：休憩時間を除き**1日8時間，1週間40時間以内**とする。ただし就業規則により超えることも可。坑内労働では坑内滞在時間すべてが労働時間である。

　②　**休憩時間**

　　ⅰ）労働時間が**6時間を超えるときは45分以上，8時間を越えるときは1時間以上の休憩**を労働の途中でとらなければならない。

　　ⅱ）休憩時間は，原則として，**一斉に与え**（例外：運送業，販売業，金融業など），**労働者の自由に利用**させなければならない。

　③　**休日**：**毎週少なくとも1回，または4週に4日以上。**

　④　**公民権の行使**：使用者は労働者の公民権（選挙など）の行使を拒否できないが，請求した時刻をずらすことはできる。

　⑤　**年次有給休暇**：6ヶ月継続勤務し全労働日の8割以上出勤した者には**10日以上**。パートなどに対しても所定労働日数に応じて年次有給休暇を与える。

　⑥　**時間外労働・割増賃金**：

　　ⅰ）割増賃金の基礎となる通常賃金：家族手当，通勤手当，別居手当，子女教育手当，臨時に支払われる賃金，1ヶ月を超えるごとに支払われる賃金は含まれないが，これ以外は含まれる。

　　ⅱ）休日や時間外労働は通常賃金の**2割5分増以上**とする[※]。　　※）60時間超は5割増

　　ⅲ）深夜労働（午後10時から午前5時）は通常賃金の**5割増以上**とする。

　　ⅳ）時間外労働が休日のときは通常賃金の**3割5分増**とする。

　　ⅴ）時間外労働が休日で深夜労働のときは**6割増以上**とする。

　　ⅵ）割増賃金は法定の1日8時間，1週40時間までは支払わなくてよい。

(5) 災 害 補 償

　以下に示すように，労働者の，業務上の理由により生じた，負傷・疾病・死亡については，使用者は補償しなければならない。

　①　療養補償

　②　休業補償：平均賃金の60％

　③　障害補償：障害の程度に応じ，1級1,340日分から14級50日分

　④　遺族補償：業務死亡したときは平均賃金の1,000日分

　⑤　葬祭料：業務死亡したときは平均賃金の60日分

　⑥　打切補償：療養開始後3年経過して疾病が治らない場合，平均賃金

　　の 1,200 日分の補償を行い，その後は補償を行わなくてもよい。

5・3・4　就　業　制　限

(1)　健康上特に有害な業務

◀よく出る

　以下のような業務の時間外労働は，労働協約のある場合においても 2 時間以上は認められない。

①　坑内労働

②　著しく暑熱な場所や寒冷な場所での業務

③　塵埃やセメントなどの粉末の著しく飛散する業務

④　異常気圧下の業務

⑤　さく岩機・びょう打ち機を使用する業務

⑥　重量物の取扱業務（クレーンは除く）

⑦　強烈な騒音を発する場所での業務

(2)　年　少　者

◀よく出る

①　最低年齢：使用者は，児童が満 15 才に達した日以後の最初の 3 月 31 日が終了するまで，使用してはならない。

②　年少者の証明書：使用者は，満 18 才に満たない者について，その年齢を証明する戸籍証明書を事業場に備え付けなければならない。

③　未成年者の労働契約：

　ⅰ）親権者または後見人は，未成年者に代って労働契約を締結してはならない。

　ⅱ）未成年者は，独立して賃金を請求することができる。親権者または後見人は，未成年者の賃金を代って受け取ってはならない。

④　深夜業：使用者は，満 18 才に満たない者を午後 10 時から午前 5 時までの間に使用してはならない。ただし，交替制で使用する満 16 才以上の男性については，この限りでない。

⑤　危険有害業務の就業制限：

　ⅰ）使用者は，満 18 才に満たない者に，運転中の機械や動力伝導装置の危険な部分の掃除，注油，検査・修繕など危険な業務や重量物を取り扱う業務（右表）に就かせてはならない。右表から，満 18 歳未満の年少者は 30 kg，女性は 20 kg を超える重量物の作業に就かせることができないことがわかる。

　ⅱ）使用者は，満 18 才に満たない者を，劇毒物や発火性のある原材料を取り扱う業務，有害ガスや放射線を発散する場所や高温・高圧の場所における業務に就かせてはならない。

⑥　坑内労働の禁止：使用者は，満 18 才に満たない者を坑内で労働させてはならない。

「重量物を取り扱う作業」の重量下限値

年齢および性		重量（単位：kg）	
		断続作業	継続作業
満 16 歳未満	女	12	8
	男	15	10
満 16 歳以上	女	25	15
満 18 歳未満	男	30	20
満 18 歳以上	女	30	20
	男	—	—

⑦　**帰郷旅費**：満18才に満たない者が解雇の日から14日以内に帰郷する場合，使用者は，必要な旅費を負担しなければならない。

前頁⑤⑥に関連して，図5・24に，年少者の就業制限の業務を示す。

表5・24　年少者の就業制限業務　　　　◀よく出る

1．起重機（クレーン，デリックまたは揚貨装置）の運転の業務
2．積載能力**2 t以上**の人荷共用または荷物用のエレベータおよび高さ**15 m以上**のコンクリート用エレベータの運転の業務
3．動力による軌条運輸機関，乗合自動車，積載能力**2 t以上**の貨物自動車の運転業務
4．巻上機，運搬機，索道の運転業務
5．起重機（クレーン，デリックまたは揚貨装置）の玉掛けの業務（二人以上で行う場合の補助業務を除く）
6．動力による土木建築用機械の運転業務
7．軌道内であって，ずい道内，見透し距離400 m以下，車両の通行頻繁の各場所における単独業務
8．土砂崩壊のおそれのある場所，または深さ**5 m以上**の地穴における業務
9．**高さ5 m以上**で墜落のおそれのある場所の業務
10．足場の組立，解体，変更の業務（地上または床上での補助作業を除く）
11．火薬，爆薬，火工品を取り扱う業務
12．土石等のじんあいまたは粉末が著しく飛散する場所での業務
13．土石等のじんあいまたは異常気圧下における業務
14．さく岩機，びょう打ち機等の使用によって，身体に著しい振動を受ける業務
15．強烈な騒音を発する場所の業務
16．軌道車両の入替え，連結，解放の業務

5・3・5　そ　の　他

(1)　**技能者の養成**（徒弟の弊害排除）

①　使用者は，徒弟，見習，養成工その他名称の如何を問わず，技能の習得を目的とする者であることを理由として，労働者を酷使してはならない。

②　使用者は，技能の習得を目的とする労働者を家事その他技能の習得に関係のない作業に従事させてはならない。

(2)　**災害補償**

①　**療養補償**：労働者が業務上負傷し疾病にかかった場合，使用者は必要な療養を行い，その費用を負担しなければならない。

②　**休業補償**：使用者は，労働者の療養中平均賃金の百分の六十の休業補償を行わなければならない。

③　**障害補償**：労働者が業務上負傷し，又は疾病にかかり，治った場合，その身体に障害が存するときは，使用者は，その障害の程度に応じて障害補償を行わなければならない。

④　**請負事業に関する例外**：厚生労働省令で定める建設事業が数次の請負によって行われる場合，災害補償については，その元請負人を使用者とみなす。

(3)　就業規則の作成及び届出の義務

　常時十人以上の労働者を使用する使用者は，**就業規則**を作成し，行政官庁に届け出なければならない。変更した場合においても，同様とする。

(4)　寄宿舎

①　寄宿舎生活の自治：　使用者は，事業の附属寄宿舎に寄宿する労働者の私生活の自由を侵してはならない。すなわち使用者は，寮長，室長その他寄宿舎生活の自治に必要な役員の選任に干渉してはならない。

②　寄宿舎生活の秩序：　事業の附属寄宿舎に労働者を寄宿させる使用者は，**寄宿舎規則**を作成し，行政官庁に届け出なければならない。これを変更した場合においても同様である。

就業規則の内容
1. 就業時間
2. 賃金
3. 退職
4. 臨時の賃金など
5. 食費・作業用品など労働者の負担
6. 安全・衛生
7. 職業訓練
8. 災害補償・業務外の疾病扶助
9. 表彰及び制裁

寄宿舎規則の内容
1. 起床，就寝，外出，外泊
2. 行事
3. 食事
4. 安全・衛生
5. 建築物及び設備の管理

法規

5·4 労働安全衛生法

安全管理体制については図5·8「③50以上・複数事業場」の職制を中心に，各業務内容と制限（数値）を関係づけて理解することがポイントとなる。なお本節の内容は，「4·4 安全管理」でも扱っている。

労働安全衛生法は，5·3「労働基準法」と相まって，労働者の安全と健康を確保するとともに，快適な職場環境を促進するために，労働災害の防止基準を確立し，事業主の責務と管理体制を定めている。

労働災害 労働者の就業に係る建設物，設備，原材料，ガス，蒸気，粉じん等により，又は作業行動その他業務に起因して，労働者が負傷し，疾病にかかり，又は死亡することをいう。

労働者 職業の種類を問わず，事業に使用される者で，賃金を支払われる者をいう。（同居の親族のみを使用する事業又は事務所に使用される者及び家事使用人を除く。）

事業者 事業を行う者で，労働者を使用するものをいう。

作業環境測定 作業環境の実態をは握するため空気環境その他の作業環境について行うデザイン，サンプリング及び分析をいう。

5·4·1 安全管理体制

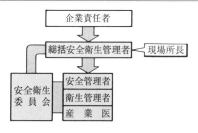

① 100人以上・単一事業場

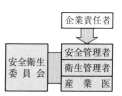

② 50人以上・単一事業場

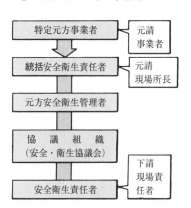

③ 50人以上・複数事業場 ◀よく出る

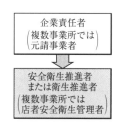

④ 50人未満・単一または複数事業場
（行政指導）

図5·8 安全衛生管理組織

　労働者や第三者の安全を確保するために，次のように，建設工事の規模別に管理体制が定められている。図5・8に4種の安全衛生管理組織を，表5・25にその安全衛生管理体制一覧を示す。このうち「③50人以上・複数事業場」の場合，**元請（特定元方事業者）**が**統括安全衛生責任者**と**元方安全衛生管理者**を，**下請**が**安全衛生責任者**を選任する。安全衛生協議会は両者により構成される。

表5・25　安全衛生管理体制一覧表　　　◀よく出る

種　別	適　用　範　囲	資　格　そ　の　他
総括安全衛生管理者*1	常時100人以上の直用労働者を使用する事業場で，事業者が選任する。	事業所長等の事業の実施を統括管理する者
安全管理者*1*2	常時50人以上の直用労働者を使用する事業場	①　大学・高専の理科系卒業後3年以上安全の実務経験者 ②　高校の理科系卒業後5年以上安全の実務経験者 ③　労働安全コンサルタント ④　厚生労働大臣の定める者（施工管理技士）
衛生管理者*1*2		①　医師 ②　歯科医師 ③　労働衛生コンサルタント ④　厚生労働大臣の定める者（衛生管理者）
産業医*1*2		医師
統括安全衛生責任者*2	同一場所で元請・下請合わせて常時50人以上（ずい道，一定の橋梁，圧気工法の工事は30人以上）の労働者が混在する事業所で，特定元方事業者が選任する。	工事事務所長等の事業の実施を統括管理する者
元方安全衛生管理者*2	特定元方事業者が，統括安全衛生責任者を選任した事業場	①　大学・高専の理科系卒業後3年以上安全衛生の実務経験者 ②　高校の理科系卒業後5年以上安全衛生の実務経験者 ③　厚生労働大臣の定める者（施工管理技士）
店社安全衛生管理者	特定元方事業者が，統括安全衛生責任者を選任しない以下の作業の事業場 ａ．ずい道，一定の橋梁，圧気工法の工事（常時20人以上30人未満） ｂ．鉄骨または鉄骨鉄筋コンクリート造の建設工事（常時20人以上50人未満）	①　大学・高専を卒業後3年以上安全衛生の実務経験者 ②　高校・中学を卒業後5年以上安全衛生の実務経験者 ③　8年以上安全衛生の実務経験者
安全委員会 衛生委員会	常時50人以上の直用労働者を使用する事業場	半数は労働者の代表者を指名。毎月1回以上開催。安全・衛生の各委員会を一つにして設置（安全衛生委員会）できる。
安全衛生協議会	作業員の人数に関係なく混在事業場ではすべての事業場が該当する。	別途工事業者も含め関係請負人がすべて参加すること。毎月1回以上開催

＊1　選任すべき事由が発生した日から14日以内に選任し，遅滞なく，所轄労働基準監督署長に報告。

＊2　原則として，その事業場に専属の者とする。ただし，産業医については，常時1,000人以上使用する事業場や有害業務に常時500人以上従事する事業場のときに限る。

法
規

5・4・2　就業者の安全衛生

　労働安全衛生法では，一部の危険・有害業務について，作業者の中から統括する立場の作業主任者を選任することを義務づけており，業務の種別によって作業主任者，作業者それぞれに必要とされる資格のレベルが異なる。そのレベルは，**安全衛生教育＜特別教育＜技能講習＜免許**の順に高位となる。

(1)　作業主任者

　事業主は労働災害を防止するために，表5・26に示すような作業については，有資格者の中から作業主任者を選任しなければならない。

表5・26　作業主任者一覧表　　　　◀よく出る

名　　　称	選任すべき作業
高圧室内作業主任者（免）	高圧室内作業
ガス溶接作業主任者（免）	アセチレン等を用いて行う金属の溶接・溶断・加熱作業
コンクリート破砕器作業主任者（技）	コンクリート破砕器を用いて行う破砕作業
地山掘削作業主任者（技）	掘削面の高さが2m以上となる地山掘削作業
土止め支保工作業主任者（技）	土止め支保工の切梁・腹起しの取付け・取外し作業
型枠支保工の組立て等作業主任者（技）	型枠支保工の組立解体作業
足場の組立等作業主任者（技）	吊り足場（ゴンドラの吊り足場を除く），張出し足場または高さ5m以上の構造の足場の組立解体変更作業
鉄骨の組立等作業主任者（技）	建築物の骨組み，または塔であって，橋梁の上部構造で金属製の部材により構成される5m以上のものの組立解体変更作業
酸素欠乏危険作業主任者（技）	酸素欠乏危険場所における作業
ずい道等の掘削等作業主任者（技）	ずい道等の掘削作業またはこれに伴うずり積み，ずい道支保工の組立，ロックボルトの取付け，もしくはコンクリートの吹付作業
ずい道等の覆工作業主任者（技）	ずい道等の覆工作業
コンクリート橋架設等作業主任者（技）	上部構造の高さが5m以上のものまたは支間が30m以上であるコンクリート造の橋梁の架設または変更の作業
鋼橋架設等作業主任者（技）	上部構造の高さが5m以上のものまたは支間が30m以上である金属製の部材により構成される橋梁の架設，解体または変更の作業
木材加工用機械作業主任者（技）	木材加工用機械を5台以上（自動送材式帯のこ盤3台以上）の木材加工業
有機溶剤作業主任者（技）	有機溶剤を用いる作業
石綿作業主任者（技）	石綿を取り扱う作業

注　（免）：免許を受けた者　（技）：技能講習を修了した者

(2)　安全衛生教育

(a)　教育の時期および内容

　事業者は次の各場合，安全衛生のための教育を行う。ただし，有資格者や法令で定められた安全衛生教育を行うべき事項の全部または一部に関し，十分な知識と技能を有する者は教育を受ける必要はない。

　① 労働者を雇い入れたとき

　　ⅰ）機械，原料の取扱いと危険性の知識

　　ⅱ）安全装置，保護具の性能と取扱いの方法

　　ⅲ）作業手順と作業開始の点検

　　ⅳ）当該業務に関する疾病の予防に関すること

　　ⅴ）事故時における応急措置および退避に関すること

② 　作業内容を変更したとき

③ 　省令で定める危険または有害な業務につかせるときは特別の教育を実

施する。

④ 　新たに職務につくことになった職長または監督する者（作業主任者を

除く）に対して随時

　　ⅰ）作業方法の決定および労働者の配置

　　ⅱ）労働者に対する指導・監督の方法

　　ⅲ）労災防止のための作業場所の保守管理

⑤ 　就業制限に係る業務につくことができる者が当該業務に従事するとき

は，これに係る免許証その他その資格を証する書面を携帯していなけれ

ばならない。

⑥ 　中高年齢者等についての配置は，労働災害防止について，心身の条件

に応じて適正な配置とする。

⑦ 　健康診断については次のようである。

　　ⅰ）1年1回実施する。

　　ⅱ）雇入れ時に行う。

　　ⅲ）既往歴および業務歴も調査する。

　　ⅳ）定期健康診断に代えて，他の医師の診断書を添えて提出してもよい。

　　ⅴ）特定業務については6か月以内に1回定期健康診断を行う（ただし，

　　　　自己申告は受理できない）。

　　ⅵ）健康診断の結果は記録し，5年間保存する。

(3)　特別教育・技能講習・免許

　表5・27に示すように，危険または有害な業務に従事するとき，当該作業

を行うものはその危険度に応じて特別教育(所定時間の実技と学科の受講)，

技能講習（省令で定めた資格），免許（都道府県労働局長による）を要する。

　なお，事業者は特別教育を行ったとき，当該特別教育の受講者，科目等の

記録を作成して，これを3年間保存しておかなければならない。

表 5・27　特別教育（⇨技能講習⇨免許）を要する業務一覧　　　▼よく出る

研削といしの取替え又は取替え時の試運転の業務
動力プレスの金型等の取付け，取外し又は調整の業務
アーク溶接機を用いて行う業務
高圧又は特別高圧の電気取扱の業務，低圧の充電電路の敷設等の業務
最大荷重 1 t 未満のフォークリフトの運転*の業務　⇨ 1 t 以上は**技能講習**
最大荷重 1 t 未満のショベルローダ，フォークローダーの運転*の業務　⇨ 1 t 以上は**技能講習**
最大積載量が 1 t 未満の**不整地運搬車の運転***の業務　⇨ 1 t 以上は**技能講習**
制限荷重 5 t 未満の揚貨装置の運転の業務　⇨ 5 t 以上は**免許**
機体重量が 3 t 未満の**整地・運搬・積込み・掘削・解体用機械の運転***の業務　⇨ 3 t 以上は**技能講習**
ローラーの運転の業務
車両系建設機械（コンクリート打設用）の作業装置の操作の業務
ボーリングマシンの運転の業務
ジャッキ式つり上げ機械の調整又は運転
作業床の高さが 10 m 未満の**高所作業車の運転***の業務　⇨ 10 m 以上は**技能講習**
動力により駆動される巻上げ機（電気ホイスト，エヤーホイストおよびこれら以外の巻上げ機でゴンドラに係るものを除く。）の運転の業務
軌道装置の動力車の運転の業務
小型ボイラーの取扱いの業務　⇨小型ボイラー以外は**免許**
つり上げ荷重が 5 t 未満の**クレーンの運転**の業務　⇨ 5 t 以上は**免許**
つり上げ荷重が 1 t 未満の**移動式クレーンの運転***の業務　⇨ 1 t 以上 5 t 未満は**技能講習**　⇨ 5 t 以上は**免許**
つり上げ荷重が 5 t 未満の**デリックの運転**の業務　⇨ 5 t 以上は**免許**
建設用リフトの運転の業務
つり上げ荷重が 1 t 未満の**クレーン，移動式クレーン，デリックの玉掛け**の業務　⇨ 1 t 以上は**技能講習**
ゴンドラの操作の業務
作業室及び気閘室へ送気するための空気圧縮機の運転の業務
高圧室内作業に係る作業室への送気の調節を行うためのバルブ又はコックの操作の業務
気閘室への送気又は気閘室からの排気の調整を行うためのバルブ又はコックを操作の業務
潜水作業者への送気の調節を行うためのバルブ又はコックの操作の業務
再圧室の操作の業務
高圧室内作業の業務
四アルキル鉛等の業務
酸素欠乏危険作業の業務
特殊化学設備の取扱い，整備及び修理の業務
エックス線装置又はガンマ線照射装置を用いて行う透過写真の撮影の業務
核燃料物質若しくは使用済燃料又はこれらによって汚染された物の取扱いの業務
粉じん作業
ずい道等の掘削，覆工等の業務
産業用ロボットの教示等の業務
産業用ロボットの検査等の業務
自動車用タイヤの組立てに係る業務のうち，空気圧縮機を用いて当該タイヤの空気の充てんの業務
廃棄物の焼却施設に関する業務
石綿等が使用されている建築物又は工作物の解体等の作業
東日本大震災により生じた放射性物質により汚染された土壌等を除染するための業務等

*　この運転業務は，道路上を走行させる運転を除く，すなわち作業場内に限られる。

法
規

5·5 環境保全関係法

　公害対策基本法に代わって 1993 年に制定された環境基本法は，従来の公害対策だけでなく地球環境保全も視野に入れ，事業者，国および地方公共団体の環境保全の責務を明らかにし，その基本的な施策を定め，生活環境を確保することを目的とする。

　なお，公害の定義は，次の 7 つの人為的悪条件として定義される。

　① 大気汚染，② 水質汚濁，③ 土壌汚染，④ 騒音，⑤ 振動，⑥ 地盤沈下，⑦ 悪臭

環境保全に関する主な法律
① 環境基本法
② 騒音規制法
③ 振動規制法
④ 水質汚濁防止法
⑤ 大気汚染防止法
⑥ 廃棄物処理及び清掃に関する法律(産廃法)
⑦ 資源の有効な利用の促進に関する法律（リサイクル法）
⑧ 建設工事に係る資材の再資源化等に関する法律（建設リサイクル法）

5·5·1 騒音規制法・振動規制法

(1) 騒音規制法と振動規制法の目的

　工場および事業所で発生する騒音および振動について必要な規制を行い，自動車騒音の許容限度を定めて生活環境を保全することを目的とする。

(2) 特定建設作業の規制基準

　建設工事で著しい騒音および振動を発生する作業を**特定建設作業**という。特定建設作業を行う場合は，作業開始の 7 日前までに場所及び実施期間等を市町村長に届け出なければならない。規制基準は，環境大臣が定めるもので，騒音・振動数ともに敷地境界線を基点として測定する。

　騒音と振動について，特定建設作業の規制基準をそれぞれ表 5·28 と表 5·29 に示す。なお，表中の第 1 号区域及び第 2 号区域とは，都市計画法で規定する以下の用途地域とする。

第 1 号区域：住居系地域，近隣商業地域，商業地域，準工業地域及び用途指定のない区域

第 2 号区域：工業地域

　ただし，第 2 号区域のうち学校，保育所，病院，図書館，特別養護老人ホームの敷地の周囲 80 メートルの区域内は，第 1 号区域とする。

法規

表 5・28　特定建設作業の**騒音**規制基準　　　◀よく出る

No.	特定建設作業	適用除外の作業	規制基準
1	くい打機 くい抜機 くい打杭抜機	くい打機（もんけん） 圧入式くい打くい抜機 くい打機をアースオーガーと併用する作業	・現場敷地境界線上 85 デシベル以下 ・第 1 号区域：19-7 時禁止 　第 2 号区域：22-6 時禁止 ・第 1 号区域：1 日 10 時間以内 　第 2 号区域：1 日 14 時間以内 ・連続 6 日以内 ・日曜日その他の休日の禁止 ・1 日で終わる場合や緊急を要する場合は適用除外
2	鋲打ち機	——	
3	さく岩機	1 日 50 m を超えて移動する作業	
4	空気圧縮機	電動機，定格出力 15kW 未満の原動機，さく岩機の動力とする作業	
5	コンクリートプラント アスファルトプラント	混練容量 0.45 m³ 未満のコンクリートプラント モルタル製造プラント 混練重量 200 kg 未満のアスファルトプラント	
6	バックホウ	定格出力 80 kW 未満の原動機，環境大臣指定のもの	
7	トラクターショベル	定格出力 70 kW 未満の原動機，環境大臣指定のもの	
8	ブルドーザー	定格出力 40 kW 未満の原動機，環境大臣指定のもの	

表 5・29　特定建設作業の**振動**規制基準　　　◀よく出る

特定建設作業の種類	振動の大きさ〔dB〕	規 制 基 準			
		深夜作業の禁止時間帯	1 日の作業時間の制限	作業時間の制限	作業禁止日
1.　くい打機（モンケンおよび圧入式を除く），くい抜機（油圧式を除く）またはくい打くい抜機（圧入式を除く）を使用する作業 2.　鋼球を使用して建築物その他の工作物を破壊する作業 3.　舗装版破砕機を使用する作業（注） 4.　**ブレーカー**（手持式のものを除く）を使用する作業（注）	75 以下	第 1 号区域：午後 7 時から翌日午前 7 時 第 2 号区域：午後 10 時から翌日午前 6 時	第 1 号区域：1 日 10 時間以内 第 2 号区域：1 日 14 時間以内	連続 6 日間を超えないこと	日曜日またはその他の休日

＊注　作業地点が連続的に移動する作業にあっては，1 日における当該作業にかかわる 2 地点間の最大距離が 50m を超えない作業に限る。

(3)　地域の指定

　都道府県知事は，表 5・30 に示すように，騒音または振動を防止して住民の生活環境を保全する必要のある地域を指定することができる。

表 5・30　区域別作業時間

区域の種別	作業禁止時間	1 日当たり作業時間
特に静穏を必要とする区域	午後 7 時から翌日の午前 7 時	10 時間以内
上記区域外の指摘地域	午後 10 時から翌日の午前 6 時	14 時間以内
適用除外	被害，非常事態，人命・身体危険防止の緊急作業，鉄軌道正常運行確保の作業，道路法・道路交通法による夜間指定の作業	災害・非常事態・人命・身体危険防止の緊急作業

5・5・2　廃棄物の処理及び清掃に関する法律（廃棄物処理法）

(1) 廃 棄 物

廃棄物とは，ゴミ，粗大ゴミ，燃えがら，汚泥，糞尿，廃油，廃酸，廃ア
ルカリ，動物の死体など汚物または不要物で，固形状または液状のものをい
う。ただし，放射線物質またはこれに汚染されたものは廃棄物ではない。

廃棄物のうち，事業活動に伴って生じた燃えがら，汚泥，廃油など政令で
定める廃棄物を**産業廃棄物**といい，それ以外を**一般廃棄物**という。

建設工事における廃棄物の分類を図5・9に示す。

建設副産物とは，建設工事に伴い副次的に得られたすべての物品であり，
その種類としては，工事現場外に搬出される建設発生土，コンクリート
塊，アスファルト・コンクリート塊，建設発生木材，建設汚泥，紙く
ず，金属くず，ガラスくず・コンクリートくず（工作物の新築，改築又
は除去に伴って生じたものを除く）及び陶器くず，さらにこれらの混合
物（建設混合廃棄物）などがある。

建設発生土とは，建設工事から搬出される土砂であり，廃棄物処理法に規
定する廃棄物には該当しない。一方，建設工事において発生する建設汚
泥は，廃棄物処理法上の産業廃棄物に該当する。

建設廃棄物とは，建設副産物のうち，廃棄物処理法に規定する廃棄物に該
当するものをいい，一般廃棄物と産業廃棄物の両者を含む概念である。

(2) 廃棄物の処理

① 事業者は産業廃棄物の減量に努め，これを処理しなければならない。

② 事業者は産業廃棄物を運搬するとき，政令で定める収集，運搬および
処分に関する基準に従わなければならない。ただし，都道府県知事の許
可はいらない。

③ 産業廃棄物処理施設を設置または構造もしくは規模を変更しようとす
るとき，都道府県知事に届出て，許可を受けなければならない。

④ 事業者は，産業廃棄物の運搬または処分を受託した者に対して，当該
産業廃棄物の種類・数量・受諾者氏名・その他政令で定める事項を記載
した産業廃棄物管理票（マニフェスト）を交付しなければならない。ま
た，事業者，運搬業者及び処分業者は，それぞれのマニフェストを5年
間保存する義務がある。

資源が大量使用・大量廃棄されることを抑制し，リサイクルによる資源の
有効利用の促進を図るための法律で，循環型社会形成推進基本法で示されて
いる「3R（スリーアール：リデュース・リユース・リサイクル）」を推進す
るための方策が規定されている。

法
規

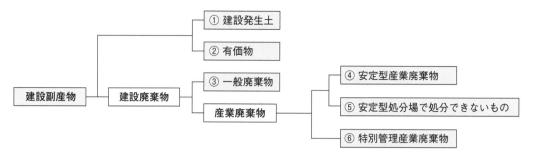

① **建設発生土**

港湾，河川等の浚渫に伴って生ずる土砂，その他これに類するもの
土砂および専ら土地造成の目的となる土砂に準ずるもの

② **有価物**

スクラップ等他人に有償で売却できるもの

③ **一般廃棄物**

現場事務所での作業，作業員の飲食等に伴う廃棄物（図面，雑誌，飲料空缶，弁当がら，生ごみ等）

④ **安定型産業廃棄物**

がれき類	工作物の新築・改築および除去に伴って生じたアスファルト・コンクリートがら，その他がれき類
ガラスくず，コンクリートくずおよび陶磁器くず	ガラスくず，コンクリートくず（工作物の新築，改築および除去に伴って生じたものを除く。），タイル衛生陶磁器くず，耐火レンガくず，瓦，グラスウール，石綿吸音板
廃プラスチック類	廃発泡スチロール，廃ビニル，合成ゴムくず，廃タイヤ，硬質塩ビパイプ，タイルカーペット，ブルーシート，PPバンド，梱包ビニル，電線被覆くず，発泡ウレタン，ポリスチレンフォーム
金属くず	鉄骨鉄筋くず，金属加工くず，足場パイプ，保安塀くず，金属型枠，スチールサッシ，配管くず，電線類，ボンベ類，廃缶類（塗料缶，シール缶，スプレー缶，ドラム缶等）
ゴムくず	天然ゴムくず

⑤ **安定型処分場で処分できないもの**

汚　泥	含水率が高く粒子の微細な泥状の掘削物 掘削物を標準仕様ダンプトラックに山積みができず，また，その上を人が歩けない状態（コーン指数がおおむね$200\,kN/m^2$以下または一軸圧縮強度がおおむね$50\,kN/m^2$以下） ※具体的には，場所打ち杭工法，汚水シールド工法等で生ずる廃汚水・泥土，およびこれらを脱水したもの
ガラスくず，コンクリートくずおよび陶磁器くず	廃石膏ボード（ただし，付着している紙を取り除いた石膏は安定型処分場でも処分できる），廃ブラウン管（側面部） 有機性のものが付着・混入した廃容器・包装機材
廃プラスチック類	有機性のものが付着・混入した廃容器・包装，鉛管，鉛板，廃プリント配線盤，鉛蓄電池の電極
木くず	解体木くず（木造建屋解体材，内装撤去材），新築木くず（型枠，足場板材等，内装・建具工事等の残材），伐採材，抜根材
紙くず	包装材，段ボール，壁紙くず，障子，マスキングテープ類
繊維くず	廃ウエス，縄，ロープ類，畳，じゅうたん
廃　油	防水アスファルト等（タールピッチ類），アスファルト乳剤等，重油等
燃えがら	焼却残渣物

⑥ **特別管理産業廃棄物**：爆発性，毒性，感染性など健康又は生活環境に被害を生ずる恐れのあるもの

廃石綿等	飛散性アスベスト廃棄物（吹付石綿・石綿含有保温材・石綿含有耐火被覆板を除去したもの。石綿が付着したシート・防塵マスク・作業衣等）
廃PCB等	PCBを含有したトランス，コンデンサ，蛍光灯安定器，シーリング材，PCB付着がら

図5・9　建設工事における廃棄物の分類　　◀よく出る

法

規

5・5・3　資源の有効な利用の促進に関する法律（リサイクル法）

(1)　特定再利用業種と指定副産物

　特定再利用業種とは，再生資源を利用することが技術的および経済的に可能であり，かつ，これらを利用することが当該再生資源の有効な利用を図る上で特に必要なものとして政令で定める再生資源の種類ごとに政令で定める業種をいう。

　指定副産物とは，その全部または一部を再生資源として利用するもので，①**土砂**，②**コンクリート塊**，③**アスファルト・コンクリート塊**，④**木材（古材は含まれない）**が政令で定められている。　　　　　◀よく出る

(2)　特定事業者の利用の基準

(a)　建設発生土の主な利用用途（表5・31）

(b)　再生資源利用計画の作成

　元請業者は，一定規模以上の建設資材を搬入するときは，表5・32(a)の基準で再生資源利用計画を作成し，また一定規模以上の建設資材を搬出するときは，表5・32(b)の基準で再生資源利用促進計画を作成し，実施状況の記録を1年間保存しなければならない。

表5・31　建設発生土の主な利用用途

区　　　　　分	利　用　用　途
第1種建設発生土 （砂，礫およびこれらに準ずるものをいう。）	工作物の埋戻し材料 建築物の埋戻し材料 土木構造物裏込め材料 道路盛土材料 宅地造成用材料
第2種建設発生土 （砂質土，礫質土およびこれらに準ずるものをいう。）	土木構造物裏込め材料 道路盛土材料 河川築堤材料 宅地造成用材料
第3種建設発生土 （通常の施工性が確保される粘性土およびこれに準ずるものをいう。）	建築物の埋戻し材料 道路路体用盛土材料 河川築堤材料 宅地造成用材料 水面埋立て用材料
第4種建設発生土 （粘性土およびこれに準ずるもの（第3種建設発生土を除く。）をいう。）	水面埋立て用材料

法

規

表 5・32　再生資源利用計画

(a)　搬入時再生資源利用計画の該当工事等

計画を作成する工事	定 め る 内 容
次の各号の一に該当する建設資材を搬入する建設工事 1.　土砂　………………………1000 m³ 以上 2.　砕石　………………………500 t 以上 3.　加熱アスファルト混合物 ……200 t 以上	1.　建設資材ごとの利用量 2.　利用量のうち再生資源の種類ごとの利用量 3.　その他再生資源の利用に関する事項

(b)　搬出時再生資源利用促進計画の該当工事等

計画を作成する工事	定 め る 内 容
次の各号の一に該当する指定副産物を搬出する建設工事 1.　建設発生土………………… 1000 m³ 以上 2.　コンクリート塊 　　アスファルト・ 　　コンクリート塊 … 合計 200 t 以上 　　建設発生木材	1.　指定副産物の種類ごとの搬出量 2.　指定副産物の種類ごとの再資源化施設または他の建設工事現場等への搬出量 3.　その他指定副産物に係る再生資源の利用の促進に関する事項

(c)　**指導・勧告・命令**

　　国土交通大臣は，再生資源の利用および利用促進について，再生資源の利用が著しくなされていないなど，必要があると認めるとき，すべての建設工事事業者に対し，指導・助言することができ，年間の施工金額が 50 億円以上の建設工事事業者に対しては，勧告・公表・命令することができる。

法

規

5・5・4　建設工事に係る資材の再資源化等に関する法律（建設リサイクル法）

　近年，廃棄物の発生量が増大し，最終処分場のひっ迫や廃棄物の不適正処理など，廃棄物処理をめぐる問題が深刻化している。その解決策としてこれらの廃棄物について再資源化を行い，再び利用していくため，2000 年に**建設リサイクル法**が制定された。

　建設リサイクル法では，特定建設資材を用いた建物の解体工事または新築工事等で一定規模以上の建設工事について，その受注者等に対し，分別解体等および再資源化等を行うことを義務づけている。

(1) 用　　語

① **建設資材廃棄物**：建設資材が廃棄物となったもの

② **分別解体**：建設資材廃棄物を種類ごとに分別すること

③ **再資源化**：建設資材廃棄物を運搬または処分（再生）することで，資材または原料として再利用する**マテリアルリサイクル**または熱を得る**サーマルリサイクル**をいう。

④ **特定建設資材**：コンクリート，コンクリートおよび鉄からなる建築資材，木材，アスファルト・コンクリートの 4 品目。

(2) 基 本 方 針

① **建設業を営む者の責務**：建設業を営む者は，建設資材廃棄物の再資源化により得られた建設資材を使用するよう努めなければならない。

② **発注者の責務**：発注者は，その注文する建設工事について，分別解体等及び建設資材廃棄物の再資源化等に要する費用の適正な負担，建設資材廃棄物の再資源化により得られた建設資材の使用等により，分別解体等及び建設資材廃棄物の再資源化等の促進に努めなければならない。

(3) 分別解体と再資源化の実施

① **分別解体等実施義務**：特定建設資材を用いた建築物等の解体工事または新築工事で，その規模が表 5・33 のものを**対象建設工事**という。その受注者を**対象建設工事受注者**，請負契約によらないで自ら施工する者を**自主施工者**といい，正当な理由がある場合を除き，分別解体等をしなければならない。

表 5・33　分別解体の対象建設工事の規模　◀よく出る

工 事 の 種 類	規 模 の 基 準	
建築物の解体	床面積の合計	80 m² 以上*
建築物の新築・増築	床面積の合計	500 m² 以上
建築物の修繕・模様替え（耐震改修等）	請負金額	1 億円以上
その他の工作物に関する工事（土木工事等）	請負金額	500 万円以上

マテリアルリサイクル
資材または原料としての再利用
サーマルリサイクル
熱としてのリサイクル
◀よく出る

法
規

＊【ヒント】
床面積 10 m² を超える建築物の除去→建築物除去届
（p.274）

② **対象建設工事の届出等**：対象建設工事の発注者または自主施工者は，工事に着手する日の**7日前までに**，次に掲げる事項を**都道府県知事**に届け出なければならない。

  ⅰ）解体工事の場合は，解体する建築物等の構造

  ⅱ）新築工事等の場合は，使用する特定建設資材の種類

  ⅲ）工事着手の時期及び工程の概要

  ⅳ）分別解体等の計画

  ⅴ）解体工事の場合，建設資材の量の見込み

  ⅵ）その他主務省令で定める事項

③ **対象建設工事の請負契約に係る書面の記載事項**：対象建設工事の請負契約の当事者は，分別解体等の方法，解体工事に要する費用その他の主務省令で定める事項を書面に記載し，署名又は記名押印をして相互に交付しなければならない。

④ **発注者への報告等**：

  ⅰ）対象建設工事の元請業者は，当該工事に係る特定建設資材廃棄物の**再資源化等が完了**したときは，その旨を当該工事の**発注者に書面で報告**するとともに，当該再資源化等の実施状況に関する記録を作成し，これを保存しなければならない。なお，対象建設工事の元請業者は，書面による報告に代えて，発注者の承諾を得て，電子情報処理組織を使用する方法その他の情報通信の技術を利用する方法により通知することができる。

  ⅱ）報告を受けた発注者は，再資源化等が適正に行われなかったと認めるときは，都道府県知事に対し，その旨を申告し，適当な措置をとるべきことを求めることができる。

(4) 解体工事業

① **解体工事業者の登録**：解体工事業を営もうとする者（土木工事業，建築工事業または解体工事業の許可を受けた者を除く）は，**都道府県知事**の登録を受けなければならない。登録は，**5年ごとに更新**を受けなければならない。

② **登録の申請**：解体工事業者の登録を受けようとする者は，次に掲げる事項を記載した申請書を都道府県知事に提出しなければならない。

  ⅰ）商号，名称又は氏名及び住所

  ⅱ）営業所の名称及び所在地

  ⅲ）法人である場合は，その役員の氏名

  ⅳ）未成年者である場合は，その法定代理人の氏名及び住所

5・6 その他の建築施工関連法規

学習のポイント

「5・1 建築基準法」の集団規定と絡めて，用語を中心に理解することがポイントとなる。

5・6・1 都 市 計 画 法

都市計画法は，都市計画の基本理念（農林漁業との健全な調和を図りつつ，健康で文化的な都市生活および機能的な都市活動を確保するために，適正な制限のもとに土地の合理的利用を図る）に基づき，①土地利用に関する計画，②都市施設の整備に関する計画，③市街地開発事業に関する計画の3つをあげている。

(1) 都市計画区域の区分

①　**市街化区域**：すでに市街地を形成している区域，およびほぼ10年以内に優先的にかつ計画的に市街化を図るべき区域。用途地域を定める。

②　**市街化調整区域**：市街化を抑制すべき地域。原則，用途地域を定めない。

図5・10に都市計画区域の区分を示す。

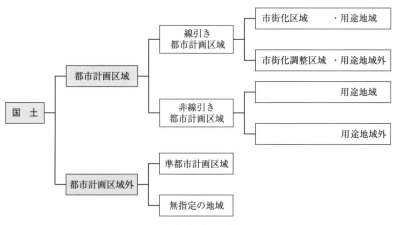

図5・10 都市計画区域の区分

(2) 開発行為・開発許可

開発行為とは，「主として建築物の建築または特定工作物の建設のための土地の区画形質の変更」をいう。

都市計画区域・準都市計画区域において，開発行為をしようとする者は，原則として，**都道府県知事の許可**が必要となる。ただし，表5・34に示す開発行為は開発許可を必要としない。

法
規

表 5・34　開発行為の許可

(a)　市街化区域内の開発行為で許可がいらないもの

① 原則として，開発規模が1,000 m²未満のもの。
② 例外措置として，知事は，都道府県の規則で，無秩序な市街化を防止するための必要があると認められるときは，区域を限り，300m² 以上 1,000m² 未満の範囲内でその規模を定めることができる。

(b)　市街化調整区域内または市街化区域内で開発行為の許可がいらないもの

① 市街化調整区域内で，農・林・漁業に供する施設またはその業務を営む者の住宅
② 駅舎その他の鉄道の施設，図書館，公民館，変電所その他これに類する公益上必要な建築物
③ 国，都道府県が行う開発行為
④ 土地区画整理事業，市街地再開発事業の施行としての開発行為
⑤ 仮設建築物，車庫・物置，増築などの用に供する開発行為

5・6・2　消　防　法　等

消防法は，火災を予防し，また警戒・鎮圧し，国民の生命・身体および財産を火災から保護するとともに，火災や地震などの被害を軽減し，もって安寧秩序を保持し社会の福祉の増進に資することを目的とする。

(1)　消防長または消防署長の同意

建築主事または指定確認検査機関の確認，特定行政庁の許可などについては，原則として消防長または消防署長の同意を得なければならない。　◀よく出る

(2)　防火管理者

学校・病院・工場・事業場・興行場・百貨店など，政令で定める防火対象物の管理について権限を有する者は，政令で定める有資格者のうちから防火管理者を定め，防火管理上必要な業務を行わせなければならない。

(3)　危険物の貯蔵および取扱の制限

①　**危険物の種類**：危険物は表5・35のように分類される。

表 5・35　危険物の分類

類　別	性　　質		品　　　名
第一類	酸化性固体		塩素酸塩類，硝酸塩類，クロム・鉛・よう素の酸化物等
第二類	可燃性固体		硝化りん，赤りん，硫黄，鉄粉，金属粉，マグネシウム
第三類	自然発火性物質および禁水物質		カリウム，ナトリウム，黄りん，有機金属化合物等
第四類	引火性液体	特殊引火物：発火点が100℃以下，または引火点が－20℃以下で沸点が40℃以下	エチルエーテル，二硫化炭素，コロジオン，アセトアルデヒド等
		第一石油類：引火点21℃未満	ガソリン，アセトン，ヘキサン，アセトニトリル等
		第二石油類：引火点21℃以上70℃未満	軽油，灯油，クロロベンゼン，エチレンジアミン等
		第三石油類：引火点70℃以上200℃未満	重油，タービン油，アニリン，グリセリン等
		第四石油類：引火点200℃以上	ギヤー油，シリンダー油
		アルコール類等	メタノール，エタノール，プロパノール等
第五類	自己反応性物質		有機過酸化物，硝酸エステル類，ニトロ化合物等
第六類	酸化性液体		過酸化水素，硝酸等

② **危険物取扱者免状**：危険物取扱者免状は，取扱い・立会い可能な危険物の種類によって，甲種危険物取扱者免状（第1〜6類危険物全ての取扱いと立会い），乙種危険物取扱者免状（第1〜6類危険物のうち，免状を持つ類の取扱いと立会い）および丙種危険物取扱者免状（第4類に属する危険物のうちガソリン，灯油，軽油などの取扱いのみで立会いはできない）の3種類に区分されている。

③ **指定数量以上の危険物**：貯蔵所以外での貯蔵，製造所・貯蔵所および取扱所以外での取り扱いは不可。ただし，消防長または消防署長の承認があれば10日以内は可。

④ **品名を異にする2以上の危険物の同一場所での貯蔵・取扱い**：品目ごとの数量をそれぞれの指定数量で除し，その商の代数和が1以上のとき，指定数量以上の危険物とみなされる。

(4) **消防用設備等**

表5・36に消防設備の種類と設置場所を示す。

(5) **浄　化　槽　法**

① 浄化槽管理者は，毎年1回，浄化槽の保守点検および清掃をしなければならない。

② 浄化槽工事を営もうとする者は，所管の都道府県知事の登録を受ける。

③ 都道府県知事は，浄化槽管理者などに対し，浄化槽の保守点検および清掃について，必要な助言，指導または勧告をすることができる。

④ 建設業法に規定する建築工事業の許可を受けている者が，浄化槽工事業を開始したとき，都道府県知事に届け出なければならない。

⑤ 浄化槽工事事業者は，営業所ごとに，浄化槽整備士を置かなければならない。

消防設備
消防の用に供する設備とは，
1. 消火設備
2. 警報設備
3. 避難設備
の3種をいう。

法
規

表5・36 消防設備種類と設置場所　　◀ **よく出る**

設備	種　　類	主な設備の設置場所
消火設備	① 消火器および簡易消火用具 ② 屋内消火栓設備 ③ スプリンクラー設備 ④ 水噴霧消火設備 ⑤ 泡消火設備 ⑥ 二酸化炭素消火設備 ⑦ ハロゲン化物消火設備 ⑧ 粉末消火設備 ⑨ 屋外消火栓設備 ⑩ 動力消防ポンプ設備	①**消火器**：防火対象物の階ごとに，床面からの高さが1.5 m以下の箇所に設置し，防火対象物又は設置を要する場所の各部分から，一の消火器に至る歩行距離が20 m以下，大型消火器にあっては30 m以下となるように設置すること。 ②**屋内消火栓**：屋内消火栓の種類は1号，易操作性1号，2号の3種があり，消火栓1基の防護範囲は，1号及び易操作性1号消火栓ではホース接続口から水平距離25 m以下，2号消火栓では水平距離15 m以下とし，その階の全てが覆えるものとする。また通常壁面に取り付けるが，防火対象物の構造や用途により天井内に設置することも認められている。設置場所は階の出入り口や階段の近くの消火活動に便利な場所とし，複数階ある場合はなるべく同位置とする。なお，消火栓開閉弁は床から1.5 m以下とする。 ⑨**屋外消火栓**：設置は1-2階に限定され，3階以上に消火栓が必要な場合は屋内消火栓が併設される。
警報設備	① 自動火災報知設備 ② 漏電火災警報器 ③ 消防機関へ通報する火災報知設備 ④ 次に掲げる非常警報設備，その他の警報器具 (ア) 非常ベル (イ) 自動式サイレン (ウ) 放送設備	
避難設備	① すべり台・避難はしご・救助袋・緩降機・避難橋・その他の避難器具 ② 誘導灯および誘導標識	①**避難器具**：設置する位置，構造，取付部の開口部の大きさ，操作面積，降下空間，避難空地，避難通路等が，それぞれ定められている。
消防用水	① 防火水槽（吸管投入孔附置） ② 貯水池・その他の用水	**消防用水**：建築物の各部分から一の消防用水までの水平距離は100 m以下とし，一の消防用水の有効水量は，20 m³以上とする。また消防ポンプ車が2 m以内に接近できること。
消火活動上必要な施設	① 排煙設備 ② 連結散水設備 ③ 連結送水管 ④ 非常コンセント設備 ⑤ 無線通信補助設備	②**連結散水設備**：消防隊専用栓とも呼ばれ，外部からの消火活動が困難な，7階建て以上，または5〜6階建てでかつ延べ床面積が6,000 m²以上の建物，もしくは面積1,000 m²以上の地下街に設けられる。送水口，送水配管，放水口で構成され，ポンプ車より加圧された消火用水を送水口から放水口へ送水する。 **送水口**：ポンプ車が容易に接近できる場所に，床面からの高さ50 cm〜1 mの位置に設ける。スタンド式と壁面埋込式とがあり，接続口が2つある双口型が用いられる。 **送水配管**：通常時は配管内を空にする乾式と，常時配管内に水を満たしておく湿式とがある。乾式は比較的小規模な連結送水管や寒冷地などに採用され，消火訓練や放水試験などで使用したあとは，腐食防止のため排水弁から配管内の水を抜く。配管が長い場合，特に11階以上・高さ70 m以上の建物は原則湿式とし，高さ70 mを超える建物には，ポンプ車による送水を補助するため，非常電源設備を備えた加圧送水装置を設ける。 **放水口**：各階の階段室や非常用エレベーターのロビーなど，消火活動を行いやすい場所に床面からの高さ50 cm〜1 mの位置に設ける。10階以下には単口型，11階以上には単口型2台または双口型が用いられる。開閉弁を収納する放水口箱は，単口型用は幅40 cm×高さ50 cm，双口型用は幅80 cm×高さ50 cmで，放水口を示す標識が取り付けられる。

法規

5・6・3　道　路　法　等

(1)　道　路　法

道路網の整備と道路の指定，認定，管理，構造，保全，建設費用の負担などに関する事項を定め，交通の発達に寄与し，公共の福祉を増進することを目的とする。

(a)　道路の定義

道路とは，①高速自動車国道　②一般国道　③都道府県道　④市町村道をいう。

(b)　道路管理者

① 　国道のうち指定区間：国土交通大臣

② 　国道のうち指定区間でない区間：都道府県知事

③ 　都道府県道：都道府県知事

④ 　市町村道：市町村長

(c)　道路の占用

道路の占用とは，道路に工作物・物件または施設を設けて継続して使用することである。次のもので道路を占用するときは道路管理者の許可を必要とする。

◀よく出る

① 　電柱，電線，変圧器，郵便ポスト，公衆電話，広告塔

② 　水道，下水道管，ガス管（公益物件の期間は 10 年以内）

③ 　鉄道，軌道

④ 　歩廊，雪よけ

⑤ 　地下街，地下室，通路

⑥ 　露店，商品置場

⑦ 　上記以外政令で定める看板，工事用施設など

(2)　車両制限令

道路の構造保全を目的とする。

(a)　車両の制限寸法

① 　幅：2.5 m 以下

② 　長さ：12 m 以下

③ 　高さ：3.8 m または（道路管理者が指定したときは）4.1 m 以下

④ 　総重量：20 t または（道路管理者が指定したときは）25 t 以下

⑤ 　軸重量：10 t 以下

⑥ 　輪重量：5 t 以下

⑦ 　回転半径：（外側の輪だち）12 m

(b)　キャタピラの通行は，次の場合を例外として，禁止されている。

① 　路面損傷のおそれがない場合

② 　除雪

法　規

③ 路面を保護した場合

(c) **路肩が明らかでない場合**は，次の規定による。

① 一般道路部分：路端から車寄りに 0.5 m 間にはみ出してはならない。

② トンネル・橋・高架部分：路端から車寄りに 0.25m 間にはみ出してはならない。

(3) 道路交通法

道路上の危険防止，交通障害防止を目的とする。

① 道路標識に反する通行：道路を管轄する警察署長の条件付許可証を受けて通行する。

② 積載と乗車：積載場所に乗車するときは，所轄警察署長の許可を受ける。ただし，貨物自動車では，貨物を看守するため必要な最小限度の人員をその架台に許可なく乗車できる。

③ 大型・長尺貨物の輸送：積載物の大きさが制限を超えるときは，出発地の警察署長に申請し，条件付で通行可。幅または長さが制限を超えるときは，昼間は 0.3 m^2 以上の赤布を，夜間は赤色の灯火または反射器をつける。なお，許可なく運搬できる積載物の大きさは，長さは自動車の長さの 1.1 倍まで，幅は自動車の幅まで，高さは 3.8 m から積載場所の高さを減じた高さまで。

④ 自動車の牽引：原則として，長さは 25m まで。

⑤ 道路において工事若しくは作業する者は，所轄警察署長の許可を受けなければならない。

(4) 宅地造成及び特定盛土等規制法

宅地造成とは，宅地以外の土地を宅地にするため，または宅地において行う土地の形質の変更をいう。ただし，宅地を宅地以外にするものは除く。

宅地造成工事規制区域内で次のような工事をする場合，都道府県知事等の許可が必要である。

◀よく出る

① 切土で高さが 2 m を超える崖を生ずる。

② 盛土で高さが 1 m を超える崖を生ずる。

③ 切土と盛土を同時に行い，盛土 1 m 以下でも，切土と盛土の総高が 2 m を超える崖を生ずる。

④ 切土または盛土部分の**面積が 500 m^2 を超える**。

これらの工事のうち，以下を設置する場合は，一定の資格を有する者の設計によらなければならない。

ⅰ）高さが 5 m を超える擁壁。

ⅱ）切土または盛土の面積が 1,500 m^2 を超える土地における排水施設。

なお，擁壁や地表水等の排水施設の除却工事については，工事着手の 14 日前までに都道府県知事等に届け出なければならない。

① 切土

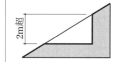

② 盛土

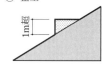

③ 切土＋盛土

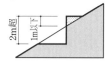

令和5年度
1級建築施工管理技士
試験問題

令和5年度問題

受　検　番　号	氏　　　　　名

1建一(前)

令和5年度

1級建築施工管理技術検定

第一次検定問題（午前の部）

令和5年6月11日(日)

［注意事項］

1．ページ数は，表紙を入れて 21 ページです。

2．試験時間は，**10 時 15 分から 12 時 45 分**です。

3．問題の解答の仕方は，次によってください。

　　イ．〔No. 1 〕～〔No. 15〕までの **15 問題**のうちから，**12 問題**を選択し，解答してください。

　　ロ．〔No. 16〕～〔No. 20〕までの **5 問題**は，**全問題**を解答してください。

　　ハ．〔No. 21〕～〔No. 30〕までの **10 問題**のうちから，**7 問題**を選択し，解答してください。

　　ニ．〔No. 31〕～〔No. 39〕までの **9 問題**のうちから，**7 問題**を選択し，解答してください。

　　ホ．〔No. 40〕～〔No. 44〕までの **5 問題**は，**全問題**を解答してください。

4．選択問題は，解答数が指定数を超えた場合，減点となりますから注意してください。

5．問題は，**四肢択一式**です。正解と思う肢の番号を **1 つ**選んでください。

6．解答の記入に当たっては，次によってください。

　　イ．解答は，選んだ番号を右のマークの塗りつぶし例に　　　　　マークの塗りつぶし例　●
　　　　従って，〔HB〕の黒鉛筆か黒シャープペンシルで
　　　　塗りつぶしてください。

　　ロ．マークを訂正する場合は，消しゴムできれいに消して訂正してください。

7．解答用紙は，雑書きしたり，汚したり，折り曲げたりしないでください。

8．この問題用紙は，計算等に使用しても差し支えありません。

9．漢字に付した**ふりがな**は補足であり，異なる読み方の場合があります。

10．この問題用紙は，午前の部の試験終了時刻まで在席した場合に限り，持ち帰りを認めます。
　　途中退席する場合は，持ち帰りできません。

第一次検定（午前の部）

※問題番号〔No. 1〕～〔No. 15〕までの 15 問題のうちから，12 問題を選択し，解答してください。

ただし，12 問題を超えて解答した場合，減点となりますから注意してください。

問題は，四肢択一式です。正解と思う肢の番号を 1 つ選んでください。

問題 1

日照及び日射に関する記述として，最も不適当なものはどれか。

(1) 北緯 35° における南面の垂直壁面の可照時間は，夏至日より冬至日のほうが長い。

(2) 日影規制は，中高層建築物が敷地境界線から一定の距離を超える範囲に生じさせる，冬至日における日影の時間を制限している。

(3) 水平ルーバーは東西面の日射を遮るのに効果があり，縦ルーバーは南面の日射を遮るのに効果がある。

(4) 全天日射は，直達日射と天空日射を合計したものである。

問題 2

採光及び照明に関する記述として，最も不適当なものはどれか。

(1) 横幅と奥行きが同じ室において，光源と作業面の距離が離れるほど，室指数は小さくなる。

(2) 設計用全天空照度は，快晴の青空のときのほうが薄曇りのときよりも小さな値となる。

(3) 照度は，単位をルクス（lx）で示し，受照面の単位面積当たりの入射光束のことをいう。

(4) 光度は，単位をカンデラ（cd）で示し，反射面を有する受照面の光の面積密度のことをいう。

問題 3

吸音及び遮音に関する記述として，最も不適当なものはどれか。

(1) 吸音材は，音響透過率が高いため，遮音性能は低い。

(2) 多孔質の吸音材は，一般に低音域より高音域の吸音に効果がある。

(3) 単層壁において，面密度が大きいほど，音響透過損失は小さくなる。

(4) 室間音圧レベル差の遮音等級は D 値で表され，D 値が大きいほど遮音性能は高い。

問題 4

免震構造に関する一般的な記述として，最も不適当なものはどれか。

(1) アイソレータは，上部構造の重量を支持しつつ水平変形に追従し，適切な復元力を持つ。

(2) 免震部材の配置を調整し，上部構造の重心と免震層の剛心を合わせることで，ねじれ応答を低減できる。

(3) 地下部分に免震層を設ける場合は，上部構造と周囲の地盤との間にクリアランスが必要である。

(4) ダンパーは，上部構造の垂直方向の変位を抑制する役割を持つ。

問題 5

鉄筋コンクリート構造の建築物の構造計画に関する一般的な記述として，最も不適当なものはどれか。

(1) 普通コンクリートを使用する場合の柱の最小径は，その構造耐力上主要な支点間の距離の $\frac{1}{15}$ 以上とする。

(2) 耐震壁とする壁板のせん断補強筋比は，直交する各方向に関して，それぞれ 0.25 % 以上とする。

(3) 床スラブの配筋は，各方向の全幅について，コンクリート全断面積に対する鉄筋全断面積の割合を 0.1 % 以上とする。

(4) 梁貫通孔は，梁端部への配置を避け，孔径を梁せいの $\frac{1}{3}$ 以下とする。

問題 6

鉄骨構造に関する記述として，最も不適当なものはどれか。

(1) 角形鋼管柱の内ダイアフラムは，せいの異なる梁を1本の柱に取り付ける場合等に用いられる。

(2) H形鋼は，フランジやウェブの幅厚比が大きくなると局部座屈を生じにくい。

(3) シヤコネクタでコンクリートスラブと結合された鉄骨梁は，上端圧縮となる曲げ応力に対して横座屈を生じにくい。

(4) 部材の引張力によってボルト孔周辺に生じる応力集中の度合は，高力ボルト摩擦接合より普通ボルト接合のほうが大きい。

問題 7

杭基礎に関する記述として，最も不適当なものはどれか。

(1) 杭の周辺地盤に沈下が生じたときに杭に作用する負の摩擦力は，支持杭より摩擦杭のほうが大きい。

(2) 杭と杭の中心間隔は，杭径が同一の場合，埋込み杭のほうが打込み杭より小さくすることができる。

(3) 杭の極限鉛直支持力は，極限先端支持力と極限周面摩擦力との和で表す。

(4) 杭の引抜き抵抗力に杭の自重を加える場合，地下水位以下の部分の浮力を考慮する。

問題8

　図に示す柱 AB の図心 G に鉛直荷重 P と水平荷重 Q が作用したとき，底部における引張縁応力度の値の大きさとして，正しいものはどれか。

　ただし，柱の自重は考慮しないものとする。

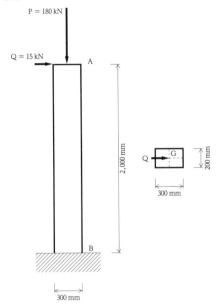

(1)　　3 N/mm²
(2)　　7 N/mm²
(3)　10 N/mm²
(4)　13 N/mm²

令和5年度問題

問題9

図に示す3ヒンジラーメン架構のDE間に等分布荷重wが作用したとき，支点Aの水平反力H_A及び支点Bの水平反力H_Bの値として，正しいものはどれか。

ただし，反力は右向きを「＋」，左向きを「－」とする。

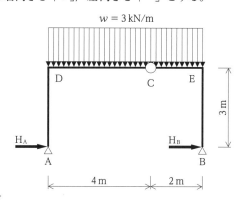

(1) $H_A = +9\,\text{kN}$

(2) $H_A = -6\,\text{kN}$

(3) $H_B = 0\,\text{kN}$

(4) $H_B = -4\,\text{kN}$

問題10

図に示す3ヒンジラーメン架構の点Dにモーメント荷重Mが作用したときの曲げモーメント図として，正しいものはどれか。

ただし，曲げモーメントは材の引張側に描くものとする。

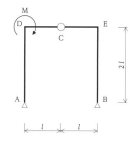

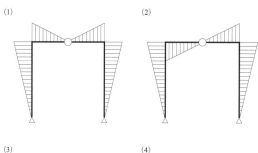

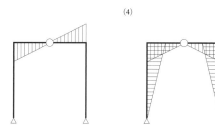

問題11

コンクリート材料の特性に関する記述として，最も不適当なものはどれか。

(1) 減水剤は，コンクリートの耐凍害性を向上させることができる。

(2) 流動化剤は，工事現場で添加することで，レディーミクストコンクリートの流動性を増すことができる。

(3) 早強ポルトランドセメントを用いたコンクリートは，普通ポルトランドセメントを用いた場合より硬化初期の水和発熱量が大きく，冬期の工事に適している。

(4) 高炉セメントB種を用いたコンクリートは，普通ポルトランドセメントを用いた場合より耐海水性や化学抵抗性が大きく，地下構造物に適している。

問題12

建築に用いられる金属材料に関する記述として，最も不適当なものはどれか。

(1) ステンレス鋼は，ニッケルやクロムを含み，炭素量が少ないものほど耐食性が良い。

(2) 銅は，熱や電気の伝導率が高く，湿気中では緑青を生じ耐食性が増す。

(3) 鉛は，X線遮断効果が大きく，酸その他の薬液に対する抵抗性や耐アルカリ性にも優れている。

(4) チタンは，鋼材に比べ密度が小さく，耐食性に優れている。

問題13

石材に関する一般的な記述として，最も不適当なものはどれか。

(1) 花崗岩は，結晶質で硬く耐摩耗性や耐久性に優れ，壁，床，階段等に多く用いられる。

(2) 大理石は，酸には弱いが，緻密であり磨くと光沢が出るため，主に内装用として用いられる。

(3) 粘板岩（スレート）は，吸水率が小さく耐久性に優れ，層状に剥がれる性質があり，屋根材や床材として用いられる。

(4) 石灰岩は，柔らかく曲げ強度は低いが，耐水性や耐酸性に優れ，主に外装用として用いられる。

問題14

日本産業規格（JIS）に規定する防水材料に関する記述として，不適当なものはどれか。

(1) 2成分形のウレタンゴム系防水材は，施工直前に主剤，硬化剤の2成分に，必要によって硬化促進剤や充填材等を混合して使用する。

(2) 防水工事用アスファルトは，フラースぜい化点の温度が低いものほど低温特性のよいアスファルトである。

(3) ストレッチルーフィング1000の数値1000は，製品の抗張積（引張強さと最大荷重時の伸び率との積）を表している。

(4) 改質アスファルトルーフィングシートは，温度特性によりⅠ類とⅡ類に区分され，低温時の耐折り曲げ性がよいものはⅠ類である。

問題15

屋内で使用する塗料に関する記述として，最も不適当なものはどれか。

(1) アクリル樹脂系非水分散形塗料は，モルタル面に適しているが，せっこうボード面には適していない。

(2) クリヤラッカーは，木部に適しているが，コンクリート面には適していない。

(3) つや有合成樹脂エマルションペイントは，鉄鋼面に適しているが，モルタル面には適していない。

(4) 2液形ポリウレタンワニスは，木部に適しているが，ALCパネル面には適していない。

※問題番号〔No. 16〕〜〔No. 20〕までの5問題は，全問題を解答してください。
　問題は，四肢択一式です。正解と思う肢の番号を1つ選んでください。

問題 16

植栽に関する記述として，最も不適当なものはどれか。

(1) 枝張りは，樹木の四方面に伸長した枝の幅をいい，測定方向により長短がある場合は，最短の幅とする。

(2) 支柱は，風による樹木の倒れや傾きを防止するとともに，根部の活着を助けるために取り付ける。

(3) 樹木の移植において，根巻き等で大きく根を減らす場合，吸水量と蒸散量とのバランスをとるために枝抜き剪定を行う。

(4) 樹木の植付けは，現場搬入後，仮植えや保護養生してから植え付けるよりも，速やかに行うほうがよい。

問題 17

電気設備に関する記述として，最も不適当なものはどれか。

(1) 合成樹脂製可とう電線管のうち PF 管は，自己消火性があり，屋内隠ぺい配管に用いることができる。

(2) 電圧の種別で低圧とは，直流にあっては 600V 以下，交流にあっては 750V 以下のものをいう。

(3) 低圧屋内配線のための金属管は，規定値未満の厚さのものをコンクリートに埋め込んではならない。

(4) 低圧屋内配線の使用電圧が 300V を超える場合における金属製の電線接続箱には，接地工事を施さなければならない。

問題 18

給排水設備に関する記述として，最も不適当なものはどれか。

(1) 高置水槽方式は，一度受水槽に貯留した水をポンプで建物高所の高置水槽に揚水し，高置水槽からは重力によって各所に給水する方式である。

(2) 圧力水槽方式は，受水槽の水をポンプで圧力水槽に送水し，圧力水槽内の空気を加圧して，その圧力によって各所に給水する方式である。

(3) 屋内の自然流下式横走り排水管の最小勾配は，管径が 100mm の場合，$\frac{1}{100}$ とする。

(4) 排水槽の底の勾配は，吸い込みピットに向かって $\frac{1}{100}$ とする。

問題 19

建築物に設けるエレベーターに関する記述として，最も不適当なものはどれか。
ただし，特殊な構造又は使用形態のものは除くものとする。

(1) 乗用エレベーターには，停電時に床面で1ルクス以上の照度を確保することができる照明装置を設ける。

(2) 乗用エレベーターには，1人当たりの体重を 65 kg として計算した最大定員を明示した標識を掲示する。

(3) 火災時管制運転は，火災発生時にエレベーターを最寄階に停止させる機能である。

(4) 群管理方式は，エレベーターを複数台まとめた群としての運転操作方式で，交通需要の変動に応じて効率的な運転管理を行うことができる。

問題20

請負契約に関する記述として，「公共工事標準請負契約約款」上，誤っているものはどれか。

(1) 設計図書とは，図面及び仕様書をいい，現場説明書及び現場説明に対する質問回答書は含まない。

(2) 発注者は，工事の完成を確認するために必要があると認められるときは，その理由を受注者に通知して，工事目的物を最小限度破壊して検査することができる。

(3) 工期の変更については，発注者と受注者が協議して定める。ただし，予め定めた期間内に協議が整わない場合には，発注者が定め，受注者に通知する。

(4) 工事の施工に伴い通常避けることができない騒音，振動，地盤沈下，地下水の断絶等の理由により第三者に損害を及ぼしたときは，原則として，発注者がその損害を負担しなければならない。

※問題番号〔No.21〕～〔No.30〕までの10問題のうちから，7問題を選択し，解答してください。
ただし，7問題を超えて解答した場合，減点となりますから注意してください。
問題は，四肢択一式です。正解と思う肢の番号を1つ選んでください。

問題21

乗入れ構台及び荷受け構台の計画に関する記述として，最も不適当なものはどれか。

(1) 乗入れ構台の支柱の位置は，基礎，柱，梁及び耐力壁を避け，5m間隔とした。

(2) 乗入れ構台の高さは，大引下端が床スラブ上端より10cm上になるようにした。

(3) 荷受け構台の作業荷重は，自重と積載荷重の合計の10%とした。

(4) 荷受け構台への積載荷重の偏りは，構台の全スパンの60%にわたって荷重が分布するものとした。

問題22

地下水処理工法に関する記述として，最も不適当なものはどれか。

(1) ディープウェル工法は，初期のほうが安定期よりも地下水の排水量が多い。

(2) ディープウェル工法は，透水性の低い粘性土地盤の地下水位を低下させる場合に用いられる。

(3) ウェルポイント工法は，透水性の高い粗砂層から低いシルト質細砂層までの地盤に用いられる。

(4) ウェルポイント工法は，気密保持が重要であり，パイプの接続箇所で漏気が発生しないようにする。

問題23

既製コンクリート杭の施工に関する記述として，最も不適当なものはどれか。

(1) 荷降ろしのため杭を吊り上げる場合，安定するように杭の両端から杭長の$\frac{1}{10}$の2点を支持して吊り上げる。

(2) 杭に現場溶接継手を設ける際には，原則として，アーク溶接とする。

(3) 継ぎ杭で，下杭の上に杭を建て込む際には，接合中に下杭が動くことがないように，保持装置に固定する。

(4) PHC杭の頭部を切断した場合，切断面から350mm程度まではプレストレスが減少しているため，補強を行う必要がある。

令和5年度問題

問題24

鉄筋の機械式継手に関する記述として，最も不適当なものはどれか。

(1)　トルク方式のねじ節継手とは，カップラーを用いて鉄筋を接合する工法で，ロックナットを締め付けることで鉄筋とカップラーとの間の緩みを解消する。

(2)　グラウト方式のねじ節継手とは，カップラーを用いて鉄筋を接合する工法で，鉄筋とカップラーの節との空隙にグラウトを注入することで緩みを解消する。

(3)　充填継手とは，異形鉄筋の端部に鋼管（スリーブ）をかぶせた後，外側から加圧して鉄筋表面の節にスリーブを食い込ませて接合する工法である。

(4)　端部ねじ継手とは，端部をねじ加工した異形鉄筋，あるいは加工したねじ部を端部に圧接した異形鉄筋を使用し，雌ねじ加工されたカップラーを用いて接合する工法である。

問題25

型枠支保工に関する記述として，最も不適当なものはどれか。

(1)　支柱として用いるパイプサポートの高さが3.5 mを超える場合，高さ2.5 m以内ごとに水平つなぎを2方向に設けなければならない。

(2)　支柱として用いる鋼管枠は，最上層及び5層以内ごとに水平つなぎを設けなければならない。

(3)　支柱としてパイプサポートを用いる型枠支保工は，上端に作業荷重を含む鉛直荷重の $\frac{5}{100}$ に相当する水平荷重が作用しても安全な構造でなければならない。

(4)　支柱として鋼管枠を用いる型枠支保工は，上端に作業荷重を含む鉛直荷重の $\frac{2.5}{100}$ に相当する水平荷重が作用しても安全な構造でなければならない。

問題26

コンクリートの運搬，打込み及び締固めに関する記述として，最も不適当なものはどれか。

(1)　コンクリートの圧送開始前に圧送するモルタルは，型枠内に打ち込まないが，富調合のものとした。

(2)　圧送するコンクリートの粗骨材の最大寸法が20 mmのため，呼び寸法100 Aの輸送管を使用した。

(3)　コンクリート棒形振動機の加振は，セメントペーストが浮き上がるまでとした。

(4)　外気温が25℃を超えていたため，練混ぜ開始から打込み終了までの時間を120分以内とした。

問題27

鉄骨の建方に関する記述として，最も不適当なものはどれか。

(1)　架構の倒壊防止用に使用するワイヤロープは，建入れ直し用に兼用してもよい。

(2)　スパンの寸法誤差が工場寸法検査で計測された各部材の寸法誤差の累積値以内となるよう，建入れ直し前にスパン調整を行う。

(3)　建方に先立って施工するベースモルタルは，養生期間を3日間以上とする。

(4)　梁のフランジを溶接接合，ウェブをボルトの配列が1列の高力ボルト接合とする混用接合の仮ボルトは，ボルト1群に対して $\frac{1}{3}$ 程度，かつ，2本以上締め付ける。

問題28

大断面集成材を用いた木造建築物に関する記述として，最も不適当なものはどれか。

(1) 梁材の曲がりの許容誤差は，長さの $\frac{1}{1,000}$ とした。

(2) 集成材にあけるドリフトピンの下孔径は，ドリフトピンの公称軸径に 2 mm を加えたものとした。

(3) 集成材にあける標準的なボルト孔の心ずれは，許容誤差を ± 2 mm とした。

(4) 接合金物にあけるボルト孔の大きさは，ねじの呼びが M16 未満の場合は公称軸径に 1 mm を，M16 以上の場合は 1.5 mm を加えたものとした。

問題29

建設機械に関する記述として，最も不適当なものはどれか。

(1) ブルドーザーは，盛土，押土，整地の作業に適している。

(2) ホイールクレーンは，同じ運転室内でクレーンと走行の操作ができ，機動性に優れている。

(3) アースドリル掘削機は，一般にリバース掘削機に比べ，より深い掘削能力がある。

(4) バックホウは，機械の位置より低い場所の掘削に適し，水中掘削も可能だが，高い山の切取りには適さない。

問題30

鉄筋コンクリート造の耐震改修工事における現場打ち鉄筋コンクリート耐震壁の増設工事に関する記述として，最も不適当なものはどれか。

(1) 増設壁上部と既存梁下との間に注入するグラウト材の練上り時の温度は，練り混ぜる水の温度を管理し，10 ～ 35℃ の範囲とする。

(2) あと施工アンカー工事において，接着系アンカーを既存梁下端に上向きで施工する場合，くさび等を打ってアンカー筋の脱落防止の処置を行う。

(3) コンクリートポンプ等の圧送力を利用するコンクリート圧入工法は，既存梁下との間に隙間が生じやすいため，採用しない。

(4) 増設壁との打継ぎ面となる既存柱や既存梁に施す目荒しの面積の合計は，電動ピック等を用いて，打継ぎ面の 15 ～ 30% 程度となるようにする。

※問題番号〔No.31〕～〔No.39〕までの9問題のうちから，7問題を選択し，解答してください。
ただし，7問題を超えて解答した場合，減点となりますから注意してください。
問題は，四肢択一式です。正解と思う肢の番号を1つ選んでください。

問題 31

防水工事に関する記述として，最も不適当なものはどれか。

(1) アスファルト防水密着工法における平場部のルーフィングの張付けに先立ち，入隅は幅300 mm程度のストレッチルーフィングを増張りした。

(2) 改質アスファルトシート防水トーチ工法における平場部の改質アスファルトシートの重ね幅は，縦横とも100 mm以上とした。

(3) アスファルト防水における立上り部のアスファルトルーフィング類は，平場部のアスファルトルーフィングを張り付けた後，150 mm以上張り重ねた。

(4) 改質アスファルトシート防水絶縁工法におけるALCパネル目地の短辺接合部は，幅50mm程度のストレッチルーフィングを張り付けた。

問題 32

乾式工法による外壁の張り石工事に関する記述として，最も不適当なものはどれか。

(1) 厚さ30 mm，大きさ500 mm角の石材のだぼ孔の端あき寸法は，60 mmとした。

(2) ロッキング方式において，ファスナーの通しだぼは，径4 mmのものを使用した。

(3) 下地のコンクリート面の精度を考慮し，調整範囲が±10 mmのファスナーを使用した。

(4) 石材間の目地は，幅を10 mmとしてシーリング材を充填した。

問題 33

金属製折板葺屋根工事に関する記述として，最も不適当なものはどれか。

(1) 端部用タイトフレームは，けらば包みの下地として，間隔を1,800 mmで取り付けた。

(2) 重ね形折板の重ね部分の緊結ボルトは，流れ方向の間隔を600 mmとした。

(3) 軒先の落とし口は，折板の底幅より小さく穿孔し，テーパー付きポンチで押し広げ，10 mmの尾垂れを付けた。

(4) 軒先のアール曲げ加工は，曲げ半径を450 mmとした。

問題 34

特定天井に該当しない軽量鉄骨天井下地工事に関する記述として，最も不適当なものはどれか。

(1) 天井のふところが1,500 mm以上あったため，吊りボルトの振れ止めとなる水平方向の補強は，縦横間隔を1,800 mm程度とした。

(2) 下り壁による天井の段違い部分は，2,700 mm程度の間隔で斜め補強を行った。

(3) 下地張りのある天井仕上げの野縁は，ダブル野縁を1,800 mm程度の間隔とし，その間に4本のシングル野縁を間隔を揃えて配置した。

(4) 野縁は，野縁受にクリップ留めし，野縁が壁と突付けとなる箇所は，野縁受からのはね出しを200 mmとした。

問題 35

内壁コンクリート下地のセメントモルタル塗りに関する記述として，最も不適当なものはどれか。

(1) 下塗りは，吸水調整材の塗布後，乾燥を確認してから行った。

(2) 下塗り用モルタルの調合は，容積比でセメント1：砂3とした。

(3) 下塗り後の放置期間は，モルタルの硬化が確認できたため，14日間より短縮した。

(4) 中塗りや上塗りの塗厚を均一にするため，下塗りの後に，むら直しを行った。

問題36

鋼製建具に関する記述として，最も不適当なものはどれか。

ただし，1枚の戸の有効開口は，幅950 mm，高さ2,400 mmとする。

(1) 外部に面する両面フラッシュ戸の表面板は鋼板製とし，厚さを1.6 mmとした。

(2) 外部に面する両面フラッシュ戸の見込み部は，上下部を除いた左右2方を表面板で包んだ。

(3) たて枠は鋼板製とし，厚さを1.6 mmとした。

(4) 丁番やピボットヒンジ等により，大きな力が加わる建具枠の補強板は，厚さを2.3 mmとした。

問題37

塗装工事に関する記述として，最も不適当なものはどれか。

(1) アクリル樹脂系非水分散形塗料塗りにおいて，中塗りを行う前に研磨紙P220を用いて研磨した。

(2) せっこうボード面の合成樹脂エマルションペイント塗りにおいて，気温が20℃であったため，中塗り後3時間経過してから，次の工程に入った。

(3) 屋外の木質系素地面の木材保護塗料塗りにおいて，原液を水で希釈し，よく攪拌して使用した。

(4) 亜鉛めっき鋼面の常温乾燥形ふっ素樹脂エナメル塗りにおいて，下塗りに変性エポキシ樹脂プライマーを使用した。

問題38

ALCパネル工事に関する記述として，最も不適当なものはどれか。

(1) 床版敷設筋構法において，床パネルへの設備配管等の孔あけ加工は1枚当たり1か所とし，主筋の位置を避け，直径100 mmの大きさとした。

(2) 横壁アンカー構法において，地震時等における躯体の変形に追従できるよう，ALCパネル積上げ段数3段ごとに自重受け金物を設けた。

(3) 縦壁フットプレート構法において，ALC取付け用間仕切チャンネルをデッキプレート下面の溝方向に取り付ける場合，下地として平鋼をデッキプレート下面にアンカーを用いて取り付けた。

(4) 床版敷設筋構法において，建物周辺部，隅角部等で目地鉄筋により床パネルの固定ができない箇所は，ボルトと角座金を用いて取り付けた。

問題39

内装改修工事に関する記述として，最も不適当なものはどれか。

ただし，既存部分は，アスベストを含まないものとする。

(1) ビニル床シートの撤去後に既存下地モルタルの浮き部分を撤去する際，健全部分と縁を切るために用いるダイヤモンドカッターの刃の出は，モルタル厚さ以下とした。

(2) 既存合成樹脂塗床面の上に同じ塗床材を塗り重ねる際，接着性を高めるよう，既存仕上げ材の表面を目荒しした。

(3) 防火認定の壁紙の張替えは，既存壁紙の裏打紙を残した上に防火認定の壁紙を張り付けた。

(4) 既存下地面に残ったビニル床タイルの接着剤は，ディスクサンダーを用いて除去した。

※問題番号〔No. 40〕～〔No. 44〕までの5問題は，全問題を解答してください。
　問題は，四肢択一式です。正解と思う肢の番号を1つ選んでください。

問題 40

事前調査や準備作業に関する記述として，最も不適当なものはどれか。

(1) 地下水の排水計画に当たり，公共下水道の排水方式の調査を行った。

(2) タワークレーン設置による電波障害が予想されたため，近隣に対する説明を行って了解を得た。

(3) ベンチマークは，移動のおそれのない箇所に，相互にチェックできるよう複数か所設けた。

(4) コンクリートポンプ車を前面道路に設置するため，道路使用許可申請書を道路管理者に提出した。

問題 41

仮設設備の計画に関する記述として，最も不適当なものはどれか。

(1) 作業員の仮設男性用小便所数は，同時に就業する男性作業員40人以内ごとに1個を設置する計画とした。

(2) 工事用電気設備の建物内幹線の立上げは，上下交通の中心で最終工程まで支障の少ない階段室に計画した。

(3) 仮設電力契約は，工事完了まで変更しない計画とし，短期的に電力需要が増加した場合は，臨時電力契約を併用した。

(4) 仮設の給水設備において，工事事務所の使用水量は，1人1日当たり50Lを見込む計画とした。

問題 42

工事現場における材料の保管に関する記述として，最も不適当なものはどれか。

(1) 長尺のビニル床シートは，屋内の乾燥した場所に直射日光を避けて縦置きにして保管した。

(2) 砂付ストレッチルーフィングは，ラップ部（張付け時の重ね部分）を下に向けて縦置きにして保管した。

(3) フローリング類は，屋内のコンクリートの床にシートを敷き，角材を並べた上に保管した。

(4) 木製建具は，取付け工事直前に搬入し，障子や襖は縦置き，フラッシュ戸は平積みにして保管した。

問題 43

建築工事に係る届出に関する記述として，「労働安全衛生法」上，誤っているものはどれか。

(1) 高さが31mを超える建築物を建設する場合，その計画を当該仕事の開始の日の14日前までに，労働基準監督署長に届け出なければならない。

(2) 共同連帯として請け負う際の共同企業体代表者届を提出する場合，当該届出に係る仕事の開始の日の14日前までに，労働基準監督署長を経由して都道府県労働局長に届け出なければならない。

(3) つり上げ荷重が3t以上であるクレーンの設置届を提出する場合，その計画を当該工事の開始の日の14日前までに，労働基準監督署長に届け出なければならない。

(4) 耐火建築物に吹き付けられた石綿を除去する場合，その計画を当該仕事の開始の日の14日前までに，労働基準監督署長に届け出なければならない。

問題 44

工程計画に関する記述として，最も不適当なものはどれか。

(1) 工程計画では，各作業の手順計画を立て，次に日程計画を決定した。

(2) 工程計画では，工事用機械が連続して作業を実施し得るように作業手順を定め，工事用機械の不稼働をできるだけ少なくした。

(3) 工期短縮を図るため，作業員，工事用機械，資機材等の供給量のピークが一定の量を超えないように山崩しを検討した。

(4) 工期短縮を図るため，クリティカルパス上の鉄骨建方において，部材を地組してユニット化し，建方のピース数を減らすよう検討した。

令和5年度問題

受 検 番 号	氏　　　名

令和5年度

1 級建築施工管理技術検定

第一次検定問題（午後の部）

令和 5 年 6 月 11 日（日）

〔注 意 事 項〕

1．ページ数は，表紙を入れて 13 ページです。

2．試験時間は，**14 時 15 分から 16 時 15 分**です。

3．問題の解答の仕方は，次によってください。

　　イ．〔No. 45〕～〔No. 54〕までの **10 問題**は，**全問題を解答**してください。

　　ロ．〔No. 55〕～〔No. 60〕までの **6 問題**は，**全問題を解答**してください。

　　ハ．〔No. 61〕～〔No. 72〕までの **12 問題**のうちから，**8 問題を選択**し，解答してください。

4．選択問題は，解答数が**指定数を超えた場合，減点となります**から注意してください。

5．問題番号〔No. 45〕～〔No. 54〕，〔No. 61〕～〔No. 72〕は，**四肢択一式**です。
　正解と思う肢の番号を **1 つ**選んでください。

6．問題番号〔No. 55〕～〔No. 60〕は，施工管理法の**応用能力問題で五肢択二式**です。
　正解と思う肢の番号を **2 つ**選んでください。
　なお，選んだ肢の番号が **2 つとも正しい場合のみ正答**となります。

7．解答の記入に当たっては，次によってください。

　　イ．解答は，選んだ番号を右のマークの塗りつぶし例に
　　従って，〔HB〕の黒鉛筆か黒シャープペンシルで
　　塗りつぶしてください。

マークの塗りつぶし例	●

　　ロ．マークを訂正する場合は，消しゴムできれいに消して訂正してください。

8．解答用紙は，雑書きしたり，汚したり，折り曲げたりしないでください。

9．この問題用紙は，計算等に使用しても差し支えありません。

10．漢字に付した**ふりがな**は補足であり，異なる読み方の場合があります。

11．この問題用紙は，午後の部の試験終了時刻まで在席した場合に限り，持ち帰りを認めます。
　途中退席する場合は，持ち帰りできません。

第一次検定（午後の部）

※問題番号〔No. 45〕～〔No. 54〕までの10問題は，全問題を解答してください。
　問題は，四肢択一式です。正解と思う肢の番号を1つ選んでください。

問題45
　一般的な事務所ビルの鉄骨工事において，所要工期算出のために用いる各作業の能率に関する記述として，最も不適当なものはどれか。
(1)　鉄骨のガスシールドアーク溶接による現場溶接の作業能率は，1人1日当たり6mm換算溶接長さで80mとして計画した。
(2)　タワークレーンのクライミングに要する日数は，1回当たり1.5日として計画した。
(3)　建方用機械の鉄骨建方作業占有率は，60%として計画した。
(4)　トルシア形高力ボルトの締付け作業能率は，1人1日当たり300本として計画した。

問題46
　ネットワーク工程表に関する記述として，最も不適当なものはどれか。
(1)　一つの作業の最早終了時刻（EFT）は，その作業の最早開始時刻（EST）に作業日数（D）を加えて得られる。
(2)　一つの作業の最遅開始時刻（LST）は，その作業の最遅終了時刻（LFT）から作業日数（D）を減じて得られる。
(3)　一つの作業でトータルフロート（TF）が0である場合，その作業ではフリーフロート（FF）は0になる。
(4)　一つの作業でフリーフロート（FF）を使い切ってしまうと，後続作業のトータルフロート（TF）に影響を及ぼす。

問題47
　建築施工の品質を確保するための管理値に関する記述として，最も不適当なものはどれか。
(1)　鉄骨工事において，スタッド溶接後のスタッドの傾きの許容差は，5°以内とした。
(2)　構造体コンクリートの部材の仕上がりにおいて，柱，梁，壁の断面寸法の許容差は，0～+20mmとした。
(3)　鉄骨梁の製品検査において，梁の長さの許容差は，±7mmとした。
(4)　コンクリート工事において，薄いビニル床シートの下地コンクリート面の仕上がりの平坦さは，3mにつき7mm以下とした。

問題48
　品質管理に用いる図表に関する記述として，最も不適当なものはどれか。
(1)　ヒストグラムは，観測値若しくは統計量を時間順又はサンプル番号順に表し，工程が管理状態にあるかどうかを評価するために用いられる。
(2)　散布図は，対応する2つの特性を横軸と縦軸にとり，観測値を打点して作るグラフ表示で，主に2つの変数間の相関関係を調べるために用いられる。
(3)　パレート図は，項目別に層別して，出現度数の大きさの順に並べるとともに，累積和を示した図である。
(4)　系統図は，設定した目的や目標と，それを達成するための手段を系統的に展開した図である。

問題 49
品質管理における検査に関する記述として，最も不適当なものはどれか。
(1) 中間検査は，製品として完成したものが要求事項を満足しているかどうかを判定する場合に適用する。
(2) 無試験検査は，サンプルの試験を行わず，品質情報，技術情報等に基づいてロットの合格，不合格を判定する。
(3) 購入検査は，提出された検査ロットを，購入してよいかどうかを判定するために行う検査で，品物を外部から受け入れる場合に適用する。
(4) 抜取検査は，ロットからあらかじめ定められた検査の方式に従ってサンプルを抜き取って試験し，その結果に基づいて，そのロットの合格，不合格を判定する。

問題 50
市街地の建築工事における公衆災害防止対策に関する記述として，最も不適当なものはどれか。
(1) 敷地境界線からの水平距離が 5 m で，地盤面からの高さが 3 m の場所からごみを投下する際，飛散を防止するためにダストシュートを設けた。
(2) 防護棚は，外部足場の外側からのはね出し長さを水平距離で 2 m とし，水平面となす角度を 15° とした。
(3) 工事現場周囲の道路に傾斜があったため，高さ 3 m の鋼板製仮囲いの下端は，隙間を土台コンクリートで塞いだ。
(4) 歩車道分離道路において，幅員 3.6 m の歩道に仮囲いを設置するため，道路占用の幅は，路端から 1 m とした。

問題 51
作業主任者の職務として，「労働安全衛生法」上，定められていないものはどれか。
(1) 建築物等の鉄骨の組立て等作業主任者は，器具，工具，要求性能墜落制止用器具等及び保護帽の機能を点検し，不良品を取り除くこと。
(2) 有機溶剤作業主任者は，作業に従事する労働者が有機溶剤により汚染され，又はこれを吸入しないように，作業の方法を決定し，労働者を指揮すること。
(3) 土止め支保工作業主任者は，要求性能墜落制止用器具等及び保護帽の使用状況を監視すること。
(4) 足場の組立て等作業主任者は，組立ての時期，範囲及び順序を当該作業に従事する労働者に周知させること。

問題 52
足場に関する記述として，最も不適当なものはどれか。
(1) 枠組足場に設ける高さ 8 m 以上の階段には，7 m 以内ごとに踊場を設けた。
(2) 作業床は，つり足場の場合を除き，床材間の隙間は 3 cm 以下，床材と建地の隙間は 12 cm 未満とした。
(3) 単管足場の壁つなぎの間隔は，垂直方向 5.5 m 以下，水平方向 5 m 以下とした。
(4) 脚立を使用した足場における足場板は，踏さん上で重ね，その重ね長さを 20 cm 以上とした。

問題 53

事業者又は特定元方事業者の講ずべき措置に関する記述として，「労働安全衛生法」上，誤っているものはどれか。

(1) 特定元方事業者は，特定元方事業者及びすべての関係請負人が参加する協議組織を設置し，会議を定期的に開催しなければならない。

(2) 事業者は，つり足場における作業を行うときは，その日の作業を開始する前に，脚部の沈下及び滑動の状態について点検を行わなければならない。

(3) 事業者は，高さが2m以上の箇所で作業を行う場合，作業に従事する労働者が墜落するおそれのあるときは，作業床を設けなければならない。

(4) 特定元方事業者は，作業場所の巡視を，毎作業日に少なくとも1回行わなければならない。

問題 54

クレーンに関する記述として，「クレーン等安全規則」上，誤っているものはどれか。

(1) つり上げ荷重が0.5t以上のクレーンの玉掛用具として使用するワイヤロープは，安全係数が6以上のものを使用した。

(2) つり上げ荷重が3t以上の移動式クレーンを用いて作業を行うため，当該クレーンに，その移動式クレーン検査証を備え付けた。

(3) 設置しているクレーンについて，その使用を廃止したため，遅滞なくクレーン検査証を所轄労働基準監督署長に返還した。

(4) 移動式クレーンの運転についての合図の方法は，事業者に指名された合図を行う者が定めた。

※問題番号〔No. 55〕～〔No. 60〕までの6問題は応用能力問題です。全問題を解答してください。
問題は五肢択二式です。正解と思う肢の番号を2つ選んでください。

問題55

鉄筋の加工及び組立てに関する記述として，不適当なものを2つ選べ。
ただし，鉄筋は異形鉄筋とし，dは呼び名の数値とする。

(1) D16の鉄筋相互のあき寸法の最小値は，粗骨材の最大寸法が20 mmのため，25 mmとした。
(2) D25の鉄筋を90°折曲げ加工する場合の内法直径は，3dとした。
(3) 梁せいが2mの基礎梁を梁断面内でコンクリートの水平打継ぎとするため，上下に分割したあばら筋の継手は，180°フック付きの重ね継手とした。
(4) 末端部の折曲げ角度が135°の帯筋のフックの余長は，4dとした。
(5) あばら筋の加工において，一辺の寸法の許容差は，±5 mmとした。

問題56

普通コンクリートの調合に関する記述として，不適当なものを2つ選べ。
(1) 粗骨材は，偏平なものを用いるほうが，球形に近い骨材を用いるよりもワーカビリティーがよい。
(2) AE剤，AE減水剤又は高性能AE減水剤を用いる場合，調合を定める際の空気量を4.5%とする。
(3) アルカリシリカ反応性試験で無害でないものと判定された骨材であっても，コンクリート中のアルカリ総量を3.0 kg/m³以下とすれば使用することができる。
(4) 調合管理強度は，品質基準強度に構造体強度補正値を加えたものである。
(5) 調合管理強度が21 N/mm²のスランプは，一般に21 cmとする。

問題57

鉄骨の溶接に関する記述として，不適当なものを2つ選べ。
(1) 溶接部の表面割れは，割れの範囲を確認した上で，その両端から50 mm以上溶接部を斫り取り，補修溶接した。
(2) 裏当て金は，母材と同等の鋼種の平鋼を用いた。
(3) 溶接接合の突合せ継手の食い違いの許容差は，鋼材の厚みにかかわらず同じ値とした。
(4) 490 N/mm²級の鋼材の組立て溶接を被覆アーク溶接で行うため，低水素系溶接棒を使用した。
(5) 溶接作業場所の気温が−5℃を下回っていたため，溶接部より100 mmの範囲の母材部分を加熱して作業を行った。

問題58

シーリング工事に関する記述として，不適当なものを2つ選べ。
(1) ボンドブレーカーは，シリコーン系シーリング材を充填するため，シリコーンコーティングされたテープを用いた。
(2) 異種シーリング材を打ち継ぐ際，先打ちしたポリサルファイド系シーリング材の硬化後に，変成シリコーン系シーリング材を後打ちした。
(3) ワーキングジョイントに装填する丸形のバックアップ材は，目地幅より20%大きい直径のものとした。
(4) ワーキングジョイントの目地幅が20 mmであったため，目地深さは12 mmとした。
(5) シーリング材の充填は，目地の交差部から始め，打継ぎ位置も交差部とした。

問題 59

内装ビニル床シート張りに関する記述として，不適当なものを2つ選べ。

(1) 寒冷期の施工で，張付け時の室温が5℃以下になることが予想されたため，採暖を行い，室温を10℃以上に保った。

(2) 床シートは，張付けに先立ち裁断して仮敷きし，巻きぐせをとるために8時間放置した。

(3) 床シートは，張付けに際し，気泡が残らないよう空気を押し出した後，45 kg ローラーで圧着した。

(4) 熱溶接工法における溶接部の溝切りの深さは，床シート厚の $\frac{1}{3}$ とした。

(5) 熱溶接工法における溶接部は，床シートの溝部分と溶接棒を 180～200℃ の熱風で同時に加熱溶融した。

問題 60

仕上工事における試験及び検査に関する記述として，不適当なものを2つ選べ。

(1) 防水形仕上塗材仕上げの塗厚の確認は，単位面積当たりの使用量を基に行った。

(2) シーリング材の接着性試験は，同一種類のものであっても，製造所ごとに行った。

(3) 室内空気中に含まれるホルムアルデヒドの濃度測定は，パッシブサンプラを用いて行った。

(4) アスファルト防水下地となるコンクリート面の乾燥状態の確認は，渦電流式測定計を用いて行った。

(5) 壁タイルの浮きの打音検査は，リバウンドハンマー（シュミットハンマー）を用いて行った。

※問題番号〔No. 61〕～〔No. 72〕までの12問題のうちから，8問題を選択し，解答してください。
ただし，8問題を超えて解答した場合，減点となりますから注意してください。
問題は，四肢択一式です。正解と思う肢の番号を1つ選んでください。

問題61
用語の定義に関する記述として，「建築基準法」上，誤っているものはどれか。
(1) 建築物の構造上重要でない間仕切壁の過半の模様替は，大規模の模様替である。
(2) 建築物の屋根は，主要構造部である。
(3) 観覧のための工作物は，建築物である。
(4) 百貨店の売場は，居室である。

問題62
建築確認等の手続きに関する記述として，「建築基準法」上，誤っているものはどれか。
(1) 延べ面積が150 m²の一戸建ての住宅の用途を変更して旅館にしようとする場合，建築確認を受ける必要はない。
(2) 鉄骨造2階建て，延べ面積200 m²の建築物の新築工事において，特定行政庁の仮使用の承認を受けたときは，建築主は検査済証の交付を受ける前においても，仮に，当該建築物を使用することができる。
(3) 避難施設等に関する工事を含む建築物の完了検査を受けようとする建築主は，建築主事が検査の申請を受理した日から7日を経過したときは，検査済証の交付を受ける前であっても，仮に，当該建築物を使用することができる。
(4) 防火地域及び準防火地域内において，建築物を増築しようとする場合，その増築部分の床面積の合計が10 m²以内のときは，建築確認を受ける必要はない。

問題63
次の記述のうち，「建築基準法施行令」上，誤っているものはどれか。
(1) 共同住宅の各戸の界壁を給水管が貫通する場合においては，当該管と界壁との隙間をモルタルその他の不燃材料で埋めなければならない。
(2) 劇場の客席は，主要構造部を耐火構造とした場合であっても，スプリンクラー設備等を設けなければ，1,500 m²以内ごとに区画しなければならない。
(3) 主要構造部を準耐火構造とした建築物で，3階以上の階に居室を有するものの昇降機の昇降路の部分とその他の部分は，原則として，準耐火構造の床若しくは壁又は防火設備で区画しなければならない。
(4) 換気設備のダクトが準耐火構造の防火区画を貫通する場合においては，火災により煙が発生した場合又は火災により温度が急激に上昇した場合に自動的に閉鎖する構造の防火ダンパーを設けなければならない。

問題64
建設業の許可に関する記述として，「建設業法」上，誤っているものはどれか。
(1) 許可に係る建設業者は，営業所の所在地に変更があった場合，30日以内に，その旨の変更届出書を国土交通大臣又は都道府県知事に提出しなければならない。
(2) 建築工事業で一般建設業の許可を受けた者が，建築工事業の特定建設業の許可を受けたときは，その者に対する建築工事業に係る一般建設業の許可は，その効力を失う。
(3) 木造住宅を建設する工事を除く建築一式工事であって，工事1件の請負代金の額が4,500万円に満たない工事を請け負う場合は，建設業の許可を必要としない。
(4) 内装仕上工事など建築一式工事以外の工事を請け負う建設業者であっても，特定建設業者となることができる。

問題 65

請負契約に関する記述として，「建設業法」上，誤っているものはどれか。

(1) 注文者は，請負人に対して，建設工事の施工につき著しく不適当と認められる下請負人があるときは，あらかじめ注文者の書面等による承諾を得て選定した下請負人である場合を除き，その変更を請求することができる。

(2) 建設業者は，共同住宅を新築する建設工事を請け負った場合，いかなる方法をもってするかを問わず，一括して他人に請け負わせてはならない。

(3) 請負契約の当事者は，請負契約において，各当事者の履行の遅滞その他債務の不履行の場合における遅延利息，違約金その他の損害金に関する事項を書面に記載しなければならない。

(4) 請負人は，請負契約の履行に関し，工事現場に現場代理人を置く場合，注文者の承諾を得なければならない。

問題 66

次の記述のうち，「建設業法」上，誤っているものはどれか。

(1) 建設業者は，許可を受けた建設業に係る建設工事を請け負う場合においては，当該建設工事に附帯する他の建設業に係る建設工事を請け負うことができる。

(2) 特定建設業者は，発注者から建築一式工事を直接請け負った場合，当該工事に係る下請代金の総額が4,000万円以上のときは，施工体制台帳を作成しなければならない。

(3) 注文者は，前金払の定がなされた場合，工事1件の請負代金の総額が500万円以上のときは，建設業者に対して保証人を立てることを請求することができる。

(4) 特定専門工事の元請負人及び建設業者である下請負人は，その合意により，元請負人が置いた主任技術者が，その下請負に係る建設工事について主任技術者の行うべき職務を行うことができる場合，当該下請負人は主任技術者を置くことを要しない。

問題 67

労働時間等に関する記述として，「労働基準法」上，誤っているものはどれか。

(1) 使用者は，削岩機の使用によって身体に著しい振動を与える業務については，1日について2時間を超えて労働時間を延長してはならない。

(2) 使用者は，災害その他避けることのできない事由によって，臨時の必要がある場合においては，行政官庁の許可を受けて，法令に定められた労働時間を延長して労働させることができる。

(3) 使用者は，労働者の合意がある場合，休憩時間中であっても留守番等の軽微な作業であれば命ずることができる。

(4) 使用者は，その雇入れの日から起算して6箇月間継続勤務し全労働日の8割以上出勤した労働者に対して，10労働日の有給休暇を与えなければならない。

問題 68

建設業の事業場における安全衛生管理体制に関する記述として，「労働安全衛生法」上，誤っているものはどれか。

(1) 事業者は，常時10人の労働者を使用する事業場では，安全衛生推進者を選任しなければならない。

(2) 事業者は，常時50人の労働者を使用する事業場では，産業医を選任しなければならない。

(3) 事業者は，統括安全衛生責任者を選任すべきときは，同時に安全衛生責任者を選任しなければならない。

(4) 事業者は，産業医から労働者の健康を確保するため必要があるとして勧告を受けたときは，衛生委員会又は安全衛生委員会に当該勧告の内容等を報告しなければならない。

問題69

建設現場における就業制限に関する記述として,「労働安全衛生法」上,誤っているものはどれか。

(1) 不整地運搬車運転技能講習を修了した者は,最大積載量が1t以上の不整地運搬車の運転の業務に就くことができる。

(2) 移動式クレーン運転士免許を受けた者は,つり上げ荷重が5t未満の移動式クレーンの運転の業務に就くことができる。

(3) フォークリフト運転技能講習を修了した者は,最大荷重が1t以上のフォークリフトの運転の業務に就くことができる。

(4) クレーン・デリック運転士免許を受けた者は,つり上げ荷重が1t以上のクレーンの玉掛けの業務に就くことができる。

問題70

次の記述のうち,「廃棄物の処理及び清掃に関する法律」上,誤っているものはどれか。

ただし,特別管理産業廃棄物を除くものとする。

(1) 事業者は,産業廃棄物の運搬又は処分を委託した場合,委託契約書及び環境省令で定める書面を,その契約の終了の日から5年間保存しなければならない。

(2) 事業者は,工事に伴って発生した産業廃棄物を自ら運搬する場合,管轄する都道府県知事の許可を受けなければならない。

(3) 多量排出事業者は,当該事業場に係る産業廃棄物の減量その他その処理に関する計画の実施の状況について,環境省令で定めるところにより,都道府県知事に報告しなければならない。

(4) 天日乾燥施設を除く汚泥の処理能力が1日当たり10m³を超える乾燥処理施設を設置する場合,管轄する都道府県知事の許可を受けなければならない。

問題71

宅地造成工事規制区域内において行われる宅地造成工事に関する記述として,「宅地造成及び特定盛土等規制法(旧宅地造成等規制法)」上,誤っているものはどれか。

なお,指定都市又は中核市の区域内の土地については,都道府県知事はそれぞれ指定都市又は中核市の長をいう。

(1) 宅地造成に関する工事の許可を受けていなかったため,地表水等を排除するための排水施設の一部を除却する工事に着手する日の7日前に,その旨を都道府県知事に届け出た。

(2) 高さが2mの崖を生ずる盛土を行う際,崖の上端に続く地盤面には,その崖の反対方向に雨水その他の地表水が流れるように勾配を付けた。

(3) 宅地造成に伴う災害を防止するために崖面に設ける擁壁には,壁面の面積3m²以内ごとに1個の水抜穴を設け,裏面の水抜穴周辺に砂利を用いて透水層を設けた。

(4) 切土又は盛土をする土地の面積が1,500m²を超える土地における排水設備の設置については,政令で定める資格を有する者が設計した。

問題72

次の作業のうち,「振動規制法」上,特定建設作業に該当しないものはどれか。

ただし,作業は開始した日に終わらないものとし,作業地点が連続的に移動する作業ではないものとする。

(1) 油圧式くい抜機を使用する作業

(2) もんけん及び圧入式を除くくい打機を使用する作業

(3) 鋼球を使用して建築物その他の工作物を破壊する作業

(4) 手持式を除くブレーカーを使用する作業

１級建築施工管理技士　令和５年度第一次検定　解答・解説

問題番号	解答	解　　　　　　説
問題１	(3)	水平ルーバーは，南面の日射を遮るのに効果があり，縦ルーバーは，東西面の日射を遮るのに効果がある。
問題２	(4)	光度は，単位をカンデラ（cd）で示し，光源の光の強さのことをいう。
問題３	(3)	単層壁において，面密度が大きいほど，音響透過損失は大きくなる。
問題４	(4)	ダンパーは，上部構造の水平方向のエネルギーを吸収する機能を持つ。
問題５	(3)	床スラブの配筋は，各方向の全幅について，コンクリート全断面積に対する鉄筋全断面積の割合を 0.2% 以上とする。
問題６	(2)	H 形鋼は，フランジやウェブの幅厚比が大きくなると局部座屈が生じやすくなる。
問題７	(1)	杭の周辺地盤に沈下が生じたときに杭に作用する負の摩擦力は，支持杭より摩擦杭のほうが小さい。
問題８	(2)	底部における引張縁応力度を求めるには，鉛直荷重 P のみが作用したときの圧縮応力度と水平荷重 Q のみが作用したときの引張応力度の差を求めればよい。 鉛直荷重 P のみが作用したときの圧縮応力度 σ_c $\sigma_c = \dfrac{P}{A} = \dfrac{180 \times 10^3}{200 \times 300} = 3\text{N/mm}^2$ 水平荷重 Q のみが作用したときの応力度 σ_b $\sigma_b = \dfrac{M}{Z} = \dfrac{15 \times 10^3 \times 2000}{\dfrac{200 \times 300^2}{6}} = 10\text{N/mm}^2$ $\sigma = -\sigma_c + \sigma_b = -3 + 10 = 7\text{N/mm}^2$
問題９	(4)	$\Sigma X = 0$ より $H_A + H_B = 0$ $\Sigma Y = 0$ より $V_A + V_B - 3 \times 6 = 0$ $\Sigma M_A = 0$ より $3 \times 6 \times 3 - V_B \times 6 = 0$ $\therefore V_B = 9kN$ $M_C = 0$ より $3 \times 2 \times 1 - V_B \times 2 - H_B \times 3 = 0$ $\therefore H_B = -4kN$

問題番号	解答	解　　　　　説
問題 10	(2)	$\Sigma X=0$ より　　$H_A+H_B=0$ $\Sigma Y=0$ より　　$V_A+V_B=0$ $\Sigma M_A=0$ より 　$M-V_B\times 2l=0$ 　$\therefore V_B=\dfrac{M}{2l}$　$V_A=-\dfrac{M}{2l}$ $M_C=0$ より　　$-V_B\times l+H_B\times 2l=0$　$\therefore H_B=\dfrac{M}{4l}$　$H_A=-\dfrac{M}{4l}$ したがって，(2)が正しい。
問題 11	(1)	減水剤は，コンクリートの単位水量を減らすことができるので，コンクリートが緻密化するが，耐凍害性は向上しない。
問題 12	(3)	鉛は，X線遮断効果が大きく，酸に対する抵抗性はあるが，アルカリには侵される。
問題 13	(4)	石灰石は，柔らかく曲げ強度が低く，耐水性に劣るので，外装用には適さない。
問題 14	(4)	改質アスファルトルーフィングシートは，温度特性によりⅠ類とⅡ類に区分され，低温時の耐折り曲げ性が良いのはⅡ類である。
問題 15	(3)	つや有合成樹脂エマルションペイントは，コンクリートや石膏ボード下地などの塗装に用いられ，内装の鉄部や木部の塗装にも使える。
問題 16	(1)	枝張りは，樹木の四方面に伸長した枝の幅をいい，測定方向により長短がある場合は，平均値とする。
問題 17	(2)	電圧の種別で低圧とは，直流にあって 750V 以下，交流にあっては 600V 以下のものをいう。
問題 18	(4)	排水槽の底の勾配は，吸い込みピットに向かって 15 分の 1 以上，10 分の 1 以下とする。
問題 19	(3)	火災時管制運転は，火災発生時にエレベーターを避難階に停止させる機能である。
問題 20	(1)	設計図書とは，図面および仕様書をいい，現場説明書および現場説明に対する質疑回答書を含む。
問題 21	(2)	乗入れ構台の高さは，大引下端は床スラブ上端より 20 ～ 30cm 程度上になるように計画する。
問題 22	(2)	ディープウェル工法は透水性の高い地盤の地下水位を低下させる。
問題 23	(1)	杭全体に余計な応力が加わらないように杭端の 1 点で支持して吊り上げる。
問題 24	(3)	充填継手とは内面に凹凸のついた比較的径の大きい鋼管内部に高強度の無収縮モルタルを充填して接合する継手である。
問題 25	(1)	パイプサポートの高さが 3.5m を超える場合，高さ 2m 以内ごとに水平つなぎを 2 方向に設ける。
問題 26	(4)	外気温が 25℃ を超えている場合，練混ぜ開始から打込み終了までの時間を 90 分とする。
問題 27	(4)	溶接接合と高力ボルト接合を混用する場合は高力ボルト接合を締付けた後に溶接を行うのが原則であるが，梁せいやフランジ厚が大きい場合は，溶接部の割れを防ぐために高力ボルトの 1 次締め段階で溶接を行うこともある。
問題 28	(2)	集成材にあけるドリフトピンの下孔径は，ドリフトピンの公称軸径と同じである。
問題 29	(3)	アースドリル掘削機もリバース掘削機も，同等の深い掘削能力がある。

問題番号	解答	解　　　　説
問題 30	(3)	コンクリート圧入工法は、既存梁下のコンクリート充填に採用できる。
問題 31	(4)	ALC パネル目地の短辺接合部は、幅 300mm 程度の増張り用ストレッチルーフィングを張り付ける。
問題 32	(1)	乾式工法の石材のだぼ孔の端あき寸法は両端から石材幅の 1/4 であるので、125mm となる。
問題 33	(1)	端部用タイトフレームは、けらば包みの下地として、間隔を 1,000mm とする。
問題 34	(4)	野縁受からのはね出しを 150mm 以下とする。
問題 35	(2)	下塗り用モルタルの調合は、容積比でセメント 1：砂 2.5 とする。
問題 36	(2)	外部に面する両面フラッシュ戸の見込み部は、下部を除いた 3 方を表面板で包む。
問題 37	(3)	屋外の木質系素地面の木材保護塗料塗りは、原液のまま使用する。
問題 38	(1)	直径 50mm 以下の大きさとする。
問題 39	(3)	既存壁紙の裏打紙も除去してから、防火認定の壁紙を張り付ける。
問題 40	(4)	道路使用許可申請書は警察署長に提出する。
問題 41	(1)	仮設男性用小便所数は、同時に就業する男性作業員 30 人以内ごとに 1 個を設置する。
問題 42	(2)	砂付ストレッチルーフィングは、ラップ部を上に向けて縦置きにして保管する。
問題 43	(3)	つり上げ荷重が 3t 以上であるクレーンの設置届を提出する場合、その計画を当該工事の開始の日の 30 日前までに、労働基準監督署長に届け出る。
問題 44	(3)	山崩しとは必要投入量が集中している部分を平準化して効率的な労務・資機材の活用を目指すために行うもので、工期短縮を図るものではない。
問題 45	(4)	トルシア形高力ボルトの締付け作業能率は、1 人 1 日当たり 200 本程度とする。
問題 46	(4)	フリーフロートは後続の作業に影響を与えることなく、その作業が単独でもつ余裕。
問題 47	(3)	鉄骨梁の製品検査において、梁の長さの許容差は、± 3mm 以下とする。
問題 48	(1)	ヒストグラムは、横軸にデータ区間・階級、縦軸に度数（頻度）をとった棒グラフで、データの分布の中心位置やばらつき度合いを把握するものである。
問題 49	(1)	中間検査とは、不良なロットが次工程に渡らないように、事前に取り除くことによって損害を少なくするために行う検査である。
問題 50	(2)	防護棚は、外部足場の外側のはね出し長さを水平距離で 2m とし、水平面となす角度を 20° 以上とする。
問題 51	(4)	足場の組み立て時期、範囲及び順序を当該作業に従事する労働者に周知させるのは、足場の組立て等作業主任者の職務として定められていない。
問題 52	(3)	単管足場の壁つなぎの間隔は、垂直方向 5 m 以下、水平方向 5.5m 以下とする。
問題 53	(2)	つり足場には脚部はないので、脚部の沈下及び滑動の状態についての点検は定められていない。
問題 54	(4)	移動式クレーンの運転について、合図方法は事業者が定める。
問題 55	(2)	D25 の鉄筋を 90° 折曲げ加工する場合の内法直径は 4d である。
	(4)	末端部の折曲げ角度が 135° の帯筋のフックの余長は 6d である。
問題 56	(1)	球形に近い骨材を用いるほうがワーカビリティーがよい。
	(5)	調合管理強度が 21N/mm² のスランプは 18cm とする。
問題 57	(3)	溶接接合の突合せ継手の食い違い許容差は、鋼材厚 15mm 以下で 1.5mm 以下、15mm より厚い場合は、厚さの 10% 以下かつ 3mm 以下である。
	(5)	溶接作業場所の気温が － 5℃ を下回った場合、作業を行ってはならない。

問題番号	解答	解　　　説
問題 58	(1)	シリコーン系シーリング材を充填する場合は，シリコーン系以外のボンドブレーカーを使用する。
	(5)	シーリング材の充填は，目地の交差部あるいは角部から始め，打継ぎ位置は交差部を避ける。
問題 59	(2)	巻きぐせをとるためには，床シートを広げて 24 時間放置する。
	(4)	溶接部の溝切りの深さは，床シート厚の 1/2 〜 2/3 とする。
問題 60	(4)	コンクリート面の乾燥状態は，「コンクリート・モルタル水分計」で確認する。渦電流式測定計は，金属の絶縁性皮膜の厚さなどを測定する。
	(5)	壁タイルの浮き打音検査は，打診棒や打診用パールハンマーを利用する。シュミットハンマーはコンクリートの圧縮強度を検査するものである。
問題 61	(1)	大規模の模様替は，建築物の主要構造部（防火および避難において主要な構造部分（壁，柱，梁，床，屋根，階段））の一つ以上を 50% 以上新しくすること。**間仕切り壁は主要構造部ではないので，大規模の模様替ではない。**
問題 62	(4)	**防火地域及び準防火地域内において，建築物を増築しようとする場合は増築部分の床面積の合計が 10㎡ 以内のときも，建築確認を受ける必要がある。**（防火地域及び準防火地域外においては不要）
問題 63	(2)	用途上やむを得ない場合として，劇場の客席は，1,500㎡ の面積区画が免除されている。（施行令第 112 条第 1 項一）。
問題 64	(3)	**木造住宅を除く建築一式工事であって，工事 1 件の請負代金の額が 1,500 万円に満たない工事を請け負う場合は，建設業の許可を必要としない。**
問題 65	(4)	**請負人は，工事現場に現場代理人を置く場合，注文者の承諾は必要ない。**
問題 66	(2)	特定建設業者は，発注者から建築一式工事を直接請け負った場合，**下請代金の総額が 7,000 万円以上のときは施工体制台帳を作成しなければならない。**
問題 67	(3)	労働基準法では，休憩時間は，労働者に一斉に与えるものとし，**完全に労働者の自由に利用させなければならない。**
問題 68	(3)	50 人以上で複数事業場がある場合，**事業者は，統括安全衛生責任者と元方安全衛生管理者を選任する。**安全衛生責任者は下請が選任する。
問題 69	(4)	クレーンの運転と玉掛け（クレーンのフックに荷を掛けたり，外したりする作業）は別の作業であり，**つり上げ荷重が 1t 以上のクレーンの玉掛け業務には，玉掛けの技能講習を受ける必要がある。**
問題 70	(2)	事業者が工事に伴って発生した**産業廃棄物を自ら運搬する場合，許可は不要である。**
問題 71	(1)	擁壁や地表水等の排水施設の除却工事については，**工事着手の 14 日前までに**都道府県知事等に届け出なければならない。
問題 72	(1)	**油圧式くい抜機を使用する作業は，「振動規制法」上の特定建設作業ではない。**

[執筆者] 宮下　真一　［東急建設(株)，博士(工学)］

片山　圭二　［東急建設(株)，博士(工学)］

青木　雅秀　［国際美建(株)，構造設計　一級建築士］

平田　啓子　［一級建築士事務所 鈴木アトリエ，一級建築士］

令和6年度版　第一次検定

1級建築施工管理技士　要点テキスト

2023 年 9 月 28 日　初 版 印 刷
2023 年 10 月 10 日　初 版 発 行
2024 年 4 月 25 日　初 版 第 2 刷

執筆者　宮　下　真　一
（ほか上記 3 名）

発行者　澤　崎　明　治

（印　刷）広済堂ネクスト（製　本）プロケード
（トレース）丸山図芸社

発行所　株式会社 市ヶ谷出版社
東京都千代田区五番町 5
電話　03 - 3265 - 3711 ㈹
FAX　03 - 3265 - 4008
http://www.ichigayashuppan.co.jp

ⓒ 2023　　　　　　ISBN 978-4-87071-956-9